Début d'une série de documents en couleur

GRAËTZ

HISTOIRE DES JUIFS

TOME TROISIÈME

TRADUIT DE L'ALLEMAND

PAR

MOÏSE BLOCH

De la destruction du second Temple (70)
au déclin de l'exilarcat (320)

PARIS
LIBRAIRIE A. DURLACHER
83bis, RUE LA FAYETTE, 83bis

1888

PSALTY

LIEDER EINS

DES LIEDES

1913

LIBRAIRIE A. FORTIN

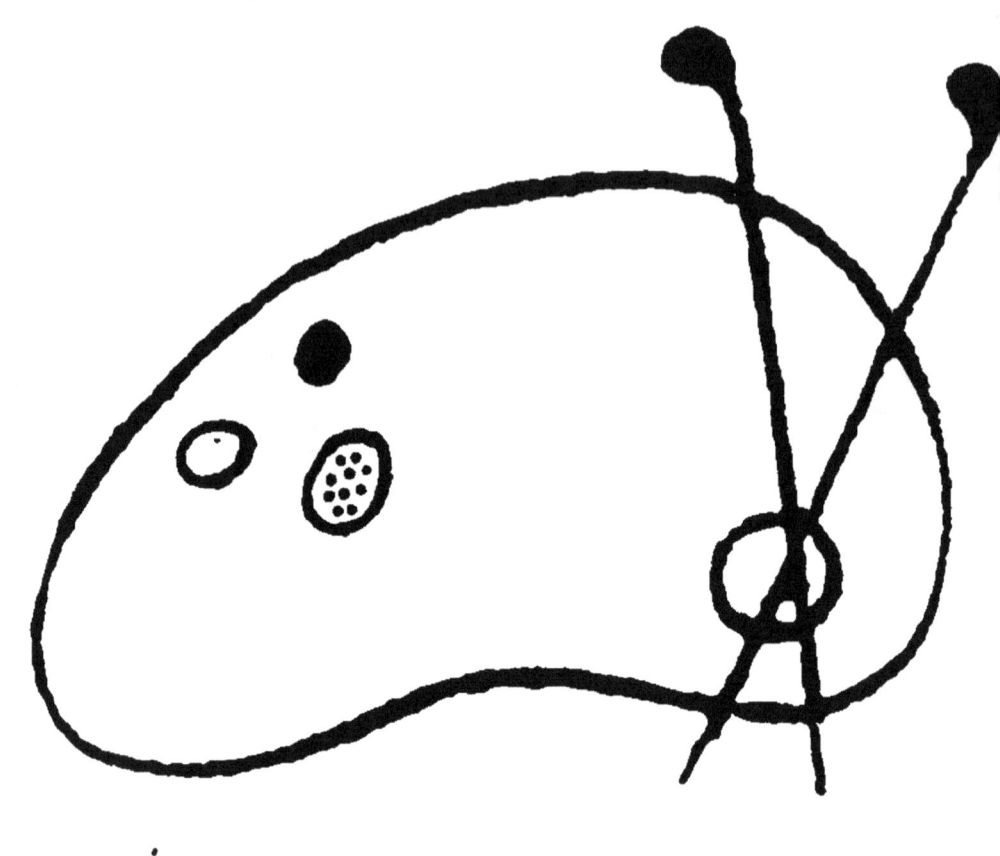

Fin d'une série de documents en couleur

HISTOIRE

DES JUIFS

III

GRAETZ

HISTOIRE DES JUIFS

TOME TROISIÈME

de la destruction du second Temple (70)
au déclin de l'exilarcat (920)

TRADUIT DE L'ALLEMAND

PAR

MOÏSE BLOCH

PARIS

LIBRAIRIE A. DURLACHER

83 bis, RUE LAFAYETTE, 83 bis

—

1888

Droits de traduction et de reproduction réservés.

TROISIÈME PÉRIODE

LA DISPERSION

PREMIÈRE ÉPOQUE

LE RECUEILLEMENT APRÈS LA CHUTE

CHAPITRE PREMIER

LE RELÈVEMENT — L'ÉCOLE DE JABNÉ

(70-117)

La malheureuse issue de la lutte que les Juifs avaient soutenue pendant quatre ans contre les Romains avec une si vaillante énergie, la chute de l'État, l'incendie du temple, la condamnation infligée aux prisonniers à travailler dans les mines de plomb en Égypte, à être vendus sur les marchés d'esclaves ou à combattre comme gladiateurs dans les cirques, toutes ces catastrophes produisirent sur les Judéens survivants une telle impression d'effarement et de stupeur, qu'elles paralysèrent en eux tout esprit d'initiative et toute volonté. La Judée était dépeuplée, tous ceux qui avaient pris les armes, dans le nord et dans le sud, en deçà ou au delà du Jourdain, étaient tombés sur les champs de bataille ou avaient été chargés de chaînes et envoyés en exil. Le courroux du vainqueur n'avait même pas épargné les femmes et les enfants. La *troisième captivité*, la période de *l'exil romain* (Galut Edom) imposé aux Judéens par Vespasien et Titus, s'était ouverte au milieu d'actes de cruauté plus douloureux que ceux qui avaient été commis sous Nabuchodonosor, au commencement de la deuxième captivité. Les Romains n'avaient épargné que les Judéens qui, en secret ou publiquement, s'étaient déclarés pour eux :

c'étaient les amis de la puissance romaine qui, dès l'ouverture des hostilités, n'avaient montré aucune sympathie pour la cause nationale; c'étaient les partisans de la paix, pour qui le judaïsme avait une autre mission que celle de lutter à main armée; c'étaient encore les sages et les gens de réflexion, qui avaient vu dans la guerre contre Rome un suicide; c'étaient enfin les désabusés, qui avaient d'abord considéré comme le plus sacré des devoirs de briser le joug si pesant des Romains et qui, effrayés par la lutte des partis, avaient déposé les armes et s'étaient réconciliés avec l'ennemi. Ces faibles restes de la population de la Judée ainsi que les Judéens de la Syrie avaient espéré que Titus respecterait le temple, centre du culte et de la religion, et que le sanctuaire placé sous l'égide divine serait protégé contre toute destruction. L'incendie du temple, qui leur enleva tout espoir et tout courage, agit sur eux de façons bien diverses. Les uns s'imposèrent à la suite de cet incendie une vie de pénitence, s'abstinrent de manger de la viande et de boire du vin; les autres, pour remplir le vide qu'avait produit dans leur cœur et leur pensée l'abolition des sacrifices, entrèrent dans la jeune communauté chrétienne. Le judaïsme, qui n'avait plus ni culte ni centre, était menacé dans son existence. Jusqu'alors, les communautés de Syrie, de Babylonie, de Perse, d'Asie Mineure et de Rome, et en général celles d'Europe, avaient dirigé leurs regards vers Jérusalem et le Synhédrin d'où elles recevaient la direction, l'enseignement et les lois. La seule communauté indépendante, celle d'Alexandrie, avait vu disparaître avec le temple d'Onias sa force et son influence. Qu'allaient devenir le peuple juif et le judaïsme? Le Synhédrin, le seul pouvoir législatif de la nation juive tout entière, était tombé avec Jérusalem. Qui s'élèverait donc sur ces ruines pour sauver le judaïsme? Un homme se rencontra à cette époque qui semblait créé tout exprès pour lutter contre la destruction, donner un nouvel essor à l'esprit du judaïsme et faire pénétrer dans le peuple juif une nouvelle vigueur. Ce sauveur s'appelait *Johanan ben Zakkaï*. Comme les prophètes de l'exil de Babylone après la première chute de Jérusalem, mais par des moyens différents, ce docteur, aidé de ses disciples, sauva la nation judaïque de la ruine, la réveilla de son engourdissement, lui imprima une nouvelle direction, et parvint à lui rendre son unité et sa vigueur.

Johanan n'était pas, à vrai dire, un disciple de Hillel, mais il était animé de son esprit. Quand les Judéens formaient encore une nation, il siégeait au Synhédrin et enseignait à l'ombre du sanctuaire; son école à Jérusalem jouissait, paraît-il, d'une grande autorité. Seul, il savait opposer des arguments victorieux aux raisonnements des Sadducéens, et détruire leurs creuses théories par une pénétrante dialectique. Par suite de son caractère et de ses sentiments de modération, il s'était rapproché, pendant la tourmente révolutionnaire, du parti de la paix, et, à maintes reprises, il avait exhorté le peuple et les zélateurs à livrer la ville et à se soumettre à la domination romaine. « Pourquoi, disait-il aux agitateurs, voulez-vous détruire la cité et livrer le temple aux flammes? » Malgré sa grande autorité, il n'eut aucune prise sur l'esprit des zélateurs, qui repoussèrent tous ses avertissements. Les espions que le général romain entretenait dans la ville assiégée ne manquèrent pas de l'informer que Johanan était ami des Romains et conseillait aux chefs de l'insurrection de faire la paix. Les nouvelles de la ville étaient écrites sur de petits billets qu'on lançait au moyen de flèches dans le camp romain. Johanan, par crainte des zélateurs, ou peut-être par simple prévoyance et dans l'intention de préparer un refuge à l'étude de la Loi, conçut le projet de se rendre auprès de Vespasien (Titus). Mais la vigilance jalouse des zélateurs rendait l'exécution de ce projet bien difficile. Johanan, de connivence avec le chef des zélateurs, qui était son parent, résolut alors d'user d'un stratagème. Il se fit passer pour mort, se fit déposer dans un cercueil, et, au crépuscule, ses disciples *Éliézer* et *Josua* le portèrent hors de la ville. Vespasien accueillit le fugitif avec bienveillance, et lui permit de lui adresser une demande. Johanan le pria de l'autoriser à ouvrir une école. Vespasien accéda de bonne grâce à une requête qui lui paraissait si modeste; il ne pouvait pas prévoir que par un acte aussi simple que l'ouverture d'une école, le judaïsme, faible et désarmé, serait mis en état de survivre de plusieurs milliers d'années au colosse romain. A en croire la tradition juive, Vespasien aurait accueilli la demande de Johanan parce que ce dernier lui aurait prédit qu'il serait revêtu de la pourpre impériale. Quoi qu'il en soit, Johanan fut autorisé à s'établir avec ses disciples à *Jabné* (Jamnia), ville située non loin des rivages de la Méditerranée, entre le port de Joppé et l'ancienne ville philistine d'Asdod. Le territoire de la ville de Jabné faisait partie du domaine privé de la famille impériale, à laquelle il avait été légué jadis par Salomé, sœur d'Hérode.

Tant que la lutte s'était poursuivie, âpre et sanglante, sous les murs de Jérusalem, dans les rues et autour du temple, Johanan était resté condamné à l'inaction. A la nouvelle que les remparts étaient tombés et le temple livré aux flammes, le maître et les disciples avaient déchiré leurs vêtements, ils avaient gémi et pleuré comme sur la mort d'un parent bien-aimé. Mais Johanan n'avait pas désespéré, il avait compris que le sort du judaïsme n'était pas lié à celui du sanctuaire et de l'autel, et que la religion judaïque ne sombrerait pas avec Jérusalem et son temple. Et, comme ses disciples s'étaient affligés sur la destruction de l'autel et l'abolition forcée des sacrifices, il les avait consolés en leur rappelant que la charité et l'amour des hommes étaient aussi méritoires que les sacrifices, ainsi qu'il est dit dans l'Écriture sainte. « J'aime la charité et non les sacrifices. » Il parut évident à Johanan, qui professait des idées si libérales sur la valeur des sacrifices, qu'il fallait avant tout substituer au temple un autre centre religieux. Il réunit donc à Jabné une sorte de Synhédrin dont il fut reconnu sans conteste le chef suprême. Ce nouveau tribunal (*Bet-din*) ne comptait certainement pas soixante-dix membres, et son rôle devait être tout différent de celui du Synhédrin de Jérusalem, qui, par suite de la révolution et de la force des choses, avait dû être investi des attributions politiques les plus importantes. Mais le Synhédrin de Jabné, comme autrefois celui de Jérusalem, avait une autorité souveraine dans les questions religieuses et exerçait les fonctions judiciaires d'un tribunal supérieur. Pour mener à bien au milieu de circonstances défavorables une œuvre aussi importante que celle de la création et de l'organisation du Synhédrin, il fallait l'influence considérable d'un homme comme Johanan. Seul, ce docteur avait l'autorité nécessaire pour combattre avec succès cette croyance que le Synhédrin n'était un pouvoir religieux et judiciaire, représentant de la nation tout entière, que s'il avait son siège dans l'intérieur du temple. En montrant que l'autorité du Synhédrin était indépendante de l'endroit où elle était exercée, et en établissant ce Conseil à Jabné, Johanan prouva que l'existence du judaïsme n'était nullement liée à l'institution des sacrifices. A partir de ce moment, et sans que se produisît la moindre opposition, Jabné remplaça Jérusalem et devint le centre religieux et national des communautés dispersées. Le privilège le plus important du Synhédrin, celui qui lui a toujours permis d'exercer une action efficace sur toutes les communautés du dehors, le droit de fixer les jours de fête, fut accordé au Conseil de Jabné. Dans cette ville se constitua encore une autre assemblée qui prit le modeste titre de *Bet-din* (tribunal), et dont Johanan obtint également la présidence.

Ce qui soutenait Johanan, ses disciples et les autres docteurs de la Loi contre les défaillances et le découragement, c'était l'espérance ou plutôt la certitude qu'Israël ne périra jamais. Leurs regards se portaient au delà des tristesses du présent pour contempler le brillant avenir promis à leur peuple. Et cependant le présent était bien sombre! Les Judéens qui avaient survécu à l'effondrement de leur État avaient été dépouillés, et leurs terres distribuées aux Romains et aux hellénisants; ceux qui avaient possédé autrefois des richesses considérables souffraient de la plus affreuse misère. Tous, même les plus pauvres, étaient soumis à la taxe que Vespasien avait imposée aux Judéens (*fiscus judaicus*). Le pays, si florissant avant la guerre, était couvert de ruines, Israël était en deuil, les mariages même se célébraient dans un douloureux silence.

Cette époque si néfaste est décrite d'une façon saisissante dans une allocution que Johanan ben Zakkaï adressa à ses disciples. Un jour, ce docteur aperçut une jeune fille, de famille riche, qui ramassait des grains d'orge jusque sous les pieds des chevaux pour s'en nourrir. A ce spectacle d'une poignante tristesse, il s'écria : « Peuple infortuné qui ne voulais pas servir ton Dieu, tu es maintenant condamné à servir des nations étrangères! Tu refusais un demi-sicle pour le service du temple, et tu payes maintenant à tes ennemis un impôt trente-cinq fois plus élevé; tu ne voulais pas entretenir en bon état les chemins et les routes pour les pèlerins qui se rendaient à Jérusalem, et maintenant tu es obligé d'entretenir les maisonnettes des gardiens romains dans les vignes qu'ils se sont appropriées ! »

Les membres survivants de la famille royale d'Hérode, Agrippa et sa sœur Bérénice, paraissent avoir contribué à adoucir les souffrances du peuple vaincu. Bérénice, dont la beauté semblait défier le temps, sut retenir longtemps Titus captif de ses charmes et de sa séduction, et il s'en fallut de peu que la princesse juive ne devînt impératrice romaine. Le préjugé de l'orgueil romain contre son origine judaïque et barbare fut le seul obstacle à l'union de Bérénice et de Titus, et il força ce dernier à rompre des relations qui avaient duré de nombreuses années. Bérénice dut s'éloigner du palais impérial, elle retourna sans doute auprès de son frère en Palestine. Elle garda cependant toute son influence sur Titus, qui n'avait pas encore renoncé à l'espoir de l'épouser, et elle dut intervenir souvent en faveur de ses malheureux coreligionnaires pour lesquels elle avait gardé un sincère attachement. Agrippa, le dernier roi des Judéens, avait gagné la faveur de Vespasien par les services qu'il avait rendus, pendant la guerre, à la maison des Flaviens, et il est probable que ses anciennes possessions s'agrandirent alors du territoire de la Galilée. Il plaça à la tête de cette province un gouverneur judéen, fort pieux, qui résidait alternativement dans une des deux villes principales de la Galilée, à Tibériade et à Sepphoris, et, grâce à un gouvernement sage, il parvint à relever rapidement la Galilée, dont la population fut bientôt plus nombreuse que celle de la Judée administrée par un lieutenant romain (*Hegemon*). Peu à peu, on vit la Judée elle-même renaître de ses ruines, des villes ravagées ou dépeuplées par la guerre redevinrent florissantes, *Lydda* (Diospolis), comme ville de commerce, *Emmaüs* (autrefois Guimzo) et, à l'est, Jéricho, acquirent une importance considérable. Le travail des champs reprit aussi avec une nouvelle vigueur, les Judéens ayant été autorisés à racheter ou à prendre à ferme les terres données aux Romains. Cette modération relative du vainqueur envers les vaincus était due, sans aucun doute, à l'intercession du roi Agrippa et de sa sœur.

Agrippa avait été haï par les zélateurs, mais les docteurs de la Loi lui avaient témoigné de l'amitié. Lorsqu'il était venu, un jour, du nord pour visiter le sud de son royaume, les docteurs étaient allés à sa rencontre pour contempler ses traits, comme s'ils avaient voulu graver profondément dans leur souvenir l'image du dernier roi judéen. Agrippa approuva l'activité que déployait Johanan pour organiser une école à Jabné, il remarqua avec une vive satisfaction que l'étude de la Loi absorbait toute l'attention de l'impétueuse jeunesse judaïque et la détournait des projets de conspiration et de révolte. Johanan réussit par son enseignement à raffermir les fondements ébranlés du judaïsme, il exerça une action profonde sur ses disciples qu'il pénétrait de son esprit et nourrissait de sa science. Nous connaissons les noms de cinq de ces disciples, dont trois appartiennent à l'histoire, *Eliézer* et *Josua*, qui avaient porté leur maître, dans un cercueil, hors des murs de Jérusalem, et *Eléazar ben Arak*, le plus savant d'entre eux, dont il a été dit plus tard que s'il était mis dans le plateau d'une balance et ses condisciples dans l'autre plateau, il l'emporterait sur tous. Souvent Johanan aimait à soumettre à ses disciples des questions d'un sens profond qui développaient en eux l'habitude de la réflexion. C'est ainsi qu'un jour il leur demanda quel était le don qu'ils jugeaient le plus précieux et le plus souhaitable pour l'homme. L'un répondit : « Le contentement; » l'autre, « un ami sincère; » un troisième, « un bon voisin ; » le quatrième, « la faculté de prévoir les conséquences de ses actes. » Éléazar dit : « Ce que l'homme peut posséder de plus précieux, c'est un bon cœur, » et le maître applaudit à cette sentence inspirée de ses doctrines, et qui résumait ce qu'avaient dit les autres disciples.

Quel était donc l'enseignement de Johanan dans l'école de Jabné ? Hillel, l'illustre docteur, le modèle des savants pour les générations postérieures, avait imprimé au judaïsme un caractère propre, ou pour mieux dire, il avait développé et organisé ce qui est l'essence même du judaïsme, et il avait ainsi créé une théorie particulière, une sorte de théologie judaïque ou plutôt une *nomologie* (science des lois religieuses). Il avait éloigné l'étude de la Loi des orageuses discussions des partis pour la transporter dans le calme de l'école, il l'avait surveillée avec une attention minutieuse, et avait essayé de la soumettre aux lois de la pensée, qui paraissaient inapplicables à un tel enseignement. De nombreuses prescriptions reposaient simplement sur l'usage ou la tradition, les Sadducéens les rejetaient comme étant ordonnées par les hommes ou comme des innovations arbitraires ; Hillel trouva pour ces prescriptions des fondements dans la Bible. Les sept règles qu'il avait établies pour expliquer et interpréter les livres saints avaient assuré la validité des commandements existants, œuvre des Soferim et des Pharisiens, et permis aux docteurs postérieurs d'instituer de nouvelles pratiques. Désormais, la loi écrite (du Pentateuque) et la loi orale (des Soferim) ne formèrent plus deux domaines distincts, elles entrèrent en contact intime, se pénétrèrent et se fécondèrent mutuellement. Sans doute, par ce système d'interprétation, les docteurs faisaient souvent violence au sens littéral, mais ils l'appliquaient pour des dispositions législatives et non pour des explications exégétiques, ils ne pouvaient donc pas s'arrêter aux mots mêmes, ils étaient obligés au contraire de n'en tenir aucun compte et d'en modifier le sens selon les circonstances. On réunit sous le nom de *loi orale* toutes les traditions reçues des ancêtres, qui formaient en quelque sorte un héritage de famille. Les pratiques que les Soferim avaient établies comme une haie autour de la loi, les ordonnances promulguées par le Synhédrin, les usages qui s'étaient transmis de génération en génération, les prescriptions qu'une interprétation logique ou forcée avait déduites du Pentateuque, toutes ces lois avaient été, non pas mises par écrit, mais confiées à la mémoire. Elles étaient résumées en des phrases brèves comme des sentences et appelées *Halakot*. A l'origine, elles n'étaient ni classées ni coordonnées, elles étaient transmises au hasard, sans que rien les liât les unes aux autres, rattachées quelquefois au nom du docteur qui les avait rapportées. Il fallait une mémoire prodigieuse pour retenir toutes ces halakot, toutes ces lois orales. Johanan ben Zakkaï, le plus important des docteurs de cette époque, enseigna ces lois à ses disciples, leur montra le lien qui les unissait à la loi écrite, et leur apprit à en déduire de nouvelles prescriptions. Les lois traditionnelles devinrent ainsi la *matière* à laquelle l'enseignement de Johanan donna la *forme*. Le maître fit usage pour cet enseignement de deux méthodes, dont l'une servait à déduire certaines prescriptions du texte sacré (*Midrasch*) et l'autre à rendre sur les cas nouveaux des décisions conformes à la tradition (*Talmud*). Ainsi se présentait à l'activité des docteurs un vaste champ où ils pouvaient travailler librement au développement de la législation. Johanan accordait à la *forme* une plus grande importance qu'à la *matière*, il cherchait à éclairer les différentes prescriptions à la lumière de la raison et à les rattacher à des principes généraux, mais en procédant avec une modération prudente et non pas avec l'exagération des orateurs de la chaire judéo-alexandrine qui déduisaient de l'Écriture sainte et au besoin introduisaient eux-mêmes dans le texte sacré ce qu'il y avait de spécieux et de brillant dans la philosophie grecque. Il expliqua, entre autres, d'une façon fort sensée, la défense de se servir d'outils de fer pour la construction de l'autel : « Le fer, dit-il, est le symbole de la guerre et de la discorde, l'autel, au contraire, est le symbole de la paix et du pardon; le fer ne doit donc pas toucher à l'autel. » Il s'appuya sur ce texte pour montrer les avantages considérables de la paix et le mérite de ceux qui cherchent à faire régner la concorde entre les époux, les cités, les familles et les peuples. C'était précisément cet amour de la paix qui l'avait décidé à se ranger du côté des Romains contre la révolution. Il expliqua de cette façon plusieurs autres lois et rendit clair ce qu'elles présentaient d'obscur et d'étrange pour la raison et le cœur. Johanan avait aussi de fréquents entretiens avec des païens auxquels leurs relations avec les Judéens ou la traduction grecque de la Bible avaient fourni quelques notions sur le judaïsme, il réfutait leurs objections et leur faisait comprendre par d'heureuses comparaisons les singularités de certains commandements. Il était, comme Hillel, affable et doux même envers les gentils, et on raconte de lui que s'il en rencontrait, c'était lui qui les saluait le premier. Une telle affabilité forme un contraste frappant avec la haine que les zélateurs ressentaient pour toute la gentilité avant et après leur révolte, haine qui grandit encore après la destruction du temple.

Le verset des Proverbes (XIV, 10) : « La vertu des peuples est un péché » était interprété à cette époque dans son sens littéral, avec une prévention manifeste contre les gentils. « Les païens, disait-on, seront traités comme des pécheurs, même s'ils se montrent bons et généreux envers nous, car ils ne nous traitent avec bienveillance que pour nous humilier. » L'explication que Johanan ben Zakkaï donnait de ce verset était inspirée au contraire de la plus noble bienveillance. « De même que les sacrifices rachètent les fautes d'Israël, de même la bonté et la charité rachètent les fautes des autres nations. » Les efforts de Johanan pour apaiser les esprits agirent d'une façon très heureuse sur Vespasien et Titus, et ce fut probablement pour récompenser ces efforts que les deux empereurs Flaviens traitèrent les Judéens avec une certaine douceur, même après qu'ils se furent soulevés dans la Cyrénaïque et en Égypte, et protégèrent les communautés judaïques contre toute persécution. Pour eux, Johanan était en quelque sorte le garant des dispositions pacifiques de ses coreligionnaires.

Autour de Johanan, chef et âme de l'école, étaient encore groupés quelques autres docteurs de la Loi, qui, au moment de la chute de l'État juif, étaient déjà fort avancés en âge; ils appartiennent donc à la génération de Johanan et faisaient probablement partie du Synhédrin de Jabné. La plupart d'entre eux ne sont connus que par leur nom et quelques rares détails de leur vie. *Hanina*, suppléant de plusieurs grands prêtres (*Segan hakohanim*) rapportait des traditions concernant les cérémonies du temple. Il appartenait au parti des amis de la paix et exhortait ses contemporains à prier pour le salut de l'État romain. « Seule, dit-il, la crainte inspirée par le pouvoir empêche les hommes de se dévorer entre eux. » Un autre docteur de cette époque était *Zadok*, disciple de Schammaï, qui, prévoyant la destruction du temple, avait jeûné pendant plusieurs années pour détourner ce malheur. Il y avait encore *Nahum* de Guimzo (Emmaüs) et *Nehunia ben Hakkana*. La légende a fait du premier le héros de plusieurs aventures merveilleuses, le nom même de son lieu d'origine a donné lieu à une interprétation aggadique et est devenu, dans cette explication, une formule que Nahum répétait dans certaines circonstances : « Cela aussi sera pour le bien » (*Gam zu l'toba*). Nahum, d'après la légende, est un homme qui s'est trouvé dans toutes sortes de fâcheuses situations d'où il s'est toujours tiré avec un grand bonheur.

Nahum se servit d'une méthode particulière pour tirer les lois orales du texte sacré. Il établit comme principe que le législateur s'était servi avec intention de certaines particules dans la Thora. Ces particules, selon lui, ne devaient pas seulement concourir à l'arrangement syntactique de la phrase, mais étaient employées comme indices des développements et des restrictions que comporte chaque loi. Nahum, par sa méthode de déduction, ajouta aux sept règles d'interprétation de Hillel un principe nouveau et fécond qui fut accueilli, appliqué et développé sous le nom de *règle des additions et des restrictions*. Cette nouvelle loi d'intérprétation trouva un adversaire dans Nehunia ben Hakkana. Nehunia était très estimé et d'une rare modestie, il put dire sur son lit de mort qu'il n'avait jamais cherché son élévation dans l'abaissement des autres, qu'il n'avait jamais persisté dans ses opinions par entêtement, ni consacré sa fortune à ses propres besoins. En entrant à l'école, où il occupait une situation importante, il avait l'habitude de prier tout bas, et demandait à Dieu de lui inspirer des décisions sages et conformes aux vues de ses collègues, et d'éloigner de son cœur tout sentiment d'amour-propre et de susceptibilité exagérée. Du reste, les docteurs qui s'étaient groupés autour de leur chef, Johanan ben Zakkaï, étaient tous amis de la paix, de la concorde et de la tolérance. Les disciples de l'école de Schammaï, irascibles et querelleurs, n'avaient pris aucune part à la fondation de la nouvelle école. La plupart d'entre eux s'étaient enrôlés dans le parti des zélateurs et avaient péri pendant la lutte, ou s'étaient enfuis après la défaite, et les survivants craignaient de reparaître en public.

Il est difficile de déterminer exactement le temps que Johanan est resté à la tête de l'école de Jabné; ce docteur n'a cependant pas dû y exercer son action pendant plus de dix ans, et il est peu probable qu'il ait assisté à l'avènement de Domitien. Quant à l'histoire, à cette époque, des communautés juives de Rome, de la Grèce, de l'Égypte et des pays parthes, elle nous est totalement inconnue; il est à croire que ces communautés s'étaient soumises à l'autorité du Synhédrin de Jabné. Cet accord de tous les Judéens dans la dispersion, qui était un fait si considérable et d'une si haute importance, fut l'œuvre de Johanan. Ce fut ce dernier qui sut renouer le lien qui avait uni autrefois entre eux par des croyances communes les Judéens les plus éloignés, lien qui avait été brisé par la guerre ; ce fut lui qui prépara pour eux la transition de la vie politique, si tumultueuse et si compliquée, à l'existence calme et féconde qu'ils mèneront plus tard dans la communauté ou à l'école. Johanan réunissait en lui les qualités du prophète Jérémie et du prince de l'exil, Zorobabel. Comme Jérémie, il pleura sur les ruines de Jérusalem, et comme Zorobabel, il sut fonder un nouvel état de choses. Tous deux, d'ailleurs, Johanan et Zorobabel, ont vécu à une époque de transition ; héritiers du passé, ils ont préparé l'avenir. Tous deux ont posé les fondements pour la restauration du judaïsme, et leur œuvre a été continuée et achevée par les générations suivantes.

Johanan mourut doucement, entouré de ses disciples. Avant de mourir, il eut avec eux un suprême entretien qui nous découvre son âme tout entière. Lorsque les disciples témoignèrent leur surprise de voir leur maître, si courageux pendant la vie, trembler devant la mort, il leur répondit qu'il ne craignait pas de quitter cette terre, mais de comparaître devant Celui qui est un juge équitable et incorruptible, et en les bénissant il leur adressa les paroles suivantes : « Puisse la crainte de Dieu produire sur vous une action aussi salutaire que la crainte des hommes. » Puis il rendit le dernier soupir en exprimant l'espoir de la venue prochaine du Libérateur.

A cette époque, l'activité juive s'était uniquement concentrée sur l'étude de la Loi. Aussi, dès que Johanan fut mort, ses principaux disciples se réunirent-ils pour choisir le lieu où ils pourraient continuer l'œuvre du maître. La plupart d'entre eux furent d'avis de rester à Jabné, où vivait un groupe de docteurs savants et expérimentés. Seul, le disciple favori de Johanan, Éléazar ben Arak, insista pour transférer le siège de l'école à Emmaüs (Guimzo), ville dont le climat était très sain et qui était située à trois milles de Jabné. Éléazar crut, dans sa présomption, que sa présence serait indispensable à l'école et que ses collègues viendraient le rejoindre à bref délai, et, sur les conseils de sa femme, il se sépara des autres docteurs. Isolé, éloigné du centre de l'étude et de la pensée, il perdit le souvenir de tout ce qu'il avait appris, à un tel point que son ignorance donna lieu aux plus singuliers incidents. On appliqua à Ben Arak cette sentence : « Établis-toi au centre de

l'étude, ne crois pas que tes collègues doivent te suivre et que ta présence leur soit indispensable, ne te fie pas trop à ta sagesse. »
Éléazar, dont l'avenir paraissait si brillant, tomba dans l'oubli, ses condisciples devinrent les héritiers de la parole du maître et leur science éclaira les générations suivantes d'un rayon lumineux. Les plus illustres de ces docteurs étaient : *Gamaliel, Josua* et *Éliézer*. Comme chef de cette école sur laquelle reposaient alors les espérances des Judéens de tous les pays, on nomma Gamaliel. Ce docteur était un descendant de Hillel, et ses aïeux s'étaient succédé pendant quatre générations à la tête du Synhédrin. Il a fallu sans doute triompher de nombreuses difficultés avant que le fils de celui qui avait participé à la révolte contre Rome pût être nommé à une telle dignité. Gamaliel prit comme ses aïeux le titre de *Nassi* (patriarche). Son élévation au patriarcat avait été favorisée par Agrippa et Bérénice, elle dut avoir lieu sous le règne de Titus (79-81), à l'époque où cet empereur jouait le rôle de bienfaiteur du peuple et se faisait appeler « les délices du genre humain, » lorsque Bérénice espérait encore devenir impératrice romaine. Ce fut à cette même époque que les lieutenants romains de la Judée remplacèrent probablement par un gouvernement sage et modéré le régime d'arrogance et de cruauté qu'ils avaient imposé jusque-là aux Judéens. Il semble aussi qu'à ce moment quelques fugitifs suspects s'étaient rassemblés en Judée, car on vit reparaître des disciples de Schammaï.

Gamaliel choisit pour résidence la ville de Jabné. Cette ville occupait alors le premier rang comme siège de l'enseignement juif, mais au dehors et tout près d'elle s'étaient fondées de nouvelles écoles. Éliézer enseignait à Lydda, Josua à Bekiin, plaine qui s'étend entre Jabné et Lydda. D'autres disciples de Johanan étaient entourés de groupes d'élèves qui leur donnaient le titre de *Rabbi* (maître). Pour le distinguer des autres docteurs, on donna à Gamaliel le titre de *Rabban* (le maître général). Ainsi l'étude de la Loi, loin d'avoir souffert de la mort du fondateur de l'école de Jabné, se développa au contraire et acquit encore une plus grande importance ; mais le lien qui unissait toutes les écoles menaçait de se rompre. Les discussions des disciples de Schammaï et de Hillel, qui avaient dégénéré souvent, avant la destruction du temple, en rixes sanglantes, et que la guerre seule avait arrêtées, ces discussions recommencèrent avec un caractère de gravité d'autant plus grande que le centre de la nationalité judaïque avait disparu. Le dissentiment des écoles au sujet de quelques points de doctrine produisait de graves dissidences dans la pratique. Un docteur permettait ce qui était défendu par l'autre, on faisait ici ce qui était considéré autre part comme un péché. Le judaïsme semblait être régi par deux doctrines différentes, ou, selon l'expression talmudique, « de la Thora, unique d'abord, on en avait fait deux. » Ces dissidences s'étendaient aux sujets les plus graves, comme les questions relatives au mariage, et pouvaient avoir de funestes conséquences. Les anciens disciples des deux écoles, inspirés par le désir de vivre ensemble en paix, ou pressés par la nécessité de s'unir contre l'ennemi du dehors, avaient su se faire des concessions mutuelles, mais avec les nouveaux disciples les vieilles querelles se réveillèrent plus vives et plus ardentes que jamais. Rabban Gamaliel s'imposa la tâche d'apaiser ces dangereuses querelles, de maintenir l'unité du judaïsme si gravement compromise, et de prendre des mesures pour la protéger contre de nouveaux assauts. Il ne craignit pas, pour atteindre son but, de s'attaquer même à ses collègues et à ses amis.

La vie privée de Rabban Gamaliel est peu connue ; toutefois les rares informations que l'histoire nous a transmises sur ce docteur attestent la haute moralité de son caractère et l'élévation de ses sentiments. Il possédait des terres qu'il avait louées à des fermiers à la condition de recevoir comme redevance une part de la récolte. Il fournissait à ces fermiers les semences, et il ne se les faisait payer qu'au prix le plus bas de l'année. Il témoignait une profonde affection à son esclave favori *Tabi* qu'il aurait volontiers affranchi, si la loi le lui avait permis. Quand Tabi mourut, il accueillit comme pour la perte d'un parent les condoléances qui lui étaient adressées.

Gamaliel paraît avoir possédé quelques connaissances mathématiques ; il se servait déjà du télescope. Sur les murs de sa chambre étaient tracées les phases de la lune, et il utilisait ces figures pour contrôler les assertions des témoins qui venaient l'informer de l'apparition de la nouvelle lune. Du reste, il se réglait plus, pour la fixation de la néoménie et des fêtes qui en dépendaient, d'après ses calculs astronomiques que d'après le témoignage de ceux qui déclaraient avoir aperçu la lune dans sa première phase. C'était une tradition dans la maison du Nassi de s'occuper de ces questions d'astronomie.

Gamaliel se rendait souvent dans les communautés pour examiner par lui-même leur situation et s'informer de leurs besoins. Il ne bornait pas ses visites aux seules communautés de la Judée, il allait jusqu'en Galilée et à *Acco* (Ptolemaïs). Sa santé était chancelante, mais il supportait volontiers les fatigues pour assurer le bien-être de son peuple. Sous son patriarcat régnait à l'extérieur comme à l'intérieur une agitation incessante, ce qui l'obligeait à déployer une fermeté parfois inflexible et une sévérité impitoyable. C'est ainsi que son caractère a été totalement méconnu et qu'il a été accusé, bien injustement, de despotisme et d'ambition personnelle. Il s'appliquait avec persévérance à faire de la résidence du patriarche le centre de la vie juive, et à maintenir ainsi contre toutes les attaques l'unité de l'enseignement religieux et moral. Les dissidences entre les disciples de Schammaï et de Hillel allaient en s'aggravant, et il était indispensable de prendre des mesures pour arrêter une scission qui menaçait de devenir complète. A ce moment, la Judée semblait une sorte de vaste laboratoire où le christianisme commençait à se former et à se cristalliser, où d'autres sectes naissaient et se développaient. Il était donc plus nécessaire que jamais de raffermir l'unité du judaïsme si fortement ébranlée par la rivalité passionnée des deux écoles et par leur persistance opiniâtre à vouloir faire triompher les doctrines que chacune d'elles avait reçues de ses maîtres. Les contemporains craignaient qu'une divergence aussi accentuée dans l'interprétation de la Loi ne produisit dans les esprits la confusion et le désordre. « Il pourra venir un temps, disait-on, où l'on cherchera vainement une prescription fondée sur le texte ou la tradition, et où toutes les traditions se contrediront. » Le Synhédrin de Jabné, sous la direction de Gamaliel, soumit donc les questions en litige à une nouvelle délibération. Il examina d'abord les principes qui servaient de base aux doctrines de Hillel et de Schammaï, et il voulut les faire adopter comme lois générales et universellement reconnues. Il se heurta dans cette tentative de réconciliation à de très vives oppositions. Les discussions se prolongèrent, paraît-il, pendant trois ans et demi dans la vigne de Jabné, chaque parti maintenant ses traditions comme étant seules conformes à la vérité ; les Schammaïtes se montraient particulièrement obstinés et, comme le fondateur de leur école, ils ne savaient pas céder. Il se fit alors entendre, d'après la tradition, une voix mystérieuse (*Bat Kol*) qui était considérée dans les cas difficiles et les situations désespérées comme l'expression de la volonté divine et qui, cette fois encore, mit fin au différend des docteurs. « Les doctrines des deux écoles, dit cette voix, émanent du Dieu vivant, mais dans la pratique, les doctrines de Hillel doivent seules avoir force de loi. » La plupart des docteurs se soumirent d'un accord tacite à cette décision, sans qu'il y ait eu cependant un vote formel à ce sujet. Josua se prononça contre une résolution qui n'avait été acceptée que pour obéir au Bat Kol. « En pareille matière, dit-il, nous n'avons pas à écouter une voix miraculeuse, la Loi n'a pas été donnée pour les habitants du ciel, mais pour les hommes, et ces derniers ne peuvent trancher les questions controversées que par le vote ; ce n'est pas un miracle qui peut nous dicter notre résolution. » Éliézer refusa également de tenir compte du Bat Kol. Mais cette opposition n'eut aucune suite, les traditions, les explications, les déductions et les règles d'interprétation de Hillel furent définitivement admises. Comme les Schammaïtes avaient appartenu au parti des zélateurs, aux adversaires de la puissance romaine, et les Hillélites au parti de la paix, cette union des deux groupes mit fin dans une certaine mesure à la révolution au sein du Synhédrin de Jabné. On ne voulut cependant pas contraindre les Schammaïtes à se soumettre totalement et à se conformer dans leur manière de vivre à la décision prise par la majorité du Conseil, ils restèrent libres de vivre selon leurs convictions. « Chacun peut suivre à son choix, fut-il dit, les doctrines de Schammaï ou celles de Hillel, mais, pour l'enseignement, les décisions de Hillel sont seules valables. »

La réconciliation des deux écoles était probablement due aux efforts de Gamaliel. Ce docteur veillait avec un soin jaloux sur son œuvre et combattait avec énergie toute opposition à une prescription du Conseil. Sa sévérité contre les opposants paraît lui avoir encore inspiré une autre décision. Il défendit, en effet, l'accès de l'école à toute personne dont la pureté de sentiments et d'intentions n'était pas connue, et il plaça à l'entrée de la salle un gardien chargé d'en éloigner tous les suspects. Il est à supposer que Gamaliel voulait atteindre par cette mesure ceux qui n'étaient poussés à l'étude de la Loi que par des raisons peu élevées, et qui venaient écouter les docteurs par vanité ou par intérêt. Deux sentences, l'une de Johanan ben Zakkaï et l'autre de Zadok, paraissent confirmer cette supposition. Le premier dit en effet : « Ne t'enorgueillis pas de la science que tu as acquise, tu n'as été créé que pour étudier. » — « Ne te sers pas de la science, dit Zadok, comme d'une couronne pour t'en parer, ni comme d'un outil pour en tirer profit. » Gamaliel s'efforçait de bannir de l'école tout sentiment bas et mesquin et d'en écarter les contradicteurs irascibles et querelleurs, et peut-être aussi les délateurs.

Les deux mesures que le Nassi avait prises pour imposer à tous les décisions doctrinales du patriarcat et tenir éloignées certaines personnes de l'école soulevèrent chez les docteurs une opposition qui ne se manifesta d'abord que fort timidement. L'arme dont se servait Gamaliel pour briser les résistances était l'excommunication, arme qu'il maniait avec l'énergie et l'implacable sévérité qu'inspire une ardente conviction. L'excommunication (*Niddui*) n'avait pas encore à ce moment la sombre signification qu'elle eut plus tard; elle consistait simplement à isoler sévèrement l'excommunié en défendant tout rapport et tout commerce avec lui jusqu'à ce qu'il se fût soumis repentant à l'autorité du Conseil. Tant que durait l'excommunication, qui était infligée au moins pour trente jours, le coupable devait être vêtu de noir et observer certaines pratiques de deuil, et s'il mourait pendant qu'il était excommunié sans avoir pu auparavant s'amender ou faire acte de soumission, le tribunal faisait déposer une pierre sur son cercueil. Gamaliel ne se laissait arrêter par aucune considération d'amitié ou de famille. Justicier inexorable, il ne craignait pas de se créer des ennemis acharnés en lançant l'excommunication contre les personnages les plus importants de son époque; il excommunia son propre beau-frère, Éliézer ben Hyrkanos. Profondément convaincu que la moindre scission dans le judaïsme menacerait l'existence même de la religion juive à laquelle de nombreuses sectes judéo-chrétiennes livraient déjà des assauts multipliés, Gamaliel, pour maintenir intacte l'unité de cette religion, châtiait avec rigueur les plus légers écarts. Un jour, les docteurs discutaient sur une question de médiocre importance ; il s'agissait d'un fourneau, construit d'après un système spécial (fourneau d'Aknaï), qu'une décision de la majorité avait déclaré propre à devenir impur comme tout autre vase d'argile. Éliézer, pour rester fidèle à une tradition qu'il avait reçue à ce sujet, refusa d'accepter cette décision, et le Conseil, sur la proposition de Gamaliel, excommunia le hardi contradicteur. Quelques docteurs blâmèrent le patriarche de sa sévérité envers un membre du Synhédrin et lui reprochèrent son despotisme. Gamaliel, attestant la pureté des mobiles qui inspiraient sa conduite, s'écria : « Toi, ô mon Dieu, tu sais que je n'ai pas agi ainsi pour l'honneur de mes pères, mais en ton propre honneur, afin que la discorde n'éclate pas en Israël. »

Gamaliel croyait avoir réconcilié les deux écoles et rétabli l'unité de la pensée juive, lorsque son autorité vint se briser contre la volonté d'un homme qu'il croyait incapable de lui opposer une résistance sérieuse. Josua, qui paraissait si docile, si souple, si débonnaire, devint l'adversaire le plus redoutable de l'impérieux patriarche. Josua désapprouvait, comme Éliézer, certaines mesures prises par Gamaliel, mais sa pauvreté le contraignait au silence, et, s'il lui échappait une parole d'opposition, il s'empressait de s'en excuser. Il était arrivé un jour que, pour fixer le commencement du mois de Tischri, qui sert à déterminer la date des principales fêtes et notamment du jour de Kippour, Gamaliel avait accepté comme vrai le témoignage de deux personnes indignes de confiance. Josua prouva que le Nassi s'était trompé, et il demanda au Conseil de modifier la date de la fête. Gamaliel persista dans son opinion ; il prescrivit à Josua de se présenter devant lui, muni de son bâton, de sa bourse et de son sac de voyage, le jour même où, d'après ses calculs, on devait célébrer la fête de Kippour. Cet ordre parut très dur à Josua, qui s'en plaignit auprès des principaux de ses collègues et se disposa à désobéir au patriarche.

Ceux d'entre les docteurs qui se rendaient compte de la nécessité d'avoir à la tête du judaïsme un pouvoir vigoureux pour le maintenir intact conseillèrent à Josua de céder au patriarche. Le vieux R. Dosa ben Harkinas lui fit comprendre que les ordres émanant de l'autorité religieuse ne devaient pas être discutés, même quand ils reposaient sur une erreur, et que tous étaient tenus de les exécuter. Josua écouta ses conseils et s'abaissa devant le patriarche. Gamaliel, en voyant Josua se présenter devant lui au jour indiqué, admira son humilité; il l'accueillit avec cordialité et lui dit : « Sois le bienvenu, toi qui es mon maître et mon disciple, mon maître en sagesse et mon disciple pour l'obéissance. Heureuse l'époque où les grands obéissent à leurs inférieurs! » Cette réconciliation ne fut malheureusement pas de longue durée.

La fermeté inflexible de Gamaliel lui avait attiré de nombreux adversaires, qui s'étaient groupés en un parti compact et semblaient préparer secrètement sa chute. Le patriarche connaissait ce parti et y faisait allusion dans ses conférences. On raconte de lui qu'il ouvrait les séances du Synhédrin de deux façons bien différentes. S'il n'apercevait dans l'assistance que des partisans, il invitait les auditeurs à lui soumettre des questions, mais il se gardait bien de faire pareille invitation quand il y remarquait des adversaires. C'est que le parti de l'opposition aimait à l'embarrasser de ses objections dans le seul but de le tourmenter et de l'irriter. Gamaliel supposa que Josua était le chef de ce parti, et à plusieurs reprises il tira avantage de sa situation élevée pour le froisser et l'humilier. Un jour, la querelle éclata, âpre et violente, et provoqua une révolution au sein du Synhédrin. Le patriarche avait gravement blessé la dignité de Josua et accusé ce docteur de travailler sourdement à affaiblir l'autorité d'une décision adoptée par le Conseil. Josua ayant opposé un démenti à cette assertion, Gamaliel lui répliqua dans un mouvement de colère : « Lève-toi, et des témoins déposeront contre toi. » C'était une mise en accusation. L'auditoire, très nombreux ce jour-là, protesta violemment contre l'outrage infligé à un docteur que le peuple respectait et aimait; les adversaires du Nassi prirent courage et exprimèrent publiquement leur mécontentement. « Qui n'a pas été déjà victime de ta sévérité ? » cria-t-on au patriarche. Le Conseil s'érigea en tribunal et déclara Gamaliel déchu de sa dignité de Nassi. Avec son patriarcat disparurent certaines mesures qui avaient soulevé une vive opposition au moment où Gamaliel les avait établies; le gardien placé à l'entrée de l'école fut éloigné, et liberté complète fut accordée à tous d'assister aux conférences des docteurs.

Les principaux auteurs de cette révolution s'occupèrent immédiatement d'élire un nouveau patriarche. Pour ne pas mortifier Gamaliel, ils eurent la sagesse de ne pas nommer Josua, son principal adversaire. Éliézer aurait mérité d'être élevé à cette dignité; il ne put pas y être appelé parce qu'il était excommunié. Akiba semblait digne, par son esprit et son caractère, de cette haute position. Pauvre et ignorant dans sa jeunesse, il s'était livré plus tard avec ardeur à l'étude de la Loi, avait su conquérir rapidement le titre de maître et était entouré de l'estime et du respect des plus anciens docteurs. Mais sa célébrité était de date trop récente et il était d'origine très obscure, tandis qu'il fallait descendre, paraît-il, d'une longue suite d'aïeux illustres pour être élevé au patriarcat. Le Collège choisit comme chef un des plus jeunes docteurs, *Éléazar ben Azaria*. Les principaux titres d'Éléazar à cette haute distinction étaient d'abord la noblesse de sa famille qui remontait jusqu'à Ezra, le restaurateur du judaïsme, ses immenses richesses et son crédit auprès des autorités romaines. Mais Éléazar avait aussi une grande valeur personnelle, et l'élévation de son caractère le rendait réellement digne de succéder à Gamaliel. Quoi qu'il en soit, cette révolution eut des conséquences considérables, et le jour où ces événements eurent lieu parut si mémorable aux yeux de la postérité qu'elle le désigna par ces seuls mots : *en ce jour-là*. Il semble que le Synhédrin, sur la proposition de Josua, soumit, en ce même jour, à un nouvel examen et à une nouvelle délibération toutes les questions que Gamaliel avait fait résoudre conformément aux doctrines de Hillel. Et, pour que cet examen pût être sincère et complet, le Collège, composé de 72 membres, recueillit les témoignages de tous ceux qui avaient reçu quelque tradition. L'histoire a conservé le nom de vingt témoins qui se sont ainsi prononcés devant ce

Collège sur des lois traditionnelles. Dans des cas nombreux, la majorité du Synhédrin se tint à égale distance des principes de Schammaï et de ceux de Hillel, elle ne se prononça « ni dans un sens ni dans l'autre. » Pour d'autres questions, il fut établi que Hillel lui-même ou ses disciples avaient renoncé à leurs doctrines pour adopter celles de Schammaï. Ces témoignages sur des pratiques religieuses furent recueillis et probablement mis par écrit. Ce recueil porte le nom de *Adoyot* (témoignages) ou *Behirta* (choix); il est certainement la plus ancienne collection de lois. Les lois y sont énoncées sous la forme primitive et incorrecte de la tradition, se suivent sans aucun ordre et n'ont très souvent entre elles d'autre lien commun que le nom du docteur qui les a transmises.

Deux questions d'un intérêt capital furent encore examinées le jour de la convocation des témoins. Un païen, d'origine ammonite, se présenta devant les docteurs et demanda si la loi leur permettait de l'accueillir comme prosélyte. Gamaliel, fidèle au texte de la Thora, repoussa sa demande : « Les Moabites et les Ammonites ne seront pas admis dans la communauté de Dieu, dit l'Écriture sainte, ils n'y seront même pas reçus à la dixième génération. » La discussion fut vive et Gamaliel s'efforça de faire adopter son opinion. Josua combattit cette doctrine; d'après lui, la défense de la Thora n'était plus applicable au temps d'alors, où il n'y avait plus en réalité de vrais Ammonites, parce qu'à la suite des invasions des conquérants asiatiques, les races s'étaient croisées et mêlées entre elles. La deuxième question concernait la sainteté de *Kohélet* et de *Schir haschirim* (Cantique des Cantiques), ouvrages attribués au roi Salomon. L'école de Schammaï avait déclaré que ces deux livres étaient profanes. Le Synhédrin, qui ne voulait pas admettre sans examen les opinions des Hillélites, reprit la vieille querelle au sujet de la sainteté de ces deux livres. Mais il ne ressort pas clairement de la discussion quelle décision fut prise en ce moment. Ce ne fut que plus tard qu'on admit ces deux ouvrages dans le Canon biblique et qu'on en exclut d'autres, écrits en langue hébraïque, comme *apocryphes*, tels que les Proverbes de *Sirah*, le premier livre des *Macchabées*, et d'autres encore.

Gamaliel montra en ce jour une dignité de caractère dont ses contemporains parlent avec éloge. Malgré les humiliations que les docteurs lui infligèrent, il n'eut pas un seul instant la pensée de s'éloigner de l'école; il continua à prendre part à l'enseignement et aux discussions, bien qu'il n'eût aucunement l'espoir de triompher des préventions de l'assemblée contre ses doctrines. Il put, du moins, se convaincre que sa sévérité excessive lui avait aliéné les cœurs et arrêté chez les docteurs l'éclosion d'idées quelquefois sages et fécondes. Pris de lassitude, il résolut de céder; il se rendit auprès des principaux de ses collègues pour implorer leur pardon. Il trouva Josua occupé à fabriquer des aiguilles. Gamaliel, élevé dans l'opulence, était profondément surpris du dur labeur que ce sage devait s'imposer pour gagner sa vie. « Et c'est de ce métier que tu vis? » lui demanda-t-il. Josua saisit cette occasion pour lui reprocher de se préoccuper si peu de la douloureuse situation de quelques savants. « Il est bien fâcheux, répliqua-t-il, que tu l'aies ignoré jusqu'à ce jour. Malheur à la génération dont tu es le chef! Tu ne connais pas l'existence pénible et misérable des docteurs. » Josua avait déjà adressé, à une autre occasion, le même blâme à Gamaliel. Un jour que le patriarche admirait ses connaissances astronomiques, Josua lui répondit avec modestie que deux de ses disciples étaient d'habiles mathématiciens et souffraient cependant de la misère. Gamaliel supplia son adversaire, au nom de l'honneur de la maison de Hillel, d'oublier sa rigueur. Josua pardonna à Gamaliel et lui promit même son concours pour le faire réintégrer dans sa dignité de Nassi. Mais il fallait, avant tout, persuader au nouveau patriarche de se démettre de ses fonctions en faveur de son prédécesseur. On hésita longtemps à lui en parler. Enfin Akiba accepta cette mission délicate; il put la remplir très facilement. Dès qu'Éléazar apprit que Gamaliel s'était réconcilié avec ses principaux adversaires, il se déclara prêt à rentrer dans la vie privée, il offrit même d'accompagner, le lendemain, le Collège dans sa visite d'honneur auprès du patriarche. Le Synhédrin, ne voulant pas qu'Éléazar se démît totalement de ses fonctions, le nomma suppléant du Nassi. Pour régler les rapports entre Gamaliel et Éléazar, on décida que le premier présiderait et ouvrirait les séances pendant quinze jours, et le second pendant les huit jours suivants. Telle fut l'issue de cette lutte si vive dont l'origine n'avait été ni l'ambition, ni l'orgueil, mais une fausse interprétation des droits du patriarcat. On oublia bien vite ces dissidences, et, à partir de ce moment, Gamaliel vécut en parfait accord avec les membres du Synhédrin. Il est possible que la gravité de la situation politique, sous Domitien, ait détourné l'attention des docteurs des événements intérieurs et fait sentir à tous l'impérieuse nécessité de s'unir étroitement contre les dangers du dehors.

Gamaliel représentait, dans le Synhédrin, le principe d'unité et d'autorité; il voulait que l'existence nationale et religieuse des Judéens fût dirigée d'après des règles fixes et immuables. Son beau-frère, *Éliézer ben Hyrkanos*, représentait, au contraire, le principe de la liberté individuelle s'affirmant avec force devant cette tendance à tout soumettre à des lois communes. Dès sa jeunesse, Éliézer s'était appliqué à comprendre et à graver dans sa mémoire toutes les halakot existantes, afin que, selon sa propre expression, il ne s'en perdît pas un grain. Son maître, Johanan, l'avait appelé « une citerne cimentée d'où ne s'échappe pas la moindre gouttelette. » Aussi la mémoire a-t-elle toujours joué un rôle prépondérant dans l'enseignement d'Éliézer. Ce docteur avait établi son école à Lydda (Diospolis), dans un ancien cirque. A toutes les questions qui lui étaient adressées sur un point quelconque de la législation, il répondait qu'il avait reçu sur ce sujet telle tradition de ses maîtres, ou il avouait que faute de tradition sur ce point il ne pouvait pas le résoudre. Un jour qu'il s'était arrêté à *Césarée Philippi*, on le consulta sur trente points de casuistique; il répondit qu'il possédait des traditions sur douze de ces cas, mais qu'il ne savait rien au sujet des dix-huit autres. On lui demanda un jour s'il n'enseignait que ce que lui avaient appris ses maîtres; il répondit : « Vous m'obligez à vous donner une réponse que je n'ai pas reçue par la tradition; sachez donc que je n'ai jamais enseigné que ce que m'ont transmis mes maîtres. » A des questions importantes qu'il ne savait pas résoudre, il répondait par d'autres questions; il indiquait par là qu'il voulait éviter toute explication. Un autre jour, on lui demanda s'il était permis, après la chute du temple, de blanchir sa maison à la chaux. Fidèle à son habitude de ne prononcer aucune décision qui ne fût traditionnelle, il répliqua en demandant s'il était permis de blanchir un sépulcre. Aux déductions les plus logiques il opposait ces seuls mots : « Je n'ai pas entendu cela. » C'est en s'inspirant du principe de ne rien décider par simple déduction qu'il a exprimé devant ses disciples cette sentence : « Empêchez vos enfants de creuser trop profondément le texte (*Higgayon*), élevez-les parmi les docteurs. »

Ainsi, Éliézer était le représentant du principe conservateur, l'organe fidèle de la tradition; il rapportait les halakot, sans y rien modifier, telles qu'il les avait entendues de la bouche de ses maîtres, il était *la citerne cimentée* qui ne laisse pas échapper une seule goutte de l'eau qu'elle contient, mais où il n'en entre pas une goutte du dehors. Les contemporains et la postérité l'ont surnommé *Sinaï*, indiquant par là qu'il était en quelque sorte un recueil vivant de prescriptions immuables. Il jouissait d'une autorité considérable auprès des docteurs de son époque, qui ne voulaient cependant pas se borner, comme lui, à rapporter les traditions reçues. Pénétrés des doctrines de Hillel, ils estimaient qu'il était non seulement nécessaire de conserver mais aussi d'interpréter et de développer la Loi. Éliézer dirigeait son enseignement d'après des principes qui étaient en opposition formelle avec l'esprit du temps; entre lui et ses collègues devait donc forcément éclater un jour un conflit. Comme nous l'avons déjà dit, il existait surtout une sorte d'antagonisme entre Éliézer et son beau-frère Gamaliel; d'un côté, le principe de l'autorité, soutenu par une volonté énergique prête à briser toute résistance aux décisions adoptées, de l'autre, une conviction profonde appuyée sur les traditions du passé. C'étaient là deux éléments absolument irréconciliables ! Éliézer, comme Gamaliel, persistait avec opiniâtreté dans ses opinions, et il était de caractère trop tenace pour les sacrifier à l'autorité d'autrui. Dans une discussion mémorable, son opposition à une résolution du Synhédrin fut si vive que le patriarche dut l'excommunier. Ses collègues, qui l'estimaient et le respectaient, hésitaient à lui signifier l'excommunication; ce fut Akiba qui se chargea de cette pénible mission. Il se présenta devant Éliézer, habillé de noir, et, craignant de lui annoncer la triste nouvelle, il lui dit : « Tes collègues paraissent se tenir éloignés de toi. » Éliézer comprit à demi-mot, il accepta ce douloureux châtiment avec résignation, et, à partir de ce moment, il vécut à l'écart de ses amis. Il ne prit presque plus part aux discussions de l'école de Jabné. S'il apprenait qu'une décision importante avait été prise, il s'en moquait ou la confirmait en citant à l'appui quelque halaka qu'il connaissait par tradition.

Malgré sa fortune considérable, Éliézer passa ses dernières années dans la tristesse, sans exercer aucune action sur ses contemporains, ni contribuer au développement de l'enseignement. Devenu, par la direction de son esprit, le dépositaire des lois traditionnelles, il n'avait aucune influence sur les délibérations de ses collègues, et sa vie fut, comme sa doctrine, solitaire et sans éclat. Son existence sombre et morose lui inspira cette sentence remarquable, qui offre un si vif contraste avec les principes de ses contemporains : « Chauffe-toi au feu des sages, mais prends garde de t'y brûler, leur morsure est comme celle du chacal, leur piqûre comme celle du scorpion, leur sifflement comme celui de la vipère, et toutes leurs paroles sont comme des charbons ardents. » Ce sont là des réflexions d'un esprit qui a été profondément éprouvé par les amertumes de l'existence et qui, malgré lui, est forcé de rendre justice à ceux qui l'ont si péniblement affligé.

Le caractère de *Josua ben Hanania* forme un frappant contraste avec l'obstination et la ténacité d'Éliézer et l'esprit autoritaire de Gamaliel; il était docile, souple et représentait dans la nouvelle école l'élément de sagesse et de conciliation. Il gardait les docteurs et le peuple contre les entraînements de l'exclusivisme et de l'exagération, il favorisa ainsi les progrès de l'enseignement et devint le bienfaiteur de sa nation. Il avait fait partie, comme lévite, du chœur du temple, et avait encore assisté aux cérémonies pompeuses célébrées dans le sanctuaire. Lorsque les murs de Jérusalem furent tombés, il quitta cette ville avec son maître et, à la mort de ce dernier, fonda une école à Bekiin. Là, il enseignait au milieu de nombreux disciples, et, pour nourrir sa famille, il fabriquait des aiguilles. Appartenant ainsi au groupe des savants et au peuple, Josua cherchait à renverser les barrières qui séparaient ces deux classes, il était, du reste, le seul docteur qui possédât une certaine influence sur l'esprit et la volonté de la foule. Il était si laid que la fille d'un empereur lui adressa un jour cette demande hardie : « Pourquoi tant de sagesse dans un si vilain vase? » — « Le vin, répliqua Josua avec esprit, n'est pas conservé dans des vases d'or. » Josua n'était pas seulement versé dans la tradition, il paraît avoir possédé quelques notions d'astronomie et su calculer la marche irrégulière d'une comète : cette science lui fut très utile dans un de ses voyages. S'étant embarqué un jour avec Gamaliel, il avait emporté plus de provisions qu'il n'en fallait d'habitude pour la traversée. Le pilote, trompé par une étoile, avait imprimé une fausse direction au vaisseau, qui errait au hasard sans arriver à sa destination. Gamaliel avait épuisé ses provisions, il fut étonné de voir que son compagnon possédât encore des vivres en quantité suffisante pour lui en céder une partie. Josua lui apprit alors qu'ayant prévu par ses calculs le retour, pour cette année, d'une étoile (comète) qui apparaît tous les soixante-dix ans et égare les navigateurs ignorants, il s'était muni d'abondantes provisions. Mais Josua n'était pas seulement un savant éminent et un illustre docteur, il se distinguait surtout par sa modestie, sa bienveillance et sa douceur, qualités que possédait également son maître Johanan. On sait déjà comment il s'humilia devant un ordre de Gamaliel et fut le premier, après la destitution de son adversaire, à lui offrir son concours pour le faire réintégrer dans la dignité de Nassi. Grâce à sa modération et à son esprit conciliant, il préserva le judaïsme des plus funestes déchirements. Une lutte plus longue entre les deux principaux représentants de la pensée judaïque aurait peut-être favorisé la naissance parmi les Judéens de sectes nombreuses comme celles qui se formèrent à cette époque en si grande quantité au sein du christianisme.

Josua montrait dans son enseignement la même douceur et la même modération que dans la vie, il était l'ennemi de toutes les exagérations et de toutes les excentricités, il s'inspirait toujours dans ses décisions doctrinales des nécessités de son époque. Il y avait des zélateurs qui, depuis la destruction du temple, ne voulaient plus manger de viande ni boire de vin parce qu'on ne pouvait plus en offrir sur l'autel : « Dans ce cas, leur disait Josua, vous ne devriez plus goûter ni eau, ni pain, puisque, dans certaines circonstances, ils étaient aussi présentés en offrande. » Et, à ce propos, il établit comme principe qu'il ne faut jamais imposer au peuple des pratiques dont l'accomplissement est trop difficile. Peu de temps avant la chute du temple, l'école de Schammaï, sous l'impulsion d'une sorte de passion religieuse, avait pris plusieurs mesures connues sous le nom des « dix-huit choses » dans le but d'établir une séparation complète entre Judéens et païens, et de supprimer toute relation avec ces derniers. Josua se prononça vivement contre ces mesures : « En ce jour, dit-il, les Schammaïtes ont dépassé toute mesure dans leurs dispositions législatives, ils ont agi comme ceux qui versent de l'eau dans un vase plein d'huile; plus ils y font entrer d'eau, plus ils en font sortir d'huile. » Il voulait dire par là que les nouvelles pratiques ajoutées au judaïsme lui enlèvent une partie de sa valeur et de son essence. Mais il ne blâmait pas seulement les exagérations des disciples de Schammaï, il condamnait également les déductions trop nombreuses que les Hillélites tiraient de la Thora : « Le nombre des prescriptions, dit-il, concernant la sanctification du sabbat, les sacrifices des fêtes, la défense de jouir des objets sacrés est très limité dans la Thora, mais on y a ajouté un nombre considérable de halakot. La deuxième mailla a pu être fabriquée à l'aide de la première, mais comment cette première a-t-elle été fabriquée ? » Esprit froid et sensé, il refusait d'admettre une intervention miraculeuse dans les discussions législatives, parce que, disait-il, la Loi n'a pas été révélée pour les êtres célestes mais pour les hommes, qui doivent la comprendre par leur propre raison. Josua se montrait doux et tolérant envers la gentilité. Tandis qu'Éliézer ben Hyrkanos, à l'instar des fondateurs du christianisme, déniait aux païens toute part à la vie future, Josua enseignait au contraire que les justes et les hommes de bien de toutes les religions participeront à la béatitude éternelle.

Une des figures les plus originales de ce temps est, sans contredit, *Akiba ben Joseph*. C'était un de ces hommes admirablement doués qui exercent une action prépondérante sur une époque et laissent après leur disparition un long sillage dans l'histoire. Comme cela est arrivé pour bien des personnages illustres, la légende s'est emparée de la jeunesse et de la première éducation d'Akiba, qui sont enveloppées de ténèbres, pour les embellir au gré de sa fantaisie. Mais, au milieu des récits merveilleux, il est facile de démêler la vérité et de reconnaître que ce docteur était d'origine très obscure. A en croire un de ces récits, Akiba aurait été un prosélyte et aurait servi comme domestique chez *Kalba Sabua*, un des trois hommes les plus riches de Jerusalem qui, lors du siège de cette ville, avaient réuni des provisions en quantité suffisante pour pourvoir pendant plusieurs années à la subsistance des habitants. Akiba raconta plus tard lui-même qu'étant encore ignorant il exécrait les docteurs. Il est également vrai qu'il s'est trouvé avec sa femme dans une profonde misère. Car, d'après une information digne de foi, sa femme dut vendre jusqu'à ses cheveux pour se procurer quelques vivres. Ces obstacles, qui auraient découragé tout autre que lui, l'aiguillonnèrent et développèrent remarquablement ses facultés. Sa vigoureuse énergie triompha des difficultés, renversa toutes les barrières et l'éleva au premier rang parmi les docteurs.

Akiba était un esprit synthétique, il réunit les éléments partiels et disséminés de la tradition pour les rattacher entre eux par un lien commun. Cette méthode lui appartenait en propre, il ne l'avait empruntée ni à ses maîtres ni à l'école de Jabné. Seul, l'enseignement de Nahum de Guimzo avait agi sur son esprit, et c'est une règle d'interprétation de ce maître, incomplète, il est vrai, et mal définie qu'Akiba a prise comme point de départ pour la développer et en faire un système qui a laissé une profonde trace dans l'histoire judaïque.

Akiba qui, seul de tous les Tannaïtes, suivait dans son enseignement une méthode régulière, avait fondé son système sur certains principes fixes et bien déterminés. Pour lui, la loi orale n'était pas une matière inerte, incapable de développement, ou, comme pour Éliézer, un ensemble de souvenirs, il l'envisageait comme une mine inépuisable où l'emploi d'instruments convenables fait découvrir sans cesse de nouvelles richesses. Il ne voulait pas qu'on établît de nouvelles prescriptions à la simple majorité des voix, ces prescriptions devaient avant tout s'appuyer sur un témoignage écrit, sur le texte même de la Bible. Le système d'Akiba reposait sur cette conviction que le style de la Thora diffère essentiellement du style de toute autre œuvre littéraire. Selon lui, les écrivains ordinaires ne se contentent pas d'employer les mots strictement nécessaires pour exprimer leur pensée, on rencontre dans leurs œuvres des tours de phrase, des figures de rhétorique, des répétitions, des ornements, en un mot, une certaine forme qui n'ajoute rien au sens, mais qui permet à la période de se développer avec une harmonie majestueuse et qui donne au style de la grâce et de l'élégance. La Thora, au contraire, ne sacrifie rien à la forme, tout y a sa signification, rien n'y est superflu, on n'y trouve pas un mot, pas une syllabe, pas une lettre, pas même un trait qui n'ait sa raison d'être. Chaque particularité de langage, chaque cheville, chaque signe renferme une allusion ou indique un sens spécial. Akiba alla beaucoup plus loin dans cette voie que son maître Nahum. Celui-ci n'avait interprété que certaines particules de la Bible, tandis que son disciple découvrait une signification particulière dans chaque élément du discours qui n'est pas absolument indispensable pour le sens. Akiba ajouta ainsi un grand nombre de règles d'explication et d'interprétation à celles de Hillel et de Nahum, et trouva dans la Thora de nouveaux points d'appui pour les lois traditionnelles. Une déduction faite conformément aux règles établies pouvait servir de prémisse à une nouvelle conclusion et devenir ainsi le point de départ d'une série indéfinie de raisonnements. Akiba appliquait sa méthode, quelles qu'en fussent les conséquences. Ainsi Nahum avait hésité à interpréter une particule du verset : « Tu craindras ton Dieu, » parce que cette interprétation l'aurait amené à admettre qu'il était permis d'adorer encore un autre être que Dieu, ce qui aurait présenté de graves dangers à une époque où le christianisme attaquait l'unité absolue de Dieu. Nahum, pour éviter cette difficulté, était disposé à renoncer totalement à sa méthode. Akiba fit taire ses hésitations en lui démontrant que son système était applicable même dans ce cas particulier et que la particule indiquait qu'à côté de Dieu il était prescrit de vénérer encore sa sainte parole, la Thora.

Par sa méthode, Akiba a ouvert une voie nouvelle aux docteurs, il a établi sur une base solide la loi orale qui, comme il avait été dit, était suspendue par un fil et ne s'appuyait sur aucun texte, il a ainsi mis fin dans une certaine mesure aux discussions doctrinales. Ses contemporains étaient surpris et éblouis de ce système qui, tout en étant nouveau, paraissait remonter très haut. *Tarphon* ou *Tryphon*, un ancien docteur qui avait été autrefois supérieur à Akiba, lui déclara respectueusement : « Celui qui s'écarte de toi renonce au salut éternel, tu retrouves par ton interprétation ce que la tradition avait laissé tomber dans l'oubli. » Josua, son ancien maître, parla de lui avec admiration : « Plût au ciel que Johanan ben Zakkaï pût se lever de sa tombe et s'assurer combien était vaine sa crainte que quelque halaka ne disparût parce qu'elle ne pourrait pas être rattachée au texte sacré; Akiba a trouvé des points d'appui pour toutes les halakot. » On reconnaissait que sans l'enseignement d'Akiba des lois nombreuses eussent été oubliées ou négligées, et l'on déclarait dans un mouvement d'admiration excessive que ce docteur a découvert dans la Thora des prescriptions que Moïse lui-même n'avait pas connues. Le Talmud rapporte à ce sujet une légende assez curieuse, qui est peut-être une raillerie dirigée contre la méthode d'Akiba. Moïse, raconte cette légende, surpris de voir certaines lettres de la Thora surmontées de petits traits, demanda à Dieu de lui en faire connaître la signification. Dieu lui répondit qu'après une longue série de siècles il y aurait un docteur du nom d'Akiba ben Joseph qui saurait découvrir dans ces traits de nouvelles prescriptions. Le prophète voulut alors voir cet illustre savant, il se rendit à l'école d'Akiba, mais il dut se placer au huitième rang et ne put pas saisir les paroles du docteur.

La méthode d'Akiba, dont l'application exigeait une intelligence souple et une rare pénétration d'esprit, avait été accueillie avec enthousiasme et avait favorisé le développement de la loi orale. Elle rencontra cependant des adversaires. C'est qu'elle obscurcissait le sens littéral de l'Écriture sainte, trouvait dans le texte autre chose que ce qu'y apercevait la saine raison, et imprimait à l'esprit cette tendance funeste, qui a caractérisé l'école des allégoristes d'Alexandrie, à chercher et à découvrir tout dans la Bible, excepté le sens simple et vrai du texte (*Paschat*). Aussi, l'exégèse rationnelle gardait de nombreux partisans, et ceux-ci combattirent vivement le système d'interprétation d'Akiba.

Akiba procura par sa méthode une autorité incontestée et une

AKIBA ET SON SYSTÈME D'INTERPRÉTATION. 31

base solide à la tradition, il y porta également l'ordre et la lumière, et c'est grâce à lui qu'il allait devenir possible d'arrêter le développement et de réunir les matériaux si abondants de la loi orale. Jusque-là les halakot avaient été enseignées au hasard, sans que rien les reliât les unes aux autres; il était nécessaire, pour retenir ces innombrables prescriptions, de suivre assidûment pendant plusieurs années les conférences des docteurs, de travailler avec ardeur et d'être doué d'une bonne mémoire. Akiba, pour venir en aide à la mémoire et faciliter l'étude de ces lois, les coordonna et les classa par groupes et d'après leur nombre. « Akiba, a-t-on dit, a fait en quelque sorte des anneaux ou des anses pour la Loi, il a rangé et mis en ordre les prescriptions comme un trésorier met en ordre ses comptes. » L'ensemble de ces halakot fut nommé _Mischna_ (Matnita) et, plus tard, pour le distinguer du recueil postérieur, _Mischna de Rabbi Akiba_. Ces halakot ainsi coordonnées ne furent pas mises par écrit, elles restèrent orales. A vrai dire Akiba n'avait fait que classer et enseigner méthodiquement les halakot. Il avait été aidé dans ce travail de coordination, trop considérable pour un seul homme, par ses disciples, qui, pénétrés de sa méthode, purent achever son œuvre. Lorsque, plus tard, on réunit définitivement toutes les lois traditionnelles, l'œuvre d'Akiba et de ses disciples servit de base au nouveau recueil.

La méthode si originale d'Akiba qui se distinguait par la perspicacité pénétrante avec laquelle elle examinait le texte même et par ses efforts à mettre de l'ordre dans les matériaux recueillis, triompha peu à peu de l'opposition qui lui avait été faite de deux côtés différents, acquit une autorité considérable et fit tomber les systèmes précédents dans un complet oubli. Des docteurs ne craignirent pas d'avouer que de nombreuses questions étaient restées obscures jusqu'au moment où Akiba les avait élucidées. La renommée du restaurateur de l'enseignement oral s'étendit dans les communautés judaïques les plus lointaines; son origine obscure et l'humble situation qu'il avait occupée dans ses premières années ajoutèrent encore à l'éclat de sa réputation. La jeunesse studieuse préférait un enseignement qui aiguisait l'esprit et développait la raison à la méthode aride et stérile qui ne faisait appel qu'à la mémoire, et elle se pressait en foule autour d'Akiba. La légende évalue le nombre de ses auditeurs à douze mille et même au double, ce qui est certainement une exagération ; d'après une source digne de foi, ce nombre aurait été de trois cents. On raconte qu'un jour Akiba, accompagné de tous ses élèves, rendit visite à sa femme qui, jadis, l'avait engagé elle-même à se séparer d'elle et qui, depuis, avait vécu dans la pauvreté. Un récit qui, dans une certaine mesure, est probablement véridique, décrit leur entrevue d'une façon fort pittoresque. De tous les points de la région était accourue une foule immense pour voir l'illustre docteur, et, dans cette foule, sa femme misérablement vêtue. Dès qu'elle aperçut Akiba, elle s'avança vivement, se précipita vers lui et embrassa ses genoux. Ses disciples voulurent la repousser, mais le maître leur dit : « Laissez-la, ce que nous sommes, vous et moi, c'est à elle que nous le devons. »

Akiba avait sa résidence habituelle à *Beni-Berak*, où se trouvait également son école ; cette ville était située près d'*Asdod* (Azotus). Mais, comme membre du Synhédrin, il était obligé de se rendre souvent à Jabné, car ses collègues prenaient rarement une décision quand il n'assistait pas à leurs délibérations. Un jour, le Synhédrin, en l'absence d'Akiba, discuta longuement sur une question très grave, sans pouvoir la résoudre. C'est ce qui lui fit dire : « Quand Akiba n'assiste pas à nos séances, nous semblons être privés de la lumière de la Thora. » Mais les hommages qui lui étaient prodigués de toutes parts ne lui inspirèrent nullement l'orgueil, compagnon presque inséparable de la gloire, il continua à garder vis-à-vis de ses maîtres et de ses collègues une attitude simple et modeste. Sa sagesse et son habileté inspiraient la plus grande confiance, et il fut souvent chargé des missions les plus délicates, qu'il acceptait toujours avec une bienveillante obligeance. Ce fut lui qu'on délégua auprès des communautés extra-palestiniennes pour recueillir des secours en faveur des Judéens de la Palestine, ruinés par la guerre, ce fut encore lui qui dut annoncer à ces communautés l'intercalation d'une année supplémentaire. Il fit ainsi des voyages très lointains, il alla à Antioche, en Cilicie (Zephirion), en Cappadoce et, plus à l'ouest, jusqu'en Phrygie, et, d'un autre côté, jusqu'en Mésopotamie (Nehardéa).

Le principal adversaire de la méthode d'Akiba fut *Ismaël ben Elisa*. Ce docteur, qui cherchait dans l'explication et l'interprétation du texte sacré le sens naturel, contribua pour une grande part au développement de la doctrine judaïque, où Akiba avait introduit un élément en quelque sorte révolutionnaire. Ismaël était, comme Akiba, un des jeunes docteurs de cette époque ; fils d'un des derniers grands prêtres qui avaient vécu avant la destruction du temple, il était probablement issu de la famille sacerdotale des *Phiabi*. Il tirait des revenus considérables de vignes qu'il possédait, et il consacrait ces revenus à l'éducation et à l'établissement de jeunes filles pauvres ou orphelines. Ses vues sur les rapports de la loi traditionnelle avec la loi écrite sont empreintes de bon sens et de sagesse, elles sont en opposition absolue avec la méthode artificielle d'Akiba. Un de ses principes était que les prescriptions traditionnelles ne devaient pas être en contradiction avec le texte de l'Écriture sainte. « Il est nécessaire, dit-il, que la halaka soit d'accord avec la loi écrite. Dans trois cas, seulement, la tradition n'a pas tenu compte du sens de la loi écrite, dans tous les autres cas, elle est et doit être subordonnée à cette loi. » Ismaël déclara également que la Thora s'exprimait à la façon des hommes et qu'elle employait, comme eux, des locutions, des répétitions et des tournures qui n'ajoutent absolument rien au sens du texte, mais servent uniquement à en embellir la forme ; il rejeta toutes les déductions d'Akiba qui avaient pour point de départ un pléonasme, une syllabe ou une lettre superflues. Ainsi, de ce qu'il y a dans un verset une lettre en trop, Akiba avait déduit qu'une fille de prêtre convaincue d'adultère serait brûlée. Ismaël lui répliqua : « Et c'est pour cette lettre que tu fais condamner une femme à être brûlée ! » Ismaël se prononça également d'une façon très nette contre les règles de l'*extension* et de l'*exclusion* qui occupaient une place si importante dans le système d'Akiba ; il n'admit que les lois d'interprétation de Hillel, si claires et si logiques. Et encore n'accepta-t-il de ces dernières que celles qui étaient indiquées dans la Bible. Ainsi, il s'efforça de démontrer que le raisonnement qui conclut du plus petit au plus grand (*ab inferiori parte*) est déjà employé dans la Thora ; ce qui autorise seul les docteurs à en faire usage. Il limitait cependant autant que possible l'application de ces règles d'interprétation, il ne voulait pas, par exemple, que la transgression d'une loi connue seulement par déduction pût être punie d'une peine corporelle ou pécuniaire, ou qu'une déduction devînt le point de départ d'une nouvelle déduction. On reconnaîtra à ces quelques traits qu'Ismaël était un esprit lucide et sincère, qui cherchait à accomplir consciencieusement son devoir d'interprète de la Loi. Ce docteur avait son école particulière, connue sous le nom de *Bé-Rabbi-Ismaël*, et dans laquelle il enseignait surtout la méthode qui devait servir à interpréter et à appliquer la loi écrite. Il augmenta le nombre des règles d'interprétation de Hillél qu'il porta de sept à treize, et ces règles furent adoptées par les docteurs sans qu'elles pussent cependant affaiblir l'autorité de la méthode d'Akiba, dont Ismaël était un des plus vifs adversaires. Ces cinq docteurs : *Gamaliel*, l'organisateur, *Eliézer*, l'inflexible gardien de la tradition, *Josua*, le partisan de la conciliation, *Akiba*, l'esprit méthodique, et *Ismaël*, le dialecticien, forment le noyau et le centre de cette époque, c'est autour d'eux que se groupent les autres Tannaïtes qui se rattachent tous par leurs opinions ou leur manière de voir à l'un ou à l'autre d'entre eux. L'histoire judaïque contient peu de périodes où se trouvent réunis un si grand nombre d'hommes éminents par leur intelligence, leur caractère et leur zèle pour l'enseignement. On dirait que la Providence crée des héros particulièrement vaillants pour les temps difficiles et orageux. Une seconde fois, depuis les Macchabées, le judaïsme devait soutenir une lutte sans merci et combattre pour son existence ; il trouva des défenseurs qui sacrifièrent leur vie à son salut. L'immense douleur causée par l'effondrement de l'État judaïque contribua sans doute à mûrir l'esprit et à tremper le caractère des docteurs de cette génération. Ils concentrèrent toute leur énergie, toute leur intelligence, tout leur être sur un point unique, la conservation et le développement de l'héritage commun, de la sainte Thora. Tous les Tannaïtes de la deuxième génération étaient appelés, dans le langage du temps, *les hommes armés* (Baalé Trèssim), parce que le Synhédrin et les écoles ressemblaient à un champ de bataille où on discutait passionnément les questions législatives. L'assistance se composait en partie de membres du Synhédrin, qui avaient le droit d'émettre leur vote sur chaque question en discussion, en partie d'assesseurs élevés au rang de *docteurs* par la cérémonie de l'imposition des mains et parmi lesquels se recrutait le Collège, et enfin de disciples, qui étaient assis par terre, comme auditeurs, « aux pieds de leurs maîtres. »

Un des docteurs les plus remarquables de cette génération était *Tarphon* ou *Tryphon*, de la grande cité commerçante de Lydda, homme riche et généreux, d'un caractère brusque et violent, ennemi acharné des judéo-chrétiens; il y avait encore *Eliézer*, de *Modin*, particulièrement ingénieux et habile dans l'interprétation de l'Aggada, et *José*, le Galiléen, au cœur bon et généreux. Un seul trait suffira pour peindre le caractère de José. Sa femme était tellement méchante qu'il dut la répudier. Cette femme se remaria avec un gardien de la ville. Celui-ci devint aveugle, et sa femme le conduisait à travers la ville pour mendier, mais elle évitait de passer par la rue où habitait José. Un jour, cependant, son mari l'y contraignit; mais elle s'arrêta devant la demeure de José, elle n'eut pas le courage d'entrer comme mendiante dans une maison où elle avait commandé comme maîtresse. L'aveugle insista, la maltraita; elle se lamenta, et ses gémissements arrivèrent jusqu'à José. Il sortit, vit ce qui se passait, recueillit dans sa maison le mari et la femme et leur procura le nécessaire, et cette action si généreuse lui paraissait tout simplement l'accomplissement d'une obligation que la loi lui imposait. — Il faut encore nommer *Yesébab*, le greffier du Collège, *Huspit*, l'interprète (*meturgueman*), *Juda ben Baba*, le hasidéen, *Hanania ben Teradion*, qui subirent tous le martyre; *Eléazar ben Hasma* et *Johanan ben Gudgoda*, tous deux excellents mathématiciens et gens très pauvres, auxquels le patriarche avait fourni, sur les instances de Josua, des moyens d'existence; *Johanan ben Nuri*, de *Bet-Schearim* (en Galilée), un fervent partisan de Gamaliel; *José ben Kisma*, un admirateur des Romains, enfin *Ilaï* et *Halafta*, tous deux plus célèbres par leurs fils que par eux-mêmes. Parmi les disciples de cette époque, il y en a quatre dont les contemporains ont parlé avec éloge et qui ont laissé quelque trace dans l'histoire, ce sont *Samuel le Jeune* et trois disciples du nom de *Simon*. On appelait *disciples* ceux qu'une circonstance quelconque avait empêché de recevoir l'ordination (*Semika*), et qui, pour cette raison, étaient exclus de certaines dignités et ne pouvaient pas faire partie du Synhédrin ni remplir certaines fonctions judiciaires ; ils n'avaient pas droit au titre de *Rabbi* et ne pouvaient pas diriger d'école.

Samuel le Jeune (Hakaton) était d'une abnégation et d'une modestie rares ; il avait mérité d'être surnommé le *vrai disciple de Hillel*. Il est surtout connu par la formule de malédiction qu'il rédigea contre les judéo-chrétiens et par les paroles prophétiques qu'il prononça, au moment de mourir, sur le sombre avenir qui se préparait pour les Judéens. « Simon et Ismaël, dit-il, sont voués à la destruction, leurs compagnons à la mort, le peuple au pillage ; des persécutions douloureuses auront lieu prochainement. » Les assistants, ajoute le récit, ne comprirent pas le sens de ces prédictions, les événements en donnèrent à plusieurs d'entre eux la tragique explication. Samuel mourut sans laisser d'enfants ; ce fut le patriarche lui-même qui prononça son oraison funèbre. *Elisa ben Abuya*, plus connu sous le nom de *Ahèr* (homme transformé), appartenait au même groupe que Samuel. Égaré par de fausses doctrines, il devint l'ennemi de la Loi et de ses interprètes.

A cette époque, il s'était formé en dehors de la Judée plusieurs centres d'activité intellectuelle, particulièrement dans le pays qui devait prendre plus tard la place de la Judée et ouvrir à l'histoire judaïque des voies nouvelles. Les nombreuses communautés de la Babylonie et des pays parthes possédaient deux écoles importantes, l'une à *Nisibis*, ville qui était une pomme de discorde pour les Romains et les Parthes, et l'autre à *Nehardéa*, très ancienne capitale d'un petit État juif presque indépendant. A Nisibis enseignait *Juda ben Bathira*, à Nehardéa, *Nehémia*, de Bet-Deli. Dans l'Asie Mineure il y avait également des docteurs de la Loi, mais leurs noms ne nous sont pas parvenus. Ils paraissent avoir été établis principalement à *Césarée* ou *Mazaca*, capitale de la Cappadoce. Ce fut dans cette ville qu'Akiba rencontra dans son voyage en Asie Mineure un docteur qui discuta avec lui sur une halaka. Les Judéens établis en Égypte, qui n'avaient plus de lieu consacré au culte depuis que, sur l'ordre de Vespasien, ils avaient dû fermer le temple d'Onias, paraissent avoir eu une école à Alexandrie. Mais toutes ces écoles du dehors ne jouissaient d'aucun crédit en Judée ; elles-mêmes reconnaissaient, du reste, l'autorité supérieure du Synhédrin de Jabné. La dignité d'*arabarque* avait été maintenue à Alexandrie par les empereurs Flaviens, probablement par égard pour Alexandre Tibère, de la famille des arabarques, qui avait aidé Vespasien à monter sur le trône impérial et avait rendu des services importants à Titus pendant le siège de Jérusalem. L'esprit judéo-alexandrin, si caustique dans ses railleries contre le paganisme, n'avait pas encore disparu, il dirigeait maintenant ses traits acérés contre le despotisme de Rome.

CHAPITRE II

L'ACTIVITÉ A L'INTÉRIEUR

Le Synhédrin de Jabné était devenu le centre et en quelque sorte le cœur de la nation judaïque, il communiquait la vie et le mouvement aux communautés les plus lointaines, et ses décisions et ses ordres seuls étaient acceptés et exécutés. Le peuple voyait dans l'institution du Synhédrin un dernier vestige de l'État, et il éprouvait pour le patriarche, issu de la famille de Hillel et de la maison de David, une profonde vénération. La qualification grecque d'*ethnarque* (prince du peuple) indique bien que le patriarcat était en partie une dignité politique. Les Judéens étaient fiers de la famille de Hillel parce que c'était par elle qu'avait été maintenue la dignité de prince dans la maison de David et continuait à se réaliser la prophétie du patriarche Jacob « que le sceptre ne sortira pas de la tribu de Juda. » Immédiatement au-dessous du patriarche, il y avait le *Ab-bet-Din* et le *Hakam* (le sage) ou l'orateur qui prenait la parole aux séances ; les attributions dont ces deux fonctionnaires étaient revêtus ne sont pas encore clairement déterminées. Quant au patriarche, il avait le pouvoir, à l'intérieur, de nommer les juges et les administrateurs de la communauté, et probablement de leur demander compte de leurs actes. L'immixtion de Rome dans les affaires intérieures de la Judée n'était pas encore assez complète pour que cette puissance fît rendre la justice aux Judéens par des fonctionnaires romains. L'autorité du patriarche ne s'étendait cependant pas jusqu'aux écoles particulières, ceux qui dirigeaient ces écoles avaient conservé en partie leur indépendance et pouvaient conférer à leurs élèves le titre de juge et de docteur sans y avoir été préalablement autorisés par le Nassi. La collation de ces grades avait lieu avec une certaine solennité. En présence de deux de ses collègues, le maître imposait ses mains sur la tête de l'élu, sans penser toutefois qu'il faisait passer par cet acte son esprit dans son disciple, comme cela avait lieu pour les élèves-prophètes. L'imposition des mains devait seulement indiquer que le disciple avait été jugé digne de remplir certains emplois, mais on avait constaté avant cette cérémonie qu'il possédait les connaissances nécessaires à ces fonctions. Dans les simples questions d'intérêt, le premier venu pouvait servir d'arbitre; mais les affaires pour lesquelles il fallait un tribunal sérieux ne pouvaient être jugées que par des docteurs qui avaient reçu la consécration de l'ordination. L'acte de la consécration et de l'imposition des mains s'appelait *Semika* ou *Minuï*, ce qui signifie *nomination*, *ordination* ou *promotion*. Le disciple ordonné prenait le nom de *Zaken* (ancien), qui répond à peu près au titre de *sénateur*. En effet, après l'ordination, il pouvait faire partie du grand Conseil. Le jour où ils étaient élevés à ce grade, ceux qui recevaient l'ordination revêtaient un costume de fête spécial.

Une des plus importantes prérogatives du Nassi consistait à ouvrir solennellement les séances publiques du Synhédrin. Le patriarche était assis à la place la plus élevée, entouré des principaux membres du Collège, qui étaient placés en demi-cercle devant lui. Derrière ces docteurs étaient rangés les *ordonnés*, plus en arrière, les disciples, et, enfin, tout en arrière, le peuple écoutait, assis par terre. Le patriarche ouvrait la séance, soit en proposant lui-même un sujet à traiter, soit en adressant aux docteurs l'invitation de prendre la parole, invitation qu'il exprimait par ce simple mot : « Questionnez. » A la fin des délibérations, on allait de rang en rang pour recueillir les voix ; on commençait le plus souvent par le président pour s'arrêter au plus jeune membre. Dans les questions criminelles, c'étaient, au contraire, les plus jeunes qui émettaient d'abord leur vote. Le Synhédrin suivait la même procédure pour résoudre les questions qui lui étaient adressées du dehors, pour fixer les points de doctrine controversés, introduire des règlements nouveaux ou abolir des lois existantes.

Une autre prérogative importante du patriarche était de déterminer la date des fêtes. Le calendrier juif n'était pas établi sur des principes fixes et invariables, l'époque des fêtes était subordonnée à la marche de la lune en même temps qu'à l'action du soleil sur la moisson, il fallait donc combler par des intercalations la différence qui se produisait entre l'année solaire et l'année lunaire. Ces intercalations se faisaient d'après le calcul approximatif de la durée de la révolution solaire et de la révolution lunaire, calcul dont la connaissance avait été conservée par tradition dans la maison du patriarche. On tenait aussi compte de certains indices annonçant l'approche du printemps et du degré de maturité de la moisson. La durée des mois n'était pas mieux déterminée, aucune convention ne la réglait d'une façon définitive. D'après la tradition, le commencement du mois devait coïncider autant que possible avec l'apparition de la nouvelle lune. Dès que des témoins apercevaient la lune dans sa première phase, ils en avertissaient immédiatement le Synhédrin. S'il ne se présentait pas de témoins, le jour au sujet duquel il y avait doute appartenait au mois courant ; de cette sorte, les mois comptaient tantôt 29 et tantôt 30 jours. Gamaliel se servait d'un nouvel élément pour déterminer la néoménie, il calculait la durée de la révolution synodique de la lune, et il paraissait se rapporter plutôt à ses calculs qu'aux assertions des témoins. Depuis la destruction du temple, la fixation de la néoménie pour la plupart des mois ne présentait aucune importance et n'exigeait pas le concours du patriarche. Mais pour le mois de Tischri, en automne, et le mois de Nissan, au printemps, qui servaient à établir la date des fêtes les plus importantes, le patriarche lui-même devait intervenir, et toute décision prise au sujet de la fixation de ces mois ou de l'intercalation d'un mois supplémentaire ne devenait valable que par l'autorisation préalable ou l'approbation ultérieure du Nassi. Afin que les fêtes pussent être célébrées le même jour dans toutes les communautés judaïques et qu'il ne régnât à cet égard aucune divergence, le patriarche Gamaliel II s'était fait attribuer le pouvoir d'en déterminer tout seul la date. Par persuasion comme par nécessité, le Collège avait décidé d'admettre les dates fixées par le patriarche pour les fêtes, même dans les cas où il se serait trompé.

La néoménie était proclamée avec solennité et annoncée à toute la Judée ainsi qu'à la Babylonie, dont il fallait prendre en considération toute particulière la nombreuse population judaïque. On transmettait cette nouvelle au moyen de signaux de feu répétés de station en station, ce qui était d'exécution facile dans une région aussi montagneuse. Lorsqu'arrivait *le jour douteux* c'est-à-dire le jour qui pouvait être aussi bien la fin du mois courant que le commencement du mois suivant, les communautés babyloniennes les plus rapprochées de la Judée épiaient les signaux et les répétaient, dès qu'elles les apercevaient, pour les communautés plus éloignées. De cette façon, les Judéens établis dans la région de l'Euphrate (*la Gola*) avaient connaissance le même jour de la néoménie et pouvaient célébrer les fêtes à la même date que la mère-patrie. Quant aux communautés de l'Égypte, de l'Asie Mineure et de la Grèce (*la Dispersion*) avec lesquelles il était impossible de communiquer au moyen de signaux, elles ne connaissaient jamais exactement la fixation de la néoménie. Aussi avaient-elles pris l'habitude de temps immémorial de célébrer, au lieu d'un seul jour, deux jours de fête. L'intercalation d'un mois supplémentaire était annoncée aux communautés par des lettres que le Nassi leur faisait remettre par les principaux membres du Synhédrin

Ce fut le patriarche Gamaliel qui, le premier, établit des formules fixes pour la prière. Il en existait quelques-unes qui remontaient à une haute antiquité et qui avaient fait partie du culte en même temps que les sacrifices. Mais, en dehors d'elles, chacun pouvait s'adresser à son Créateur dans la forme et dans les termes qui lui convenaient. Gamaliel fit d'abord composer pour la prière journalière les dix-huit formules de bénédiction (*Berakot*), qui aujourd'hui encore sont récitées dans toutes les synagogues ; il avait chargé *Simon*, de *Pikole*, de la rédaction de ces eulogies. Certains docteurs désapprouvèrent le patriarche d'introduire dans le culte des prières fixes ; Éliézer, du moins, se déclara l'adversaire de cette innovation. « Une prière, dit-il, qui est récitée d'après une formule arrangée d'avance, ne vient pas du cœur. » Gamaliel a également introduit dans la synagogue, contre les judéo-chrétiens, une prière dont il sera question plus loin. Le service divin s'accomplissait avec une grande simplicité. Il n'y avait pas d'officiant en titre, quiconque jouissait d'une bonne réputation et avait l'âge prescrit, pouvait remplir cette fonction. La communauté invitait un des fidèles à officier, et celui-ci était appelé, pour cette raison, « le délégué de la communauté » (*Scheliah Zibbur*). L'officiant se plaçait devant l'arche sainte, qui contenait les rouleaux de la Loi ; de là, l'expression *se placer devant l'arche* ou *descendre devant l'arche*. Cette dernière, en effet, se trouvait plus bas que l'assemblée des fidèles.

Ainsi, le patriarche et le Synhédrin avaient su régler le culte public de telle façon que, contrairement à l'opinion des personnes étrangères au judaïsme, la chute du temple n'avait désorganisé en rien la vie religieuse des Judéens. Les sacrifices avaient été remplacés par la prière, l'étude de la Loi et la charité. Sauf les pratiques concernant les offrandes, toutes les prescriptions étaient strictement observées. Les Ahronides recevaient régulièrement toutes les redevances sacerdotales, on laissait, comme auparavant, à l'extrémité des champs, une partie de la récolte pour les pauvres, et on distribuait tous les trois ans la *dîme des indigents*. Toutes les lois applicables au sol de la Judée et à une partie de celui de la Syrie continuaient à rester en vigueur. On observait l'*année de relâche* pour tout ce qui concernait la culture des champs et en partie pour la péremption des dettes flottantes. Bref, quoiqu'il eût disparu pour le moment, l'État juif était encore considéré comme existant, et ce fut sous l'inspiration de cette pensée que les docteurs établirent des mesures pour empêcher les païens d'acquérir à perpétuité des terres judaïques et pour les déposséder de celles qui leur auraient déjà été aliénées.

Pour perpétuer le souvenir du temple, dont on espérait le prochain relèvement, on conservait certaines pratiques qui n'avaient de raison d'être et de véritable signification que dans le sanctuaire. Le premier soir de la Pâque, on célébrait la sortie d'Égypte par une cérémonie dont les symboles rappelaient d'une façon particulièrement frappante le sacrifice de l'agneau pascal. La chute de l'État et l'incendie du temple avaient fait naître dans tous les esprits un sentiment de sombre et profonde tristesse, et ce sentiment était entretenu avec soin par l'enseignement des docteurs : « Celui qui s'afflige sincèrement sur la chute de Jérusalem, disaient-ils, assistera à l'éclatante et glorieuse résurrection de cette ville. » On adopta pour cette raison certains signes de deuil. Ainsi, aux maisons crépies à la chaux, on laissait un endroit qui n'était pas blanchi ; les femmes ne devaient pas se parer de tous leurs bijoux à la fois, mais en laisser quelques-uns de côté « en souvenir de Jérusalem ; » il était recommandé au fiancé de ne pas porter de couronne comme autrefois le jour du mariage et de ne pas faire jouer devant lui de certains instruments. Mais le deuil se manifestait surtout par le jeûne. On rétablit, après la destruction du second temple, les quatre jours de jeûne que les exilés de Babylone s'étaient volontairement imposés après la chute du premier temple. Il y eut des Judéens qui jeûnaient même chaque semaine. Seuls, les jours qui rappelaient une victoire ou quelque autre heureux événement (*Yemè Meguillat Taanit*) ne pouvaient pas devenir des jours de jeûne. Les docteurs ne voulaient pas que les souvenirs de temps plus fortunés pussent s'effacer de la mémoire du peuple.

Les règles de pureté édictées pour les Lévites restèrent également en vigueur, au moins en partie ; elles avaient été trop intimement mêlées au développement religieux des Judéens pour disparaître complètement avec le temple. Les gens pieux prenaient les mêmes mesures de précaution pour goûter des aliments ordinaires que pour manger la dîme, l'oblation sacerdotale ou la viande des sacrifices. On évitait avec soin le contact de personnes ou d'objets qui, d'après la Loi, communiquaient une souillure, et on ne faisait usage que de vêtements et de vases fabriqués conformément aux prescriptions de pureté. Ceux qui se soumettaient à ces règles sévères et donnaient régulièrement la dîme des fruits qu'ils récoltaient ou achetaient, formaient une espèce d'*ordre* (Habura) dont l'origine remonte à l'époque de la lutte des Pharisiens et des Sadducéens. Cet ordre paraît avoir poursuivi un but politique; ceux qui en faisaient partie s'appelaient *compagnons* (Haberim). Pour être reçu compagnon, il fallait prendre l'engagement public, devant trois membres, de se soumettre aux règles de l'ordre. La violation de ces règles entraînait l'exclusion du coupable. L'ordre refusait d'admettre les *publicains* ou percepteurs d'impôts, qui, étant considérés comme instruments de la tyrannie romaine, continuaient à former la classe la plus méprisée de la population.

L'ordre des compagnons représentait en quelque sorte la classe des patriciens juifs. Mais au pôle opposé se tenait le peuple de la campagne, les esclaves de la glèbe, la classe des plébéiens. Les documents de l'époque dépeignent sous des couleurs très sombres la situation morale et intellectuelle de la plèbe. Il est à croire que les fréquents soulèvements qui marquèrent les dernières années de l'État judaïque et la longue lutte de la révolution contribuèrent à donner à cette partie du peuple juif des mœurs corrompues et sauvages. Les gens de la campagne ne montraient aucune probité dans les affaires commerciales, aucun sentiment de tendresse et de délicatesse dans la vie de famille, aucune dignité dans leurs relations, aucun respect pour la vie humaine. Ils n'observaient que les lois qui flattaient leurs sens grossiers, ils étaient étrangers à toute culture intellectuelle. Un abîme séparait cette foule rude et ignorante de la société civilisée et instruite, et ces deux classes éprouvaient l'une pour l'autre une haine profonde. Il était défendu aux compagnons de prendre leurs repas ou de vivre en commun avec les habitants de la campagne, afin de ne pas se souiller à leur contact. Les mariages entre les deux classes étaient très rares ; pour les membres de l'ordre, de telles unions étaient des mésalliances. A en croire des contemporains, il existait une haine plus violente entre patriciens et plébéiens qu'entre Judéens et païens : « Si les gens de la campagne n'avaient pas besoin de nous, dit Éliézer, ils nous tendraient des pièges pour nous attaquer. » Akiba, qui était sorti des rangs du peuple, avoua que dans sa jeunesse il désirait vivement se rencontrer seul à seul avec quelque savant pour l'assommer. Les compagnons ne faisaient rien pour élever jusqu'à eux ces gens grossiers, ils multipliaient, au contraire, les barrières qui les séparaient de leur ordre. Non seulement ils évitaient tout commerce avec eux, mais ils n'acceptaient pas leur témoignage, leur refusaient le droit de tutelle et ne leur confiaient jamais aucune fonction dans la communauté.

Tenus à l'écart de la partie civilisée de la population judaïque, exclus de toute participation à la vie administrative de la communauté, privés de tout ce qui aurait pu contribuer à leur relèvement, livrés à leurs propres inspirations, sans guide et sans conseiller, les plébéiens devaient forcément répondre à l'appel du christianisme naissant. Jésus et ses disciples s'étaient adressés de préférence à ces gens du peuple, si abandonnés et si méprisés, ils avaient recruté parmi eux la plupart de leurs partisans. Ces misérables, méconnus par les hommes et repoussés par la loi, étaient heureux des témoignages de sympathie que leur accordaient les apôtres chrétiens. Ces derniers les visitaient, mangeaient et buvaient avec eux, leur affirmaient que le Messie était venu et était mort uniquement pour eux, afin de les faire jouir des biens dont ils avaient été privés jusque-là, et surtout afin de leur assurer la béatitude dans un monde meilleur. La loi leur déniait les plus simples droits, et le christianisme leur ouvrait le royaume du ciel! Ils ne pouvaient pas hésiter dans leur choix. Les docteurs, absorbés par l'étude de la Loi et par la constante préoccupation de conserver intacte la doctrine judaïque, virent se dresser tout à coup devant eux, sur leur propre terrain, un ennemi qui se disposait à conquérir le domaine spirituel sur lequel ils avaient veillé avec un dévouement fidèle et une ardente sollicitude.

A la mort de Jésus, les partisans du christianisme, au nombre de cent cinquante à deux cents, avaient constitué une communauté qui s'était rapidement développée sous la vigoureuse impulsion des principaux apôtres, et surtout de *Paul*. Celui-ci avait conçu, pour faciliter l'extension du christianisme, un projet fécond et facilement réalisable : il s'était efforcé de gagner les païens à la morale judaïque en leur inculquant la croyance à la résurrection de Jésus, et de convaincre les Judéens de l'insuffisance et de l'inefficacité de leurs doctrines en leur faisant adopter la croyance que le Messie était déjà arrivé. La nouvelle religion avait rencontré, dès sa naissance, les conditions les plus favorables à son développement. C'était pour elle un fait des plus heureux que Paul de Tarse, cet homme actif, remuant, passionné, d'abord son détracteur, fût devenu son partisan et son principal fondateur et lui frayât le chemin pour « pénétrer dans les rangs serrés de la gentilité. » Privée de l'appui de cet apôtre, la doctrine de Jésus, incomplète, mi-essénienne, adoptée par des disciples ignorants et des femmes de réputation douteuse, aurait promptement disparu. D'autres circonstances avaient encore favorisé le christianisme naissant. C'était d'abord la tiédeur et l'indifférence des Judéens hellénisants d'Alexandrie, d'Antioche et de l'Asie Mineure pour les rites et les prescriptions du judaïsme, c'était aussi la profonde aversion des gens vertueux, parmi les Grecs et les Romains, pour le culte impur du paganisme, et leur penchant pour la doctrine juive.

Ainsi, Judéens lettrés et païens de mœurs honnêtes adoptaient avec empressement le christianisme de Paul qui, par l'abolition de la loi du sabbat, des prescriptions alimentaires et, en particulier, du commandement de la circoncision, répondait complètement à leurs aspirations religieuses. Les Judéens trouvaient probablement assez étrange cette croyance à un Homme-Dieu, à un fils de Dieu, mais, pour les gentils, ce dogme servait précisément de transition entre le polythéisme païen et l'austère monothéisme juif. La destruction du temple et l'effondrement apparent de la nationalité judaïque aidèrent également à développer la nouvelle religion. Cette catastrophe avait laissé une profonde blessure dans le cœur des Judéens de la Palestine et du dehors, et les esprits faibles, ceux qui ne croyaient plus au rétablissement du sanctuaire et ceux qui avaient besoin d'un culte expiatoire, accueillirent avec satisfaction le dogme de la rédemption des péchés par la mort du Messie, dogme qui leur imposait peu de sacrifices et les réconciliait avec la gentilité. Ce qui favorisa tout particulièrement l'extension du christianisme, ce fut une mesure politique prise contre les Judéens par leurs vainqueurs. Un décret de Vespasien obligea tous les Judéens à payer aux autorités romaines une sorte de taxe personnelle, en remplacement de la contribution qu'ils versaient autrefois au trésor du temple, et cette mesure parut d'autant plus oppressive aux Juifs de Rome qu'elle les atteignit pour la première fois dans leurs droits et leur dignité de citoyens. Pour se soustraire à cet impôt, qui était une charge et une humiliation, de nombreux Judéens niaient leur origine judaïque. Mais, plus tard, le troisième empereur Flavien, le cupide et cruel Domitien, fit percevoir cette taxe avec la plus grande rigueur, et il ordonna d'examiner ceux qui déclaraient ne pas appartenir à la confession juive. La nécessité rendit les Judéens inventifs, et beaucoup d'entre eux employaient une ruse pour échapper à la *taxe judaïque :* ils s'arrangeaient de façon à rendre le signe de l'alliance méconnaissable sur leur corps. L'autorité religieuse de la Palestine, le Synhédrin de Jabné, blâma, naturellement, d'une façon très sévère cette manière d'agir par laquelle ils rejetaient en quelque sorte l'alliance d'Abraham. Et voici qu'en ce moment même les disciples de Paul viennent enseigner que Jésus a aboli la circoncision comme toutes les autres lois, que les Judéens, même incirconcis, pourvu qu'ils aient la foi véritable, sont les vrais descendants d'Abraham, des *élus*, des *prêtres*, des *princes!* Une doctrine si accommodante trouva sans doute de l'écho chez les Judéens de Rome et de l'Asie Mineure, et les rapprocha du christianisme.

Pendant les dix premières années qui suivirent la destruction du temple, le christianisme avait donc acquis un développement et un prestige remarquables. Il ne recrutait plus uniquement ses partisans parmi les humbles et les ignorants, il se propageait aussi dans la classe plus élevée des lettrés et des patriciens. Dans toutes les villes importantes de l'empire romain, et particulièrement à Rome même, s'étaient organisées des communautés chrétiennes qui se considéraient comme distinctes des Judéens, mais étaient confondues avec ces derniers par les Romains. Dès ce moment, le christianisme ne fut plus un élément négligeable, il commença à exercer une influence sérieuse dans l'histoire.

Le christianisme avait opéré une heureuse transformation dans le monde païen et il aurait pu agir très utilement sur le judaïsme, mais il fut arrêté dans son action par les dissensions qui éclatèrent dans son sein et qui l'obligèrent à entrer dans une voie fausse et dangereuse. La doctrine de Paul sur l'inutilité de la loi judaïque avait introduit dans le christianisme primitif un germe de discorde qui divisa les partisans de Jésus en deux grands partis, et ces partis se subdivisèrent à leur tour en petites sectes dont chacune avait ses vues propres et ses habitudes particulières. Ce fut, non pas au IIe siècle seulement, mais dès l'origine, que se manifestèrent pour la première fois dans le christianisme des divergences qui, du reste, étaient la conséquence fatale de l'opposition des éléments qui composaient cette religion. Les deux partis principaux qui, dès les premières années, se dressèrent l'un en face de l'autre, furent les *judéo-chrétiens* et les *pagano-chrétiens*. Les judéo-chrétiens ou *Ebionites*, qui avaient formé la communauté primitive, se recrutaient principalement parmi les Juifs et se rattachaient étroitement au judaïsme, ils en observaient presque toutes les lois, et ils invoquaient à ce sujet l'exemple de Jésus qui était resté fidèle aux prescriptions judaïques. Ils attribuaient à Jésus les paroles suivantes : « Le ciel et la terre disparaîtront avant que ne disparaisse un seul iota de la Loi. » Et encore : « Je ne suis pas venu pour abolir, mais pour accomplir la Loi de Moïse. » Ils éprouvaient une certaine animosité contre les pagano-chrétiens, qui ne tenaient aucun compte de ces lois, et ils leur appliquaient ces paroles de Jésus : « Celui qui abolit la moindre prescription et enseignera dans ce sens sera le plus petit dans le royaume des cieux ; mais celui qui observe et enseigne les lois brillera dans le royaume céleste. » Même leur attachement pour Jésus n'était pas de nature à les éloigner du judaïsme. Le fondateur du christianisme était pour eux un homme de mœurs pures, d'une haute valeur morale, issu d'une façon toute naturelle de la maison de David, qui avait procuré aux hommes le royaume des cieux en leur enseignant la modestie et l'humilité. Craignant que leur parti ne fût absorbé par les pagano-chrétiens, ils avaient envoyé dans les communautés du dehors des apôtres qui avaient pour mission d'enseigner non seulement que Jésus était le Messie, mais aussi que la loi judaïque devrait être observée dans tous les temps. Ils fondèrent ainsi plusieurs colonies judéo-chrétiennes, dont la plus importante fut plus tard celle de Rome.

Les pagano-chrétiens professaient des idées tout opposées. Comme la conception d'un Messie libérateur, appelé apparemment dans la langue des prophètes *fils de Dieu*, était totalement étrangère aux gentils, et que le titre de descendant de David ne pouvait non plus agir bien vivement sur leur esprit, les pagano-chrétiens interprétaient les faits à leur propre point de vue et considéraient Jésus comme un vrai fils de Dieu, et cette idée était pour les païens aussi naturelle qu'elle semblait étrange et singulière aux Judéens. Une fois qu'il était établi que Jésus était fils de Dieu, il devenait nécessaire d'écarter tous les phénomènes, tous les événements, tous les faits qui étaient en contradiction avec cette conception. Jésus ne pouvait plus être venu au monde d'une façon naturelle ; de là cette assertion qu'il était né d'une vierge et engendré par le Saint-Esprit. La première divergence importante entre les Ébionites et les pagano-chrétiens porta donc sur l'idée qu'ils avaient de la nature de Jésus : les premiers le *vénéraient* comme fils de David, les autres l'*adoraient* comme fils de Dieu. De plus, les pagano-chrétiens attachaient une médiocre importance à la doctrine de la communauté des biens et du mépris des richesses qui formait la base du christianisme ébionite.

Les pagano-chrétiens ou *Hellènes* avaient leur principal siège en Asie Mineure ; ils avaient surtout organisé des communautés dans sept villes, que le langage symbolique de l'époque appelait les *sept étoiles* ou les *sept lampes d'or*. Éphèse contenait la plus importante de ces communautés. Entre les Ébionites et les pagano-chrétiens, qui n'avaient de commun que leur nom de *chrétiens*, régnait une animosité qui devint, avec le temps, plus âpre et plus violente. Les judéo-chrétiens ressentaient une haine ardente pour Paul et ses disciples, ils accablaient d'injures et d'outrages, même longtemps après qu'il fût mort, celui qu'ils appelaient l'apôtre du *prépuce*. Rempli d'admiration pour l'unité et la concorde que le Synhédrin de Jabné savait maintenir dans le judaïsme et qui formaient un si vif contraste avec les déchirements du christianisme, un Ébionite écrivit ce qui suit : « Les Judéens de tous les pays observent encore aujourd'hui la même Loi, ils croient tous à l'unité de Dieu et suivent les mêmes pratiques, ils ne peuvent pas avoir des doctrines différentes ni s'écarter du sens de l'Écriture sainte, car ils interprêtent les passages difficiles de la Thora d'après une règle traditionnelle ; ils n'autorisent à enseigner que ceux qui ont appris la manière d'expliquer le texte sacré. Aussi ont-ils tous UN Dieu, UNE Loi, UNE espérance... Si nous n'imitons pas cet exemple, la parole de vérité se divisera chez nous en opinions différentes. Je ne parle pas ainsi comme prophète, mais comme un homme prévoyant qui aperçoit l'origine du mal. Quelques-uns des païens ont rejeté ma doctrine, qui est d'accord avec la Loi, pour suivre l'enseignement faux et grotesque d'un ennemi (Paul). » Ces paroles sont attribuées au second des apôtres, *Simon Pierre*. Les Ébionites, qui qualifiaient de *fausses* et de *grotesques* les prédications et les doctrines de Paul, donnèrent à cet apôtre un sobriquet qui, à leurs yeux, devait être un stigmate pour lui et ses partisans. Ils le surnommèrent *Simon le Magicien*, le regardant comme un magicien demi-juif (Samaritain) qui a ensorcelé le monde par ses paroles. Ils voulaient bien croire qu'il avait reçu le baptême, mais ils prétendaient que la mission d'apôtre ne lui avait pas été confiée par le successeur de Jésus et par l'intermédiaire de l'*Esprit Saint*, mais qu'il avait essayé de l'acheter à prix d'argent en distribuant des aumônes à la communauté ébionite. Ils ajoutaient que sa tentative avait échoué et que Simon Pierre l'avait déclaré damné parce que son cœur était plein de méchanceté, d'amère jalousie et d'injustice. Ils se disaient l'un à l'autre et répétaient ces paroles aux croyants : « Est-il possible que Jésus soit apparu à l'apôtre des gentils, à celui qui propage des croyances contraires à la Loi ? » La doctrine de Paul, qui avait aboli la législation judaïque, était qualifiée par ses adversaires de *licence effrénée*, elle était comparée à celle de Balaam, ce faux prophète qui avait prêché l'idolâtrie et la débauche. Les chefs du parti pagano-chrétien leur répliquaient avec la même violence, leur témoignaient la même haine et peut-être une haine encore plus grande, car aux dissentiments religieux venait s'ajouter chez eux la profonde aversion que les Grecs et les Romains éprouvaient pour les Judéens, même après qu'ils fussent devenus chrétiens. Dans les communautés importantes, les deux partis formaient des groupes séparés et se tenaient à l'écart les uns des autres. Les épitres que les chefs des diverses sectes chrétiennes avaient l'habitude d'envoyer aux communautés contenaient des railleries ou des paroles de réprobation que chaque parti adressait à ses adversaires ; c'étaient, le plus souvent, des lettres de polémique. Même les récits composés sous le nom d'*évangiles* dans le premier quart du ɪɪ° siècle, et qui rapportaient la naissance de Jésus, son action, ses souffrances, sa mort et sa résurrection, reflétaient les divergences d'opinion des deux groupes et attribuaient au fondateur du christianisme, non pas les doctrines et les sentences qui lui appartenaient réellement, mais celles qui répondaient aux vues et aux aspirations particulières de chaque parti. Ainsi, les Ébionites montraient Jésus comme favorable à la loi judaïque et aux Judéens, que, d'après les *Pauliniens* ou pagano-chrétiens, il aurait au contraire méprisés et haïs. Les évangiles eux-mêmes étaient donc des écrits de polémique.

Les Ébionites et les pagano-chrétiens n'étaient pas seulement divisés sur les croyances et les dogmes, il régnait également entre eux des divergences politiques. Les judéo-chrétiens, comme les Judéens, haïssaient Rome, les Romains, les empereurs et leurs fonctionnaires. Un de leurs prophètes, qui a composé la première *Apocalypse*, imitée des visions de Daniel et attribuée à Jean, injuriait en paroles enflammées la *ville aux sept collines, Babylone, la grande prostituée*. Cette première Apocalypse annonce et appelle sur Rome *la pécheresse* tous les malheurs, les plus terribles fléaux et dévastations, toutes les humiliations et toutes les hontes ; on ne se doutait guère, à cette époque, que Rome deviendrait un jour la capitale de toute la chrétienté. Les disciples de Paul prêchaient, au contraire, la soumission à la puissance romaine, qu'ils déclaraient instituée par Dieu lui-même. Ils n'éprouvaient pas, comme les judéo-chrétiens, l'amer sentiment de la liberté perdue, et ils recommandaient sans cesse de payer aux Romains taille, impôts, droits de douane, taxes de toutes sortes. La soumission des pagano-chrétiens au pouvoir régnant, leurs avances à Rome, la *ville du péché*, que les Ébionites vouaient aux flammes de l'enfer, élargissaient encore le fossé qui séparait l'une de l'autre les différentes sectes chrétiennes.

Au commencement, les Judéens eurent avec les judéo-chrétiens, qu'ils nommaient *Minéens* ou *Minim*, des relations assez cordiales. Un docteur de la Loi, *Eliézer ben Hyrkanos*, s'entretenait si fréquemment avec les judéo-chrétiens, et particulièrement avec un certain *Jacob*, de *Kephar-Siknin*, qu'il fut soupçonné d'appartenir lui-même à la communauté chrétienne et appelé à se justifier de cette accusation devant le procurateur romain. Un jour que *Ben Dama*, un neveu d'Ismaël, avait été mordu par un serpent, il voulut se faire guérir par ce même Jacob, au moyen d'une formule de conjuration prononcée au nom de Jésus. La conversion du judaïsme au christianisme était un fait qui ne causait nulle surprise et passait presque inaperçu; il y avait probablement des familles juives dont certains membres professaient la foi judéo-chrétienne sans troubler aucunement la paix domestique. On raconte que *Hanania*, un neveu de Josua, s'était affilié à la communauté chrétienne de Caphernaüm; son oncle qui, naturellement, blâma cet acte, le contraignit à cesser toute relation avec les chrétiens et, pour le soustraire à leur influence, il l'envoya en Babylonie.

Ces rapports pacifiques entre Judéens et judéo-chrétiens ne furent pas de longue durée. Il est, du reste, dans notre nature d'idéaliser peu à peu l'objet de notre adoration, et d'éprouver pour lui un enthousiasme d'autant plus vif qu'il se trouve plus éloigné de nous. C'est ce qui explique que les Ébionites ne se contentèrent pas longtemps de considérer Jésus comme un Messie, mais inconsciemment, presque malgré eux, ils se rapprochèrent de la doctrine pagano-chrétienne, et attribuèrent à Jésus des vertus divines et la puissance de faire des miracles. Cette nouvelle conception sépara de plus en plus les judéo-chrétiens du judaïsme, auquel cependant ils croyaient continuer à se rattacher. On vit ainsi se former de nombreuses sectes composées d'Ébionites et d'Hellènes, qui établirent une sorte de gradation allant depuis les judéo-chrétiens, sévères observateurs de la Loi de Moïse, jusqu'aux *Antitaktes*, qui méprisaient cette loi. Tout près des Ébionites se tenaient les *Nazaréens*. Eux aussi admettaient le caractère obligatoire de la loi judaïque, mais ils expliquaient que Jésus était né d'une façon surnaturelle d'une vierge et du Saint-Esprit, et ils le douaient d'attributs divins. D'autres allaient encore plus loin, ils rejetaient en partie ou totalement les prescriptions judaïques.

— Par suite de cette transformation dans la doctrine des judéo-chrétiens, il était fatal que la scission devînt complète entre eux et les Judéens. Le moment devait forcément arriver où les Ébionites comprendraient eux-mêmes qu'ils n'appartenaient plus à la communauté judaïque, et où ils s'en sépareraient complètement. La lettre de divorce adressée par le judéo-christianisme à la communauté-mère existe encore ; elle prescrit aux partisans judaïtes de Jésus de s'éloigner totalement de leurs anciens coreligionnaires. L'*Épître aux Hébreux* explique, d'après la méthode aggadique de l'époque, que le Messie crucifié a été à la fois la victime qui expie et le prêtre qui absout ; elle montre que la Loi considère comme particulièrement agréables à Dieu les sacrifices dont le sang était aspergé dans le Saint des saints et la chair brûlée en dehors du camp (du temple). L'épître continue ainsi : « Et c'est pour racheter les péchés du peuple par son sang que Jésus a subi la mort en dehors des portes de Jérusalem. Sortons donc du camp (de la communauté juive) pour aller vers Jésus et supporter une partie de son opprobre ; ici, nous n'avons plus la cité éternelle (Jérusalem, symbole de la nation judaïque) ; allons à la recherche de la cité de l'avenir. » Lorsque les Nazaréens et d'autres sectes judéo-chrétiennes se furent définitivement séparés des Judéens, ils conçurent contre le judaïsme et ses adeptes une haine acharnée ; à l'instar des pagano-chrétiens, ils les poursuivirent de leur mépris et de leurs outrages. Comme la loi écrite avait pour eux aussi un caractère sacré, ils dirigèrent surtout leurs traits acérés contre les Tannaïtes et leur étude des lois traditionnelles, sur laquelle se portait, à cette époque, toute l'activité de la pensée juive. Chez les Ébionites comme chez les Judéens, on était habitué à juger tous les événements qui se présentaient au point de vue de l'Écriture sainte et à trouver à leur sujet des allusions et des explications dans les écrits des prophètes. C'est ainsi que les Nazaréens appliquèrent aux Tannaïtes, qu'ils appelaient *Deuterotes*, et principalement aux deux écoles de Schammaï et de Hillel, ces paroles de blâme et de menace du prophète Isaïe (VIII, 14) : « Il sera un écueil et une pierre d'achoppement pour les deux maisons d'Israël. » « Par les *deux maisons*, dirent-ils, le prophète désigne les deux écoles de Schammaï et de Hillel, d'où sont sortis les scribes et les Pharisiens, qui ont eu pour successeurs Akiba, Johanan, fils de Zakkaï, puis Éliézer et Delphon (Tarphon), et enfin Joseph le Galiléen et Josua. Ce sont là les deux maisons qui ne reconnaissent pas le Sauveur, et cela sera pour elles une cause d'achoppement et de chute. » Ils mettaient dans la bouche de Jésus des paroles de mépris contre les docteurs, paroles qui étaient peut-être vraies pour l'un ou l'autre d'entre eux, mais qui, apliquées à la classe tout entière, devenaient des assertions calomnieuses. « A l'endroit (le Synhédrin) où siégeait Moïse, aurait dit Jésus, sont assis les scribes et les Pharisiens. Observez et accomplissez tout ce qu'ils vous diront d'observer, mais n'imitez pas leurs actions; ils parlent, mais n'agissent pas conformément à leurs paroles. Leurs actions n'ont qu'un seul but : par elles ils cherchent à attirer sur eux l'attention des hommes. Ils se parent de larges phylactères (*Tefilin*) et mettent de longues franges (*Zizit*) à leurs vêtements; ils aiment à présider aux banquets, à trôner dans les synagogues, à être salués par les passants sur les places publiques, à être appelés partout du titre de *Rabbi, Rabbi*... Malheur à vous, scribes et Pharisiens, race d'hypocrites, qui dévorez les biens des veuves, sous prétexte que vous adressez au ciel de longues prières; le châtiment vous frappera... Malheur à vous... Vous offrez la dîme de la menthe, de l'anet et du cumin, et vous négligez les prescriptions les plus importantes; vous agissez contre la fidélité, la justice et la charité. Vous faites bien d'observer ces petites pratiques, mais à condition de ne pas transgresser les commandements les plus importants. Vous êtes des imposteurs; vous passez des moucherons au crible et vous avalez des chameaux... Vous nettoyez les coupes et les plats au dehors, et à l'intérieur vous les laissez remplis de rapines et de pourriture. »

Ainsi, ce judaïsme que les judéo-chrétiens s'étaient efforcés de maintenir intact, ils l'attaquaient maintenant, lui et ses chefs, avec la dernière violence. Par ces attaques, ils servaient, sans le vouloir, la cause des Hellènes et préparaient le terrain pour la doctrine paulinienne, qui se développa très rapidement et put bientôt se faire accepter comme le seul et vrai christianisme, comme le *catholicisme* (la religion pour tous). Les Ébionites et les Nazaréens furent absorbés peu à peu par la communauté toujours croissante des pagano-chrétiens. Comme ces derniers, ils invoquaient Jésus comme un Dieu dans leurs prières et ils flétrissaient les Judéens du nom de *déicides*. La haine qu'ils avaient vouée à leurs anciens coreligionnaires était si profonde que, pour leur nuire, ils se faisaient délateurs et les accusaient, auprès des autorités romaines, de conspirer et de fomenter des révoltes. Ceux des Ébionites qui continuèrent à rester fidèles à leurs premières opinions formèrent de petits groupes sans importance, méprisés des Judéens et des chrétiens. Au milieu de ce conflit de doctrines se produisit un phénomène singulier : à mesure que les Ébionites s'écartaient de la loi judaïque, les Hellènes, au contraire, s'en rapprochaient.

En dehors de ces deux partis principaux, les judéo-chrétiens et les pagano-chrétiens, le christianisme vit se former dans son sein des sectes nombreuses sous les dénominations les plus étranges et avec les plus singulières tendances. Un demi-siècle après la destruction du temple, il s'était produit une évolution importante dans les deux religions qui se partageaient alors le monde, dans le judaïsme et le paganisme ; le premier, qui, après l'effondrement de la nationalité juive, fut privé de l'appui politique de l'État, se réorganisa et redevint florissant ; le second, en pleine possession de la puissance politique, se désagrégea et pencha vers sa ruine. Une activité extraordinaire régna à cette époque dans les esprits, une sorte d'effervescence intellectuelle d'où sortirent les productions les plus bizarres. Aux éléments provenant du judaïsme et du christianisme vinrent s'associer des éléments étrangers fournis par le système judéo-alexandrin de Philon, par la philosophie grecque et, en général, par toutes sortes de doctrines qu'il n'est plus possible de déterminer distinctement. C'était un vrai chaos d'opinions et de croyances où se mêlaient, se pénétraient et se fondaient les unes dans les autres les idées les plus opposées et les plus disparates, pensées juives et pensées païennes, notions vieilles et idées neuves, vérités et erreurs, conceptions grossières et conceptions élevées. On aurait dit que toutes les doctrines de l'antiquité voulussent introduire dans le christianisme naissant quelque chose de leur essence pour acquérir une plus grande valeur et s'assurer une plus longue durée. Cet accouplement d'éléments si opposés produisit des systèmes difformes et monstrueux. La vieille question de l'origine du mal et de la possibilité d'en concilier l'existence avec l'idée d'une Providence juste et miséricordieuse passionnait tous ceux que les apôtres chrétiens avaient familiarisés avec la pensée judaïque. On ne croyait pouvoir résoudre cette question qu'en imaginant une nouvelle conception de Dieu, dont les éléments étaient empruntés aux systèmes religieux les plus divers. La connaissance de Dieu, de ses rapports avec le monde et la vie religieuse et morale fut appelée *gnose*, et ceux qui croyaient être en possession de cette connaissance se nommaient eux-mêmes des *gnostiques*, c'est-à-dire des hommes supérieurement doués qui ont pénétré les mystères de l'harmonie universelle. Les gnostiques ou, pour mieux dire, les *théosophes* flottaient entre le judaïsme, le christianisme et le paganisme, c'est à ces trois religions qu'ils avaient emprunté leurs idées, leurs conceptions et leurs raisonnements, et ils se recrutaient parmi les Judéens, les chrétiens et les païens. La doctrine gnostique exerça sans doute une sorte de fascination sur les esprits, puisque les autorités de la Synagogue et de l'Église furent obligées de multiplier les lois et les ordonnances contre la gnose, et que, malgré tout, elles ne purent empêcher certaines idées et formules gnostiques de pénétrer çà et là dans les esprits juifs et chrétiens. La gnose s'était répandue en Judée, en Égypte, en Syrie, dans l'Asie Mineure, et surtout dans la capitale du monde, à Rome, où tous les systèmes religieux, toutes les théories trouvaient des partisans. Les gnostiques s'exprimaient dans un langage mystico-allégorique qu'ils empruntaient très souvent à des professions de foi judaïques et chrétiennes, mais qu'ils détournaient de son sens primitif. Les doctrines de quelques sectes gnostiques montrent clairement l'étrangeté et la bizarrerie de ce mouvement. Ainsi, les membres d'une secte se nommaient *Caïnites*, parce que, par opposition aux récits bibliques, ils plaçaient le meurtrier Caïn au-dessus d'Abel, sa victime. Les Sodomites pervertis, le sauvage Ésaü, Coré, cet ambitieux en révolte, étaient des personnages que certains gnostiques jugeaient dignes de leur estime et de leur vénération. C'est ce même esprit de révolte contre la Bible qui donna naissance à une autre secte, celle des *Ophites* ou *Naasites*, qui surent cependant justifier leur système par des arguments en apparence assez sérieux. Ils tiraient leur nom du mot grec *ophis* et du mot hébreu *Nahasch* (serpent); ils avaient voué à ce reptile une profonde vénération, parce qu'il est représenté dans la Bible comme l'auteur du péché originel, et qu'à cette époque il était le symbole du mal, la forme que revêtait Satan. Les Ophites témoignaient par leur culte leur reconnaissance au serpent d'avoir poussé le premier couple à désobéir à Dieu, par suite, de lui avoir appris à distinguer le bien du mal et d'avoir ainsi éveillé la conscience dans l'homme et donné naissance à la gnose.

Les sectes gnostiques, dont les tendances étaient si variées et si contradictoires, professaient cependant quelques opinions communes. Les fondateurs de la gnose avaient une idée particulière de la divinité qu'ils opposaient à la conception judaïque. Selon eux, ce qu'on appelle Dieu est composé de deux principes, un Dieu suprême et un Créateur. Le Dieu suprême est appelé le *Silence* ou le *Repos*, il trône dans les sphères élevées et n'a aucun rapport avec le monde. Son essence est la bonté, l'amour et la miséricorde. Une partie de son essence est révélée au monde par des émanations, nommées *Éons*. Au-dessous de l'Être suprême, les gnostiques plaçaient le Créateur de l'univers, le *Démiurge*, qu'ils appelaient aussi le *Souverain*. C'est lui qui a créé et qui gouverne le monde; il a délivré Israël et lui a donné des lois. De même que les attributs de l'Être suprême sont l'amour et la miséricorde s'exerçant en toute liberté, de même les attributs du Créateur sont la justice et la sévérité, qui se manifestent par les lois et les devoirs. A cette époque, on trouvait dans la Bible des appuis pour toutes les idées; il est donc naturel que les gnostiques aient découvert une allusion à leur conception d'un Dieu de bonté et d'un Dieu de justice dans ce verset du prophète Isaïe : « Nous nous rendrons en Judée pour nommer un autre roi, le fils du Dieu bienveillant (*Tobel*). » Dans leur système, le Créateur a tiré le monde, à l'aide de la sagesse (*Achamot*), d'une matière préexistant de toute éternité, ou, comme ils s'exprimaient dans leur langage allégorique, « la sagesse a pénétré dans le sein de la matière et a créé la variété des formes, et ainsi elle est devenue plus terne et plus obscure. » Les gnostiques admettaient donc trois premiers principes : le Dieu suprême, le Créateur et la matière. Ces trois principes ont donné naissance à tout ce qui se trouve dans le monde des corps et dans celui des intelligences. Ce qui est bon et généreux est une émanation du Dieu suprême, la loi et la justice dérivent du Créateur, et l'imperfection, l'iniquité et le mal ont leur source dans la matière.

A ces trois puissances supérieures correspondent trois classes ou trois castes d'hommes. Il y a d'abord les hommes d'une intelligence remarquable (les *pneumatiques*), qui sont leur propre loi et leur propre règle; ils n'ont besoin ni de guide, ni de tutelle : tels sont les prophètes et les représentants de la vraie gnose. Au-dessous d'eux se trouvent les hommes sensuels (*psychiques*), les serviteurs du démiurge ; ils subissent le joug de la Loi, et dans cette soumission ils puisent la force de triompher de leurs appétits, sans pouvoir s'élever cependant jusqu'aux pneumaniques. Au degré inférieur se tiennent enfin les hommes terrestres (*hyliques*) ; semblables aux animaux, ils sont attachés à la terre et à la matière. Les types de ces trois classes d'hommes étaient, pour les gnostiques, les trois fils d'Adam. Seth représentait les pneumatiques, Abel les observateurs de la Loi, et Caïn les esclaves de la matière. Quelques gnostiques appliquaient même cette classification aux trois religions et considéraient le christianisme comme une manifestation de l'Être suprême, le judaïsme comme une création du démiurge, et le paganisme comme un produit de la vile matière. De nombreux Judéens se laissèrent égarer par les fausses lueurs de ces doctrines, où les vérités et les erreurs se mêlaient d'une façon étonnante, et ils désertèrent le judaïsme. Une seule apostasie, celle d'*Elisa ben Abuya*, eut, plus tard, des conséquences funestes. Ce docteur connaissait, sans aucun doute, la littérature gnostique de cette époque; il savait par cœur des poésies grecques et portait toujours sur lui des ouvrages des Minéens. Il est certain qu'il a accepté l'idée fondamentale de la gnose sur la dualité divine, et est devenu, comme les autres gnostiques, un détracteur et un adversaire du judaïsme. Il paraît même avoir adopté la morale relâchée des gnostiques et s'être adonné à une vie déréglée. Son apostasie le fit qualifier du nom de *Aher* (autre), comme si sa conversion aux doctrines gnostiques eût fait de lui un autre homme. Pour les Judéens, Aher devint la personnification éclatante de ces apostats qui se servent de la connaissance qu'ils ont acquise de leur ancienne foi comme d'une arme contre cette foi et ses partisans.

Harcelé par les agressions incessantes que les chrétiens dirigeaient contre lui, le judaïsme dut songer à sa défense, lutter pour son existence et son avenir. L'ennemi pénétrait dans ses temples, profanait ses sanctuaires, obscurcissait sa conception si pure de la divinité, faussait et dénaturait ses doctrines, lui enlevait ses partisans et leur inspirait la haine et le mépris pour tout ce qu'ils avaient respecté et vénéré. A des attaques aussi dangereuses il fallait opposer une action prompte et énergique. On semblait être revenu à la période des Macchabées, à cette époque funeste où les hellénisants avaient allumé la discorde dans la maison d'Israël ; encore une fois les enfants se liguaient contre leur mère. Le petit groupe des Tannaïtes sentit le danger qui menaçait le judaïsme ; il trembla pour la Loi, il eut peur de l'influence pernicieuse que les écrits des Minéens pouvaient exercer sur la masse ignorante des Judéens. « Les Évangiles (Guilion), dit Tarphon, et tous les écrits des Minéens doivent être brûlés, quoiqu'ils contiennent le nom sacré de Dieu, car le paganisme est moins dangereux pour la loi judaïque que les sectes judéo-chrétiennes. Le premier ne méconnaît le judaïsme que parce qu'il en ignore les doctrines, tandis que les autres l'outragent, tout en le connaissant. J'aimerais donc mieux chercher un refuge dans un temple païen que dans une assemblée de Minéens. » Ismaël, qui était cependant de caractère plus calme que Tarphon, exprimait les mêmes sentiments à l'égard des judéo-chrétiens. « Il ne faut nullement craindre, dit-il, de brûler les noms sacrés de Dieu contenus dans les Évangiles, car ces écrits fomentent la haine entre les Judéens et leur Dieu. » On reprochait surtout aux apostats du judaïsme de chercher à nuire à leurs anciens coreligionnaires en les calomniant auprès des autorités romaines. Ils espéraient sans doute gagner par là les bonnes grâces des Romains et leur montrer qu'ils n'avaient aucune solidarité avec les Judéens. Aussi, les contemporains nommaient indifféremment les judéo-chrétiens Minéens ou *délateurs*. On raconte comme un fait certain qu'un jour, un haut fonctionnaire d'un César (probablement Domitien) se rendit dans l'école de Gamaliel pour y entendre les doctrines enseignées sur le paganisme. Pendant cette visite, le patriarche Gamaliel déclara qu'il était défendu d'agir avec injustice envers les païens, ou de se soustraire à l'impôt judaïque.

Par suite de leur hostilité croissante contre leur ancienne foi, les judéo-chrétiens furent considérés par le Synhédrin de Jabné comme totalement séparés du judaïsme; ils furent déclarés, au point de vue religieux, inférieurs aux Samaritains et, sous certains rapports, même aux gentils. Il fut interdit aux Judéens de goûter de leur viande, de leur pain et de leur vin, comme il leur avait été interdit, peu de temps avant la destruction du temple, de goûter des aliments des païens. Les écrits chrétiens furent traités comme les livres de magie, et frappés d'anathème; il fut expressément défendu d'avoir des relations avec les judéo-chrétiens, de leur rendre service, d'employer les remèdes dont ils se servaient en prononçant le nom de Jésus pour guérir les malades. On inséra à leur intention dans la prière journalière une formule de malédiction contre les Minéens et les délateurs. Cette formule fut rédigée, sur l'ordre du patriarche Gamaliel, par *Samuel le jeune,* et reçut le nom de *Birkat-haminim.* Elle paraît avoir servi en quelque sorte d'épreuve pour faire reconnaître ceux qui étaient secrètement attachés au judéo-christianisme. En effet, il fut décidé que l'officiant qui passerait cette formule ou la prière pour la restauration de l'État judaïque serait contraint de cesser immédiatement sa fonction. Le Synhédrin notifia par des lettres adressées aux communautés les décisions qu'il avait prises contre les sectes judéo-chrétiennes. Celles-ci, informées de ces diverses mesures, reprochèrent aux Judéens de maudire Jésus trois fois par jour, dans la prière du matin, de l'après-midi et du soir. Cette imputation, comme tant d'autres accusations dirigées contre les Juifs, est injuste et repose sur un malentendu. Ce n'est pas au fondateur du christianisme ni à la généralité des chrétiens, mais aux seuls Minéens que s'appliquait la formule de malédiction. Toutes ces lois ne visaient nullement les pagano-chrétiens. Du reste, ces mesures restrictives ne durent pas froisser bien vivement les Nazaréens et les autres sectes qui s'étaient détachées du judaïsme, puisqu'ils avaient rompu de leur plein gré le lien qui les rattachait aux Judéens.

 Quoique les judéo-chrétiens fussent exclus de la communauté judaïque, leurs doctrines continuèrent à agir sur les Judéens. Certaines conceptions gnostiques, c'est-à-dire demi-chrétiennes, s'étaient introduites dans le judaïsme. Les idées sur la matière première de l'univers, sur les éons, sur la division des hommes en trois classes, sur l'existence de deux dieux, un dieu de la bonté et un dieu de la justice, avaient été accueillies avec faveur et avaient pénétré assez profondément dans les esprits pour se refléter dans la prière. Certains passages rappelaient clairement des pensées gnostiques ou chrétiennes. Des formules de prières, telles que les suivantes : *Seigneur, les bons te louent,* ou, *Que ton nom soit invoqué pour le bien,* la répétition de ces mots : *Seigneur, c'est toi que nous louons,* l'emploi de deux termes différents pour désigner Dieu, tout cela était considéré comme faisant allusion à la fausse doctrine des théosophes, qui faisait ressortir la bonté de Dieu au détriment de sa justice et attaquait ainsi le principe fondamental du judaïsme. Le développement des conceptions gnostiques parmi les Judéens était favorisé par l'étude approfondie du chapitre de la Création et de la description du char divin donnée par le prophète Ézéchiel. Ces récits obscurs et étranges offraient un vaste champ à la fantaisie et à l'imagination; grâce au système aggadique de cette époque, on découvrait dans toute expression un peu singulière les significations les plus variées et les plus éloignées du sens réel. Plus ces questions étaient difficiles et embrouillées, plus elles présentaient d'attrait et de charme. Beaucoup de Judéens s'en occupaient avec passion et disaient, dans leur langage figuré de mystiques, qu'ils *pénétraient dans le Paradis.* On mentionne plusieurs docteurs qui se consacrèrent à cette profonde ou plutôt à cette fausse science, quoiqu'il fût parfaitement établi que des recherches de ce genre étaient excessivement dangereuses pour les croyances judaïques. Ainsi, il est raconté que de quatre docteurs qui avaient voulu approfondir ces questions, *Ben-Zoma* perdit la raison, *Ben-Azaï* mourut très jeune, *Aher* déserta le judaïsme, dont il devint un détracteur et un ennemi, et *Akiba* seul échappa heureusement au danger et resta fidèle à la doctrine judaïque. Et, de fait, les idées d'Akiba sur Dieu, sur la Providence, sur les devoirs de l'homme ici-bas sont d'une grande élévation et contrastent singulièrement avec les conceptions de la gnose. C'est ce docteur qui émet cette pensée si remarquable : « Une Providence gouverne le monde, l'homme est libre, l'univers est régi par la douceur, le mérite consiste dans l'action (et non pas seulement dans l'étude). » Chaque mot de cette profonde maxime renferme une attaque contre les idées erronées de cette époque.

Les Tannaïtes étaient assez perspicaces pour reconnaître les dangers résultant de la liberté d'examiner et de scruter les vérités supérieures du judaïsme, et ils prirent des mesures pour les écarter. Akiba, surtout, insista pour qu'on essayât d'arrêter le développement de cette doctrine qui conduisait à l'apostasie et à l'immoralité. Il déclara qu'il était imprudent d'expliquer devant le peuple le texte de l'histoire de la Création et de la description du char divin, et qu'il ne fallait interpréter ces passages que devant un petit nombre d'élus. Seuls ceux qui possédaient des connaissances suffisantes pour comprendre les allusions et les sous-entendus, et qui étaient âgés de plus de trente ans, pouvaient être initiés aux vérités supérieures. Pour proscrire les écrits antijudaïques du milieu des Judéens, Akiba déclara que ceux qui les liraient encourraient le même châtiment que ceux qui nieraient la résurrection et l'origine divine de la Loi : ils n'auraient aucune part à la vie future. On supprima totalement les prières à double sens qui auraient pu paraître favorables aux idées des Minéens.

Toutes ces mesures contre les idées gnostiques et chrétiennes furent très efficaces ; grâce à elles, les conceptions du judaïsme sur Dieu, sur ses rapports avec le monde et sur les obligations morales de l'homme, conservèrent toute leur pureté. Les Tannaïtes, comme jadis les prophètes dans leur lutte contre le paganisme, eurent l'immense mérite de protéger le judaïsme contre l'infiltration de théories fausses et dangereuses. Stimulés par l'instinct de conservation, ils ont élevé une barrière entre les judéo-chrétiens et les Judéens et maintenu pures de tout alliage les doctrines judaïques ; ils ont ainsi affermi le judaïsme et lui ont donné une force de résistance qui lui a permis de rester debout au milieu des tempêtes qui, pendant plusieurs siècles, l'ont assailli de toutes parts.

Grâce à la vitalité vigoureuse que le judaïsme avait ainsi acquise, il put exercer au dehors une influence assez considérable. Le christianisme, dont les origines étaient si humbles, se glorifiait d'avoir recruté, dans l'espace de deux générations, un nombre très élevé d'adhérents parmi les païens, qui avaient accepté la nouvelle doctrine et échangé leurs dieux nationaux contre un Dieu inconnu. Mais le judaïsme pouvait se glorifier, à plus juste titre, des recrues qu'il avait faites dans le paganisme. Du reste, la victoire du christianisme sur la religion païenne était due en grande partie au judaïsme, dont les principes et l'enseignement moral contribuaient surtout à convertir les gentils. Les apôtres, qui avaient déclaré la guerre aux superstitions et aux croyances mythologiques des Grecs et des Romains, puisaient leurs convictions dans leur connaissance du judaïsme et empruntaient leurs armes aux prophètes qui avaient fustigé de leurs railleries mordantes l'idolâtrie avec ses compagnons inséparables, le découragement et l'immoralité. Le judaïsme, au contraire, n'eut recours qu'à ses propres ressources pour remporter sur le paganisme des victoires d'autant plus significatives que l'austérité de ses pratiques devait attirer moins vivement les gentils que la religion facile des chrétiens. De plus, le christianisme envoyait au loin ses apôtres zélés et ardents qui, à l'exemple de Paul, provoquaient les conversions par leur éloquence et leurs cures miraculeuses. Loin d'imposer aux nouveaux convertis des obligations sévères et pénibles, il se montrait pour eux plein d'indulgence, leur permettait de conserver en partie leurs anciennes idées, de vivre, comme par le passé, au milieu de leur famille, de leurs parents et de leurs amis. Le judaïsme employait des moyens tout différents. Il n'avait point d'apôtres éloquents, pleins d'activité et de feu pour le prosélytisme. Au désir de ceux qui voulaient se convertir à ses doctrines, il opposait la difficulté d'observer ses nombreuses et rigoureuses prescriptions. Les païens qui demandaient à embrasser le judaïsme se heurtaient à des obstacles sans nombre. Ils devaient se soumettre à l'opération douloureuse de la circoncision, se séparer de leur famille, se distinguer chaque jour de leurs plus intimes amis par la nourriture et la boisson. C'est donc un fait bien digne de remarque que les conversions des gentils au judaïsme se multiplièrent particulièrement à Rome dans la première moitié du siècle qui suivit la chute de l'État judaïque. Le philosophe Sénèque avait déjà déploré que, sous le règne de Néron, le judaïsme eût des adhérents dans toutes les contrées. Trente ou quarante ans plus tard, Tacite formula la même plainte. Cet historien, aux vues si profondes, ne pouvait comprendre que des Romains de son temps se décidassent à supporter l'opération de la circoncision, à mépriser leurs dieux, à renoncer à leur patrie, à abandonner parents, enfants, frères et sœurs, pour s'attacher au judaïsme. Les lois sévères que Domitien édicta contre les prosélytes démontrent que ces derniers se trouvaient en grand nombre dans l'empire romain. Josèphe raconte, comme témoin oculaire, qu'à cette époque les païens respectaient sincèrement le judaïsme, que beaucoup d'entre eux observaient le sabbat et les lois alimentaires, et célébraient la fête des Illuminations. La foule surtout éprouvait une vive sympathie pour la religion judaïque. « Quiconque, dit cet historien, observe ce qui se passe autour de lui dans sa patrie et sa famille, ne démentira pas mes paroles... Même si nous n'étions pas disposés à admirer la grandeur de notre religion, nous y serions contraints par la vénération que la foule témoigne pour nos prescriptions. » Il est possible que les nombreux prisonniers de guerre juifs qui furent envoyés dans les régions les plus éloignées de l'empire romain aient inspiré à leurs maîtres une certaine estime pour les doctrines judaïques. Ce n'était pas chose si rare de voir des esclaves acquérir par leur vertu et leur instruction une grande influence sur leurs maîtres, dont ils modifiaient les idées et les mœurs. Juvénal, dans ses satires contre les vices et les folies de ses contemporains, raille les pères de famille qui respectent les usages religieux des Judéens et initient ainsi leurs enfants à la religion judaïque :

Quand des enfants ont un père qui observe le sabbat,
Ils adoreront bientôt la puissance du ciel et des nuages.
Ils s'abstiendront de manger du porc, comme si c'était de la chair humaine,

Parce que le père s'en est abstenu; bientôt ils se feront circoncire.
Élevés dans le mépris des vieilles lois romaines,
Ils n'étudient, ne pratiquent, ne révèrent que la loi judaïque,
Et tout ce que Moïse a transmis à ses adeptes dans un livre mystérieux.
Ils n'indiquent la route qu'aux voyageurs de leur secte,
Ils ne conduisent vers la source limpide que les circoncis.
C'est la faute du père, qui consacre le septième jour à la paresse,
Et craint de prendre part en ce jour aux moindres devoirs de la vie.

Éliézer et Josua furent en désaccord sur les conditions auxquelles devaient se soumettre les prosélytes pour être admis comme Juifs. Le premier ne permettait d'accueillir que ceux qui s'étaient fait circoncire; le second déclarait qu'il suffisait aux convertis de se baigner dans une eau vive devant deux témoins idoines. Cette dernière opinion paraît avoir prévalu; de nombreux Romains furent reçus dans la communauté judaïque sans s'être soumis à la circoncision. L'historien Josèphe qui, par son apologie du judaïsme et de la race juive, et probablement aussi par sa parole, s'efforça de recruter et a recruté des adhérents pour le judaïsme dans les classes élevées de la société romaine, déclara également que la circoncision n'était pas indispensable aux prosélytes.

Le plus illustre des prosélytes juifs fut *Aquilas*. Il était originaire du Pont, où il possédait des biens considérables. Versé dans la connaissance de la langue grecque et de la philosophie, il abandonna, dans la maturité de l'âge, le culte du paganisme pour s'associer à une secte judéo-chrétienne, qui était très fière d'un tel adhérent. Mais il renonça bientôt au christianisme et embrassa la foi judaïque. Les chrétiens s'affligèrent de la défection d'Aquilas aussi vivement qu'ils s'étaient réjouis de sa conversion, et ils répandirent des bruits calomnieux sur son compte. Aquilas avait des rapports fréquents avec les principaux Tannaïtes, tels que Gamaliel, Éliézer, Josua et surtout Akiba, dont il devint le disciple. Il s'identifia si bien avec le judaïsme qu'il entra dans l'ordre des *compagnons* et devint un plus strict observateur des lois de pureté lévitique que le patriarche lui-même. Lorsqu'à la mort de son père il partagea la succession paternelle avec ses frères, il jeta dans la mer, afin de n'en tirer aucun profit, l'argent qu'il avait reçu comme compensation pour la part qui lui revenait des idoles. Aquilas s'illustra par sa nouvelle traduction grecque de l'Écriture sainte. Il conçut le projet de donner de la Bible une traduction simple et définitive parce qu'il avait vu avec quelle excessive liberté les chrétiens traitaient la vieille traduction grecque. Comme ces derniers lisaient la Bible pendant le service divin et qu'ils se servaient pour cette lecture de la traduction alexandrine des *Septante*, il leur importait beaucoup de trouver dans ce texte des allusions au Christ. De là, dans le texte grec qu'ils considéraient comme sacré, les altérations et les additions nécessaires pour introduire dans l'Écriture sainte des prophéties au sujet de la mission et de la divinité de Jésus. Ainsi les docteurs de l'Église invoquent à l'appui de la religion chrétienne certains passages de la Bible qui ne se trouvent ni dans le texte hébreu ni dans la version originale des *Septante*. Les sectes gnostiques, comme les chrétiens, arrangeaient le texte biblique de façon à le rendre favorable à leur doctrine. L'école d'un certain Aréimion est formellement accusée d'avoir altéré l'ancienne traduction grecque. Les Judéens, de leur côté, opposaient aux modifications introduites par les chrétiens d'autres modifications ayant pour but de faire disparaître toute allusion qui aurait pu être appliquée à Jésus. La version des *Septante* était devenue en quelque sorte un champ de bataille où luttaient des adversaires acharnés ; les traces de cette lutte sont encore visibles en partie dans les altérations du texte original.

Cependant une bonne traduction grecque de la Bible était absolument nécessaire aux Judéens de langue grecque pour la lecture qu'ils faisaient au temple de la Thora et des Prophètes. L'usage régnait alors de traduire en langue vulgaire les chapitres de la Thora qui étaient récités dans les synagogues. Cette circonstance engagea Aquilas, qui connaissait l'hébreu et le grec, à faire une nouvelle traduction qui mît fin aux interprétations fantaisistes des Judéens et des chrétiens. Il s'en tint strictement au texte hébreu, qu'il traduisit mot à mot avec une scrupuleuse exactitude. Lorsqu'il fut devenu le disciple d'Akiba et qu'il eut adopté le système d'interprétation de son maître, il modifia en partie sa traduction et la rendit encore plus littérale et plus servile, sans songer qu'elle serait absolument incompréhensible pour les lecteurs grecs. La fidélité littérale de cette traduction est devenue proverbiale; elle s'étend jusqu'aux particules qui, en hébreu, avaient une double signification, et que le traducteur voulait rendre également en grec. Pour Aquilas, la version grecque devait être une sorte de gaze à travers laquelle on pourrait lire le texte hébreu. Cette version se répandit rapidement parmi les Judéens de langue grecque et supplanta la traduction d'Alexandrie. Même les judéo-chrétiens, qui étaient choqués des nombreuses altérations de la version des Septante, se servaient pour l'office du travail d'Aquilas.

A ce moment eut lieu à Rome un événement qui produisit une profonde sensation; ce fut la conversion au judaïsme de *Flavius Clémens*. Clémens était un cousin de l'empereur Domitien, membre du sénat et ancien consul; sa femme était également une proche parente de l'empereur. Ses deux fils avaient été nommés Césars par Domitien; l'un d'eux était donc l'héritier présomptif du trône. Quelle perspective éblouissante pour les Judéens! Un parent de Titus, de celui qui avait détruit le temple, allait peut-être relever le sanctuaire de ses ruines! Clémens avait tenu secret son attachement au judaïsme; mais sa conversion ne resta pas cachée aux Juifs de Rome ni aux chefs religieux de la Judée. Dès que cette nouvelle fut connue d'eux, les quatre principaux membres du Synhédrin, le patriarche Gamaliel, son collègue Eléazar ben Azaria, Josua et Akiba se rendirent à Rome. Arrivés tout près de la ville, ils entendirent le bruit et le grondement de la foule qui s'élevaient du Capitole; ils songèrent alors avec une douleur amère au silence de mort qui régnait sur le mont sacré à Jérusalem, et ce contraste leur arracha des larmes. Akiba seul conserva toute sa sérénité et apaisa le chagrin de ses compagnons par ces paroles : « Pourquoi pleurer? Si Dieu fait tant pour ses adversaires, que ne fera-t-il pas pour ses bien-aimés! » A Rome, les Judéens et les prosélytes les reçurent avec les plus grands honneurs; ils leur soumirent en même temps plusieurs questions religieuses. Les docteurs étaient malheureusement arrivés à un moment peu propice. Domitien exerçait alors son pouvoir avec une cruauté inouïe. La sympathie de la dynastie des Flaviens pour les partisans judéens de l'empire romain avait disparu. Titus avait déjà paru oublier ce qu'il leur devait; il cacha même au fond de son cœur son amour pour la princesse juive Bérénice. Lorsqu'il fut devenu le maître absolu de l'empire, Bérénice était retournée auprès de lui pour lui rappeler ses promesses de mariage; mais elle était venue trop tôt ou trop tard. Titus commençait alors à jouer son rôle d'empereur vertueux, il voulait montrer aux Romains qu'il avait rompu complètement avec son passé et qu'il se résignait à renoncer à ses anciennes amours. Il renvoya donc Bérénice de Rome, mais, comme on se le disait tout bas dans les sphères élevées, il la congédia à contre-cœur. L'histoire de Bérénice est l'histoire même des rapports de la Judée avec Rome; celle-ci, au commencement, a prodigué aux Judéens ses faveurs, elle a fini par les condamner à l'exil et à la misère. On ignore combien d'années la princesse juive survécut à l'humiliation qu'elle dut subir. Titus ne se montra guère plus reconnaissant envers le frère de Bérénice, Agrippa II; il est vrai qu'il lui laissa la principauté ou le royaume qu'il avait eu en possession jusque-là, mais il ne l'agrandit pas, comme l'avait fait son père. Le troisième Flavien, Domitien, n'accorda rien à Agrippa; il n'avait, du reste, aucune raison de le favoriser. A la mort d'Agrippa (vers l'an 92), Domitien confisqua ses biens et les réunit à la province de Syrie. Cet empereur qui, comme Titus, avait promis, à son avènement au trône, de ramener l'âge d'or, se montra pendant son règne aussi débauché et aussi sanguinaire que Tibère, Caligula et Néron. Il était digne de son peuple et de son époque, dont Juvénal disait *qu'il n'était pas facile de s'abstenir d'en parler dans ses satires*. Les Judéens souffrirent amèrement de ce règne sanglant. La taxe judaïque fut perçue avec la plus grande rigueur et au mépris de tout sentiment de pudeur. Mais les prosélytes endurèrent des souffrances bien plus cruelles, ils eurent à supporter toutes les fureurs d'un despotisme sans frein. Ceux qui étaient dénoncés comme judaïsants étaient trainés devant le tribunal, condamnés comme irréligieux, dépouillés de leurs biens, envoyés en exil et quelquefois même punis de mort. Tacite raconte dans son langage d'une si vigoureuse concision que, pendant les dernières années de Domitien, « les exécutions n'avaient pas lieu par intermittence et à des intervalles plus ou moins longs, elles ne formaient qu'un coup unique et prolongé. » C'est aussi à ce moment (95) que Flavius Clémens fut condamné à mort. Rien ne put le sauver de la colère de Domitien, ni sa parenté avec l'empereur, ni sa dignité de sénateur et d'ancien consul. Les quatre docteurs qui étaient venus de Palestine pour s'entretenir avec lui et qui croyaient que par lui le judaïsme serait appelé aux plus hautes destinées, assistèrent à sa mort. Sa femme, Domitilla, qui fut exilée dans une île, révéla, paraît-il, aux docteurs qu'avant sa mort Clémens s'était fait circoncire. Josèphe, qui, même sous Domitien, vivait confortablement à Rome, semble avoir été impliqué dans le procès dirigé contre Clémens et les autres prosélytes juifs. Il jouissait, il est vrai, d'un grand crédit auprès de l'empereur Domitien et de l'impératrice Domitia, mais sa conduite dans la dernière guerre judaïque lui avait suscité parmi ses coreligionnaires des adversaires acharnés qui n'hésitaient pas à l'accuser auprès de l'empereur. Un jour, le précepteur même de son fils l'accusa de trahison. Il ne continua pas moins à recruter avec zèle, parmi les païens instruits, des adhérents pour le judaïsme. Pendant ses moments de loisir, il travaillait à un ouvrage considérable sur l'histoire des Judéens depuis les origines jusqu'à la période qui a précédé les guerres judaïco-romaines; il acheva cet ouvrage, divisé en vingt livres, dans la treizième année du règne de Domitien (93). Ayant rassemblé, au prix des plus grandes peines et de dépenses considérables, les documents étrangers, il les utilisa, les concilia avec les récits historiques de la Bible et éleva ainsi un monument national qui faisait connaître aux classes instruites les actes et les doctrines de la nation judaïque. Bientôt après, il érigea un monument à sa propre honte. Justus de Tibériade, son ancien adversaire, avait publié l'histoire de la guerre judaïque, et, dans cette histoire, il avait présenté Josèphe comme l'ennemi des Romains. Josèphe craignit pour sa vie; il savait que Domitien était très capricieux, et qu'au moindre soupçon ce tyran précipitait ses favoris du faîte des grandeurs dans la plus profonde misère. Il chercha donc à se défendre contre les attaques de Justus de Tibériade, et il publia, comme annexe à son livre *Des Antiquités*, son autobiographie, où il raconta sa conduite pendant la guerre. Pour se disculper, il ne craignit pas d'affirmer que, dès le début de la guerre, il avait tenu pour Rome, c'est-à-dire trahi sa patrie.

Josèphe publia (en 93 ou 94) un quatrième ouvrage, qui n'efface pas totalement, il est vrai, l'acte de trahison dont il s'était accusé lui-même pour conserver les bonnes grâces de Domitien, mais qui montre son profond attachement pour sa race et sa religion. Ce livre lui a valu la reconnaissance de ses coreligionnaires. Il réfuta avec un grand courage et une profonde conviction, dans deux livres intitulés *Contre les Grecs* ou *Contre Apion*, les fausses accusations dirigées contre le judaïsme et la nation juive, et il fit valoir avec chaleur la supériorité de la morale judaïque. Ces deux ouvrages furent spécialement écrits pour convertir au judaïsme les gentils instruits. Josèphe y mentionne avec une satisfaction évidente ce fait heureux que de nombreux païens grecs et romains vénéraient le Dieu d'Israël et suivaient ses lois. Il avait dédié ces livres à son ami *Epaphrodite*, un Grec très lettré, et aux compagnons de ce dernier, qui avaient marqué leur prédilection pour le judaïsme. Il est à croire que Josèphe a aussi défendu verbalement la cause de sa religion pour faire des prosélytes. Comme il demeurait dans le palais impérial, il a sans doute été en relations avec Flavius Clémens.

Lorsque Domitien fit condamner à mort et exécuter les prosélytes juifs et son propre cousin Flavius Clémens, il ordonna en même temps d'ouvrir une enquête contre Josèphe, accusé d'avoir attiré les coupables au judaïsme ; Josèphe paraît même avoir été exécuté. Mais les patriotes juifs ressentaient pour le célèbre historien une haine si ardente qu'ils ont gardé le silence sur sa mort, qui, peut-être, fut celle d'un martyr. Même les quatre docteurs qui ont laissé des traditions orales sur la mort de Flavius Clémens et se sont entretenus souvent avec Josèphe, pendant leur séjour à Rome, ne parlent pas de sa fin. Domitien paraît aussi avoir demandé au Sénat de décréter une persécution générale contre les Judéens de l'empire romain, mais il tomba sous le poignard des conjurés, et sa mort subite mit fin à ses projets sanguinaires.

Le successeur du cruel Domitien fut le doux et honnête *Nerva*. Cet empereur était juste, sage et affable ; il lui manquait cependant la vigueur et l'activité de la jeunesse pour faire exécuter ses ordres et raffermir l'empire romain si fortement ébranlé par les exécutions sanglantes et le gouvernement capricieux de Domitien. Son avènement au trône fut un bienfait pour les Judéens et les prosélytes. Pendant la courte durée de son règne (de septembre 96 à janvier 98), Nerva, qui eut à redresser tant d'abus et à réparer tant d'iniquités dans l'administration, consacra cependant une partie de son temps et de ses efforts à améliorer la situation des Judéens. La loi qui condamnait comme ennemis de la religion les prosélytes juifs ne fut plus appliquée, la taxe judaïque fut, sinon complètement abolie, du moins perçue avec une grande modération. L'autorité judiciaire reçut l'ordre de ne plus poursuivre ceux qui étaient accusés de s'être soustraits à cet impôt, et ce généreux acte de Nerva causa aux Judéens une satisfaction si profonde qu'ils frappèrent une médaille spéciale pour en perpétuer le souvenir. Sur cette médaille, qui a été conservée, on voit, d'un côté, l'empereur Nerva, et, de l'autre, un palmier, symbole des Judéens, avec cette légende : *Fisci judaici calumnia sublata* (les accusations touchant la taxe judaïque ne sont pas recevables). Ce résultat était peut-être dû aux efforts des quatre Tannaïtes qui se trouvaient encore à Rome à l'époque de la mort de Domitien et de l'avènement de Nerva, et qui défendirent probablement avec succès devant les autorités les doctrines du judaïsme. Nerva ne régna pas assez longtemps pour faire pénétrer dans le peuple l'esprit de justice et de tolérance dont il était animé envers le judaïsme.

CHAPITRE III

SOULÈVEMENT DES JUDÉENS SOUS TRAJAN ET ADRIEN

(98-135)

Nerva avait choisi pour successeur l'espagnol *Ulpianus Trajan*, le vainqueur des Daces, près du Danube. Trajan, âgé de près de soixante ans, se prépara à réaliser son rêve de placer sous la domination romaine les pays asiatiques situés entre l'Euphrate et le Tigre, l'Indus et le Gange, et à ceindre son front des lauriers d'Alexandre le Grand (114). Les pays parthes n'opposèrent qu'une faible résistance à Trajan, parce que ce vieil empire mi-grec et mi-persan était déchiré par les compétitions de divers prétendants. Seuls les Judéens, qui habitaient ces régions en très grand nombre, qui occupaient des villes et des territoires tout entiers et jouissaient d'une certaine autonomie politique sous l'autorité de leur prince de l'exil ou *exilarque* (Rèsch Golah), soutinrent la lutte par haine religieuse contre le conquérant romain. Quant aux Judéens de Babylone, ils voyaient en Trajan le successeur de ceux qui avaient détruit le temple et condamné leurs frères à une servitude avilissante, et ils se préparèrent eux aussi à la guerre sainte. La ville de *Nisibe*, habitée en tout temps par une nombreuse population judaïque, se défendit avec une opiniâtreté héroïque et ne put être prise qu'après un siège fort long; sa résistance fut cruellement châtiée. La province d'*Adiabène*, sur le cours moyen du Tigre, était gouvernée par un souverain dont les ancêtres s'étaient convertis un siècle auparavant à la religion judaïque; le roi d'Adiabène, *Mebarsapès*, appartenait peut-être lui-même à cette religion. Il lutta vaillamment contre Trajan, mais il fut obligé à la fin de se soumettre également à la domination romaine.

La Rome républicaine, pas plus que la Rome impériale, n'avait jamais connu des victoires aussi éclatantes que celles que remporta Trajan. Les campagnes de cet empereur furent une suite de triomphes. Lorsqu'il prit ses quartiers d'hiver à Antioche (hiver 115-116) pour y recevoir les hommages des vaincus, Trajan put considérer la guerre comme terminée. Au printemps suivant, il se remit en campagne pour briser les dernières résistances de l'ennemi et faire de ces contrées le boulevard de l'Inde, dont il rêvait la conquête. Mais le triomphateur fut troublé dans sa joie par la défection des peuples qu'il avait soumis entre le Tigre et l'Euphrate. Cette défection avait été préparée par les Judéens, qui organisèrent la révolte dans une grande partie de l'empire romain. Les Judéens de la Babylonie, comme ceux de l'Égypte, de la Cyrénaïque, de la Lybie et de l'île de Chypre, conçurent le projet hardi de secouer le joug romain. Poussés comme par une force irrésistible, que les auteurs romains qualifient d'esprit de folie, les Judéens de ces vastes territoires, si éloignés l'un de l'autre, prirent les armes ; ils montrèrent au vainqueur que la défaite n'avait ni brisé leur énergie, ni abattu leur courage, et qu'ils étaient supérieurs à tous ces peuples en décadence qui acceptaient avec une lâche résignation la domination de Rome. Cette unanimité entre tous les Judéens fait supposer qu'ils obéissaient à un plan prémédité et étaient dirigés par des chefs vaillants et actifs. La Judée elle-même se prépara à se soulever, et elle organisa l'insurrection dans les régions voisines, sur l'Euphrate et en Égypte (automne 116 et hiver 117). Depuis la chute de l'État judaïque, une nouvelle génération avait grandi ; elle avait hérité de l'esprit ardent des zélateurs et conservé un souvenir très vif de l'indépendance de ses pères. L'espérance des Tannaïtes, exprimée en toute circonstance sous cette formule : *Le temple sera bientôt reconstruit*, avait entretenu dans l'âme de la jeunesse l'amour de la liberté. Les élèves n'avaient pas désappris dans les écoles le maniement des armes, ni oublié les vertus guerrières de leurs ancêtres. L'arrogance des autorités romaines contribua probablement à faire éclater la révolte. D'après une légende, la femme de Trajan, Plotine, aurait mis au monde un enfant le 9 du mois d'Ab, qui était un jour de deuil pour les Judéens en mémoire de la

SOULÈVEMENT EN ÉGYPTE.

destruction du temple, et l'aurait perdu pendant la fête des Illuminations, célébrée en souvenir des victoires des Asmonéens. Elle aurait interprété le deuil des Judéens comme un acte d'hostilité et de malveillance et leur joie comme une cruelle raillerie, et elle aurait écrit à Trajan qu'au lieu de faire la guerre aux Barbares il devrait plutôt châtier les Judéens rebelles.

Les chefs de l'insurrection paraissent avoir été *Julien Alexandre* et *Pappos*. Le premier était ou alabarque d'Alexandrie ou parent de l'alabarque, il descendait du célèbre Alexandre Lysimaque. Son compagnon et lui jouissaient auprès des Judéens d'une très grande considération. Les insurgés paraissent s'être réunis en Judée, dans la plaine de *Rimmon* ou dans la grande plaine de *Jezréel*. Il n'existe aucune donnée certaine sur les préparatifs et les diverses péripéties de cette lutte, l'issue seule en est connue. Ce furent les Judéens de la Cyrénaïque, ces patriotes indomptables qui s'étaient déjà soulevés une première fois, immédiatement après la destruction du temple, sur les instigations des zélateurs, contre la domination romaine, qui se battirent avec le plus d'acharnement. Leur chef s'appelait, d'après les uns, *Andreias*, d'après les autres, *Lucuas*. Il est probable que l'un de ces noms était allégorique. Les Judéens d'Égypte, qui jadis avaient été dévoués aux intérêts romains, s'étaient également associés au soulèvement. Cette insurrection suivit au début le cours régulier de ces sortes de mouvements. Les rebelles attaquèrent d'abord les voisins de leur ville, massacrèrent les Grecs et les Romains et vengèrent sur leurs ennemis les plus proches l'effondrement de leur État. Enhardis par le succès, ils se réunirent en bandes et attaquèrent les légions romaines conduites par le général *Lupus*. Dans la première rencontre, l'ardeur et la farouche énergie des Judéens eurent raison de l'habileté stratégique et de la discipline des Romains. Lupus fut obligé de battre en retraite. Ce premier combat fut accompagné de massacres épouvantables; vainqueurs et vaincus se livrèrent à des actes de barbarie et de sauvage cruauté qu'expliquait seul chez les insurgés une implacable haine de race, longtemps contenue, qui ne pouvait s'assouvir que dans le sang. Les païens qui s'étaient enfuis après la défaite pénétrèrent dans Alexandrie, dont tous les habitants juifs capables de porter les armes s'étaient joints à l'armée des rebelles, s'emparèrent des Judéens qui s'y trouvaient et les firent mourir au milieu des plus atroces tortures. L'armée juive usa de représailles ; elle envahit l'Égypte, s'empara du château fort d'Alexandrie, fit prisonniers les habitants et leur infligea tortures pour tortures. La population païenne de la ville chercha son salut dans la fuite en essayant d'atteindre le port. Les Judéens s'élancèrent à leur poursuite et les atteignirent près des navires. Il y eut là une lutte terrible. Appius, alors procurateur en Égypte, raconte qu'il n'échappa au massacre que grâce au hasard, et il ajoute que les Judéens dévorèrent la chair des prisonniers grecs et romains, se teignirent de leur sang et leur arrachèrent la peau pour s'en couvrir. Ce sont certainement de pures calomnies.

Ce qui est avéré, c'est que les Judéens contraignirent les vaincus à descendre dans l'arène pour lutter contre les bêtes fauves ou s'entre-tuer. Ce furent là les tristes représailles des jeux sanglants auxquels avaient dû prendre part, sur l'ordre de Vespasien et de Titus, les prisonniers juifs. On rapporte que dans la Cyrénaïque les Judéens tuèrent 200,000 Grecs et Romains et dépeuplèrent tellement la Lybie, c'est-à-dire la région qui s'étend le long de la côte à l'est de l'Égypte, que quelques années plus tard il fallut y envoyer de nouveaux colons. Dans l'île de Chypre, où demeurait de tout temps une nombreuse population juive qui y avait élevé des synagogues, la révolte fut organisée et dirigée par un certain *Artémion*. Le nombre des rebelles était très grand, il se grossit probablement de tous les mécontents païens de l'île. Les insurgés détruisirent *Salamis*, capitale de l'île de Chypre, et tuèrent 240,000 Grecs. Trajan, qui était alors en Babylonie, craignit vivement que ce soulèvement ne prît un plus grand développement, il envoya contre les Judéens une puissante armée. Il plaça l'un de ses principaux généraux, *Martius Turbo*, à la tête de forces importantes sur terre et sur mer, et le chargea d'étouffer la révolte en Égypte, dans la Cyrénaïque et dans l'île de Chypre. Dans la région de l'Euphrate, où les Judéens avaient pris une attitude menaçante, malgré le voisinage de l'empereur avec une armée considérable, Trajan confia le commandement des troupes à son général favori, *Lusius Quietus*, prince mauresque d'un caractère cruel qu'il avait désigné pour son successeur. On ne connaît pas le chef des Judéens en Babylonie. Un général romain, *Maxime*, perdit la vie dans la bataille. Trajan était animé d'un tel désir de vengeance contre cette nation judaïque qui lui avait paru si faible et si abattue, qu'il donna l'ordre à Quietus d'exterminer jusqu'au dernier Judéen de son district. Les légions romaines eurent à combattre les rebelles de trois côtés à la fois. Si les trois foyers de l'insurrection avaient pu se réunir en un seul, ou si les insurgés avaient pu se prêter un appui mutuel, le colosse romain aurait reçu dès ce moment le coup mortel qui l'abattit plus tard.

Martius Turbo, qui était chargé de se rendre maître de la révolte en Égypte et dans la Cyrénaïque, cingla à pleines voiles vers les points menacés, qu'il atteignit en très peu de temps. Il calcula sagement que toute précipitation de sa part servirait la cause des insurgés, qui pourraient se jeter en grandes masses sur ses troupes et triompher dans un combat où l'enthousiasme l'emporterait sur la discipline. Il conçut le plan de les harceler sans relâche par de petites escarmouches pour les fatiguer et jeter la confusion dans leurs rangs. Les Judéens se défendirent avec vaillance, et ce ne fut qu'après une lutte longue et acharnée qu'ils déposèrent les armes. Cette issue était fatale; des bandes indisciplinées et mal armées devaient nécessairement succomber sous les attaques répétées d'un ennemi supérieur en nombre et en science militaire et qui possédait une excellente cavalerie. Turbo fut inexorable pour les vaincus. Les légions entourèrent les prisonniers et les taillèrent en pièces, les femmes furent violées, celles qui résistèrent furent tuées. La ville d'Alexandrie fut dévastée, la synagogue de cette ville, qui remontait à la plus haute antiquité et qui était une merveille de l'architecture égypto-grecque, fut saccagée. « Avec cette synagogue, dit une source judaïque, a disparu la gloire d'Israël. » La même source rapporte que le nombre des Judéens tués en Afrique fut si considérable que leur sang teignit les eaux de la mer jusqu'à Chypre. C'est là une allusion au massacre des Judéens cypriotes. En effet, Turbo, après avoir étouffé l'insurrection judaïque, marcha contre l'île de Chypre. L'histoire ne donne aucun détail sur cette guerre; un seul fait est certain, c'est l'extermination totale des Judéens. Ceux-ci se sont sans doute défendus avec l'énergie du désespoir; car, depuis, la haine contre la race judaïque est restée héréditaire dans l'île, à tel point que les Cypriotes firent une loi par laquelle ils défendaient aux Judéens l'accès de l'île, même en cas de naufrage.

La guerre d'extermination que Lusius Quietus avait reçu l'ordre de faire aux Judéens de la Babylonie et de la Mésopotamie n'est pas connue dans ses détails. On sait seulement que des milliers de Judéens furent égorgés et les villes de Nisibe et d'Edessa complètement ruinées ; les maisons, les rues et les routes étaient jonchées de cadavres. Trajan, pour récompenser Quietus de la part considérable qu'il avait prise à la guerre contre les Judéens, le nomma gouverneur de la Palestine et l'investit de pouvoirs très étendus afin qu'il pût étouffer tout germe de révolte dans l'ancienne patrie judaïque.

Trajan fut moins heureux dans son expédition contre les Parthes que ses généraux ne l'avaient été dans leurs campagnes contre les Judéens. Il dut abandonner la Babylonie, lever le siège d'*Atra* et renoncer à son projet de réduire ces pays en provinces romaines. Découragé par son insuccès, déçu dans ses plus chères espérances, il tomba malade ; il fut transporté dans cet état à'Antioche et mourut quelques mois après en Cilicie (117). Sa dernière volonté d'avoir pour successeur son fidèle compagnon d'armes, Quietus, ne fut même pas exaucée. Sa femme, la rusée Plotine, persuada à l'armée que, avant sa mort, Trajan avait adopté comme fils et désigné comme successeur son parent *Aelius Adrien*.

Au moment où Adrien devint empereur, plusieurs peuples étaient déjà en révolte et d'autres se préparaient à briser le joug de Rome. A la nouvelle de la mort de Trajan, dont on redoutait vivement l'énergie et l'implacable sévérité, l'insurrection se propagea comme un feu dévorant au levant et au couchant ; les peuples parurent s'être concertés pour témoigner tous à la fois de leur volonté de vivre libres et indépendants. Le pays des Parthes, où Trajan avait essayé récemment d'établir la domination romaine, quelques contrées de l'Asie Mineure ruinées par la cupidité des fonctionnaires impériaux, la sauvage Mauritanie, la Sarmatie, la

Bretagne, qui supportait avec impatience le joug romain, voulurent mettre à profit ce moment propice pour reconquérir leur indépendance. Les Judéens de la Palestine, qui haïssaient les Romains avec une sorte de fureur, avaient déjà organisé auparavant l'insurrection que Quietus, sur l'ordre de Trajan, était allé combattre après avoir accompli sa sanglante mission dans les régions de l'Euphrate. Mais à l'avènement d'Adrien la révolte en Judée n'était pas encore domptée.

Il n'existe aucune donnée précise sur cette guerre des Judéens, que les sources judaïques appellent *guerre de Quietus* (Polemos schel Quitos). D'après certains indices, cette lutte paraît avoir été funeste aux Judéens, car aux signes de deuil public qui avaient été adoptés depuis la destruction du temple, les docteurs de la Loi en ajoutèrent de nouveaux. C'est à cette époque qu'il fut défendu aux fiancées de porter des couronnes le jour du mariage.

Quietus paraît avoir détruit la ville de Jabné, qui était le siège du Synhédrin. Mais la Judée fut bientôt délivrée de ce soldat sanguinaire. Ce fut le nouvel empereur lui-même qui arrêta sa marche victorieuse. Adrien, plus ambitieux que vaillant, aimait mieux jouir d'une vie paisible au milieu des splendeurs impériales que s'exposer aux fatigues et aux dangers d'une existence guerrière. La perspective d'avoir à lutter contre des insurrections sans cesse renaissantes et à soutenir une guerre longue et pénible lui inspira une grande frayeur. Jaloux de la gloire de son prédécesseur, auquel le Sénat avait décerné des honneurs éclatants, mais trop faible pour essayer de l'égaler ou de le surpasser, Adrien abandonna, pour la première fois, les traditions de la politique romaine, qui osait tout pour tout dominer, et il entra dans la voie de la conciliation. Il renonça à toute prétention sur les pays parthes, il en abandonna le gouvernement à des princes indigènes, et il fit des concessions importantes aux provinces en révolte. Il paraît s'être inspiré de la même politique de modération dans son attitude envers la nation judaïque, et avoir accédé en partie à ses demandes. Les Judéens désiraient surtout qu'il rappelât Quietus et qu'il leur permît de rebâtir le temple. Le tout-puissant général fut destitué. La jalousie d'Adrien fut certainement une des principales causes de la révocation de Quietus, qui était supérieur à l'empereur en mérite et en gloire, mais cette révocation paraît également avoir eu pour but de donner satisfaction aux réclamations des Judéens. Au moment où il reçut la nouvelle de sa disgrâce, Quietus faisait juger et condamner à mort les deux chefs de l'insurrection judaïque, Julien et Pappos; l'exécution devait avoir lieu à *Laodicée*. Quietus leur dit en raillant : « Si votre Dieu est aussi puissant que vous le dites, que ne vous sauve-t-il de mes mains? — Tu n'es pas digne, lui répondirent-ils, que Dieu fasse un miracle à cause de toi, tu n'es pas le maître, tu n'es qu'un subordonné. » Les deux condamnés allaient être conduits au supplice, lorsqu'arriva l'ordre d'Adrien qui révoquait Quietus de ses fonctions de gouverneur de la Judée. Le général disgracié quitta la Palestine et, peu de temps après, Adrien le fit exécuter. Le jour de la délivrance de Julien et de Pappos, qui était le 12 *adar* (février 118?), fut célébré par une fête commémorative qui devait perpétuer le souvenir de cet heureux événement; le Collège l'ajouta aux autres jours fériés qui rappelaient des faits analogues et l'institua comme demi-fête sous le nom de *jour de Trajan* (Iom Tirianus).

Avant de déposer les armes, les Judéens avaient exigé et obtenu qu'Adrien les autorisât à reconstruire le temple sur son ancien emplacement et à relever Jérusalem de ses ruines. L'empereur confia, paraît-il, la surveillance des travaux de reconstruction de la ville au prosélyte Aquilas. Il régnait une grande allégresse parmi les Judéens, qui aspiraient depuis cinquante ans au moment bienheureux où ils posséderaient de nouveau un centre religieux. Un poète judéo-alexandrin exprima en vers grecs les sentiments qui animaient alors ses coreligionnaires. A l'exemple de ses prédécesseurs, le poète inconnu parla par la bouche d'une prophétesse païenne, la *Sibylle*, sœur d'Isis. La sibylle énumère d'abord toute la série des Césars romains, qu'elle ne désigne que par des allusions, et elle continue ainsi :

... Et après lui
Régnera un souverain au casque d'argent; une mer (1)
Lui a donné son nom (2). C'est un homme généreux et perspicace.

(1) La mer Adriatique.
(2) Adrien.

Sous ton règne, ô prince grand et noble, prince à la sombre chevelure,
Et sous le règne de ta race s'accompliront ces évènements surprenants.
La trompette ne fera plus retentir le signal de la guerre et du massacre,
L'ennemi n'accomplira plus, dans sa fureur, son œuvre de destruction,
De magnifiques trophées attesteront la victoire remportée sur le mal.
Oublie tes chagrins, ne tourne pas ton glaive contre ta poitrine,
O le plus puissant des rejetons divins, la plus désirable des fleurs.
Astre brillant, idéal noble et sacré,
Beau pays de Judée, cité merveilleuse, chantée par des poètes,
Les Hellènes, animés d'une même pensée et d'un même sentiment,
Ne viendront plus fouler ton sol de leur pied impur ;
De grands honneurs te seront rendus par de respectueux serviteurs
Qui orneront la table de nombreux sacrifices,
Prononceront des paroles sacrées et adresseront à Dieu leurs prières.
Des justes, qui ont supporté avec résignation la souffrance et l'affliction,
Accompliront des choses grandes, belles et glorieuses,
Et les méchants qui ont lancé leurs blasphèmes contre le ciel
Cesseront de semer entre frères la discorde et la haine,
Et se tiendront cachés, jusqu'après la conversion du monde.
. . . .
Cette transformation heureuse se produira dans le pays des Hébreux,
Où le miel sort des rochers, où jaillissent les sources limpides,
Où coule pour les justes un lait doux comme l'ambroisie.
Car, ils espèrent, dans la droiture et la sincérité de leur cœur,
En Dieu seul, le créateur unique, l'Être suprême.
. . . .
De la patrie céleste descendit un homme bienheureux ;
Dans ses mains il tenait un sceptre reçu de Dieu,
Il régna avec gloire, et à tous les hommes de bien
Il rendit les richesses qu'avaient dérobées ses prédécesseurs ;
Il détruisit par le feu jusqu'aux fondements des cités entières,
Et brûla les demeures des méchants qui avaient fait le mal

Au temps passé, mais la cité que Dieu aime devint
Plus radieuse qu'une étoile, plus brillante que le soleil et la lune.
Il la para de toutes les pompes et y éleva un sanctuaire
Visible à tous les regards, superbe, et surmonté d'une tour.
Les justes et les pieux purent alors contempler
L'éternelle splendeur et la gloire éblouissante du Créateur.
Le levant et le couchant ont célébré la magnificence de Dieu,
Car aucun malheur n'affligera plus la pauvre humanité.
Il n'y aura plus ni adultère, ni amours honteuses d'adolescents,
Ni meurtre. ni bruit de guerre; partout règnera la justice.
Il apparaît enfin ce temps bienheureux où accomplira ces choses
Le Seigneur qui commande au tonnerre, qui a fondé le temple superbe.

Ainsi chantait et prophétisait la sibylle judaïque; elle rêvait la chute prochaine du paganisme. Au commencement de son règne, Adrien fut, en effet, un prince aimé des Judéens. Mais, si ceux-ci furent profondément heureux de posséder bientôt, comme ils l'espéraient, un nouveau sanctuaire, les judéo-chrétiens qui demeuraient en Judée suivaient avec une colère haineuse les progrès de cette restauration. Ils s'étaient attachés de toute la puissance de leurs nouvelles convictions à cette doctrine que Jésus, en sa qualité de Messie, de grand prêtre et de victime, avait rendu inutile le temple de Jérusalem. Ils ne furent pas les seuls à mettre obstacle à la reconstruction du sanctuaire, ils trouvèrent des complices dans les Samaritains. Ces derniers, comme les judéo-chrétiens, cherchèrent à entraver par tous les moyens la reconstruction du temple.

Adrien ne se montra si favorable aux Judéens que pour éviter à tout prix la guerre. En leur accordant ce qu'ils désiraient avec une ardeur passionnée, il ne désarma pas seulement ceux d'entre eux qui avaient déjà préparé un nouveau soulèvement, mais il s'en fit des alliés fidèles qui, dans sa pensée, combattraient à ses côtés dans le cas où les Parthes envahiraient le territoire romain. Les travaux de reconstruction du temple avancèrent rapidement. Julien et Pappos, les deux chefs que l'intervention d'Adrien avaient sauvés de la mort, les poussaient avec vigueur. Ils établirent des comptoirs de change dans la Galilée et la Syrie, depuis

Acco jusqu'à Antioche, pour changer contre des monnaies du pays les monnaies étrangères que les Judéens du dehors envoyaient comme contribution à la restauration du sanctuaire. Il ressort de ce fait que les communautés juives de tous les pays participèrent à cette œuvre nationale. On entreprit en même temps, selon toute apparence, le relèvement de la ville de Jérusalem. Lorsque les ouvriers commencèrent à enlever les décombres qui couvraient l'emplacement du temple, ils mirent naturellement à découvert une grande quantité d'ossements humains, ce qui fit naître une certaine hésitation dans l'esprit des docteurs. Josua ben Hanania, ennemi de toutes les exagérations, leur dit : « N'avez-vous pas honte de déclarer impur le lieu où s'élevait jadis le sanctuaire ? »

Ce beau rêve de rétablir à Jérusalem le centre de la religion ne tarda pas à s'évanouir devant la triste réalité. Dès qu'Adrien eut affermi son autorité et apaisé l'agitation des peuples prêts à se soulever, il chercha, à l'exemple de tous les princes de caractère faible, à éluder une partie de ses promesses et à revenir sur sa parole. On raconte que les Samaritains, irrités de voir le temple de Jérusalem, objet de leur éternelle haine, se relever de ses ruines, usèrent de tous les moyens auprès de l'empereur Adrien pour éveiller sa crainte au sujet des conséquences de cette restauration ; c'est ainsi que leurs ancêtres avaient déjà agi auprès des souverains de la Perse. Ils firent croire, paraît-il, à Adrien que le rétablissement du temple qu'il avait autorisé pour rattacher plus étroitement les Judéens à l'empire romain leur servirait, au contraire, de prétexte à une insurrection contre Rome. Il se peut, cependant, qu'Adrien et ses lieutenants en Judée aient eu cette crainte en dehors de toute instigation des Samaritains. Quoi qu'il en soit, l'empereur, qui n'osa pas revenir complètement sur ses promesses, essaya d'en restreindre la portée. D'après certains documents, il aurait prescrit aux Judéens de construire la ville et le sanctuaire sur un nouvel emplacement, ou sur l'ancien emplacement, mais dans des dimensions moins considérables. Les Judéens, comprenant que l'empereur cherchait à les tromper, prirent les armes en grand nombre et se réunirent dans la vallée de Rimmon, dans la plaine de Jezréel. A la lecture de la lettre impériale, la foule fondit en larmes. Dès ce moment, la lutte parut imminente ;

on pouvait déjà prévoir qu'elle serait implacable. Il y avait cependant dans le peuple des hommes perspicaces, amis de la paix, qui paraissent avoir eu conscience des dangers que présentait alors un soulèvement. A la tête de ce parti se trouvait Josua. On le fit venir en toute hâte afin qu'il apaisât, par son autorité et son éloquence, les passions surexcitées de la foule. Josua s'adressa au peuple dans un langage qui agit toujours profondément sur l'esprit des masses; il leur raconta un apologue dont il put appliquer la moralité à leur propre situation. « Un jour, dit-il, un lion dévora une proie; un os lui demeura dans le gosier. Saisi de frayeur, il promit une forte récompense à celui qui lui retirerait cet os. Une cigogne, au long cou, se présenta, guérit le lion et demanda son salaire. Le lion lui répondit en raillant : « Estime-toi heureuse d'avoir retiré ta tête de la gueule du « lion. » Nous aussi, continua Josua, nous devons remercier le ciel d'avoir échappé sains et saufs aux mains du Romain, et ne pas exiger de lui l'accomplissement de sa promesse. » Ce fut par ces sages paroles et par des discours analogues qu'il calma momentanément les assistants. Mais le peuple se sépara avec l'intention de s'insurger plus tard, et il se prépara à la révolte avec une ténacité digne d'un plus heureux résultat.

Josua était, à l'époque d'Adrien, le principal chef des Judéens, il paraît même avoir occupé la dignité de patriarche, car Gamaliel mourut probablement dans les premières années du règne d'Adrien. On fit au Nassi des funérailles pompeuses qui attestèrent la haute considération dont il jouissait auprès du peuple. Josua et Eliézer avec leurs disciples prirent le deuil. Aquilas, le prosélyte, se conforma à l'antique usage observé aux obsèques des rois, et brûla des vêtements et des meubles d'une valeur de 70 mines (environ 600 francs). Aux reproches qu'on lui adressa sur sa prodigalité, il répondit : « Gamaliel vaut mieux que cent rois qui n'ont rien fait pour l'humanité. » Toute cette pompe contrastait singulièrement avec la simplicité des vêtements mortuaires que Gamaliel lui-même s'était fait préparer avant sa mort. En ce temps-là, les morts étaient habillés de vêtements précieux, et les dépenses qui en résultaient pesaient si lourdement sur les gens peu fortunés que souvent les parents abandonnaient le mort, sans lui rendre les derniers devoirs, afin de se soustraire à des charges trop onéreuses. Pour remédier à d'aussi graves inconvénients, Gamaliel avait ordonné qu'on le revêtit après sa mort de simples habits de lin blanc. Depuis cette époque, les apprêts mortuaires eurent un caractère d'extrême simplicité, et la postérité reconnaissante adopta l'usage de vider une coupe de plus, en l'honneur de Gamaliel, au repas des funérailles.

Gamaliel laissa plusieurs fils. L'aîné, Simon, paraît avoir été trop jeune, à la mort de son père, pour remplir les fonctions de patriarche, et ce fut sans doute Josua que le Synhédrin éleva à cette dignité comme patriarche intérimaire. Ce docteur voulut, après la mort de Gamaliel, abolir plusieurs dispositions législatives que le Nassi avait établies, mais Johanan ben Nuri s'y opposa, et son opinion fut appuyée par la plupart des Tannaïtes. Deux autres docteurs considérables, Eléazar ben Azaria et Eliézer, paraissent également ne plus avoir vécu à l'époque d'Adrien. — C'est un fait presque certain que, après la mort de Gamaliel, le Synhédrin abandonna la ville de Jabné pour s'établir dans la haute Galilée, à *Uscha*, ville située tout près de Schefaram, d'Acco et de Sepphoris. Ismaël se trouvait parmi ceux qui émigrèrent à Uscha. Le Synhédrin prit dans sa nouvelle résidence plusieurs mesures d'une haute importance morale et historique, qui furent définitivement adoptées sous le nom d'*Ordonnances d'Uscha* (Tekanot Uscha). Une de ces mesures devait empêcher les donations trop importantes de propriétés qu'on faisait alors aux œuvres de bienfaisance, donations qui étaient devenues très fréquentes à cette époque. Il fut défendu de distraire plus d'un cinquième de ses biens pour des œuvres de charité. Isèbab, qui plus tard mourut martyr, voulut distribuer toute sa fortune parmi les pauvres; Akiba s'appuya sur cette mesure pour s'y opposer. Une autre ordonnance d'Uscha paraît avoir eu pour but de réagir contre la sévérité excessive avec laquelle Gamaliel avait appliqué la peine d'excommunication. Il fut décidé qu'aucun membre du Synhédrin ne pourrait être frappé d'excommunication à moins d'avoir violé ou aboli la Loi tout entière, comme l'avait fait le roi Jéroboam. On voit par là que l'unité de la Loi était solidement établie et que des divergences d'opinions ou de doctrines ne pouvaient plus, comme jadis, produire de schisme dans le judaïsme. On n'était plus frappé que de la dureté de cette disposition qui permettait d'excommunier des collègues et de leur interdire l'accès de l'école. Josua contribua sans doute pour une grande part à l'établissement de cette mesure.

Les bons rapports entre Adrien et la nation judaïque ne subsistèrent pas pendant plus de dix ans ; ils n'avaient eu, du reste, aucune chance de durée. L'empereur ne pouvait oublier qu'il avait été obligé de faire des concessions à ces Judéens méprisés, et ceux-ci ne pouvaient pardonner à Adrien d'avoir violé sa promesse et trahi leurs plus chères espérances. Cette aversion mutuelle se manifesta lorsque Adrien visita ou traversa la Judée. Le vaniteux empereur, pour acquérir le droit d'être appelé le *père de la patrie*, et peut-être aussi par désœuvrement et sous l'impulsion d'une sorte d'agitation intérieure qui l'obligeait à être sans cesse en mouvement, avait visité presque toutes les provinces de l'immense empire romain. Il avait voulu tout voir de ses yeux, s'était informé de tout avec une curiosité puérile, et s'était entretenu avec des sages et des hommes intelligents de tous les pays. C'était un bel esprit qui avait la prétention de se croire profond philosophe et plus instruit en toutes choses que les autres hommes. Il est douteux qu'Adrien se soit rendu un compte exact des dispositions des provinces ; en tout cas, il se méprit entièrement sur les sentiments des Judéens. Lors de son voyage en Judée (été 130), il reçut les hommages obséquieux de tous ceux qui haïssaient le peuple autochtone, les vrais Judéens. Il vit venir au devant de lui, bas et rampants, pour le saluer comme un demi-dieu et même comme un dieu, les Romains, les Grecs abâtardis, peut-être aussi les Samaritains et les chrétiens. Un dialogue mimique qui eut lieu en sa présence entre un chrétien et Josua ben Hanania jette un certain jour sur l'attitude que les deux religions tenaient l'une vis à vis de l'autre. Le chrétien montra par ses mouvements que Dieu avait détourné sa face d'Israël ; Josua répondit par un geste que l'Éternel continuait à couvrir son peuple de son bras protecteur. Adrien se fit expliquer cette pantomime. L'empereur paraît, du reste, s'être entretenu à plusieurs reprises avec Josua ; la tradition rapporte quelques-uns de ces entretiens, dont le suivant présente un certain caractère d'authenticité. Adrien dit un jour au Tannaïte : « Si tu es aussi savant que tu le prétends, dis-moi ce que je rêverai cette nuit. — Tu rêveras, lui répondit Josua, que les Perses (Parthes) te réduiront en esclavage et te forceront à garder de vils animaux avec un sceptre d'or. » La réponse dut produire une profonde impression sur le superstitieux César, qui redoutait vivement les Parthes et ne reculait devant aucun sacrifice pour vivre en paix avec eux.

Adrien était convaincu qu'il n'avait à craindre aucune hostilité de la part des Judéens, et il informa le sénat que la Judée avait manifesté, lors de son voyage dans ce pays, les dispositions les plus pacifiques. Le sénat décida de perpétuer le souvenir de cette heureuse communication, et il fit frapper, dans ce but, diverses médailles. Les unes représentaient l'empereur en toge, ayant devant lui la Judée à genoux, qu'il cherche à relever de cette humble posture : trois enfants (probablement la Judée, la Samarie et la Galilée) lui présentent des branches de palmier. Sur d'autres médailles, on voyait la Judée et l'empereur offrant ensemble des sacrifices. Ainsi Adrien espérait que dans un avenir très prochain toute distinction de race et de religion s'évanouirait, et que la fusion serait complète entre les Judéens et les Romains. Pour aider à cette fusion, il conçut un projet d'une extravagance inouïe. Il voulut que la ville de Jérusalem, qu'il s'agissait alors de rebâtir, fût transformée en cité païenne. Pendant son séjour en Égypte, où il commit toutes sortes de folies, la profanation de la ville sainte fut définitivement résolue. Naturellement, les Judéens n'étaient pas disposés à accepter avec résignation un acte qui devait faire disparaître le judaïsme comme race et comme religion. Il se produisit dans les esprits une dangereuse fermentation. Josua reprit, selon toute probabilité, sa tâche de conciliateur ; il essaya de ramener l'empereur à un sentiment plus juste de la situation et à apaiser la colère naissante des Judéens. Malgré son grand âge, il se rendit en Égypte auprès d'Adrien. Celui-ci resta sourd à tout conseil et à tout avertissement, et il accabla de railleries les religions judaïque, samaritaine et chrétienne, qu'il se flattait de connaître et qu'il déclarait proches parentes des croyances égyptiennes. Il écrivit à cette époque à son beau-frère : « Les archisynagogues, les Samaritains et les prêtres chrétiens n'adorent d'autre divinité que Sérapis. Même le patriarche qui est venu en Égypte, — il voulait dire Josua, — a été contraint par les uns à adorer Sérapis, et par les autres à adorer le Christ. » Josua paraît avoir échoué dans sa généreuse tentative. Il revint en Judée, où il mourut bientôt après dans un âge assez avancé; le chagrin contribua sans doute à hâter sa fin. On dit, à son grand éloge, qu'avec lui disparurent la sagesse, la prudence et la modération. Après sa mort, la Judée fut secouée par de violentes convulsions; elle se prépara à une insurrection formidable, et aucun de ses enfants ne fut alors assez puissant pour en arrêter l'explosion. Cette époque fut une des périodes les plus remarquables de l'histoire judaïque.

Les agitateurs ne voulurent pas que le mouvement éclatât pendant le séjour d'Adrien en Égypte et en Syrie (130-131); mais dès ce moment on se prépara à la révolte. Les forgerons juifs, dans la prévision que les armes qu'ils fabriquaient pour les Romains serviraient contre les Judéens, ne firent plus que des armes de mauvaise qualité et impropres à tout usage. Dans les montagnes de la Judée, si riches en cavernes, les conjurés établirent secrètement des allées souterraines et des cachettes, qui servirent, avant la lutte, d'arsenaux, et devinrent pendant la guerre d'excellents postes pour s'y embusquer et tomber à l'improviste sur l'ennemi. Akiba prit part à ces préparatifs avec une vaillante activité. Ce docteur avait été reconnu, après la mort de Josua, comme chef de la nation. Adrien croyait avec tant de conviction à la soumission absolue de la Judée qu'il ne s'aperçut de l'insurrection, qui se préparait presque sous ses yeux sur différents points de son empire, qu'au moment où elle sévit dans toute sa violence; l'habileté des Judéens avait triomphé de la vigilance des espions romains. Quand le mouvement éclata, tout était prêt : les armes, les voies de communication, les soldats et même un chef énergique dont la situation particulière inspirait à l'armée l'enthousiasme religieux et la valeur guerrière. Ce qui encouragea aussi les Judéens dans leur audacieuse entreprise et leur fit espérer de reconquérir leur nationalité, ce fut la chute de Césarée, ruinée quelques années auparavant par un tremblement de terre. Une croyance assez singulière s'était répandue parmi les Judéens au sujet de cette ville, qui était la capitale de la Judée, où des légions tenaient garnison, où résidait le gouverneur romain et qui était aussi odieuse à la nation judaïque que Rome même. Comme la splendeur de Césarée datait de la chute de Jérusalem, les Judéens croyaient que sa destruction marquerait le relèvement de la ville sainte.

Le principal héros de l'insurrection fut *Barcokeba*. Cet agitateur inspira une terreur profonde à Rome, qui trembla devant lui comme elle avait tremblé jadis devant Brennus et Annibal. On ne sait absolument rien de la famille et de la jeunesse de ce personnage, si vilipendé et si méconnu. Comme tous les héros de révolution, il surgit subitement comme la personnification la plus éclatante des aspirations et des haines du peuple, répandit la terreur autour de lui et se dressa de toute sa hauteur au milieu du mouvement insurrectionnel. Son véritable nom était *Bar-Koziba*. Ce nom lui venait d'une ville de Koziba, et n'était nullement un sobriquet déshonorant, signifiant *le fils du mensonge*. Ce fut Akiba qui l'appela Barcokeba. Plein d'enthousiasme pour ce vaillant et infatigable champion de l'indépendance nationale, il s'écria : *Voici le roi Messie*, et il lui appliqua le verset : « Koziba s'est levé radieux comme un astre (*kokab*) dans la maison de Jacob. » La valeur immense de Barcokeba affermit ce docteur dans son espérance de voir l'orgueil de Rome brisé, Israël briller d'un nouvel éclat, et le Messie régner dans son éblouissante splendeur. Il cita, à ce sujet, le verset du prophète *Haggée* (II, 21) : « Encore un peu de temps, et j'ébranlerai le ciel et la terre, je renverserai le trône des riches et je détruirai la puissance des païens. » Mais tous ne partageaient pas ses rêveries religieuses. Un docteur, *Johanan ben Torta*, lui dit : « Akiba, l'herbe aura poussé de tes mâchoires avant que ne vienne le Messie. » Toutefois, le respect et l'admiration d'Akiba pour Barcokeba suffirent pour faire briller le chef de l'insurrection d'une auréole divine et lui assurer une autorité indiscutable sur tous les Judéens.

Un auteur chrétien raconte que Barcokeba, pour tromper la foule, faisait semblant de cracher du feu en soufflant de sa bouche de l'étoupe enflammée. Mais les sources juives ne mentionnent rien des prétendus miracles que le roi-Messie aurait opérés ; elles parlent seulement de son étonnante force corporelle, et elles rapportent qu'il pouvait rejeter avec les genoux les pierres que les balistes romaines lançaient sur l'armée judaïque. Nulle part il n'est accusé de s'être fait passer pour Messie par ambition personnelle, il ne poursuivait que le but glorieux de reconquérir la liberté de son peuple, rendre à sa race son ancienne splendeur, et expulser définitivement l'étranger de son pays. Un homme d'une audace aussi généreuse et doué des plus hautes qualités militaires, aurait mérité, malgré son insuccès, d'être jugé avec plus d'équité. La postérité s'est laissé égarer sur son compte par les relations ennemies et n'a trouvé pour lui que des paroles de blâme et de mépris.

Les Judéens de tous les pays accoururent en foule pour se grouper autour de Barcokeba et prendre part au soulèvement, les Samaritains eux-mêmes vinrent se joindre à leurs anciens adversaires. Il y eut même des païens qui se rangèrent sous le drapeau du roi-Messie dans l'espoir d'abattre le despotisme de Rome. Une source judaïque évalue le nombre des insurgés à 400,000, et l'historien païen Dion Cassius à 580,000, et certes ces chiffres ne paraissent pas exagérés. Le colosse romain tout entier semblait être secoué par une commotion puissante et menacé d'une complète destruction. Barcokeba, confiant dans sa valeur et son immense armée, se crut invincible, et il proféra ces paroles orgueilleuses : « Seigneur, si tu ne veux pas nous secourir, abstiens-toi, du moins, de protéger nos ennemis, et nous serons sûrs de la victoire. »

A un déploiement de forces aussi considérable, *Tinnius Rufus*, qui était alors gouverneur de la Judée, ne put opposer que des troupes peu nombreuses. Les légions romaines durent reculer devant ce Messie intrépide, qui n'avait qu'à frapper le sol du pied pour en faire sortir des soldats. Rufus battit en retraite, abandonnant aux insurgés une forteresse après l'autre. Au bout d'une année (132-133), 50 places fortes et 985 villes ouvertes et villages étaient entre les mains des Judéens, qui eurent bientôt conquis sur les Romains la Judée tout entière, la Samarie et la Galilée.

Adrien considéra d'abord ce soulèvement comme un mouvement sans importance. Lorsqu'il apprit les défaites répétées de ses troupes, il envoya en Judée des légions de la Phénicie, de l'Arabie et de l'Égypte. Ces renforts étaient commandés par ses meilleurs généraux, par *Marcellus*, gouverneur de la Syrie, *Lollius Urbicus*, lieutenant de l'empereur, et *Sextus Cornelius Dexter*, commandant de la flotte syrienne. Ceux-ci ne furent pas plus heureux que Rufus. Les Judéens, fiers de ce succès inespéré, crurent que leur triomphe était définitif et que le joug romain était brisé pour toujours. Ceux qui avaient rendu méconnaissable sur leur corps le signe de l'alliance pour se soustraire à la taxe judaïque, se firent circoncire une seconde fois afin de ne pas être exclus du royaume messianique. La ville de Jérusalem était également retombée au pouvoir des Judéens, qui songèrent sans doute à relever le temple. Mais le tumulte des armes et les attaques incessantes des Romains ne leur permirent pas d'entreprendre cette œuvre de restauration. Pour affirmer avec éclat l'indépendance de la Judée, Barcokeba fit frapper des monnaies judaïques, qui furent appelées *monnaies de Koziba*. Elles portaient comme légende les mots : *Liberté de Jérusalem* ou *Liberté d'Israël* ; sur aucune d'elles n'était inscrit le nom de Barcokeba. Malgré leur haine profonde pour les Romains, les vainqueurs ne firent subir aucun mauvais traitement aux prisonniers de guerre. Seuls les judéo-chrétiens de la Judée furent traités avec rigueur ; ils étaient exécrés par les Judéens, qui les considéraient comme des blasphémateurs et surtout comme des espions et des délateurs. Depuis qu'ils avaient refusé de prendre part à la guerre nationale, ils étaient devenus plus odieux encore à ceux qui luttaient avec une passion farouche pour leur liberté. Un auteur chrétien, très ancien, raconte que Barcokeba somma les chrétiens de renier Jésus et de se joindre aux insurgés, et que ceux qui refusèrent de se soumettre à cet ordre furent sévèrement punis.

Lorsque l'État fut reconstitué, les autorités appliquèrent de nouveau la législation judaïque et citèrent devant leur tribunal leurs concitoyens qui violaient ou outrageaient la loi. Les chrétiens restèrent libres de suivre leurs pratiques religieuses, et aucun historien ne rapporte qu'ils aient été obligés de reconnaître Barcokeba comme un nouveau Messie. Le nouvel État juif ne paraît avoir exercé aucune contrainte sur les consciences. Les chroniqueurs chrétiens qui ont vécu plus tard ont présenté, avec leur exagération habituelle, le châtiment de la flagellation infligé à certains chrétiens comme une persécution accompagnée de tortures et d'exécutions capitales ; l'histoire ne mentionne aucun fait qui confirme de telles assertions. Seuls les Évangiles, qui parlent en termes voilés de Barcokeba et des luttes de cette époque, font connaître en partie l'attitude des autorités judaïques vis-à-vis des chrétiens. Ils semblent indiquer que la discorde régnait parmi les chrétiens, dont une grande partie aimait passionnément la liberté et dénonçait aux tribunaux juifs ceux dont le zèle pour les insurgés leur paraissait trop modéré. D'après ces Évangiles, Jésus aurait prédit qu'il reviendrait sous sa forme corporelle pour assister au jugement dernier pendant cette époque orageuse qui serait une des plus importantes périodes de l'histoire. Cette prétendue prophétie de Jésus montre quels sentiments d'inquiétude, de malaise et de sombre tristesse agitaient en ce moment les esprits. « Prenez garde, aurait dit le Christ, de ne pas vous laisser égarer ; car plusieurs personnes viendront sous mon nom, se présenteront comme le Messie et tromperont la foule. Si vous entendez des cris de guerre et le cliquetis des armes, ne vous effrayez point, il faut que ces événements arrivent. Mais cela ne sera pas la fin. Une nation se révoltera contre l'autre et un royaume se soulèvera contre l'autre. Il y aura des tremblements de terre, des temps de disette et de terreur. C'est le commencement des souffrances. Soyez sur vos gardes, vous serez dénoncés aux tribunaux (Synhédrin) et aux écoles (Synagogues), et vous serez flagellés. — Un frère trahira son frère, un père son fils, les enfants se révolteront contre leurs parents. Vous serez haïs de tous à cause de mon nom ; bienheureux ceux qui auront confiance en moi jusqu'à la fin. » Telles étaient les consolations qu'un docteur de l'Église adressa aux chrétiens de la Judée. — Il semble qu'à l'époque de Barcokeba, le Synhédrin ait pris une mesure pour arrêter le développement de cette doctrine, si répandue alors parmi les judéo-chrétiens, que Jésus était un dieu, et pour imposer un signe permettant de distinguer les chrétiens de ceux qui appartenaient au parti national juif. L'usage s'était établi depuis plusieurs siècles de ne pas prononcer le tétragramme *Iahveh* tel qu'il est écrit dans la Bible, mais de le remplacer par le mot *Adonaï* (seigneur). Comme les chrétiens s'étaient habitués peu à peu à appeler Jésus du nom de *Seigneur*, le Synhédrin ordonna de prononcer de nouveau le tétragramme comme dans les temps les plus anciens, et de l'intercaler dans la formule de salut qu'on s'adressait en s'abordant.

Le nouvel État réorganisé par Barcokeba avait déjà près de deux années d'existence (été 132-134). Adrien suivait avec anxiété les progrès de la révolution en Judée, et il craignait qu'elle n'eût des effets désastreux pour l'empire romain. Tous les renforts qu'il avait envoyés contre elle avaient été battus, ses meilleurs généraux avaient perdu leur gloire sur les champs de bataille de la Judée. Il dut rappeler de la Bretagne, qui s'était également révoltée contre Rome, le plus habile général de son époque pour l'envoyer contre les Judéens. *Jules Sévère* lui parut être le seul guerrier qui pût se mesurer avec Barcokeba. En arrivant sur le théâtre de la guerre, Sévère trouva les Judéens établis dans des positions si habilement choisies et si fortes qu'il n'osa pas leur livrer immédiatement bataille. Pendant toute cette guerre, les Judéens s'appuyèrent surtout contre le pays qui s'étendait le long de la Méditerranée et dont la ville de *Betar* occupait le centre. Le circuit de cette place forte devait être immense, si l'on songe à la population considérable qui y était enfermée pendant le dernier acte de ce drame terrible. On raconte que Betar avait déjà une certaine importance même avant la destruction du temple.

En dehors de Betar, Barcokeba avait encore mis plusieurs autres points en état de défense, et il en avait probablement confié la garde à des gouverneurs spéciaux. Au nord, près de la haute Galilée, à l'entrée de la grande plaine de Jezréel (Esdrelome), se dressaient trois forteresses qui formaient presque un triangle depuis la Méditerranée jusqu'au lac de Tibériade. A l'ouest, tout près d'Acco, se trouvait *Kabul*, ou *Chabulon*; à trois milles de là, au sud-est, s'élevait la forteresse de *Sichin*, et à la même distance, du côté de l'est, près de Tibériade, était *Magdala*. Ces trois villes, Kabul, Sichin et Magdala, étaient très peuplées et elles formaient les postes avancés qui devaient empêcher les Romains d'envahir la Judée par la Syrie et la haute Galilée. Une autre place que Barcokeba avait mise en état de défense fut la ville de *Tur-Simon*, ainsi nommée de Simon l'Hasmonéen.

Jules Sévère jugea d'un coup d'œil la situation. Après s'être rendu compte des formidables travaux de retranchements, des excellentes positions des Judéens et du nombre considérable de soldats dont le fanatisme décuplait l'ardeur guerrière et la vaillance, il reconnut qu'il lui serait impossible de remporter une victoire dans ces conditions, et il évita de livrer une bataille décisive. Comme l'avait fait Vespasien, il traîna la guerre en longueur par des marches et des contremarches. Il comptait surtout sur le manque de vivres qui devait forcément se produire dans un petit pays fermé de toutes parts, où la charrue avait partout été délaissée pour l'épée. Il se borna donc à couper les vivres aux Judéens, à attaquer un par un les différents corps ennemis et à les écraser peu à peu avec sa cavalerie. Cette tactique lui réussit à merveille. Pour frapper les Judéens de terreur, il faisait mettre tous les prisonniers à mort. Les péripéties de cette lutte sont certainement aussi mémorables et présentent un intérêt aussi puissant que la guerre des zélateurs ; mais il n'existe aucun document qui ait conservé aux générations futures un récit détaillé de ce duel à mort entre Rome et la Judée. Les faits d'armes des chefs des zélateurs, Bar-Giora et Jean de Giscala, ont été racontés, il est vrai, par un ennemi implacable du parti zélote, mais ils sont parvenus à la postérité, tandis que la lutte suprême de la nation judaïque et la gloire militaire du dernier héros de la Judée n'ont pas trouvé un seul historien. Même les relations de la guerre judaïque sous Adrien, que l'orateur romain *Antonius Julianus* et le Grec *Ariston* de Pella écrivirent dans l'intérêt des Romains, ont disparu ; il n'en reste plus aucun fragment important. On ne connaît de cette guerre que quelques faits très rares qui sont tous un éclatant témoignage de la vaillance des Judéens et de leur ardent patriotisme.

Dans leur plan d'invasion, les Romains, tenant compte, sans aucun doute, de la situation géographique de la Judée, pénétrèrent dans ce pays par le nord, du côté de la Syrie et de la Phénicie, où ils se heurtèrent, probablement, dès le début de la campagne contre les trois forteresses Kabul, Sichin et Magdala. Les sources judaïques racontent la chute de ces villes d'après des dépositions de témoins oculaires, et indiquent les motifs qui amenèrent ces diverses catastrophes. Kabul succomba par suite des divisions intestines qui y éclatèrent ; Sichin tomba par la magie, et par là il faut probablement entendre une attaque imprévue, et Magdala, le lieu de naissance de la célèbre pécheresse *Marie-Madeleine*, par la débauche. La chute de ces trois places fortes, qui formaient la ligne de défense de la frontière judaïque, marqua la fin prochaine de la guerre ; c'est ainsi que, pendant la première révolution des Judéens, la prise des forteresses de Jotapata et de Gadara avait été le prélude de la conquête de la Judée par Rome. Un deuxième point où la lutte paraît avoir été très vive fut la plaine de Rimmon, qui avait été le berceau de l'insurrection. Les légions romaines durent passer par cette plaine pour pénétrer dans le cœur du pays, et ils y livrèrent une bataille sanglante dont la légende a exagéré, selon son habitude, l'importance et les funestes effets. De Rimmon, l'armée romaine marcha probablement sur les villes de la *montagne royale*. D'après une tradition, 00,000 Romains auraient pénétré, l'épée au clair, dans la forteresse de *Tur-Simon* et y auraient commis un carnage épouvantable pendant trois jours et trois nuits. Toutes les cinquante places fortes qui avaient été entre les mains des Judéens étaient tombées sous les coups du bélier romain. Les généraux envoyés par Adrien contre les insurgés avaient livré, d'après les uns, cinquante-deux, et d'après les autres, cinquante-quatre batailles. Le cercle de fer dont l'armée romaine enveloppait Betar se rétrécit de plus en plus autour de cette forteresse, dans laquelle Barcokeba s'était jeté avec l'élite de ses troupes et où s'étaient réfugiés les fuyards de toute la Judée. La lutte présenta en ce moment un intérêt palpitant ; les deux plus grands généraux de leur temps, Barcokeba et Jules Sévère, se trouvèrent l'un en face de l'autre, et des coups qu'ils allaient se porter dépendaient les destinées d'un peuple tout entier. L'histoire n'a pas encore fait ressortir avec une vigueur suffisante la grandeur de ce spectacle, où l'on voyait une nation soutenue par la passion religieuse, l'amour de l'indépendance et la haine de race, lutter avec l'énergie du désespoir contre des légions fortement disciplinées et des conquérants cruels et rapaces.

Les Judéens enfermés dans Betar durent être excessivement nombreux, car la tradition multiplie les hyperboles à ce sujet afin de bien indiquer que la population de cette forteresse était particulièrement considérable. Elle rapporte, entre autres, qu'il y avait à Betar plusieurs centaines d'écoles qui contenaient des élèves en si grande quantité que ceux-ci se vantaient de pouvoir exterminer l'ennemi avec leurs tuyaux de plume.

Le siège de Betar dura près d'un an et fut l'acte final de cette guerre, qui s'était prolongée pendant trois ans et demi. On ne sait absolument rien sur les incidents de ce siège et les causes qui amenèrent la chute de la forteresse. Ce qui est certain, c'est que le manque de vivres et d'eau potable contribua à précipiter le dénouement. Un document judaïque rapporte que « le fleuve *Iorédét-haçalmon* refusa traîtreusement ses eaux pendant la guerre, » ce qui veut dire que les chaleurs de l'été l'avaient mis à sec. Une relation samaritaine fort obscure raconte que l'envoi des vivres amenés dans Betar, pendant le siège, par une voie secrète fut subitement arrêté. Il paraît hors de doute que cette ville si vaillamment défendue tomba par suite d'une trahison des Samaritains. Voici ce qu'on se racontait à ce sujet parmi les Judéens. Éléazar, de Modin, revêtu d'un cilice et couvert de cendres, priait et jeûnait pour que la ville de Betar ne fût pas prise; sa piété inspirait aux assiégés la confiance, cette âme de la guerre, et les encourageait à la résistance. Adrien (ou son général), découragé de cette lutte opiniâtre, se disposait à lever le siège, lorsqu'un Samaritain lui promit de lui faire prendre la ville en rendant suspect aux yeux des Judéens le pieux Éléazar, qui était comme le génie tutélaire de la cité. « Tant que cette poule piaillera dans les cendres, ajouta-t-il, Betar sera imprenable. » Là-dessus, ce Samaritain pénétra dans la ville par une allée souterraine, s'approcha d'Éléazar pendant qu'il était en prières et lui murmura mystérieusement quelques mots à l'oreille. Cette action parut suspecte aux assistants, qui arrêtèrent le Samaritain et le conduisirent devant Barcokeba. Interrogé sur ses intentions, il répondit par les pleurnicheries habituelles aux espions : « Si je t'avoue la vérité, dit-il, je serai tué par mon maître, et si je te la dissimule, je mourrai par toi; mais j'aime mieux être tué que trahir mon maître. » Barcokeba soupçonna Éléazar d'avoir des intelligences avec l'ennemi; il cita le docteur devant lui et l'invita à lui faire connaître le sujet de son entretien avec le Samaritain. Éléazar, qui avait à peine remarqué, dans son profond recueillement, la présence du Samaritain, répondit qu'il ne savait absolument rien. Barcokeba, croyant que cette prétendue ignorance n'était qu'une habile dissimulation, se mit dans une telle colère qu'il poussa violemment Éléazar du pied. Éléazar tomba mort. Une voix retentit alors et dit : « Tu as paralysé le bras d'Israël et aveuglé ses yeux, aussi ton bras sera sans force et ton œil sans lumière. » Peu de temps après, Betar succomba. Une autre légende raconte qu'Adrien ayant perdu tout espoir de s'emparer de Betar voulut s'éloigner de cette ville. Mais deux frères samaritains, *Manassé* et *Ephraïm*, retenus prisonniers chez les Judéens pour une escapade, lancèrent dans le camp romain une lettre enveloppée dans de l'argile par laquelle ils faisaient savoir à l'empereur qu'il suffisait de faire garder les issues de deux souterrains, par lesquels les assiégés recevaient les vivres du dehors pour prendre la ville par la famine. Adrien suivit ce conseil et il s'empara de Betar un jour de sabbat. Il semble ressortir de ces récits légendaires que, grâce aux indications d'un traître, les assiégeants purent s'introduire dans la forteresse par des voies souterraines. Les vainqueurs accomplirent dans Betar d'horribles massacres. On raconte que les chevaux avaient du sang jusqu'aux naseaux, et qu'un fleuve de sang s'étendit depuis la ville jusqu'à la mer, distante de 4 milles, et fut assez puissant pour charrier de grandes roches. Trois cents crânes d'enfant furent trouvés brisés contre un rocher, et de toute la jeunesse de Betar le seul fils du patriarche Gamaliel échappa à la mort. Le chiffre des victimes qui seraient tombées pendant la guerre de Barcokeba est tellement élevé qu'il est à peine possible de croire qu'il soit exact, et cependant il est unanimement confirmé par les historiens juifs et grecs. Dion Cassius raconte qu'outre ceux qui moururent de faim ou furent brûlés dans des incendies, plus d'un demi-million de Judéens périrent. La tradition judaïque rapporte que l'ennemi entassa les cadavres par rangées et les abandonna sans leur donner la sépulture. Les Romains n'avouèrent pas leurs pertes, qui furent très importantes. Adrien se réjouit profondément de ce succès inespéré, mais en transmettant la nouvelle au Sénat, il n'osa pas ajouter la formule habituelle : *Moi et l'armée nous nous portons bien*. Le Sénat ne lui accorda pas les honneurs du triomphe pour la guerre judaïque, parce qu'il s'était tenu éloigné du champ de bataille ; ces honneurs furent décernés à Jules Sévère. Adrien se borna à faire frapper une médaille commémorative, qui fut distribuée aux soldats comme témoignage de reconnaissance pour les services qu'ils avaient rendus pendant cette campagne. Cette médaille portait comme légende : *Exercitus judaicus* « Honneur aux vainqueurs des Judéens. » Suivant une tradition, Betar tomba le 9 du mois d'ab (135) ; c'est également le 9 ab que le temple avait été dévoré deux fois par les flammes. On ne sait rien de la fin de Barcokeba, ce vaillant héros de l'insurrection judaïque. Un document, qui n'est pas entièrement digne de foi, raconte qu'un soldat rapporta la tête de Barcokeba au général romain et se vanta de l'avoir tué. Mais, plus tard, on retrouva son corps enveloppé dans les plis tortueux d'un énorme serpent, ce qui fit dire aux vainqueurs : « Un être divin a tué Barcokeba, les hommes n'auraient jamais rien pu contre lui. » Le dernier héros des Judéens a, du moins, échappé à la honte d'être enchaîné au char de triomphe du vainqueur et d'être exposé, comme ses prédécesseurs Jean de Giscala et Simon Bar-Giora, à la curiosité et aux railleries de la foule.

CHAPITRE IV

SUITES DE LA GUERRE DE BARCOKEBA

(135-170)

Au lendemain de la désastreuse guerre de Barcokeba, la Palestine offrait le plus douloureux spectacle. Un nombre immense de Judéens avaient péri, des milliers de prisonniers juifs étaient vendus à vil prix comme esclaves sur les marchés de Hebron et de Gaza, d'autres étaient envoyés en Egypte, où ils mouraient de faim et de misère. Les Judéens qui restaient encore dans leur patrie se cachaient dans des cavernes pour échapper à la fureur des soldats romains, ou bien ils erraient au hasard dans la campagne, se nourrissant des cadavres étendus sans sépulture dans les champs. La nation juive gisait encore une fois sanglante et mutilée aux pieds d'un vainqueur sans pitié. Ce soulèvement fut son suprême effort pour reconquérir son indépendance. Mais, malgré les ravages effrayants que la guerre avait causés en Palestine, Adrien pensa que les Judéens n'étaient pas encore suffisamment affaiblis et qu'ils continuaient à rester une menace pour Rome. Il conçut un projet qui devait les réduire à une impuissance absolue. Ce projet consistait à anéantir la religion juive et à arracher du cœur des Judéens le souvenir de leurs aïeux et de leur culte. Ce fut Rufus qu'Adrien chargea d'exécuter ce plan. Ce général, qui avait été battu sur les champs de bataille de la Judée, était maintenant appelé à déployer son courage et sa vaillance contre de malheureux vaincus, faibles, désarmés, brisés par la plus effroyable catastrophe. Les armes dont il se servait dans cette lutte étaient les vexations, les persécutions et l'espionnage. Le capitaine qui avait étouffé la rébellion de Barcokeba, Sévère, était retourné en Bretagne. Rufus fit passer la charrue autour de la ville de Jérusalem et sur l'emplacement du temple, où restaient sans doute encore quelques traces des nouvelles constructions que les Judéens avaient commencé à élever. Ce fait eut lieu le 9 du mois d'*ab*, date qui rappelle aux Juifs tant de souvenirs douloureux, peut-être une année après la prise de Bétar (136). A la place de l'ancienne Jérusalem, probablement un peu plus au nord, à l'endroit où se trouvaient les faubourgs, s'éleva une ville nouvelle. Adrien y établit des vétérans, des Phéniciens et des Syriens. Elle était construite sur le modèle des cités grecques, pourvue de deux places de marché, d'un théâtre et d'autres édifices publics, et divisée en sept quartiers. Adrien put enfin réaliser son plan de transformer la ville sainte en une cité païenne; il fit placer sa statue sur la montagne de Sion, et il y construisit un temple en l'honneur de Jupiter Capitolin, le dieu protecteur de Rome; des statues d'autres divinités romaines, grecques et phéniciennes ornaient ou plutôt souillaient les rues de Jérusalem. Même le nom si ancien et si vénéré de Jérusalem devait disparaître; il fut remplacé par celui d'*Ælia Capitolina*, du nom de l'empereur Ælius Adrien et de Jupiter Capitolin. Dans tous les actes publics, Jérusalem s'appelait désormais Ælia, et l'ancien nom tomba dans un tel oubli qu'un siècle plus tard un gouverneur de la Palestine demanda à un prélat qui s'intitulait évêque de Jérusalem où cette ville était située. A la porte du Sud, d'où l'on se rendait à Bethléhem, on sculpta en demi-bosse une tête de porc, ce qui fut particulièrement pénible pour les Judéens. Il était interdit à ces derniers, sous peine de mort, de pénétrer dans l'enceinte de la ville. Sur le mont *Garizim*, où se trouvait autrefois le sanctuaire des Samaritains, Adrien fit ériger un temple en l'honneur de Jupiter. Un autre temple fut élevé à Vénus sur la place de Golgotha, devant Jérusalem, et, dans une caverne de Bethléhem, on rendit les honneurs divins à une image d'Adonis. Adrien suivit la politique néfaste d'Antiochus Épiphane, qui profana tout ce que les Judéens vénéraient comme sacré, il dirigea contre eux des persécutions sanglantes pour les contraindre à embrasser le paganisme. Il fit publier un décret en Palestine qui défendait, sous les peines les plus sévères, la circoncision, l'observation du sabbat et l'étude de la Loi. Ce ne fut que sur un seul point qu'Adrien s'écarta du système de persécution du roi de Syrie, il n'obligea pas les Juifs à adorer les divinités romaines. Mais il appliqua ses proscriptions à tous leurs usages, il interdit même des actes qui, en réalité, n'avaient aucun caractère religieux, tels que l'acte de délivrer une lettre de divorce, de marier le mercredi, et autres faits de ce genre. Cette période malheureuse, qui s'étend depuis la chute de Bétar jusqu'à la mort d'Adrien, fut surnommée l'époque de l'*oppression religieuse*, du *danger* ou de la *persécution*.

Toutes ces lois, appliquées avec une implacable rigueur, atteignirent durement les Judéens. Les personnes pieuses étaient très perplexes dans cette situation critique, elles ne savaient pas si elles devaient continuer à observer toutes les pratiques, même au péril de la vie, ou s'il était, au contraire, de leur devoir de ménager une existence qui pourrait être utile au judaïsme, déjà si affaibli, et de se soumettre à la douloureuse nécessité de transgresser les lois religieuses. Il n'existait à cette époque aucun Collège légalement constitué qui fût en droit de se prononcer dans cette question. Ceux des docteurs qui avaient survécu à la guerre de Barcokeba se réunirent dans un grenier, à Lydda, pour délibérer sur cette grave affaire. Parmi les membres de cette réunion, on nomme *Akiba, Tarphon* et *José le Galiléen ;* il s'y trouvait sans doute aussi *Ismaël,* ce docteur si conciliant et si modéré, dont le caractère ressemblait beaucoup à celui de Josua. Il était facile de prévoir qu'entre des docteurs d'esprit si divers il se produirait des divergences d'opinion dans une question d'une telle gravité.

Les rigoristes paraissent avoir déclaré qu'en temps de persécution religieuse, tout juif est tenu de subir le martyre plutôt que de transgresser la moindre prescription. Ismaël émit une opinion diamétralement opposée. D'après lui, il serait permis de transgresser toutes les lois pour échapper à la mort, parce qu'il est dit dans la Tora que les prescriptions sont destinées à assurer la vie à ceux qui les observent et non pas à les faire périr. Ce docteur était d'avis de se soumettre momentanément à la législation oppressive des Romains. La réunion s'arrêta à un moyen terme, elle établit une différence entre les lois fondamentales du judaïsme et les ordonnances de moindre importance, et elle décida que, si l'on y était contraint sous peine de mort, on pouvait enfreindre en secret toutes les prescriptions religieuses, à l'exception des trois suivantes : la défense d'adorer des idoles, de contracter une union prohibée et de commettre un homicide. Cette décision, qui montre dans quelle situation difficile se trouvaient alors les juifs, semble avoir contenu une clause secrète qui permettait, en cas de nécessité, de transgresser en apparence ou de détourner les lois, mais qui prescrivait de les observer en toute autre circonstance aussi rigoureusement que possible. Mais tous ne se conformaient pas aux mesures prises par les docteurs. Il y en avait beaucoup, il est vrai, qui faisaient semblant, devant les délateurs romains, de transgresser les prescriptions religieuses. La nécessité les rendait inventifs, et l'on est profondément touché des mille subterfuges qu'ils employaient pour échapper à la mort sans trahir leur foi. La lecture de la Tora se faisait sur les toits, loin des regards inquisiteurs des espions. Akiba lui-même, remarquant un jour qu'il était surveillé par un Romain, fit signe à ses disciples, qui l'entouraient, de réciter la prière du

Schema à voix basse. L'observance de la moindre pratique était très sévèrement punie; un certain *Artaban*, surpris au moment où il examinait les *mezouzot* aux portes, dut payer une amende de mille denars; un homme, du nom d'*Élisa*, qui appartenait probablement aux débris qui restaient encore de l'association des Esséniens, fut condamné à avoir le crâne fracassé, parce qu'il avait mis des phylactères (*Tephilin*). Il était même dangereux de porter le costume national juif. Aussi deux disciples de Josua se permirent-ils de s'habiller à la façon des gens du pays, et ils répliquèrent à ceux qui leur en firent un reproche : « La désobéissance aux ordres impériaux équivaut à un suicide. »

Ismaël décrit en termes d'une rare vigueur cette époque funeste où les Judéens étaient sans cesse menacés des tortures et de la mort. « Depuis que l'impie Rome nous courbe sous une législation inique et nous interdit de pratiquer notre religion et surtout de circoncire nos enfants, il serait de notre devoir de nous abstenir du mariage et d'éviter d'avoir des enfants; mais en agissant ainsi, nous ferions disparaître la race d'Abraham. Il vaut mieux transgresser momentanément les lois religieuses qu'introduire dans le culte de nouvelles aggravations auxquelles le peuple ne pourrait absolument pas se soumettre. » Néanmoins, il s'en rencontrait beaucoup qui considéraient comme une lâcheté coupable de recourir à la ruse pour observer les pratiques, et qui sacrifiaient joyeusement leur vie à l'accomplissement de leurs devoirs religieux. Un récit de cette époque montre, sous une forme dramatique, l'inflexible rigueur des Romains pour les Judéens coupables d'observer leur religion. « Pourquoi es-tu condamné à la flagellation? — Parce que j'ai eu en mains un *lulab* à la fête des cabanes. — Pourquoi veut-on te crucifier? — J'ai mangé du pain azyme pendant Pâque. — Et toi, pour quelle raison dois-tu mourir par le feu, et toi par le glaive? — Parce que nous avons étudié la Loi et fait circoncire nos enfants. » On ne se contentait pas toujours de tuer simplement les accusés, on leur infligeait les plus atroces tortures. Les tribunaux romains avec leurs épouvantables châtiments furent les dignes précurseurs de l'Inquisition; ils inventaient des supplices que la cruauté la plus raffinée aurait de la peine à imaginer. On plaçait des boulets rouges sous l'aisselle des condamnés, on leur enfonçait des roseaux pointus sous les ongles, on enveloppait de laine mouillée la poitrine de ceux qui devaient monter sur le bûcher, pour prolonger leur supplice; en un mot, on infligeait à ces malheureux des traitements féroces dont le seul souvenir fait aujourd'hui encore tressaillir d'horreur.

Malgré ces odieuses persécutions, les Judéens essayaient souvent de tromper la surveillance vigilante des autorités romaines, et ils y seraient parvenus assez facilement, si leurs moindres gestes n'avaient pas été épiés par des délateurs juifs. Ces misérables appartenaient, les uns, à cette classe abjecte d'hommes sans foi ni loi qui commettent pour de l'argent les plus horribles forfaits, les autres, à la communauté des judéo-chrétiens, qui voulaient montrer par là aux Romains qu'il n'y avait rien de commun entre eux et les juifs, d'autres, enfin, à une secte qui travaillait avec acharnement à la destruction et à l'anéantissement de la religion juive. Un des plus implacables parmi ces derniers était *Ahèr*. Ce fut surtout lui qui apprit aux autorités romaines à reconnaître les actes que les Judéens considéraient comme religieux. Les espions étaient ainsi initiés à toutes les pratiques juives et flairaient de loin l'accomplissement d'une cérémonie interdite. Le bruit d'un moulin à bras leur annonçait la préparation de la poudre nécessaire à la guérison d'un enfant nouvellement circoncis, les illuminations leur indiquaient la célébration d'un mariage, et ils se guidaient d'après ces indices pour surprendre les Judéens et les dénoncer aux tribunaux.

Adrien et ses lieutenants faisaient surveiller et punissaient avec une sévérité particulièrement rigoureuse les réunions des docteurs et l'ordination des disciples. Ils avaient sans doute été informés que ces deux faits suffiraient pour maintenir intacte la doctrine juive et soutenir le courage des Judéens. Il était certain que si les Romains parvenaient à arrêter l'enseignement de la Loi, à rompre la chaîne des traditions et à empêcher la préparation et la formation de nouveaux docteurs, le judaïsme serait atteint dans sa force vitale et dans son existence. Aussi menaçaient-ils les docteurs qui tiendraient des écoles ou accorderaient l'ordination à leurs élèves de leur appliquer, avant de les faire mourir, les plus épouvantables supplices, et de rendre les communautés elles-mêmes responsables de leur crime. La ville où aurait lieu une ordination devait être détruite avec ses environs. Ce fut probablement *Aḥèr* qui fit diriger la persécution contre l'étude de la Loi. On raconte de lui qu'il livra des docteurs à la mort et éloigna par la terreur des disciples des écoles.

José ben Kisma, entre autres, conseillait la prudence ; il répétait souvent que la patience et la soumission feraient plus que la violence et la lutte. Il rencontra un jour *Hanania ben Teradion*, un rouleau de la Loi sur les genoux, et occupé à enseigner au milieu d'un groupe de disciples : « Mon frère, lui dit José, ne vois-tu donc pas que le ciel lui-même favorise les Romains ? Ils ont détruit le temple, fait périr des justes, exterminé des hommes pieux, et cependant ils existent encore ! Pourquoi t'exposes-tu à enseigner la Loi malgré l'interdiction de nos ennemis ? Je ne serais pas surpris de te voir condamner au feu, toi et le livre saint. » La modération de José lui valut les faveurs du gouverneur de la Judée, et, lorsqu'il mourut, les plus hauts personnages accompagnèrent son convoi. Mais la plupart des Tannaïtes ne partageaient pas les sentiments de José, ils décidèrent qu'ils continueraient à former des disciples au risque de périr. Ils estimaient que l'étude de la Loi était chose plus importante que l'accomplissement des pratiques, et cette opinion paraît avoir été sanctionnée et érigée en loi par les docteurs réunis à Lydda. Ces derniers s'étaient, en effet, soumis dans certains cas aux ordres des Romains et avaient transgressé quelques prescriptions, mais ils étaient tous prêts à mourir plutôt que de fermer les écoles.

Un récit très ancien rapporte que dix docteurs subirent le martyre parce qu'ils s'étaient occupés de l'étude de la Loi ; l'histoire ne donne que le nom de sept de ces martyrs. On exécuta en premier lieu *Ismaël*, descendant du grand prêtre Elisa, et créateur des treize règles d'interprétation, et, avec lui, un docteur appelé *Simon*. Les deux condamnés se consolèrent l'un l'autre au moment d'aller au supplice et s'affermirent mutuellement dans leur croyance à la justice divine. Akiba prononça une oraison funèbre en mémoire de ces deux héros de la foi, et il termina son discours par cet avertissement qu'il adressa à ses disciples : « Préparez-vous à mourir, une époque néfaste s'ouvre pour Israël. » Sa lugubre prédiction se réalisa malheureusement très vite, et bientôt il fut arrêté lui-même, accusé d'avoir enseigné la Tora, et jeté en prison. C'est en vain que *Pappos ben Juda*, un de ceux qui prêchaient sans cesse la modération et la prudence, avertit Akiba que des espions surveillaient ses moindres démarches et il l'engagea à ne plus réunir ses disciples autour de lui ; Akiba refusa de tenir compte de ses conseils. Le hasard voulut qu'ils se rencontrassent en prison. Pappos déplora amèrement qu'il eût été condamné pour une raison frivole et mondaine et qu'il fût privé de mourir pour une sainte cause.

Rufus, gouverneur et juge criminel de la province, reconnut dans Akiba le chef et le conseiller des Judéens, et il le traita avec la plus grande rigueur. Après l'avoir tenu enfermé longtemps dans un cachot, il le livra entre les mains du bourreau. Mais il ne lui suffit pas de faire mourir le docteur juif, il lui fit infliger auparavant les plus atroces tortures. L'exécuteur lui arracha la peau avec des crochets de fer. Le sublime martyr, gardant le sourire sur les lèvres malgré son horrible supplice, récita lentement la prière du *Schema*. Rufus, étonné de cette merveilleuse énergie, demanda à Akiba s'il possédait un charme pour dominer à ce point la souffrance. « Je ne suis pas magicien, répondit Akiba, mais je suis profondément heureux que tu m'aies offert l'occasion de mourir pour mon Dieu. » Il exhala son âme avec ces mots, qui sont la base du judaïsme : Dieu est un. La mort d'Akiba, admirable comme sa vie, laissa un vide immense ; les Judéens en ressentirent une amère douleur. « Avec lui, dirent-ils, a disparu l'appui de la Loi et se sont taries les sources de la sagesse. »

Après Akiba, on exécuta *Hanania ben Teradion*, celui-là même auquel José ben Kisma avait conseillé de fermer son école. On lui demanda pourquoi il avait enfreint l'ordre impérial. « Parce que Dieu me l'a ordonné, » répondit-il. Il fut enveloppé dans un rouleau de la Loi et brûlé sur un bûcher de saules encore verts. Pour faire durer son supplice plus longtemps, on lui plaça de la laine mouillée sur le cœur. Sa femme, à ce que l'on croit, fut également condamnée à mort, et sa fille fut emmenée à Rome et déshonorée. *Juda ben Baba* ferme la liste de ces martyrs. Ses contemporains professaient pour lui un tel respect qu'ils le considérèrent au moment de sa mort comme pur de tout péché. Craignant que, par suite de l'exécution des principaux savants, la tradition ne disparût en Israël dans le cas où les disciples qui survivaient ne seraient pas ordonnés, Juda résolut de donner l'ordination aux sept élèves survivants d'Akiba. Il se rendit pour cet objet dans une vallée située entre les villes d'Uscha et de Schefaram, en Galilée, imposa ses mains sur la tête des jeunes gens et leur conféra ainsi le titre de *docteur* et de *juge*. Des soldats romains, que des délateurs avaient probablement mis sur leurs traces, les surprirent dans l'accomplissement de cette cérémonie. Juda eut à peine le temps d'engager ses jeunes collègues à prendre la fuite ; ils s'y refusèrent d'abord et ne s'y décidèrent que sur ses instances réitérées. Lui-même attendit tranquillement l'arrivée de la petite troupe et s'offrit aux coups des soldats. Son corps fut criblé de coups de lance. La terreur que Rufus inspirait aux Judéens était telle qu'aucun docteur n'eut le courage de prononcer l'éloge funèbre de Juda. — Ainsi finit dans les souffrances et les supplices la deuxième génération des Tannaïtes. Cette génération avait compris un grand nombre de docteurs d'un caractère élevé et d'une intelligence supérieure.

Adrien et son lieutenant Rufus ne persécutaient pas seulement les survivants de la guerre de Barcokeba, ils s'acharnaient même après les morts. Ils défendirent de donner la sépulture à ceux qui étaient tombés sur les champs de bataille, afin que la vue de ces nombreux cadavres terrifiât les Judéens et étouffât en eux toute velléité d'insurrection. Ces corps, qui se décomposaient rapidement sous les rayons d'un soleil ardent, empestaient l'air ; les autorités s'en préoccupaient peu, elles auraient, au contraire, été très satisfaites qu'à toutes les calamités qui avaient désolé la Palestine vînt s'ajouter une épidémie qui exerçât de nouveaux ravages dans ce pays. Mais quelques personnes pieuses parmi les Judéens, qui, comme on sait, ont un respect tout particulier pour les morts, ne purent pas se résigner à cette pensée que les corps de leurs malheureux frères resteraient la pâture des bêtes sauvages et des oiseaux de proie. Il se trouva un homme qui essaya de parler au cœur de ceux qui, pour vivre en paix avec les Romains, voulaient se conformer à leurs ordres, il s'efforça de leur faire comprendre qu'ils étaient tenus de sacrifier leur repos et leur tranquillité au devoir d'ensevelir secrètement les morts pendant la nuit. Dans ce but, il composa un ouvrage, le livre de *Tobit* ou *Tobias*, qui traitait principalement de l'obligation d'enterrer les cadavres qu'un tyran voulait laisser sans sépulture, et de la récompense considérable attachée à l'accomplissement d'un acte si méritoire. Le héros de ce livre est un personnage très pieux, appelé Tobit, qui s'est attiré d'abord de nombreux désagréments pour avoir enseveli des hommes que le roi avait fait exécuter, et que Dieu a comblé plus tard de bénédictions. Le contenu de cet ouvrage ne laisse aucun doute sur l'époque de sa composition, il date certainement du temps d'Adrien.

Les judéo-chrétiens qui, pendant la guerre, étaient établis en grande partie au delà du Jourdain, dans les villes de ce qu'on appelait la *Décapole*, souffrirent également des suites du soulèvement de Barcokéba. La construction d'un temple païen sur la montagne sainte, fait que la Bible qualifie d'*abomination de la désolation*, indiquait, selon eux, que le jour du jugement était proche, que le monde allait finir et que Jésus allait réapparaître dans les nuages. Les judéo-chrétiens, et peut-être tous les chrétiens, sans distinction d'origine, étaient confondus par les Romains avec les Judéens et atteints par la persécution qu'Adrien dirigeait contre les communautés juives. Le premier Évangile, composé à cette époque, c'est-à-dire environ un siècle après la mort de Jésus, l'Évangile de Mathieu, dont la partie primitive trahit un auteur judéo-chrétien, dépeint ce temps désastreux sous les plus sombres couleurs. « Lorsque vous verrez l'abomination de la désolation (dont parle Daniel) s'élever à un endroit où elle ne devrait pas se trouver, que tous les habitants de la Judée s'enfuient dans la montagne, que nul de ceux qui se sont réfugiés sur les toits n'en descende pour prendre quelque chose dans la maison ; que celui qui est dans les champs ne revienne pas en ville pour chercher ses vêtements. Malheur aux femmes enceintes et aux nourrissons ! Plaise au ciel que vous ne soyez pas contraints de prendre la fuite en hiver ou le jour du sabbat ! » Il importait donc à tous les chrétiens de se faire reconnaître par les autorités romaines comme une communauté absolument distincte des Judéens, afin de ne plus être exposés, à l'avenir, à partager leur sort. On prétend que deux docteurs de l'Église, *Quadratus* et *Aristides*, remirent à Adrien un écrit où ils déclinèrent toute solidarité avec les juifs. De cette époque date la fusion de toutes les sectes judéo- et pagano-chrétiennes en une seule communauté. Les judéo-chrétiens renoncèrent complètement aux lois juives qu'ils avaient encore plus ou moins observées, acceptèrent le christianisme tel qu'il s'était constitué sous l'influence des pagano-chrétiens, et placèrent pour la première fois un évêque non circoncis, *Marc*, à leur tête. Ce fut au temps d'Adrien que la séparation entre juifs et chrétiens devint définitive; à partir de ce moment ils ne se traitèrent plus en membres ennemis d'une même famille, mais en antagonistes d'origine absolument distincte.

Pendant cette époque désastreuse, on vit des Judéens qui avaient exposé leur vie pour la défense de leur foi se convertir au christianisme. La chute de Jérusalem, l'échec des diverses tentatives faites pour reconstruire le temple, la cessation des sacrifices, les confirmèrent dans cette pensée que c'en était fait du judaïsme, que Dieu lui-même désirait la disparition de l'ancienne religion et le triomphe de l'Église. Il y eut aussi de nombreux Judéens, demeurant dans le voisinage des Samaritains, qui adoptèrent les croyances de ces derniers et allèrent adorer Dieu dans le temple du mont Garizim. On raconte, en effet, qu'à l'époque des persécutions d'Adrien les habitants de treize villes entrèrent dans la communauté samaritaine. Le judaïsme était-il donc condamné à disparaître dans son pays d'origine? Beaucoup le craignaient. Les savants et notamment les sept disciples encore vivants d'Akiba s'étaient réfugiés, la mort dans l'âme, à Nisibis et à Nehardea, et si la persécution avait sévi plus longtemps, la Babylonie aurait pris dès ce moment dans le judaïsme la place considérable qu'elle devait occuper un siècle plus tard.

La mort d'Adrien, qui survint trois ans après la chute de Bétar (été 138), produisit une amélioration sensible dans la situation des Judéens. Cet empereur devint, comme Antiochus Épiphane, la personnification de la haine contre la race juive; les Judéens et les Samaritains ne prononçaient jamais son nom sans le faire suivre de cette formule de malédiction : « Puisse Dieu réduire ses ossements en poussière ! » Ses victimes virent certainement dans sa fin misérable un châtiment dont Dieu l'avait frappé pour le punir des maux dont il avait accablé la nation juive. Le successeur et fils adoptif d'Adrien, *Titus Aurelius Antonin*, surnommé le *Pieux*, était d'un caractère plus doux et plus bienveillant. Une matrone romaine de Césarée, peut-être *Rufa*, la femme du procureur, touchée des souffrances des Judéens, leur conseilla de s'adresser au nouvel empereur, par l'entremise des autorités de la province, pour obtenir un adoucissement à leur sort. On suivit ce conseil. Quelques Judéens, ayant à leur tête *Juda ben Schamua*, se rendirent auprès du gouverneur et le supplièrent d'avoir pitié d'eux. « O ciel ! s'écrièrent-t-ils pendant une nuit, ne sommes-nous pas vos frères, les enfants d'un même père ? Pourquoi nous traitez-vous avec tant de cruauté ? » Ces démarches furent accueillies favorablement par le gouverneur, qui demanda à l'empereur l'autorisation de se montrer dorénavant moins dur envers les Judéens. On raconte que le 15 ab (août) fut annoncée l'heureuse nouvelle qu'il était permis d'ensevelir les guerriers juifs. Le 28 adar (mars 139 ou 140) arriva un message plus agréable encore : les lois décrétées par Adrien étaient abolies. Ce jour fut inscrit dans le calendrier parmi les dates heureuses. On sait aussi par une source romaine que l'empereur Antonin le Pieux permit de nouveau aux Judéens d'opérer la circoncision, il leur était seulement interdit de circoncire des prosélytes. Ces différentes mesures mirent sans doute fin à la persécution religieuse. Antonin maintint cependant le décret qui défendait aux Judéens l'entrée de Jérusalem.

En apprenant que le régime d'exception qui pesait sur les Judéens avait cessé, un grand nombre de fugitifs revinrent dans leur patrie. Les sept disciples d'Akiba, les seuls gardiens survivants de l'héritage sacré de la Tora, qui s'étaient rendus en Babylonie, reprirent la route de la Palestine, et là ils renouèrent la chaîne des traditions religieuses interrompue par la guerre et les persécutions d'Adrien. La plupart de ces docteurs étaient doués d'une énergie et d'une vaillance remarquables, leur zèle et leur activité inspirèrent force et confiance à leurs compatriotes ; ils encouragèrent le petit groupe de Judéens revenus en Palestine à rester définitivement dans le pays, et les communautés juives dispersées dans les diverses parties du monde à se remettre en relations avec la Palestine et à la soutenir de leur appui matériel et moral. La Palestine redevint donc encore une fois le centre du judaïsme et le siège de la pensée juive. Ces docteurs différaient d'opinion, il est vrai, dans l'interprétation de la Loi, chacun d'eux croyant être l'unique représentant des vraies traditions et de la vraie doctrine, mais ils étaient unis dans un amour commun pour leur foi et leur patrie. Ces docteurs étaient *Meïr, Juda ben Ilaï, José ben Halafta, Johanan d'Alexandrie, Simon ben Yohaï, Éléazar ben Jacob* et enfin *Néhémie*. Dès leur retour en Judée, ils se rendirent ensemble dans la plaine de Rimmon, devenue si fameuse dans la dernière guerre, et là ils résolurent de remettre de l'ordre dans le calendrier, que les récents événements avaient fait négliger. A la première réunion, ils discutèrent vivement sur l'interprétation d'une loi établie par Akiba, mais ils ne tardèrent pas à se réconcilier, s'embrassèrent en frères, et les moins pauvres partagèrent avec ceux qui ne possédaient rien. Ils tinrent une seconde réunion à Uscha, pairie de Juda, où le Collège avait siégé avant le soulèvement de Barcokeba, et ils convoquèrent dans cette ville tous les savants de la Galilée. Ceux-ci répondirent en grand nombre à cette invitation, les habitants leur offrirent une généreuse et cordiale hospitalité. Cette réunion se proposa de fixer de nouveau un certain nombre de traditions qui avaient été obscurcies ou totalement oubliées à la suite des dernières calamités; elle prit quelques résolutions importantes, et se sépara. Avant de partir, les principaux organisateurs de la réunion adressèrent aux assistants de solennels adieux. Ben Ilaï remercia particulièrement ceux qui étaient venus du dehors pour prendre part à ces délibérations; d'autres docteurs remercièrent les habitants d'Uscha de l'accueil fraternel qu'ils avaient fait à leurs hôtes. Le judaïsme, qui semblait avoir perdu toute unité et toute cohésion et avoir été totalement désorganisé, se releva donc encore une fois de sa chute, et, comme autrefois, il dut son salut à l'étude de la Loi.

A cette époque, l'enseignement religieux reçut une nouvelle impulsion, les écoles se rouvrirent, et les Tannaïtes de cette génération reprirent activement l'œuvre commencée par leurs prédécesseurs. Les plus importants de ces docteurs, qui exercèrent une influence plus ou moins considérable sur les événements de ce temps, étaient *Simon II*, fils du patriarche Gamaliel; *Nathan*, qui était venu de Babylonie; *Meïr* et *Simon ben Yohaï*. Simon II n'avait échappé que par un hasard extraordinaire aux massacres qui avaient eu lieu à Jabné et aux persécutions ultérieures dirigées contre lui. Le questeur chargé par Rufus de le mettre en prison lui avait fait connaître le danger qui le menaçait et lui avait facilité la fuite. Simon s'était rendu en Babylonie. Aucun document n'indique combien de temps il resta dans ce pays et dans quelles circonstances il fut appelé à la dignité de patriarche. Cette dignité avait encore acquis aux yeux des Judéens une plus grande importance à la suite de l'effondrement définitif de leur nationalité, parce qu'elle leur rappelait l'heureuse époque de leur indépendance. Simon, peut-être ébloui par l'éclat presque royal dont il avait vu briller l'exilarcat en Babylonie, s'efforça d'entourer le patriarcat d'un lustre plus vif et de faire décerner aux titulaires des honneurs plus pompeux. Il ne semble avoir assisté ni à la grande réunion d'Uscha ni aux conférences religieuses qui avaient lieu de temps à autre dans cette ville; il s'établit probablement à Jabné, ville que le souvenir de son père lui rendait particulièrement chère et près de laquelle il possédait sans doute des terres. Les disciples d'Akiba paraissent au contraire s'être établis surtout à Uscha, peut-être pour être plus indépendants du patriarche, et Simon, pour ne pas rester seul, fut obligé de rejoindre ses collègues. On compléta le Collège en nommant Nathan le Babylonien vice-président et Meïr orateur de l'assemblée. On verra plus loin comment le patriarche faillit être destitué, comme l'avait été son père, en voulant faire disparaître l'égalité qui n'avait jamais cessé de régner jusque-là entre les membres dirigeants du Collège.

On sait peu de chose sur l'enseignement religieux de Simon; le Talmud rapporte seulement qu'il déclarait lois définitives les décisions adoptées par le Collège et citait sous son propre nom celles qui n'avaient pas encore été acceptées par la majorité. Dans les controverses sur des points juridiques, il attachait une plus grande importance aux usages reçus qu'au simple raisonnement. Certaines localités, où demeuraient des docteurs célèbres, avaient en effet adopté quelques usages établis par ces docteurs et que le patriarche s'efforçait de faire pénétrer dans le peuple comme lois générales. Il voulait aussi que toute sentence prononcée dans une question religieuse par un tribunal, fût-elle erronée, restât définitive parce qu'autrement les juges perdraient toute autorité. Il émit cette maxime d'une rare élévation : « Le monde repose sur trois principes fondamentaux : la vérité, la justice et la paix. »

La personnalité la plus remarquable de cette époque était, sans conteste, Meïr, dont l'intelligence profonde, la raison vigoureuse et les connaissances étendues rappelaient son maître Akiba. Son vrai nom, tombé dans un complet oubli, était *Miasa* ou *Moïse* (prononciation grecque de *Mosé*). Une légende, qui est sujette à caution, le fait descendre d'une famille de prosélytes et même de l'empereur Néron, qui aurait échappé à ses meurtriers et se serait converti au judaïsme. Ce qui est certain, c'est que Meïr est né dans l'Asie Mineure, très probablement dans la Cappadoce, à Césarée. Il gagna sa vie en faisant des copies des livres saints, et il était tellement familiarisé avec les difficultés si nombreuses de l'orthographe hébraïque, qui élèvent la profession de copiste de la Bible presqu'à la hauteur d'un art, qu'il transcrivit un jour de mémoire sans une seule faute tout le livre d'Esther. Ce métier lui rapportait trois sicles par semaine, il en consacrait deux tiers aux besoins de sa famille et le troisième tiers à l'entretien d'élèves indigents. Il avait épousé *Beruria* (Valérie), fille de Hanina ben Teradion, qui était très instruite et dont Josua même louait les connaissances juridiques. Meïr fréquenta pendant quelque temps l'école d'Ismaël, mais l'enseignement sec et aride de ce docteur lui déplut, il devint alors le disciple d'Akiba, dont la méthode influa profondément sur sa direction d'esprit. Meïr était encore très jeune quand son maître, le préférant à Simon ben Yohaï, lui accorda l'ordination. Mais on ne voulut pas en tenir compte à cause de son âge. Meïr fit une allusion malicieuse à ce fait dans la sentence suivante : « Ne considérez pas le vase, mais son contenu ; souvent des vases neufs sont remplis de vin vieux, il arrive aussi que des vases vieux ne contiennent pas même du vin nouveau. » On cite encore de Meïr plusieurs traits d'un esprit fin et mordant. Ce docteur devint également célèbre comme fabuliste ; sur le seul chacal, qui joue un rôle prépondérant dans les contes orientaux, il composa trois cents fables.

On connaît le récit poétique de la résignation dont Meïr et sa femme firent preuve à la mort subite de leurs deux fils. Voici ce récit en quelques mots. Les deux fils de Meïr moururent subitement. un jour de sabbat pendant qu'il était à l'école ; sa femme, Beruria, lui cacha ce triste événement pour ne pas l'affliger pendant le sabbat. La fête terminée, Beruria demanda incidemment à son mari si elle était tenue de rendre un dépôt qui lui avait été confié. Sur la réponse affirmative de Meïr, elle le conduisit dans la chambre où ses deux enfants étaient étendus sans vie et le consola par les paroles que lui-même venait de prononcer ; il accepta ce malheur avec résignation en répétant que Dieu avait donné et qu'il avait repris. — La modestie et le désintéressement de Meïr étaient aussi grands que sa résignation, il aimait à faire entendre et à mettre en pratique cette maxime : « Occupe-toi moins de tes intérêts matériels que de l'étude de la Loi, et sois humble devant tout le monde. »

Les contemporains comme la postérité louaient hautement la science et le caractère de Meïr. Son collègue José le dépeignit à ses compatriotes de Sépphoris comme un homme d'une ardente piété et d'une moralité élevée. Un proverbe disait qu'il suffisait de toucher au bâton de Meïr pour acquérir la science. Dans son ardeur d'accroître son savoir, il entrait en relations même avec des personnes contre lesquelles régnaient certains préjugés, il allait jusqu'à fréquenter l'apostat et délateur *Ahèr*, et comme on lui reprochait d'avoir des rapports avec un homme aussi méprisable, il répondait sous la forme sentencieuse qu'il affectionnait : « Il se présente sous ma main une grenade savoureuse, je mange la chair et je jette la pelure. » Un jour de sabbat, il accompagna à pied Ahèr qui était à côté de lui à cheval, et les deux savants s'avançaient ainsi en discutant sur l'interprétation de quelques passages de la Bible. Tout à coup Ahèr dit à son compagnon : « Meïr, tu ne peux pas aller plus loin, c'est ici qu'il faut s'arrêter le sabbat (à une distance de 2,000 coudées), retourne sur tes pas. »

Meïr lui répliqua : « Retourne, toi aussi. » — « Même s'il y a miséricorde à tous les péchés, répondit Ahèr, mes fautes à moi ne me seront jamais pardonnées, Dieu m'a accordé tous les dons de l'esprit et je les ai employés pour le mal. » Quand plus tard Ahèr tomba malade, Meïr alla le voir et le pressa de faire pénitence ; il se flatta de l'avoir amené au repentir avant sa mort. Une légende ajoute que Meïr étendit son manteau sur la tombe d'Ahèr, d'où montait une colonne de fumée, et prononça ces paroles, imitées d'un verset de Ruth : « Reste couché ici-bas dans la nuit ; lorsque brillera l'aurore de la béatitude, le Dieu de miséricorde te délivrera, s'il ne te sauve pas, c'est moi qui serai ton rédempteur. »

Meïr fréquentait beaucoup un philosophe païen, probablement *Euonymos* de *Gadara*. Les docteurs, étonnés qu'un gentil connût le judaïsme, disaient que Dieu avait communiqué de sa sagesse aux deux plus grands philosophes de la gentilité, à Biléam et à Euonymos, afin qu'ils pussent instruire les peuples. Euonymos ayant perdu ses parents, Meïr lui rendit visite pour lui exprimer ses condoléances. Ce docteur émit, du reste, cette opinion qu'un païen qui étudiait la Tora avait autant de mérite qu'un grand prêtre juif, car il est dit dans l'Écriture sainte : « Tels sont les commandements que *l'homme* doit observer pour vivre ; » or le terme *homme* comprend tout le monde, israélites et païens. Il ne faudrait cependant pas conclure de ces paroles que Meïr estimait plus haut l'étude de la Loi que la possession de la nationalité juive, car il déclara que ceux qui demeuraient en Judée et parlaient la langue sacrée seraient récompensés dans l'autre vie. Par suite de ses relations avec des savants non-juifs, Meïr paraît s'être familiarisé avec le stoïcisme, qui était à cette époque la philosophie dominante chez les lettrés romains. Mais le mérite que les stoïciens attribuaient à leur doctrine, Meïr l'attribuait à la Tora : il prétendait qu'elle aidait l'homme à marcher vers la perfection et à atteindre l'idéal. « Celui qui étudie la Tora pour elle-même, dit-il, acquiert de nombreux avantages : il est aimé de tous, il aime Dieu et les hommes, devient pieux et modeste, juste, intègre et loyal, s'éloigne du péché, se rapproche de la vertu, gagne l'estime et le respect de ses semblables, supporte les offenses, pardonne les injures et s'élève au-dessus du reste des hommes. » Tel était pour Meïr l'idéal du sage.

Meïr suivait dans son enseignement la méthode de dialectique d'Akiba ; admettant comme définitives les règles d'interprétation formulées par ses prédécesseurs, il s'en servait aussi bien pour établir que pour abolir certaines pratiques. Ses contemporains racontent qu'on ne pouvait jamais connaître exactement, dans les controverses, l'opinion personnelle de Meïr, ce docteur se plaisant à soutenir avec une égale force de logique le pour et le contre de chaque proposition. Il poussait la dialectique à un tel degré de raffinement qu'il arrivait parfois à modifier totalement le sens de prescriptions clairement définies par la Tora. Il est difficile aujourd'hui de savoir s'il employait ce procédé pour faire admirer les finesses d'un esprit souple et fertile, ou simplement pour éclairer d'un jour plus vif la question en discussion; ses contemporains eux-mêmes n'osèrent pas se prononcer sur les motifs qui le guidaient dans l'emploi de cette méthode de sophiste. Beaucoup de ses collègues blâmaient ce système, qui non seulement n'aidait pas à la découverte de la vérité, mais faussait l'intelligence des disciples. Un des élèves de Meïr, *Symmachos ben José*, s'était approprié et avait exagéré la méthode du maître. On disait de lui qu'il était un raisonneur assez subtil pour discuter indéfiniment sur n'importe quelle question, mais qu'il n'était pas capable d'en indiquer une solution convenable. Après la mort de Meïr, on exclut de l'école plusieurs de ses disciples, entre autres Symmachos, parce qu'ils sacrifiaient l'enseignement de la Loi au stérile plaisir de briller.

Les décisions juridiques de Meïr se distinguent par un caractère particulier de rigoureuse sévérité. En voici quelques-unes. Le mariage de celui qui constitue à sa femme une dot inférieure à celle qu'on donne d'habitude (deux mines pour une jeune fille et une mine pour une veuve) est une union immorale, parce que le mari a toute facilité pour payer une somme aussi modique et, conséquemment, pour répudier sa femme. — Celui qui introduit la moindre modification dans la formule établie par la Loi pour l'acte de divorce rend cet acte nul, et les enfants issus d'un nouveau mariage contracté par la femme répudiée sont considérés comme adultérins. — Ayant appris que des Samaritains qui avaient été contraints, sous le règne d'Adrien, d'observer la religion païenne continuaient à adorer des idoles, il interdit l'usage du vin de tous les Samaritains.— Pour certains délits peu graves, tels que le prêt à intérêt, il était d'avis d'infliger aux coupables une forte amende; il voulait, par exemple, que le prêteur fût condamné à perdre capital et intérêts. Les aggravations qu'il introduisit dans la législation ne furent acceptées ni par ses contemporains ni par la postérité. Meïr était surtout très sévère pour lui-même, à tel point que, même dans les cas où il n'était pas d'accord avec ses collègues, il n'enfreignait jamais leur défense.

Meïr ne continua pas seulement l'œuvre d'Akiba par sa méthode d'enseignement, il reprit également le travail que son maître avait commencé pour coordonner les différentes lois religieuses. Il groupa les mischnot non pas d'après leur étendue, mais d'après leur contenu; il rangea méthodiquement et par ordre de matières les halakot éparpillées au hasard et par fragments dans le recueil d'Akiba. Il n'avait cependant nullement la prétention d'imposer son recueil aux différentes écoles; chaque docteur était libre d'enseigner les halakot dans la forme et dans l'ordre qu'il lui plaisait de choisir. Ce docteur savait rendre son enseignement vivant et attrayant; ses conférences étaient toujours suivies par un grand nombre de disciples. Il remplaçait de temps à autre l'étude aride des questions juridiques par l'explication des aggadot, qu'il rendait souvent compréhensibles à son auditoire à l'aide de fables qu'il composait pour cet objet. Son école et sa résidence se trouvaient probablement à *Ammaüs*, près de Tibériade; il se rendait sans doute à Uscha toutes les fois que le Synhédrin avait à délibérer sur une question importante. Ses rapports avec le patriarche Simon étaient très tendus; cette circonstance l'engagea à quitter la Judée pour retourner dans son pays natal, en Asie Mineure.

Un collègue de Meïr, *Simon ben Yohaï*, de la Galilée, était doué, comme lui, d'une intelligence remarquable, mais il possédait des connaissances moins variées. C'est à tort que ce docteur passe pour un thaumaturge et un mystique, et qu'on lui attribue la création de la Kabbale. Sa vie est peu connue; l'histoire en sait cependant assez pour pouvoir affirmer qu'il n'avait rien d'un mystique ou d'un rêveur, qu'il était au contraire d'un caractère froid et sensé. Sa jeunesse est enveloppée d'une complète obscurité, et lorsqu'il revint en Palestine avec ses collègues, dont il avait partagé l'exil pendant les persécutions d'Adrien, son activité personnelle se confondit avec les efforts communs tentés par le Synhédrin d'Uscha pour réorganiser le judaïsme. Autant Yohaï paraît avoir été en crédit auprès des autorités romaines, autant son fils Simon était haï d'elles et les haïssait. Accusé par le gouverneur d'avoir médit de la puissance romaine, il fut condamné à la peine capitale. Il échappa à la mort par la fuite, et c'est ce fait qui a donné naissance aux nombreuses légendes qui se sont formées autour du nom de Simon. Cependant, ni ses décisions juridiques, ni ses sentences, ni ses controverses, n'indiquent un esprit rêveur; il suit au contraire dans son enseignement une méthode qui est tout l'opposé du mysticisme. Ainsi, il explique d'une façon simple et naturelle les prescriptions de la Tora, et ce sont ces explications qui lui servent de point de départ pour déduire de ces prescriptions des lois nouvelles. Cette méthode est certainement plus rationnelle que le système d'Akiba, qui rattachait les nouvelles lois qu'il formulait à des mots, à des syllabes ou à des lettres qui lui paraissaient superflus dans la Tora. Voici un exemple de la façon de raisonner de Simon. La Bible défend d'une manière générale d'opérer une saisie judiciaire chez une veuve. Simon n'applique cette défense qu'à une indigente; il estime qu'il n'est pas nécessaire de procéder avec les mêmes ménagements à l'égard d'une veuve qui est riche. — Simon était un des rares docteurs qui n'avaient ni métier, ni commerce; il était le seul de son temps qui se consacrât exclusivement à l'étude de la Loi. Il était établi et enseignait à *Tekoa*, en Galilée. De nombreux disciples fréquentaient son école, et, comme il survécut à tous ses collègues, son autorité s'étendit au loin et ses décisions furent adoptées par la génération suivante.

Un des docteurs les plus aimés de cette époque était *Juda ben Ilaï*. Sa modestie, sa souplesse et son éloquence lui acquirent une grande influence, et il parvint à produire une certaine détente dans les relations entre les Romains et les Judéens. Aussi fut-il surnommé le *prudent*, ou encore le *premier des orateurs*. Il n'avait aucune fortune, il vivait d'un métier. Ses sentences favorites étaient que « le travail honore l'ouvrier, » et que « celui qui ne fait pas apprendre un métier à son fils l'enrôle parmi les malfaiteurs. » Son enseignement ne se distinguait par aucun trait particulier. — *José ben Halafta* exerçait également un métier, comme Juda ben Ilaï, et même un métier infime, il était corroyeur. Ce docteur s'appliquait surtout à recueillir les documents de l'histoire juive, et laissa, sous le nom de *Suite de faits historiques* (Seder olam), une chronique qui va depuis la création du monde jusqu'à la guerre de Barcokeba. Dans l'histoire biblique, il s'efforce de déterminer les dates, d'élucider les passages obscurs et de combler les lacunes à l'aide des traditions. A partir de l'époque d'Alexandre le Grand, la chronique de José présente un intérêt très vif, elle donne sur les événements des informations très sûres, mais malheureusement trop concises. — On sait peu de chose sur les autres disciples d'Akiba. — Outre les écoles de Galilée, il en existait encore d'autres, tout au sud de la Judée, qui suivaient la méthode d'Ismaël, mais qui végétaient dans l'isolement. On ne connaît que deux docteurs de cette région, *Josia* et *Jonathan*.

A cette époque, vivait également en Judée Nathan, de Babylonie, fils de l'exilarque, une des figures les plus originales de ce temps. On ne sait pas s'il commença ses études en Judée ou dans la Babylonie, on ne connaît pas mieux les motifs qui l'ont engagé à renoncer à la situation élevée qu'il occupait dans son pays natal pour se rendre en Palestine. Nathan a surtout laissé le renom d'un jurisconsulte émérite, et ce fut probablement sa profonde connaissance du droit juif, ou peut-être son origine princière, qui le fit nommer à Uscha à la vice-présidence du Collège. — Parmi les docteurs établis en dehors de la Palestine, on peut citer *Juda ben Batyra*, de Nisibis, qui, sans doute, recueillit dans sa maison les fugitifs de la Judée; *Hanania*, neveu de Josua, à Nahar-Pakod, que son oncle envoya en Babylonie pour l'arracher à l'influence des judéo-chrétiens, et enfin *Mattia ben Harasch*, à Rome, qui, le premier, enseigna la Loi en Europe.

Les juifs de Rome et, en général, tous les juifs disséminés en Europe étaient encore incapables d'agir de leur propre initiative, ils avaient besoin de la direction de la mère patrie. Comme ils venaient de pays de langue grecque, d'Alexandrie ou de l'Asie Mineure, ils continuaient à parler la langue de ces pays, ils ignoraient pendant longtemps la langue hébraïque et négligeaient totalement l'étude de la Loi. Les juifs de Rome se divisaient en six communautés et avaient six synagogues, la synagogue des *Augustins*, celle des *Agrippins*, celle du champ de Mars ou des *Campiens*, celle du faubourg de *Sabura*, celle de *Volumnius*, et enfin celle des *Éléens*. Chacune d'elles avait à sa tête un chef qui portait un titre grec, celui de *Archisynagogue*, *Archon* ou bien *Guérusarque*, il n'était désigné que rarement sous le titre romain de *père de la synagogue*. Les inscriptions que les Judéens gravaient sur les monuments funéraires étaient également en grec, et cela non seulement à Rome, mais aussi dans les autres villes de l'Italie, à Brescia, à Capoue, à Naples, etc. Les différentes communautés juives de l'Italie continuaient à recevoir l'impulsion religieuse du Collège établi en Palestine ; ce dernier déléguait auprès d'elles des envoyés (*apostoli*) qui leur faisaient connaître les nouvelles mesures que décrétaient les docteurs palestiniens et qui recueillaient en même temps les subsides destinés à l'entretien des écoles et du patriarcat. Ces messagers formaient en quelque sorte le trait d'union entre l'autorité centrale de la Palestine et les communautés du dehors.

Pendant que les docteurs de la Galilée s'appliquaient à réveiller le sentiment national dans le cœur des Judéens, à réorganiser le Synhédrin, à fixer la loi orale afin de la défendre contre l'oubli et d'en faciliter l'enseignement, les Judéens de Babylonie faillirent rompre l'unité du judaïsme ; ils voulurent organiser des communautés indépendantes de la Palestine. La prudence et l'habileté du patriarche Simon II, fils de Gamaliel, empêchèrent que cette scission ne se produisît. Hanania qui, comme on l'a vu plus haut, s'était rendu en Babylonie sur les instances de son oncle Josua, essaya de constituer un centre religieux dans sa nouvelle patrie. Il organisa à Nahar-Pakod, probablement dans le voisinage de Nehardea, une sorte de synhédrin dont il prit la présidence ; un certain *Nehunyan* paraît avoir été le vice-président de cette assemblée. Les communautés babyloniennes, qui dépendaient jusque-là des autorités religieuses de la Judée et que l'affaiblissement des écoles de ce pays menaçait de laisser sans direction, saluèrent avec bonheur l'établissement d'un synhédrin en Babylonie, elles acceptaient ses décisions avec un joyeux empressement. Hanania déterminait les années embolismiques et fixait les dates des fêtes absolument comme le faisaient les docteurs de la Judée. Mais lorsque le Collège fut reconstitué à Uscha, il ne pouvait pas laisser subsister à côté de lui une autorité qui menaçait de diviser les Judéens et de provoquer la formation d'un judaïsme oriental et d'un judaïsme occidental. Pour prévenir cette rupture, le patriarche Simon II envoya auprès de Hanania deux délégués, *Isaac* et *Nathan*, avec une lettre très habile qui portait cette suscription particulièrement flatteuse : *A Sa Sainteté Hanania*. Cette qualification surprit très agréablement le président du synhédrin de Babylonie, il accueillit les docteurs palestiniens avec une grande cordialité et les présenta avec des paroles élogieuses à la communauté. Une fois assurés des sympathies de la foule, les délégués firent connaître le but de leur voyage. Pendant un office à la synagogue, l'un deux lit dans la Tora : « Telles sont les fêtes de Hanania » (au lieu de : les fêtes de Dieu) ; l'autre modifia ainsi un passage des Prophètes : « La loi sort de Babylone et la parole de Dieu de Nahar-Pakod » (au lieu de : sort de Sion et de Jérusalem). Les assistants comprirent par ces changement ironiques qu'il était contraire à la Loi et dangereux pour l'unité du judaïsme de laisser subsister en Babylonie un synhédrin indépendant de la Palestine, et ils furent saisis de remords. Hanania s'efforça d'effacer l'impression produite par les docteurs en essayant de les rendre suspects à la communauté ; ce fut en vain. Isaac et Nathan, s'adressant alors directement aux assistants, leur dirent que la constitution d'un synhédrin en Babylonie était aussi illégale que la construction d'un autel dont Hanania et Nehunia seraient les prêtres, et qu'elle équivalait à la renonciation au culte d'Israël. Hanania répliqua à ces déclarations en mettant en doute la légitimité de l'autorité du synhédrin palestinien, dont les membres étaient, d'après lui, des hommes sans grande valeur. Là-dessus, les délégués lui répondirent : « Ceux qui étaient petits au moment où tu les as quittés ont grandi. » Hanania ne cessa de lutter contre les délégués que sur le conseil de Juda ben Bathyra, de Nisibis, qui l'engagea à se soumettre sans conditions au synhédrin de la Terre

Sainte. Hanania envoya immédiatement des courriers dans les communautés voisines pour contremander les ordres qu'il avait donnés au sujet de la fixation des fêtes. Ainsi finit le synhédrin de la Babylonie.

Sur ces entrefaites, éclata au sein du Collège d'Uscha une querelle qui faillit avoir les mêmes conséquences que la discussion de Gamaliel et de Josua. Simon voulait entourer la dignité de patriarche d'une étiquette plus pompeuse, et abolir l'égalité qui avait régné jusqu'alors entre les différents dignitaires du Collège. En l'absence du vice-président, Nathan, et de l'orateur de l'Assemblée, Meïr, il établit une nouvelle hiérarchie qui le plaçait, en sa qualité de président, bien au-dessus de tous les autres membres du Collège. Auparavant, la foule qui assistait à une séance publique du Synhédrin était tenue de se lever à l'entrée du président ainsi qu'à l'entrée des autres membres du bureau, et elle ne pouvait se rasseoir que lorsqu'elle en avait reçu l'autorisation. Dorénavant, cet honneur ne devait plus être rendu qu'au patriarche; pour le vice-président, le premier rang seul de l'auditoire se lèverait. Lorsque Nathan et Meïr remarquèrent, à leur retour, les nouvelles dispositions prises par Simon, ils s'entendirent secrètement entre eux pour essayer de le faire destituer. Ils résolurent de lui soumettre quelques questions ardues de casuistique, de l'embarrasser de leurs objections, de montrer à l'assemblée son infériorité dans les controverses juridiques et de le faire déclarer indigne de la fonction qu'il occupait. Il paraît même qu'il était déjà entendu que Nathan, qui descendait de la famille de l'exilarque et, conséquemment, de la maison de David, serait élevé à la dignité de patriarche, et que Meïr serait nommé son suppléant. Ce plan fut divulgué à Simon, qui se défendit avec tant d'habileté qu'il parvint à faire exclure ses deux adversaires du Synhédrin. Ces derniers, qui étaient probablement les docteurs les plus savants du Collège, se vengèrent de cette mesure en demandant fréquemment par écrit à leurs anciens collègues de les éclairer sur certains points obscurs de casuistique. Ces demandes mettaient parfois le Collège dans un cruel embarras, et José fut un jour amené à faire cette remarque : « Nous sommes dans l'école, et nos maîtres sont dehors. » Plus tard, Nathan et

Meïr furent réintégrés dans leur dignité; mais, sur les instances de Simon, les lois qu'ils formulaient n'étaient pas promulguées en leur nom. Nathan se réconcilia plus tard avec le patriarche; Meïr persista dans son opposition. Simon proposa alors de le frapper d'excommunication. Meïr protesta contre cette proposition en s'en référant à une loi établie par le Synhédrin d'Uscha et en vertu de laquelle aucun membre du Collège ne pouvait être excommunié. « Je ne tiendrai aucun compte, dit-il, de l'anathème que vous prononcerez contre moi tant que vous ne m'aurez pas fait savoir à qui, pour quel motif et sous quelle condition cette punition peut être appliquée. » Il est probable qu'il cessa à partir de ce moment d'assister aux séances du Collège. Il se rendit plus tard en Asie Mineure. Il est possible que le patriarche l'envoya dans ce pays, en apparence comme délégué, mais en réalité pour l'éloigner de la Palestine. Il mourut en Asie Mineure. Avant sa mort, il prononça ces paroles, qui impliquaient un blâme contre ses collègues : « Annoncez aux habitants d'Israël que, par suite du message dont j'ai été chargé, je suis mort dans un pays étranger. » Conformément à sa dernière volonté, il fut enterré dans un port de mer.

Le patriarcat de Simon était souvent attristé par les vexations et les persécutions que les Romains infligeaient aux Judéens. Le puissant vainqueur faisait sentir aux malheureux vaincus le poids de son despotisme et de son orgueil hautain. « Nos ancêtres, dit Simon, n'ont connu les souffrances que de nom, nous, au contraire, nous y sommes soumis depuis des jours, des années, et de longues périodes; plutôt qu'eux, nous aurions le droit de nous montrer impatients. Si nous voulions inscrire, comme eux, le souvenir de nos jours de deuil et de nos rares moments de tranquillité, le plus grand rouleau ne pourrait y suffire. » L'arrogance des Romains, d'une part, et, d'autre part, la ténacité des Judéens, que les plus sanglantes défaites n'avaient pu faire renoncer à l'espoir de reconquérir la liberté, paraissent avoir donné naissance en Judée à un nouveau soulèvement dans la dernière année d'Antonin le Pieux (vers le printemps de 161), mais on ne possède aucune information sur cet événement. Cette levée de boucliers semble avoir eu lieu à l'époque où les Parthes se préparaient à se rendre complètement indépendants de Rome. Malgré les nombreuses déceptions que leurs espérances avaient déjà subies, les Judéens continuaient à compter sur l'appui des Parthes pour secouer le joug de leurs maîtres. Simon ben Yohaï, ennemi implacable des Romains, disait : « Si tu vois un coursier parthe attaché à un tombeau du pays d'Israël, tu peux espérer dans la venue du Messie. » Il est probable que le gouverneur de la Syrie étouffa cette tentative de rébellion avant l'arrivée des Parthes. La guerre parthe, qui se prolongea pendant plusieurs années (161-165), éclata seulement après la mort d'Antonin le Pieux, au moment où, par suite des dispositions prises par Adrien, les Romains avaient pour la première fois deux empereurs à leur tête, le philosophe *Marc-Aurèle Antonin* et le libertin *Lucius Verus Commode*. Au début de la campagne, les Parthes, commandés par leur roi, Vologuèse, s'avancèrent jusqu'en Syrie, battirent le gouverneur de cette province, *Atidius Cornélien*, qui venait peut-être de dompter la rébellion des Judéens, mirent les légions en fuite et occupèrent ce pays. Le deuxième empereur, Verus, se rendit en toute hâte en Orient avec de nouvelles troupes. Ses généraux, qui étaient de vaillants et habiles guerriers, livrèrent plusieurs batailles aux Parthes et parvinrent à les vaincre, pendant que lui-même s'adonnait, à Antioche, à Laodicée et à Daphné, à la plus grossière débauche.

Les Judéens ne prirent pas une part directe à cette dernière guerre, mais ils témoignèrent ouvertement de leurs sympathies pour les Parthes. Verus les en châtia en les persécutant. Il leur enleva d'abord leur juridiction ; on ne sait pas s'il abolit totalement leur juridiction civile, ou s'il interdit seulement la nomination de juges juifs. Ensuite, il soumit les membres du Synhédrin à une surveillance très rigoureuse. Un jour, on rapporta aux autorités romaines une conversation que Juda, José et Simon ben Yohaï avaient tenue, à ce qu'il semble, dans une séance publique à Uscha, sur la politique impériale. Juda, qui comprenait les dures nécessités de la situation, avait mis en relief les qualités des Romains : « Ce peuple, avait-il dit, a exécuté des travaux considérables ; il a bâti des villes avec d'immenses marchés, construit des ponts et établi des bains pour le bien-être de tous. » José avait gardé le silence, mais Simon ben Yohaï avait répliqué avec colère : « Toutes les actions des Romains sont inspirées par l'égoïsme et la cupidité; dans les villes, ils entretiennent des maisons de débauche; dans les bains, ils se livrent aux orgies, et pour les ponts ils font payer un droit de péage. » On assure qu'un prosélyte, *Juda*, communiqua cet entretien aux Romains. Juda ben Ilaï, qui avait glorifié les Romains, en fut récompensé; José, qui s'était tu, fut exilé à Laodicée, et Simon ben Yohaï, le censeur, fut condamné à mort.

L'empereur Lucius Verus prit encore d'autres mesures contre les Judéens; on raconte qu'il renouvela contre eux les décrets d'Adrien. Il leur interdit, sous peine de mort, d'observer le repos du sabbat et de circoncire leurs fils, et il défendit avec une rigueur toute particulière aux femmes juives de prendre des bains de purification. Ce qu'il y eut encore de plus fâcheux à ce moment, c'est qu'un des docteurs les plus instruits (José) étant exilé et un autre non moins savant (Simon ben Yohaï) étant mis au ban de l'empire, le Collège, dont l'autorité religieuse s'étendait sur tout le judaïsme et qui avait son siège à Uscha, fut obligé de se dissoudre.

Cette période de persécutions ne dura heureusement pas longtemps. On rapporte, en effet, que Simon ben Yohaï, qui s'était enfui après sa condamnation à mort et s'était caché dans une caverne, en put sortir au bout de quelques années sans être inquiété par les autorités romaines. De nombreuses légendes se sont formées autour du séjour que Simon ben Yohaï fit dans cette caverne. Voici à quoi paraît se réduire la réalité. Ce docteur n'eut pendant plusieurs années d'autre nourriture, dans sa cachette, que des caroubes, ce qui nuisit beaucoup à sa santé. Un jour, il apprit que quelque heureux événement avait favorablement modifié la situation des Judéens, — il est à supposer que ce fut la mort de l'empereur Lucius Verus (169), — Simon quitta alors sa caverne et se rendit à Tibériade, où il prit des bains pour rétablir sa santé; il y guérit. Pour témoigner sa reconnaissance envers les eaux bienfaisantes de cette ville, il déclara que Tibériade, où aucun Juif pieux ne voulait s'établir pendant des siècles, était une cité *pure* et pouvait être habitée par les plus rigoureux observateurs de la Loi. Ce n'est qu'à partir de cette époque que Tibériade devint réellement une ville juive.

Les lois édictées par Lucius Verus contre les Judéens ne disparurent pas immédiatement avec cet empereur, Simon ben Yohaï fut envoyé à Rome auprès de Marc-Aurèle pour en obtenir l'abolition. Il se fit accompagner dans ce voyage par le fils de José, *Éléazar*, qui savait probablement parler le latin. La légende, qui suit chacun des pas de Simon, rattache à ce voyage à Rome une aventure merveilleuse. Elle raconte que ce docteur délivra la fille de l'empereur, nommée *Lucilla*, du démon Bartholomaion dont elle était possédée, et que l'empereur reconnaissant lui permit d'enlever des archives de l'État les documents qui lui conviendraient ; il y prit et détruisit les édits rendus contre les Juifs. Cette légende paraît reposer sur un fait réel. Éléazar ben José, le compagnon de Simon, se vanta, en effet, d'avoir vu à Rome les vases du temple, le diadème du grand prêtre et le rideau du Saint des Saints que Titus avait emportés de Jérusalem en guise de trophées. Il ne fut certainement autorisé que par faveur spéciale à examiner tous ces objets. Il ne faudrait cependant pas en conclure que Marc-Aurèle était l'ami des Judéens. On verra plus loin qu'il se montra, au contraire, plus sévère pour eux que son prédécesseur. Il est possible que les Judéens, dont la haine pour Rome était toujours vivace et qui prenaient part avec empressement à toutes les guerres qui pouvaient affaiblir la puissance de leurs maîtres détestés, aient aidé le prétendant au trône, *Avidus Cassius*, dans sa lutte contre Marc-Aurèle, et que ce dernier les en ait châtiés en les traitant avec une grande rigueur.

CHAPITRE V

PATRIARCAT DE JUDA LE SAINT ; DERNIÈRE GÉNÉRATION DES TANNAÏTES

(170-220)

La dernière génération des Tannaïtes eut un remarquable trait de ressemblance avec la première. De même que celle-ci s'était incarnée tout entière dans Johanan ben Zaccaï, de même la dernière génération fut personnifiée par un des docteurs de cette époque, *Juda*. Johanan avait formé de nombreux disciples qui, à leur tour, avaient fondé des écoles dont chacune suivait une direction spéciale et une méthode particulière. La tradition avait été ainsi soumise à des interprétations diverses. Le patriarche Juda Ier, fils de Simon II, fondit de nouveau les différentes doctrines en une seule et mit ainsi fin à l'activité des Tannaïtes. Juda était sans conteste le docteur le plus illustre de son temps, il occupe une place considérable dans l'histoire du judaïsme. Vivant à une époque néfaste pour les Judéens (il est né vers 135 et mort vers 210), il se distingua, dès sa jeunesse, par son intelligence remarquable, sa maturité d'esprit et sa pénétration, et il occupa de bonne heure le premier rang parmi ses condisciples. Il ne se contenta pas de suivre les leçons d'un seul maître, il fréquenta plusieurs écoles, comme s'il avait pressenti qu'il devrait recueillir un jour les opinions les plus divergentes et clore les débats juridiques des Tannaïtes.

Juda fut élevé à la dignité de patriarche après la mort de son père et à l'époque où la mort de l'empereur Verus mit fin aux persécutions dont souffraient les Judéens (vers 170). Il possédait des richesses immenses; on disait que ses étables seules avaient plus de valeur que tous les trésors du roi de Perse. Il vivait néanmoins très simplement, et il consacrait sa fortune à subvenir aux besoins des nombreux disciples qui affluaient de la Palestine et du dehors pour suivre ses leçons. Pendant l'effroyable famine qui sévit, en même temps que la peste, sous le règne de Marc-Aurèle, dans tout l'empire romain, le prince juif distribua des vivres parmi les nécessiteux. Il résolut d'abord de n'accorder aucun secours aux hommes ignorants et grossiers et de ne venir en aide qu'à ceux qui s'occupaient de l'étude de la Loi. Mais quand son disciple Jonathan ben Amram, qui craignait de tirer le moindre profit matériel de ses connaissances religieuses, lui eut dit ces paroles : « Nourris-moi non pas pour me récompenser de ce que j'étudie la Tora, mais comme on nourrit un corbeau affamé, » Juda reconnut qu'il avait tort d'imposer des limites à sa bienfaisance, et il répartit immédiatement des secours entre tous ceux qui en avaient besoin. Dans une autre occasion encore, Juda obéit d'abord à un premier mouvement de mauvaise humeur et revint après réflexion à des sentiments plus généreux. Les filles de l'apostat Ahèr, qui étaient dans le besoin, lui demandèrent de les secourir ; il les repoussa d'abord en leur disant que « les orphelins d'un apostat ne méritent aucune pitié ». Sur leur observation que leur père s'était consacré pendant de nombreuses années à l'étude de la Loi, Juda se repentit de ses paroles blessantes et accueillit leur demande.

Supérieur à tous ses collègues par sa fortune et ses connaissances juridiques, Juda réussit facilement à faire conférer au patriarche une autorité sans contrôle et à lui faire octroyer tous les privilèges que possédait auparavant le seul Collège. Après qu'Uscha eut perdu son importance, le siège de l'académie et du Synhédrin fut d'abord transféré, du temps de Juda, à Bet-Schearim, au nord-est de Sépphoris, et plus tard à Sépphoris même. Le patriarche choisit cette dernière ville pour son air pur et son climat salubre ; il espérait pouvoir s'y guérir d'un mal dont il souffrit très longtemps. Il semble qu'à Sépphoris était également établi un grand Conseil de soixante-dix membres, chargé de se prononcer sur les questions religieuses. Mais le Collège professait un tel respect pour Juda qu'il lui accorda plein pouvoir pour prendre à lui seul telle décision qui lui paraîtrait convenable. On lui accorda même ou il se fit accorder l'importante prérogative d'élever les disciples au grade de juge et de docteur ; il pouvait conférer ces titres sans en délibérer préalablement avec le Collège, tandis que ce dernier était obligé d'en référer à Juda. La nomination des chefs religieux des communautés, des juges et des membres du Collège dépendait donc de la volonté du patriarche. Du temps de Juda, il n'y eut plus au Collège ni vice-président (*Ab-Bet-Din*), ni orateur public (*Hakam*). Juda, le prince (*Hanassi*), était tout ; il avait presque le pouvoir d'un pape. Le Synhédrin s'était affaibli lui-même, il n'avait plus qu'une apparence de vie ; le patriarche seul faisait tout. Le respect dont jouissait Juda lui valut le surnom de *rabbi*, comme s'il eût été le représentant par excellence de la Loi.

Juda étendit encore son autorité en décrétant que nul docteur, quelque savant qu'il fût, n'avait le droit de statuer sur des questions religieuses à moins qu'il n'y fût autorisé par le patriarcat. Cette mesure obligea les communautés juives, palestiniennes ou autres, à s'adresser au patriarche quand elles avaient besoin de fonctionnaires religieux, de juges ou d'instituteurs. Ainsi, les habitants de *Simonias*, ville située au sud de Sépphoris, demandèrent à Juda de leur envoyer un homme qui pût à la fois prêcher, remplir la fonction de juge, surveiller la synagogue, rédiger les contrats civils et religieux, instruire la jeunesse, en un mot, soigner toutes les affaires de la communauté. Le patriarche leur recommanda son meilleur disciple, *Lévi ben Sissi*. Deux autres disciples de Juda, *Raba Bar Hana*, de Kafri, et *Abba Areka*, tous deux Babyloniens, durent également demander préalablement l'autorisation du patriarche pour avoir le droit de statuer sur des questions religieuses ou juridiques dans leur pays. Un seul dignitaire juif occupait une situation aussi élevée que le patriarche, c'était l'exilarque, en Babylonie. Ce dernier avait même une supériorité considérable sur Juda, il était nommé et soutenu par les autorités parthes, tandis que les Romains toléraient à peine l'existence du patriarcat.

Juda était d'une susceptibilité excessive, il traitait avec la plus grande rigueur les élèves à qui il arrivait, ne fût-ce qu'en plaisantant et sans intention coupable, de le froisser dans son amour-propre. Il recommanda, sur son lit de mort, à son fils de se montrer très sévère pour les disciples, c'est ce qu'il fit, du reste, lui-même pendant qu'il occupait le patriarcat. Parmi les nombreux Babyloniens qui fréquentaient l'académie de Sépphoris, se trouvait un savant nommé *Hiyya* (abréviation d'Ahiyya), dont les contemporains louaient la rare intelligence, les mœurs austères et le zèle infatigable à instruire le peuple. Juda lui-même avait pour Hiyya la plus grande estime; il disait de lui : « L'homme aux conseils sages est venu me voir des région lointaines. » Et cependant, il ne lui pardonna pas une légère plaisanterie que Hiyya se permit à son égard dans les circonstances suivantes. Juda dit un jour : « Si l'exilarque Huna venait en Judée, je ne pousserais certes pas l'abnégation au point de me dépouiller en sa faveur de la dignité dont je suis revêtu, mais je lui rendrais de grands honneurs parce qu'il descend, par la lignée masculine, de la maison de David. » Quand Huna fut transporté, après sa mort, en Judée, Hiyya dit au patriarche : « Huna arrive. » A ces mots, Juda pâlit; quand il eut appris qu'il s'agissait du cadavre de Huna, il punit son disciple de sa plaisanterie en lui défendant de se présenter devant lui pendant trente jours. Il infligea également une punition à un autre de ses disciples, *Simon Bar-Kappara*, qui avait froissé sa susceptibilité. Bar-Kappara joignait à des connaissances juridiques très étendues un esprit pétillant et caustique et un certain talent poétique. Ce qui reste des poésies de Bar-Kappara montre que ce savant maniait la langue hébraïque, rajeunie par de nombreux néologismes, avec élégance et habileté. Il avait également composé des fables, elles sont toutes perdues. Un jour, en joyeuse compagnie, le malicieux Bar-Kappara se permit de faire rire de *Bar-Eleasa*, le gendre riche, mais vaniteux et ignorant, du patriarche Juda. Tous les assistants ayant adressé des questions à Juda, excepté Bar-Eleasa, Bar-Kappara poussa ce dernier à faire comme les autres; il l'engagea à soumettre à la sagacité de son beau-père une énigme, qu'il lui indiqua. Cette énigme, dont la vraie solution n'est pas encore connue aujourd'hui, contient, selon toute apparence, des allusions ironiques à des membres de la famille du patriarche ; en voici à peu près le texte :

« Elle regarde du haut du ciel, se montre bruyante dans la maison et effraie tous les êtres ailés; les jeunes la voient et se cachent, les vieillards se lèvent et restent debout, les fuyards s'écrient oh! oh! et ceux qui tombent dans le piège sont pris par leur propre faute. »

Bar-Eleasa proposa naïvement cette énigme à Juda. Celui-ci s'aperçut probablement au sourire de Bar-Kappara qu'il s'agissait d'une plaisanterie qu'on voulait faire à son gendre, et il dit d'une voix courroucée à Bar-Kappara : « Je ne te reconnaîtrai pas comme docteur. » En effet, Bar-Kappara n'obtint jamais l'ordination. Un autre disciple, Mar-Samuel, qui était un des savants les plus célèbres de la Babylonie, et dont les soins et l'habileté guérirent Juda de sa longue et douloureuse maladie, ne put non plus être ordonné docteur. Juda voulut un jour s'excuser auprès de Samuel de ne lui avoir pas accordé l'ordination. Samuel répondit en riant que cela avait été arrêté ainsi dans le livre d'Adam. « Il y est écrit, dit-il, que j'aurai le titre de savant, mais non celui de *rabbi*, et que je guérirai ta maladie. » — Un autre Babylonien, Hanina, qui fut compté plus tard parmi les autorités religieuses de son temps, fit remarquer un jour à Juda qu'il n'avait pas bien prononcé un mot des Prophètes. « Qui t'a dit que ce mot doit être prononcé autrement? demanda le patriarche. — Hamonuna de Babylonie, répliqua Hanina. — Quand tu le reverras, lui dit Juda, tu lui annonceras que je t'ai donné le titre de *savant*. » Le patriarche indiqua par là qu'il n'élèverait jamais Hanina au grade de docteur. Cette susceptibilité formait le côté faible de Juda, elle avait peut-être son origine dans la santé débile du patriarche; néanmoins, elle irritait parfois les disciples, mais ceux-ci vénéraient trop Juda pour manifester tout haut leur mécontentement. Le vin délia cependant un jour les langues, et, à un banquet, les fils jumeaux de Hiyya, Juda et Hiskiyya, exprimèrent ouvertement ce que leurs camarades pensaient tout bas : « Le Messie ne pourra venir, dirent-ils, que lorsque les deux maisons princières d'Israël, le patriarcat en Palestine et l'exilarcat en Babylonie, auront disparu. »

Juda mit à profit le pouvoir presque absolu dont il jouissait pour supprimer certaines pratiques que le temps avait consacrées, mais que la nouvelle situation des Judéens rendait très difficiles à observer. Il semble avoir aboli, entre autres, l'usage d'allumer des feux sur les montagnes de la Palestine pour annoncer la néoménie. Il décida que les communautés seraient dorénavant informées de cette date par des messagers. Cette mesure fut prise probablement à la suite de l'hostilité qui avait éclaté entre les

Judéens et les Samaritains. Ces derniers allumaient, en effet, des torches sur les montagnes avant le temps voulu afin d'induire les Judéens en erreur. En général, sous le patriarcat de Juda, les rapports des témoins concernant l'apparition de la nouvelle lune avaient bien moins d'importance qu'auparavant pour la fixation des fêtes. On tenait surtout compte des calculs astronomiques pour en déterminer la date, l'audition des témoins n'avait plus qu'un intérêt secondaire. Aussi Juda recevait-il la déposition de personnes qui auparavant étaient jugées indignes de témoigner. Ce n'était plus le patriarche lui-même qui proclamait la néoménie, mais son suppléant. A cette époque, cette proclamation avait lieu à *Ein-Tab*, qui se trouvait dans la province de Judée, probablement tout près de Lydda.

Juda facilita également au peuple l'accomplissement des pratiques relatives à l'année sabbatique et aux dîmes. Malgré la chute de l'État juif, ces lois étaient restées en pleine vigueur, mais elles pesaient très lourdement sur les Judéens, appauvris par la guerre, les épidémies et les impôts de tout genre. Juda ne les abolit pas entièrement, mais il en allégea les charges. Le patriarche déclara, d'un autre côté, que le territoire de certaines villes frontières, qui avait été considéré jusque-là comme appartenant à la Judée, n'en faisait plus partie, il exempta ainsi les récoltes de ce territoire des impôts qui frappaient les produits du sol de la Palestine. Ces villes n'avaient pas toujours appartenu à la Judée, elles étaient peuplées en grande partie de Grecs et de Romains. Juda fut blâmé de cette réforme par sa propre famille ; il répondit simplement : « Mes aïeux m'ont légué le soin d'accomplir cet acte. » Il était même disposé à abolir totalement les lois concernant l'année sabbatique, mais il ne voulut pas prendre une mesure d'une telle gravité sans avoir consulté préalablement l'opinion de ceux qui lui paraissaient y être opposés. Il en parla à Pinhas ben Jaïr, gendre de Simon ben Yohaï et homme d'une piété sévère et méticuleuse, qui observait surtout très strictement les lois relatives au prélèvement des dîmes. C'était probablement une année où la récolte s'annonçait comme devant être mauvaise. Le patriarche dit à Pinhas : « Il y aura manque de blé. » — « L'endive a parfaitement réussi, » répliqua Pinhas, il voulut dire par là que s'il y a insuffisance de blé, on peut se nourrir de légumes, et qu'il n'y a aucune raison de transgresser une loi religieuse. Juda comprit et renonça à son projet.

L'œuvre qui a fait briller le nom de Juda d'un très vif éclat et lui a assuré l'immortalité est la rédaction de la *Mischna* (vers 189). Depuis qu'on avait mis par écrit, sous le nom d'*Adoyot*, un certain nombre de décisions juridiques, la loi orale avait pris un développement considérable, on avait établi de nouvelles pratiques déduites soit de prescriptions déjà existantes soit de versets de la Tora. Dans les controverses des diverses écoles, de nombreux points de doctrine n'avaient pas été élucidés, de nombreuses questions étaient restées sans solution. Juda prit pour base de son travail la compilation d'Akiba complétée et mise en ordre par Meïr. Il examinait soigneusement le pour et le contre de chaque opinion, et il fixait définitivement les lois d'après certains principes. Il essaya de grouper méthodiquement les diverses halakot relatives aux prières et formules eulologiques, aux prélèvements à faire sur les produits du sol, au sabbat, aux fêtes et aux jeûnes, au mariage, aux vœux et au naziréat, au droit civil et pénal, aux sacrifices, à la pureté lévitique et à maint autre objet. Mais il ne réussit pas à suivre dans son recueil un ordre rigoureux, parce que la matière elle-même ne comportait pas cet ordre, et aussi parce qu'il voulait s'en tenir aux divisions adoptées par ses prédécesseurs.

La Mischna de Juda est écrite dans un style concis, l'expression est ingénieuse, pittoresque, et elle se grave facilement dans la mémoire. La langue de ce recueil est un hébreu abâtardi, mélangé de nombreuses expressions araméennes, grecques et latines. Juda avait une prédilection marquée pour la langue hébraïque, par contre il montrait une vive antipathie pour la langue syrienne, qui était parlée par les habitants de Galilée, cette langue n'étant pas soumise, à ses yeux, à des règles suffisamment précises. L'hébreu était encore en usage en Judée, principalement dans les villes. La servante de Juda connaissait si bien cette langue que souvent des disciples du dehors lui demandaient le sens de mots hébreux qui leur étaient inconnus. On maniait l'hébreu avec une grande facilité, et certaines idées, notions ou définitions, empruntées au domaine général des connaissances de cette époque, étaient rendues très fidèlement dans cette langue.

La Mischna n'était nullement destinée dans la pensée de son auteur à devenir le code définitif de la loi orale, Juda ne l'avait composée que pour son usage personnel ; il voulait s'en servir en quelque sorte comme d'un fil conducteur pour ne pas s'égarer dans son enseignement au milieu de ce dédale de milliers de halakot. Mais l'estime et le respect dont Juda jouissait auprès de ses contemporains et de ses disciples se reportaient sur son œuvre, elle éclipsa toutes les autres compilations de ce genre et les fit tomber dans un complet oubli. Elle porta également l'ancien titre de *Mischna*, mais avec cette mention additionnelle : *di rabbi Juda*. Peu à peu cette addition disparut, et le recueil de Juda fut considéré comme la *Mischna* par excellence. Les disciples du patriarche propagèrent son œuvre dans les régions lointaines, ils l'utilisèrent comme texte pour leurs conférences et comme code religieux et juridique. La Mischna de Juda ne fut pas plus mise par écrit que ne l'avaient été les mischnot précédentes, elle se transmit pendant plusieurs siècles par la seule force de la tradition orale. Il était en effet défendu de mettre la tradition par écrit. Quelques docteurs mirent bien par écrit quelques lois rares ou singulières, mais ils le firent avec tant de mystère que les rouleaux où ces lois furent transcrites eurent le nom de *rouleaux des secrets*. — Dans sa vieillesse, Juda soumit son travail à un nouvel examen et y introduisit les modifications qui s'étaient produites dans quelques-unes de ses opinions. Le fils de Juda, Simon, ajouta de son côté, après la mort de son père, de nouvelles halakot à la Mischna.

La tradition religieuse trouva dans le recueil de Juda son expression définitive. S'étant présentée pour la première fois à l'époque des Maccabées comme un élément sérieux de l'histoire du judaïsme, elle était restée pendant quatre siècles vague et indécise. Affirmée par les Pharisiens, niée par les Sadducéens, resserrée dans des limites très étroites par l'école de Schammaï, élargie et développée par l'école de Hillel, elle fut définitivement fixée par Juda, et pendant une longue série de siècles elle exerça une influence prépondérante sur le judaïsme. La Mischna devint, à côté de l'Écriture sainte, la source principale qui alimentait les écoles religieuses; souvent même, elle supplantait la Tora et la reléguait au second plan. Elle devint le lien moral qui maintenait l'unité parmi les membres disséminés de la nation juive. La Mischna, œuvre du patriarcat, qui lui assura l'existence et l'autorité religieuse, tua en quelque sorte le pouvoir qui l'avait produite. A mesure que l'influence de la Mischna grandissait et se développait, l'autorité du patriarcat déclinait et disparaissait.

L'apparition de la Mischna mit un terme à l'activité créatrice des Tannaïtes et marqua la fin de la période de ces docteurs. « Nathan et Juda sont les derniers des Tannaïtes, » dit une chronique sibylline (le livre apocryphe d'Adam). Il devenait nécessaire, dès lors, d'inaugurer un nouveau genre de recherches et d'études qui n'eût pas de ressemblance avec la méthode des Tannaïtes.

Des historiens ont prétendu que les Judéens vivaient tranquilles et heureux à l'époque où parut la Mischna. Cette assertion n'est pas juste. Marc-Aurèle lui-même, le philosophe couronné, le meilleur et le plus honnête des empereurs romains, n'éleva aucune protestation contre les persécutions auxquelles les soumit celui qui partageait avec lui le pouvoir impérial, *Lucius Verus*. Et cependant, au moment où ces persécutions eurent lieu, Juda occupait déjà la dignité de patriarche. Lorsque, plus tard, Marc-Aurèle, qui traversait la Palestine pour combattre un prétendant au trône, *Avidus Cassius* (175), fut entouré par des Judéens qui lui demandèrent tumultueusement d'alléger le joug que son collègue faisait peser sur eux, il s'écria : « O Marcomans, ô Quades et Sarmates, j'ai enfin vu une nation plus remuante que vous (1) ! » Malgré son éducation philosophique, ou, pour mieux dire, ses connaissances en philosophie, cet empereur était trop imbu des préjugés romains, il vénérait trop les dieux de l'ancienne Rome

(1) Ammianus Marcellinus XXII, 3, raconte de Marc-Aurèle : « Ille enim (Marcus Aurelius) quum Palaestinam transiret Ægyptum petens, *petentium* judæorum et tumultuantium sæpe percitus dolentes dicitur exclamasse : « O Marcommani, o Quadi, o Sarmatæ, tandem alios vobis inquietiores inveni ! » Un moine, ennemi des juifs, a remplacé le mot *petentium* (suppliants) par *fœtentium* (puants). De là ce préjugé qui a existé pendant des siècles que les juifs ont une mauvaise odeur de naissance.

pour comprendre la grandeur du judaïsme. Pendant que la peste dévastait l'empire, il exigea que les pratiques du culte païen fussent très rigoureusement observées, et il alla jusqu'à élever son collègue, qui venait de mourir, au rang de dieu et à lui consacrer un autel et des prêtres. Et l'on prétend que cet empereur, que toute sa philosophie n'a pu guérir des superstitions romaines, fut l'ami du patriarche Juda !

La situation des Judéens, si précaire sous Marc-Aurèle, devint bien plus douloureuse sous le règne de son fils, le voluptueux et sanguinaire *Commode*. Le gouverneur que cet empereur avait placé à la tête de la Syrie, le rude *Pescennius Niger*, les traita avec une dureté excessive. Ils lui demandèrent un jour de diminuer les impôts, qui étaient devenus écrasants pour eux, il leur répondit, avec cette brutalité toute particulière aux proconsuls romains : « Comment! vous voulez que j'exempte vos terres d'impôts ! Mais je voudrais pouvoir imposer l'air même que vous respirez! » Cette situation s'assombrit encore pendant les années agitées qui suivirent le meurtre de Commode et celui, qui eut lieu trois mois plus tard, de l'empereur *Pertinax* (décembre 192 — mars 193). Il se présenta à la fois quatre candidats à l'empire, partout s'alluma la guerre civile, et la Rome corrompue et chargée de crimes fut affaiblie et ruinée par les déchirements intérieurs. La pourpre impériale était tellement avilie qu'elle fut mise à l'encan par la garde prétorienne, et l'heureux acquéreur, *Didius Julianus*, paya de sa vie le court bonheur de l'avoir possédée (juin 193). Mais il restait encore trois rivaux qui se disputaient l'empire : *Pescennius Niger*, en Syrie ; *Sévère*, du Danube, et *Albinus*, de la Bretagne. La lutte des deux premiers eut son contre-coup en Palestine. Les Samaritains de *Néapolis* (Sichem) se déclarèrent pour Pescennius ; les Judéens, que ce dernier avait persécutés, s'attachèrent à la cause de Sévère. Il y eut de fréquentes collisions entre les deux partis, qui se haïssaient, du reste, depuis fort longtemps, et des deux côtés tombèrent de nombreuses victimes. Septime-Sévère l'emporta enfin sur son rival (fin 194). Comme tous les chefs de parti, il châtia cruellement les vaincus et récompensa ses propres partisans. Les Samaritains de Néapolis perdirent tous leurs droits de cité ; les Judéens, au contraire, obtinrent le droit d'être nommés aux fonctions municipales et judiciaires, ce qui leur avait été défendu par Adrien, et les trois successeurs de cet empereur qui, par adoption, étaient devenus membres de sa famille, avaient maintenu sa défense. Mais les Judéens ne conservèrent pas longtemps la faveur de Septime-Sévère; ils s'aliénèrent ses bonnes grâces à la suite d'une tentative de soulèvement de quelques écervelés (vers 198-199). On se demande quelle nécessité poussa les Judéens vers une si folle et si dangereuse entreprise. Il paraît certain qu'ils voulurent profiter de la guerre que les Parthes faisaient alors aux Romains et qui avait pris un tel caractère de gravité que Sévère se rendit avec toute sa famille sur le théâtre de la lutte. Il est, en effet, à remarquer qu'à chaque levée de boucliers des Parthes contre Rome, la Judée tout entière tressaillait du désir de prendre part au mouvement et d'aider à anéantir la ville maudite. Sévère fut obligé de lever honteusement le siège de *Herta*, en Mésopotamie, à la défense de laquelle aidèrent certainement des Judéens; mais, en définitif, les Romains restèrent vainqueurs. Aucun document n'indique clairement si la lutte eut lieu en même temps ou successivement dans les pays parthes et en Judée. On sait seulement que le soulèvement des Judéens fut très sérieux, puisque le Sénat décerna au vainqueur les honneurs du triomphe (*triumphus judaicus*). Sévère, irrité de cette révolte, se montra très dur envers les Judéens, et, lors de son passage en Palestine (202), il promulga contre eux plusieurs lois d'exception; il leur défendit, entre autres, sous les peines les plus rigoureuses, d'accueillir des prosélytes romains. Comme les chrétiens étaient encore confondus à cette époque avec les Judéens, il va sans dire qu'il était également défendu de se convertir au christianisme. Les Samaritains, châtiés autrefois par Sévère parce qu'ils avaient pris parti pour Pescennius, conquirent ses bonnes grâces. L'empereur sembla vouloir humilier plus profondément les Judéens en relevant leurs plus acharnés ennemis.

Le patriarche Juda était déjà parvenu à une haute vieillesse lorsque cette révolte éclata en Palestine. Ni lui ni les autres docteurs ne voulurent soutenir l'insurrection; ils en désapprouvèrent formellement les auteurs. Deux docteurs secondèrent même les

Romains dans leur lutte contre quelques petites troupes de Judéens, réfugiés dans la montagne, qui faisaient la guerre de partisans et que les vainqueurs traitaient en brigands. Ce furent Éléazar, dont le père, Simon ben Yohaï, fut un adversaire irréconciliable de Rome, et Ismaël, fils de José. Ces deux docteurs furent sévèrement blâmés d'avoir servi d'instruments au despotisme romain. Josua ben Korha en fit des reproches très vifs à Éléazar : « Toi, vinaigre, produit d'un excellent vin (fils indigne d'un père respecté), continueras-tu encore longtemps à livrer le peuple de Dieu à la mort? » Éléazar répondit, pour se justifier, qu'il arrachait seulement les mauvaises herbes de la vigne ; mais Josua lui répliqua : « Laisse le maître lui-même accomplir une telle tâche. » Éléazar se repentit plus tard d'avoir aidé les Romains à arrêter des Judéens ; il expia cette faute, dit-on, en s'imposant de douloureuses macérations.

L'autorité d'Éléazar était considérable dans les questions de casuistique, et quelquefois le patriarche lui-même s'y soumettait. Mais la fonction qu'il avait remplie sous les Romains lui avait aliéné les esprits, et comme il craignait qu'après sa mort les docteurs ne voulussent pas lui rendre les derniers honneurs, il recommanda instamment à sa femme de laisser son corps pendant quelques jours dans une chambre avant de le faire enterrer. Ismaël ben José, qui avait partagé les fonctions d'Éléazar, partagea également son discrédit. Il essaya un jour de se justifier en disant qu'il n'avait accepté cet emploi que contre sa volonté et par contrainte. « Ton père ne s'est-il pas enfui, autrefois? lui répliqua-t-on ; tu devais agir comme lui! »

Juda, qui occupa le patriarcat pendant plus de trente ans, fut encore témoin de tous ces douloureux événements. A l'approche de la mort, qu'il vit venir avec le calme et la sérénité du sage, il réunit autour de lui ses fils et ses disciples et leur donna ses derniers conseils. Il désigna Gamaliel, son fils aîné, comme patriarche, et Simon, le cadet, quoique plus instruit que Gamaliel, comme *hakam*, et il recommanda à tous deux de se montrer respectueux et soumis envers sa veuve, qui était sans doute leur belle-mère, et de lui permettre de rester dans la maison qu'elle habitait, quoique cette maison ne lui appartînt pas et fût spécialement destinée au patriarche. Il exhorta son successeur à se montrer sévère pour les disciples et, bien que lui-même eût établi le principe de n'en jamais ordonner que deux à la fois, à accorder l'ordination à tous ceux qui lui en paraîtraient dignes. Il pria le Synhédrin de ne pas lui faire des obsèques exceptionnelles, d'empêcher les villes de célébrer en son honneur des cérémonies funèbres et de ne laisser fermée l'école que pendant un mois. Il mourut dans un âge très avancé (vers 210). A la douloureuse nouvelle de la mort prochaine du patriarche, une foule considérable accourut anxieuse des villes voisines à Sépphoris; elle ne crut pas possible que ce fatal dénoûment pût se produire, et elle menaça de tuer le messager qui annoncerait le triste dénoûment. *Bar-Kappara* informa le peuple, d'une façon détournée, que Juda avait cessé de vivre. Il se présenta la tête voilée, les habits déchirés, et dit : « Anges et hommes se sont disputé la possession de l'arche sainte; les anges ont triomphé, et l'arche a disparu. » — « Il est mort ! » s'écria la foule avec une douleur poignante. » — « C'est vous qui le déclarez, » répliqua Bar-Kappara. Un convoi immense accompagna le corps de Juda de Sépphoris à Bet-Schearim; l'éloge du patriarche fut prononcé dans dix-huit synagogues. L'autorité de Juda avait été considérable; prêtres et docteurs avaient accepté la suprématie de celui qui personnifiait, en quelque sorte, l'enseignement religieux. Après sa mort, il fut surnommé le *saint* (hakadosch).

La vénération que les contemporains de Juda professaient pour ce docteur rejaillit sur son recueil de la *Mischna*. Cet ouvrage jouit d'une très grande considération dans les écoles et particulièrement auprès de ses disciples de Babylonie. Les anciens recueils de lois, qui n'avaient été conservés que par la mémoire, tombèrent dans l'oubli. Quelques disciples n'admirent cependant pas sans réserve l'autorité de la Mischna, où ils reconnurent des erreurs, des contradictions et des lacunes considérables. Le désir de compléter et de corriger la Mischna engagea quelques docteurs à composer de nouveaux recueils. Parmi ces docteurs, il faut citer *Hiyya*, de Babylonie, homme modeste, vertueux et savant, doué d'une mémoire prodigieuse, qui se rappelait fidèlement toutes les anciennes halakot, et qui avait collaboré à l'œuvre de Juda; *Lévi ben Sissi*, docteur d'une excessive timidité, et le poète caustique et spirituel *Bar-Kappara*. Ces recueils étaient souvent plus clairs et plus conformes à la tradition que le code de Juda, mais ils ne purent pas lutter contre l'influence qu'avait acquise l'œuvre du patriarche. Cette dernière devint la Mischna principale, la *Mischna* par excellence, et les autres recueils ne furent considérés que comme des apocryphes, des ouvrages *extérieurs* (*hiçonot*, appelés improprement *Boraïtot*) (1), absolument comme certains ouvrages sont déclarés apocryphes par rapport au canon biblique.

Le trait distinctif de la Mischna, qui a été acceptée comme code religieux par les Judéens, c'est d'avoir imprimé au judaïsme un caractère juridique, de le présenter comme une collection d'ordonnances. Les commandements et les défenses, les prescriptions inscrites dans le Pentateuque aussi bien que celles qui en ont été déduites par les docteurs sont, d'après elle, des ordres divins, placés au-dessus de toute attaque et de toute critique. Ce sont assurément les coups incessants portés au judaïsme, les attaques violentes dirigées contre lui par les Hellénisants sous le règne d'Antiochus Épiphane, l'opposition implacable des Sadducéens, le système des allégoristes d'Alexandrie, le dédain professé par le christianisme paulinien et les gnostiques pour les pratiques juives qui ont amené les docteurs à insister particulièrement sur la partie juridique du judaïsme. Ainsi, lorsque les Alexandrins et les gnostiques ne semblent tenir compte dans le judaïsme que de la conception d'un Dieu d'amour, enveloppant toute la création d'une profonde affection, la Mischna cherche à combattre cette tendance, elle ordonne d'imposer silence à l'officiant qui dirait dans sa prière : « Éternel, ta bonté s'étend jusque sur les petits des oiseaux. » La Mischna n'abandonne presque rien au libre jugement des hommes, elle soumet toutes les actions à des lois rigoureuses, elle détermine la part que le pauvre a le droit de recevoir de la charité publique, elle va jusqu'à indiquer le nombre d'enfants que chaque père de famille doit avoir pour satisfaire à l'obligation de contribuer pour une part suffisante à peupler la

(1) Il faut ajouter aux *Boraïtot* les écrits mischnaïtiques suivants que nous possédons : 1° la *Tosefta* ; 2° la *Mekilta*, commentaire juridique sur l'*Exode* ; 3° le *Sifra*, commentaire sur le *Lévitique* ; 4° les *Sifrè*, commentaires sur les *Nombres* et le *Deutéronome*. Ces ouvrages sont des annexes à la Mischna.

terre. Elle admet que toutes les prescriptions de la Tora, y compris celles que le Pentateuque ne mentionne pas d'une façon explicite, ont été révélées à Moïse sur le Sinaï et transmises par lui à Josué, qui les a transmises aux anciens, ces derniers les ont transmises aux prophètes qui, à leur tour, les ont transmises à la Grande-Synagogue. Toutes les lois qui ne se trouvent pas dans le Pentateuque sont désignées par la Mischna, sans distinction d'origine, sous le nom de *paroles des scribes* (dibré Soferim). On rencontre, il est vrai, dans la Mischna l'aveu que plusieurs pratiques établies par certains Tannaïtes, ne reposent que sur des raisonnements d'une extrême subtilité, qu'elles ressemblent à des *montagnes suspendues à un cheveu;* elle n'en considère pas moins toutes les halakot comme des règles inviolables.

La Mischna déclare, à plusieurs reprises, que toutes les prescriptions religieuses ont une valeur égale. On pourrait placer en tête de ce recueil la sentence de Rabbi : « Dans quelle voie l'homme doit-il marcher? Dans celle qui lui fait acquérir sa propre estime et l'estime des autres. Observe les prescriptions les moins importantes aussi strictement que les lois les plus graves, car tu ignores la récompense attachée à leur accomplissement. Compare la perte (matérielle) que t'impose l'observation d'un précepte à la récompense (morale) qui t'attend, et aux jouissances que peut te procurer un péché, oppose le dommage qu'il te fera subir. Préoccupe-toi sans cesse de ces trois points et tu ne pécheras jamais : sache qu'il y a un œil qui voit tout, une oreille qui entend tout, et que toutes tes actions sont inscrites dans un livre. » La Mischna établit, en effet, comme principe, que tout israélite observant les pratiques religieuses aura part à la vie future, hormis ceux qui nient le dogme de la résurrection ou celui de la révélation, ou qui vivent et pensent en épicuriens. Elle admet également que la piété est récompensée ici-bas, qu'il suffit d'observer strictement une seule loi pour être heureux, vivre longtemps et participer à la possession de la Terre sainte. On voit que la Mischna a essayé de concilier la doctrine des récompenses terrestres enseignée par la Bible avec un dogme qui ne s'est établi qu'après l'exil, le dogme d'une récompense future. D'après elle, l'accomplissement de certains devoirs religieux est récompensé à la fois sur cette terre et dans la vie future ; ces devoirs sont : la piété filiale, la charité, la fréquentation assidue des écoles, l'hospitalité, la sollicitude pour les malades, la dotation des fiancées (indigentes), les honneurs rendus aux morts, le recueillement dans la prière, l'établissement de la paix parmi les hommes et, tout particulièrement, l'étude de la Loi. La Mischna ne connaît ni châtiment futur, ni enfer. Les pécheurs ne subissent que des châtiments judiciaires ; selon la gravité de la faute qu'ils ont commise, ils sont flagellés, tués par le glaive, étranglés, brûlés, ou lapidés, ou bien Dieu les fait mourir avant l'heure (Kérét.). La mort rachète les péchés même les plus graves. Les fautes peu importantes sont effacées par le repentir et le jeûne de Kippour ; les délits commis par inadvertance sont expiés par les sacrifices ; les torts envers le prochain ne sont pardonnés que lorsque l'offensé a été dédommagé et apaisé, et que lui-même a pardonné.

Comme on l'a vu plus haut, l'étude de la Loi, selon la Mischna, est le devoir le plus important, elle est récompensée d'une façon toute spéciale, elle assure à celui qui s'en occupe le bonheur terrestre et la béatitude future. « Quiconque étudie la loi écrite et la loi orale et se conduit d'une manière bienséante s'éloigne du péché. » La préoccupation constante, l'idée fixe des hommes de cette époque était de s'approprier, de conserver et d'augmenter l'héritage religieux de leurs prédécesseurs ; ils s'efforçaient de consolider et développer le judaïsme. Aussi les docteurs de la Loi étaient-ils profondément respectés. « Un savant, fût-il bâtard, dit le Talmud, doit avoir le pas sur un grand prêtre ignorant. » Les disciples étaient tenus de témoigner une plus-grande vénération aux maîtres qu'aux parents, et, en cas de conflit, ils devaient obéissance aux premiers, parce que « le maître leur faisait acquérir la vie future ». Le père avait l'obligation de donner ou de faire donner l'enseignement religieux à son fils. La Mischna ne déclare pas explicitement l'enseignement religieux obligatoire pour la femme ; elle mentionne sur cette question deux opinions différentes : celle de Ben-Azaï, qui prescrit ou plutôt permet d'enseigner la Tora aux femmes, et celle d'Éliézer ben Hyrkanos, qui, au contraire, le défend très sévèrement. « Enseigner la Tora à sa fille, dit-il, c'est l'initier à l'immoralité. » Cette doctrine fut généralement adoptée; elle eut les plus funestes conséquences. Les communautés juives s'imposaient de très grands sacrifices pour créer des écoles élémentaires et supérieures pour les garçons, tandis qu'elles refusaient systématiquement aux jeunes filles tout moyen de s'instruire.

A côté de l'étude de la Loi et de la rigoureuse observance des prescriptions religieuses, la Mischna place l'obéissance aux lois de la morale. « La probité, dit-elle, exige que nous soyons fidèles à notre parole, même si la stricte légalité ne nous y oblige point. » « Ceux qui s'acquittent de leurs dettes, dit-elle encore, dans l'année sabbatique, où légalement ils seraient dispensés de les payer, qui remettent aux héritiers d'un prosélyte ce qu'ils doivent au défunt, bien qu'ils ne soient point tenus de le faire, et, en général, qui exécutent toutes leurs promesses, ceux-là sont aimés des sages. » Elle permet de réciter les prières dans quelque langue que cela soit; elle n'exige que la ferveur et le recueillement. Elle ordonne de remercier Dieu pour les épreuves qu'il nous envoie, aussi bien que pour le bonheur qu'il nous accorde. En général, la Mischna s'efforce d'associer l'âme à la pratique de la religion. « On n'a pas rempli véritablement son devoir religieux, dit-elle, en prêtant une oreille distraite aux sons du Schofar, qu'on est tenu d'écouter au Nouvel An, aux fêtes et pendant le jour de l'Expiation de l'année du jubilé; il faut que ces sons réveillent en nous la piété et nous rapprochent de notre Créateur. Les Israélites, ajoute-t-elle, n'ont pas triomphé des Amalécites parce que Moïse a élevé les mains vers le ciel; ils n'ont pas été guéris dans le désert des morsures des serpents parce qu'ils ont porté leurs regards vers le serpent d'airain, mais parce qu'ils ont élevé leur cœur vers l'Éternel. » La Mischna n'entre cependant pas bien avant dans cette voie, elle attache toujours une plus grande importance aux obligations imposées par les docteurs qu'aux devoirs prescrits par la conscience.

Un autre trait caractéristique de la Mischna est une tendance marquée à supposer et à réunir les cas les plus invraisemblables, pourvu qu'ils fussent possibles, et à indiquer les prescriptions qui pourraient leur être appliquées. Cette tendance eut, dans la suite, des effets heureux, mais elle produisit également des conséquences fâcheuses ; elle aiguisa, d'un côté, l'intelligence des docteurs, et, d'autre part, elle les habitua aux subtilités et aux sophismes. Elle prit naissance et se développa dans les écoles publiques de Jabné et d'Uscha, ainsi que dans un grand nombre d'écoles privées. Cette méthode de raisonner à outrance eut pour principaux partisans Meïr et ses disciples. Il ne suffisait pas à ces docteurs de se prononcer simplement sur des faits réels d'après les prescriptions du Pentateuque ou de la tradition, ils se plaisaient à imaginer des situations compliquées pour démontrer, par exemple, qu'il pouvait se présenter des circonstances où une seule faute appelait plusieurs châtiments ou exigeait plusieurs expiations.

Un fait remarquable, c'est que la Mischna n'a accueilli aucune loi faite contre les judéo-chrétiens, elle n'indique même pas s'il est permis ou défendu de goûter au vin ou à la viande des Minéens. Il est probable que les dangers qui avaient menacé le judaïsme de la part des judéo-chrétiens, depuis la destruction du temple jusqu'à la guerre de Barcokeba, avaient totalement disparu. Par contre, la législation de la Mischna contient de nombreuses dispositions prises contre la gentilité et ayant pour objet d'éloigner les Judéens des païens et de leur culte. Les docteurs chrétiens sentaient aussi combien des lois de ce genre seraient nécessaires pour protéger le christianisme, et un Père de l'Église, *Tertullien*, un des plus jeunes contemporains du patriarche Juda et le premier auteur chrétien qui ait écrit en latin, prit des mesures aussi sévères que la Mischna pour établir une séparation entre les chrétiens et les gentils. Ces derniers s'étaient multipliés en Palestine, après la guerre de Barcokeba ; ils n'occupaient pas seulement les villes maritimes, ils résidaient également dans l'intérieur, et il devenait urgent de les tenir à l'écart. La Mischna réunit dans un traité spécial, dans *Aboda Zara*, les lois établies pour séparer les Judéens des païens. Toute relation est interdite avec ces derniers pendant les trois jours qui précèdent leurs principales fêtes, telles que les calendes de janvier, les saturnales, l'anniversaire de l'avènement ou de la mort de l'empereur ; il est défendu aux juifs de visiter les échoppes des païens ornées de laurier, de leur vendre des objets destinés aux idoles, de leur louer des maisons en Palestine. Le Judéen de Palestine, qui était profondément haï par le païen, ne doit pas lui permettre de le soigner pendant sa maladie, ou de lui couper les cheveux ; il doit surtout éviter de se trouver seul avec lui pour ne pas être assassiné. Les païens de Rome avaient adopté l'usage barbare de faire lutter dans le cirque des hommes contre des animaux ; de là, la défense de leur procurer des lions ou des ours, de leur vendre un objet quelconque qui puisse devenir un instrument de mal, de construire pour eux des basiliques, des places destinées aux exécutions, des stades et, en général, tout bâtiment où ils pourraient verser du sang innocent ; il est même interdit de leur confier des animaux, de crainte qu'ils n'assouvissent sur eux leurs passions criminelles. Il est défendu de se servir de ce qui pourrait avoir été consacré au culte païen, de s'asseoir à l'ombre d'une idole, de boire du vin qui a été ou aurait pu être consacré aux dieux. Toutes les mesures qui avaient été prises peu de temps avant la destruction du temple pour élever des barrières entre le judaïsme et la gentilité, la Mischna les conserva et les aggrava. Et cependant, malgré son hostilité contre le paganisme, elle adopta cette loi établie probablement par Gamaliel Ier, que les indigents païens avaient le même droit que les Judéens à recevoir des secours.

La Mischna consacre aux prescriptions de pure morale un traité spécial, intitulé : *les Maximes des Pères* (Pirké Abot). Ce traité contient les aphorismes et les sentences énoncés par les plus anciens des Soferim. On y lit, entre autres, cette maxime de *Schemaya*, du temps d'Hérode : « Aime le travail et hais les dignités ; » celle de Hillel l'Ancien : « Suis la doctrine d'Aron, aime et recherche la paix, aime les hommes et amène-les à l'étude de la Loi, » et celle de son descendant, Simon III, fils de Gamaliel : « Le monde se maintient par trois vertus : la vérité, la justice et la paix ; » les paroles sages et élevées de Hanina, un des témoins de l'incendie du temple, que le traité des *Maximes* a accueillies malgré les souffrances que Rome a fait endurer aux Judéens : « Prie pour le salut de l'État (romain), car la crainte seule qu'il inspire empêche les hommes de se dévorer entre eux. » Voici encore quelques autres sentences remarquables de ce traité :

« Celui qui est aimé des hommes, dit Hanina ben Dossa, est aussi aimé de Dieu, et celui qui ne plaît pas aux hommes ne plaît pas à Dieu. » — « Qui est véritablement sage? dit Ben-Zoma, celui qui ne dédaigne l'enseignement de personne. Qui est vraiment fort? celui qui triomphe de ses passions. Qui est respectable? celui qui respecte ses semblables. » — « Ne méprise personne, dit Ben-Azaï, et ne dédaigne aucun objet; tout homme a son heure et tout objet son emploi. » — « L'homme ne saurait être trop humble, dit Lévitas, de Jabné, car sa destinée est de devenir la proie des vers. » — « Sois humble devant tout le monde, » dit Meïr.

Ces maximes d'une morale pure et élevée, les Tannaïtes les inculquaient à leurs disciples et ils les mettaient en pratique dans la vie. Ils étaient d'une piété fervente et sincère et d'une rare modestie; ils haïssaient par-dessus tout l'orgueil, l'égoïsme et l'hypocrisie, et ils aimaient leurs semblables d'une affection profonde. L'ardeur de la lutte peut seule expliquer et justifier les dénominations injurieuses d'*imposteurs*, *serpents*, *langues de vipère*, que les Minéens ou judéo-chrétiens, exclus de la communauté judaïque, appliquèrent aux docteurs. Il était souverainement injuste de les accuser de ne rien faire que pour attirer sur eux l'attention des hommes, de s'approprier les maisons des veuves, sous prétexte qu'ils adressent au ciel de longues prières, de n'être pieux qu'à l'extérieur, tandis qu'à l'intérieur ils étaient remplis d'hypocrisie et de méchanceté. C'était les outrager et les calomnier que de mettre contre eux, dans la bouche de Jésus, comme l'a fait l'auteur judéo-chrétien de l'Évangile de Mathieu, les paroles suivantes : « Tout ce qu'ils vous disent de faire, observez-le et faites-le; mais n'imitez pas leurs actions, ils sont pieux en paroles, mais agissent mal; » c'était les calomnier que de leur reprocher de se laisser ou de se faire appeler par orgueil du titre de *Rabbi*, *Abba* (père), *Môré* (maître). Certes, rien, dans ces qualifications, n'indiquait la présomption ou l'orgueil. Un seul reproche, très grave, pouvait être adressé aux Tannaïtes : c'était d'avoir attaché une importance bien plus considérable à la casuistique qu'aux prescriptions de la morale, d'avoir laissé ces dernières trop dans l'ombre et d'avoir ainsi fait supposer que les lois rituelles forment la base et la partie essentielle du judaïsme. Par suite de cette prépondérance accordée à ces lois, au détriment de la morale, et par suite de cette tendance à considérer la religion comme un ensemble d'actes purement extérieurs dont l'accomplissement nous est imposé par contrainte, la rédaction de la Mischna a nui au judaïsme, dont elle a fait méconnaître le vrai caractère. Cette fausse conception de la religion juive a prévalu chez les Judéens pendant de nombreux siècles, et aujourd'hui encore elle n'a pas disparu.

S'il est vrai, comme semblent l'affirmer certaines traditions historiques, qu'à la mort du patriarche Juda les souffrances des Judéens s'aggravèrent, elles ne durèrent, en tout cas, que jusqu'après la mort de l'empereur Sévère. Celui-ci, qui avait pris également le nom de son prédécesseur Pertinax, et dont on disait qu'il méritait bien de s'appeler *Severus* et *Pertinax* (cruel et entêté), en voulut aux Judéens jusqu'à la fin de sa vie (211) de l'émeute que quelques écervelés avaient fomentée parmi eux. Lui mort, la situation des Judéens s'améliora, et ils furent relativement tranquilles jusqu'à l'époque où le christianisme arriva au pouvoir. Sous le règne des trois premiers successeurs de Sévère, Rome subit l'influence des mœurs syriennes. Les mères de ces empereurs, qui dirigeaient la politique romaine, *Julie Domna*, femme de Sévère, sa sœur, *Julie Maesa*, et les filles de cette dernière, *Julie Soemia*, mère d'Héliogabale, et *Julie Mammée*, mère d'Alexandre Sévère, étaient toutes originaires de la Syrie (Emesa), et leurs enfants introduisirent à Rome des dieux et des pratiques empruntés à leur pays. En Syrie, les Judéens entretenaient des relations cordiales avec les autres habitants; il y avait particulièrement à Emesa, lieu d'origine des successeurs de Sévère, des prosélytes juifs très riches; l'entourage de ces empereurs était donc habitué à traiter les Judéens avec justice et bienveillance. *Caracalla* accorda les droits de citoyen à tous les habitants de l'empire romain, et s'il ne parvint pas à la faire disparaître complètement, du moins il effaça en grande partie la distinction qui existait entre latins et non-latins. Il avait un compagnon d'enfance juif auquel il témoignait une profonde sympathie. Son neveu ou son fils, l'empereur *Héliogabale*, qui souilla pendant quatre ans la pourpre impériale (218-222), et qui résolut, dans sa folie criminelle, de destituer les dieux romains et les Césars, voulut introduire publiquement dans Rome, en les subordonnant naturellement à Baal, son dieu du soleil, les cultes juif, samaritain et chrétien. Désireux de suivre fidèlement les pratiques de Baal, dont il se déclarait le prêtre, il se fit circoncire et s'abstint de manger de la viande de porc. C'est ce qui donna naissance au bruit répandu dans toute la Palestine qu'un empereur romain, un Antonin, s'était converti au judaïsme.

Tous ces empereurs ne favorisaient pas ouvertement les Judéens, mais ils adoucissaient dans la pratique les mesures rigoureuses que Sévère avait édictées contre le judaïsme. Janaï, un disciple du patriarche Juda I*er*, caractérisa la situation politique des Judéens de cette époque par ces paroles : « Nous ne sommes ni heureux comme des méchants, ni malheureux comme des justes, » c'est-à-dire le gouvernement romain ne nous favorise ni ne nous persécute. Ce fut cependant à cette époque que les agriculteurs juifs furent privés du privilège que leur avait accordé Jules César de ne pas payer d'impôt sur la récolte (annona) pendant l'année sabbatique. Mais l'abolition de ce privilège n'avait aucune cause religieuse, elle faisait partie d'un ensemble de mesures fiscales que Caracalla fut obligé de prendre pour améliorer la situation financière de l'État; elle eut probablement lieu pendant la guerre que cet empereur fit aux Parthes en l'année 216-217, qui était précisément une année sabbatique. Les Judéens souffraient vivement de cette nouvelle loi, qui les obligeait à payer des impôts même pendant les années où leurs champs devaient rester en friche. Janaï, qui dirigeait une école à Sepphoris, décida alors qu'il était permis de se livrer aux travaux d'agriculture pendant l'année sabbatique, et il justifia sa décision par cette raison que Caracalla n'avait pas l'intention de faire transgresser aux Judéens une loi religieuse, mais cherchait à augmenter le rendement des impôts.

Pendant qu'il fit la guerre aux Parthes, Caracalla ou son meurtrier *Macrin*, qui régna pendant un an (avril 217 - juin 218), traita les Judéens avec une grande bienveillance; il espérait ainsi gagner à la cause romaine les nombreux Judéens établis entre le Tigre et l'Euphrate. Le fils et successeur du patriarche Juda,

Gamaliel II (205-220), avertit les Judéens de la Palestine de se tenir sur leur garde : « Montrez-vous circonspects, leur dit-il, envers la puissance (romaine); elle ne vous flatte que dans son propre intérêt, et elle vous abandonnera quand vous aurez besoin de sa protection. » — Ce patriarche était peu familier avec les questions de casuistique; mais, quoique ses connaissances juridiques fussent inférieures à celles de son frère Simon, son père le nomma cependant son successeur. C'est qu'il paraissait se rendre un compte exact de la situation politique de l'époque, et être doué d'un esprit très pratique. Il s'occupa spécialement de l'administration, exerçant le droit de contrôle sur les fonctionnaires et les communautés, mais il confia la direction des études religieuses aux principaux disciples de son père. Des écoles s'établirent à Sépphoris, Tibériade, Akhara, Lydda et même à Césarée, où résidait le procurateur romain. Ces diverses écoles se soumettaient toutes à une autorité commune, celle de la Mischna. Ce fut la rédaction de la Mischna qui contribua principalement à maintenir l'unité dans l'enseignement religieux.

CHAPITRE VI

LE PATRIARCHE JUDA II; LES AMORAÏM

(225-280)

Après la mort des plus jeunes contemporains de Juda le Saint et de son fils Gamaliel II, une ère relativement plus heureuse s'ouvrit pour les Judéens. A l'extérieur, leur situation politique était des plus favorables, grâce aux dispositions bienveillantes de l'empereur qui régnait alors à Rome, et, à l'intérieur, ils étaient dirigés par des hommes à l'esprit généreux et élevé. Les plus célèbres de ces docteurs étaient, en Judée : le patriarche *Juda II*, fils de Gamaliel; *Johanan*, le savant le plus considérable de son époque; *Simon ben Lakisch*, homme d'opposition aussi vigoureux de corps que ferme de caractère. Dans le pays des Parthes, près de l'Euphrate, *Abba Areka*, fondateur d'une école qui subsista pendant plus de sept siècles, et *Mar-Samuel*, qui était à la fois docteur de la Loi, astronome et médecin. Juda II formait, en quelque sorte, en Palestine, le centre vers lequel convergeaient toutes ces intelligences. Au temps de sa jeunesse, les pratiques religieuses étaient observées avec une telle rigueur que la famille du patriarche elle-même était sévèrement blâmée chaque fois qu'elle s'en écartait. Mais, avec l'aide de son frère *Hillel*, il parvint à alléger en partie cette lourde chaîne. Dès leur enfance, les deux frères avaient marqué leur prédilection pour la culture grecque et le costume du pays. Les docteurs, qui savaient que les enfants du patriarche seraient obligés plus tard d'entretenir des relations avec les autorités romaines, leur pardonnaient cette infraction aux lois juives; mais le peuple se montrait moins indulgent pour les transgressions de ce genre. Ainsi, il arriva une fois que Juda et son frère Hillel sortirent le jour du sabbat avec des chaussures ornées de boucles en or, ce qui était alors considéré comme défendu; ils en furent vivement critiqués, et comme ils n'osèrent pas déclarer que cet acte n'était pas contraire à la Loi, ils durent se déchausser et remettre leurs souliers à leurs esclaves. Une autre fois, ils se baignèrent ensemble à *Kaboul;* des passants, les voyant, leur dirent : « Chez nous, il n'est pas permis que deux frères se baignent ensemble. »

Quand Juda eut succédé à Gamaliel II (vers 225), il transporta le siège du patriarcat de Sepphoris à Tibériade. Cette ville acquit ainsi une importance considérable; elle conserva sa prépondérance plus longtemps que les autres villes où avait résidé autrefois le Nassi, et auxquelles se rattachaient tant de souvenirs, et elle devint le refuge des anciennes traditions. Le sud de la Palestine, ou s'étaient déroulés les principaux événements de l'histoire juive, fut totalement éclipsé par la Galilée.

Juda II inspira, comme son grand-père, une grande vénération à ses contemporains, qui le désignaient simplement sous le titre de *Rabbi* ou *Rabbenou;* mais, pas plus que son aïeul, il n'échappa à la critique, que, du reste, il supporta avec une grande douceur. C'est ce docteur que les documents juifs représentent comme le favori particulièrement aimé d'un empereur romain. Le hasard, aidé par les prétoriens, avait toujours eu une grande part dans l'élection des empereurs de Rome ; ce fut lui qui fit d'un jeune homme de Syrie, *Alexandre Sévère* (222-235), le maître du monde. Le nouvel empereur tint le judaïsme en très haute estime, et, par la considération qu'il témoigna aux adeptes de cette religion, il contribua grandement à les relever dans l'opinion publique. Dans ses appartements, on voyait, à côté des portraits d'Orphée et du Christ, le portrait d'Abraham. Il répétait souvent cette maxime généreuse, que Hillel avait formulée longtemps avant le Christ et proclamée comme la base même du judaïsme : « Ne fais pas à autrui ce que tu ne veux pas qu'on te fasse ; » il la fit graver sur le palais impérial et les édifices publics, et il avait soin de la faire publier par un héraut toutes les fois qu'il était obligé de sévir contre un coupable. Il opposait souvent les mœurs honnêtes des Judéens et des chrétiens à la corruption des Romains, et il voulait que la nomination des plus hauts dignitaires romains se fît d'après les mêmes règles que l'ordination des fonctionnaires juifs et chrétiens. Le christianisme trouva en lui un juge très bienveillant, mais il témoigna une préférence marquée pour le judaïsme ; il autorisa les communautés juives à accueillir des prosélytes, et il abolit la loi d'Adrien qui défendait aux Judéens, sous peine de mort, de se rendre à Jérusalem. Les gens d'Antioche et d'Alexandrie raillaient les sympathies d'Alexandre Sévère pour la religion juive ; ils lui donnèrent le surnom de *chef de synagogue* (archisynagogus) et de *grand-prêtre*. A cette époque, le patriarche Juda jouissait d'une autorité presque souveraine ; il avait obtenu de nouveau la prérogative d'infliger des pénalités corporelles, à condition cependant de ne pas les appliquer publiquement et d'en prévenir d'abord l'empereur. Pendant sa campagne en Perse (231-233), Alexandre Sévère se rendait fréquemment à Antioche, et c'est là qu'il paraît avoir fait la connaissance du patriarche. De nombreuses légendes se sont formées chez les Judéens au sujet de la profonde sympathie que l'empereur Sévère (Asvérus), fils d'Antonin — ou Antonin lui-même — témoigna pour le judaïsme et ses adeptes. Il faut faire naturellement, dans ces récits, la part de l'exagération ; il n'est pas moins vrai que plus d'un fait rapporté par ces légendes appartient à l'histoire. Les Judéens, traités le plus souvent avec mépris et cruauté par les empereurs romains, appréciaient particulièrement l'heureuse sécurité que leur assurait Alexandre Sévère, et ils appliquaient au règne de cet empereur les paroles de Daniel : « Même quand les juifs succomberont, on leur viendra un peu en aide. » Leurs sentiments à l'égard des Romains se modifièrent totalement ; leur aversion pour leurs maîtres fit place à une bienveillante sympathie. Les chrétiens de cette époque reprochaient aux Judéens d'entretenir des relations moins cordiales avec eux-mêmes qu'avec les païens. La barrière que la haine avait élevée entre Romains et juifs s'abaissait, ces derniers sortaient peu à peu de leur isolement farouche, leur horizon s'éclaircissait, ils commençaient à décorer leurs appartements de peintures, et les docteurs les plus rigoristes ne pensaient pas à le défendre. Cette détente dans les relations des Judéens avec Rome engagea le patriarche à abolir certaines défenses qui avaient été maintenues et observées jusque-là avec la plus grande rigueur. Pendant la première insurrection contre les Romains, au moment où sévissait dans toute sa violence la tourmente soulevée par la haine de race, le synode s'était efforcé d'empêcher tout commerce avec les païens, en défendant aux Judéens de leur acheter de l'huile et d'autres aliments. Cette défense put être facilement observée, à l'origine, en Palestine, parce que le pays produisait tout ce qui était nécessaire à la vie, et que la Galilée exportait de l'huile en quantité suffisante pour en alimenter les provinces voisines. Mais, pendant la guerre d'Adrien, toutes les plantations d'oliviers furent saccagées dans la Galilée, et la nécessité contraignit les Judéens à faire venir leur huile du dehors. Le patriarche Juda II parvint à faire abolir par le Collège l'ancienne défense des docteurs. — Jusqu'alors, l'enfant né du mariage d'une juive avec un païen ou un esclave était considéré comme bâtard et rejeté hors de la société. Juda II déclara licite, contrairement à l'opinion de son grand-père, l'union contractée par l'enfant issu d'un tel mariage. Il aurait voulu lever également l'interdiction de manger du pain des païens, et abolir, en tout ou en partie, le jeûne d'Ab, établi en souvenir de la destruction du temple. Mais sa décision concernant l'huile avait mécontenté gravement quelques docteurs, et leur opposition l'empêcha de faire accepter ses autres réformes. Il réussit cependant à supprimer encore une pratique instituée pendant les guerres néfastes d'Adrien : il fut de nouveau permis aux fiancées de se faire porter, le jour de leur mariage, dans des litières de luxe.

Les docteurs témoignaient au patriarche un profond respect, mais ils ne fermaient nullement les yeux sur ses faiblesses, et ils avaient le courage de le réprimander à l'occasion. Le patriarcat était devenu une dignité presque royale ; Juda II avait attaché à sa personne une garde du corps qu'il chargeait de faire exécuter ses ordres. Ces allures de souverain déplaisaient aux docteurs, d'autant plus que le patriarche les traitait avec peu de ménagement. Ainsi, il abolit certains privilèges qui, dans la vie civile, plaçaient les savants au-dessus du reste de la population, et il les obligea à payer des impôts municipaux. Simon bar Lakisch, un de ces docteurs qui sacrifiaient toute considération de personne à l'amour de la vérité, s'éleva énergiquement contre cette façon de traiter les savants et attaqua Juda avec violence. Un jour, Bar-Lakisch soutint à l'école cette opinion qu'un patriarche qui aurait commis une faute devrait être flagellé comme tout autre coupable. Un autre docteur, *Haggaï*, fit observer qu'il serait même nécessaire de destituer le patriarche après la flagellation, autrement il se vengerait de ceux qui l'auraient condamné à ce châtiment. Cette discussion était évidemment dirigée contre Juda. Dans un premier mouvement de colère, le patriarche donna ordre à ses esclaves goths d'aller s'emparer du téméraire qui avait osé l'attaquer ; Johanan, le chef de l'école, parvint à l'apaiser. Une autre fois, Juda se plaignit à Bar Lakisch de la rapacité des fonctionnaires qui s'étaient emparés, après la mort d'Alexandre Sévère, de l'administration romaine, et qui exerçaient les plus honteuses déprédations : « Prie pour moi, lui dit-il, car le gouvernement romain me traite avec une rigueur excessive. » — « Ne prends rien, et on ne te prendra rien, » répliqua Bar Lakisch. Sous cette réponse se cachait probablement une attaque contre une innovation introduite par Juda II. Avant lui, les patriarches n'étaient pas payés par le peuple ; ils étaient assez riches pour pouvoir vivre des revenus de leur fortune personnelle. Juda Ier

avait distribué une partie de ses richesses ; il était venu souvent en aide aux élèves nécessiteux. Son petit-fils n'avait aucune fortune, il ne put pas subvenir à l'entretien des élèves. La plupart des juifs de la Palestine étaient pauvres ; ils n'avaient même plus les moyens d'acheter ou de prendre à ferme des champs. Les terres de la Palestine étaient en grande partie entre les mains des païens ; elles appartenaient à des Syriens ou à des Romains. Ce n'étaient donc pas les Judéens de la Palestine qui pouvaient subvenir aux besoins du patriarche ; il fallait s'adresser aux communautés du dehors. Juda II fut probablement le premier patriarche qui envoya des messagers dans les riches communautés romaines pour recueillir les ressources nécessaires à l'entretien de sa maison. Un de ses messagers fut *Josua ben Lévi*, qui se rendit en Italie et à Rome. Ce docteur remarqua dans cette ville une singularité qui le frappa vivement. Des hommes, couverts de haillons, grelottaient en hiver sous les morsures d'un froid rigoureux, tandis que les statues de marbre des places publiques étaient préservées contre les atteintes du froid par de chaudes et épaisses couvertures. Ce contraste entre l'indifférence presque cruelle des Romains pour les pauvres et leurs soins attentifs pour les statues étonna naturellement un docteur dont la religion prêche avant tout la compassion pour les malheureux.

Le voyage de Josua ben Lévi fut certainement couronné de succès. Les Judéens du dehors contribuaient très volontiers à maintenir l'éclat du patriarcat, qui rappelait l'époque brillante de David. Les commerçants et les navigateurs juifs s'étaient accoutumés à consacrer la dixième partie de leurs revenus à l'entretien des écoles de la Palestine. A leurs yeux, ces contributions, recueillies par des messagers et nommées *apostolès*, remplaçaient les dons qu'ils offraient autrefois pour le temple de Jérusalem ; elles représentaient le lien qui rattachait les juifs d'Europe, d'Afrique et d'Asie à la Terre-Sainte et au patriarcat. En instituant ces quêtes périodiques, que des *apôtres* devaient faire hors de la Palestine, Juda II montra certainement plus de perspicacité que l'adversaire de cette institution, Simon bar Lakisch ; il entretint ainsi, dans le cœur de tous les Judéens, le sentiment de la solidarité.

Le frère de Juda II, *Hillel*, paraît avoir été également une personnalité de grande valeur. Entre autres sentences remarquables qu'il prononça, il faut signaler la suivante : « Ne te sépare pas de la communauté, ne te fie pas à ta vertu avant le jour de ta mort, et ne condamne pas ton prochain avant que tu ne te sois trouvé dans la même situation. » Hillel était très versé dans la Bible; il fut souvent consulté sur des passages difficiles de l'Écriture sainte ou des apocryphes par un Père de l'Église qui, par suite de ses tendances philosophiques, avait dû s'éloigner des docteurs alexandrins et s'était établi à Césarée.

L'Église d'Alexandrie, qui s'était laissé égarer pendant longtemps par la doctrine gnostique, vit se développer, à cette époque, chez ses docteurs, un esprit de recherche et de critique qui détruisit l'influence pernicieuse des gnostiques et fit disparaître la haine que cette secte n'avait cessé d'attiser contre l'Ancien Testament. C'est sous l'impulsion de ce nouvel esprit que les savants chrétiens essayèrent de faire ressortir la connexité existant entre l'Ancien et le Nouveau Testament; mais, en même temps, ils s'aperçurent que, pour accomplir cette tâche, il était absolument nécessaire de comprendre la langue hébraïque, et que la seule connaissance du texte original leur permettrait de concilier les contradictions qu'ils avaient remarquées entre les dogmes chrétiens et les conceptions bibliques. Un des Pères de l'Église, Origène, se livra à l'étude de la langue hébraïque et en encouragea l'enseignement avec une infatigable activité. Il savait que les juifs étaient ses maîtres dans la connaissance de l'hébreu et l'explication de la Bible, et il avoua que, pendant ses différents séjours en Judée (vers 229-253), ils lui indiquèrent le véritable sens de plusieurs passages difficiles. Il est vrai qu'à ce moment la casuistique n'avait pas encore supplanté l'exégèse biblique. Outre Hillel et Simlaï, il y avait de nombreux savants juifs qui connaissaient la Bible à fond et riaient des raisonnements puérils des docteurs de l'Église, qui tiraient leurs arguments de la traduction corrompue des Septante. Ils raillaient la crédulité des chrétiens, pour qui toute œuvre apocryphe présentée sous le couvert de l'antiquité, telle que les histoires de Tobie, de Judith et de Suzanne, prenait un caractère sacré et devait servir d'appui à leurs controverses.

Pour protéger les dogmes de l'Église contre ces railleries et mettre les docteurs chrétiens en état de discuter sérieusement avec les Judéens, Origène entreprit la tâche épineuse de corriger le texte altéré et défectueux des Septante et de le publier avec le texte original de la Bible. Il compara, à cet effet, les traductions d'Aquilas, de Symmachus, de Théodotion et de trois autres auteurs, et il les plaça l'une à côté de l'autre en colonnes, dont les premières étaient occupées par le texte hébreu transcrit en caractères hébreux et en caractères grecs. Ce travail porte le nom d'*Hexaples* (Sextuple). Malgré les efforts d'Origène pour la rendre plus correcte, la version des Septante resta altérée comme auparavant, elle devint même encore plus défectueuse, car il s'y glissa plus d'un passage qui appartenait à une des traductions publiées à côté de celle des Septante. Du reste, les dogmes chrétiens n'auraient pas supporté la lumière trop éclatante de la vérité; ils avaient besoin, pour pouvoir subsister, de la confusion et de l'obscurité. La religion chrétienne est fondée sur ce verset d'Isaïe : « Une jeune fille est enceinte, elle mettra au monde un fils. » Le texte hébreu ne connaît pas la vierge immaculée, dont la disparition entraînerait l'écroulement du christianisme ; cette vierge n'existe que dans la traduction corrompue de la Bible, et voilà pourquoi il était indispensable que cette traduction restât altérée.

La plupart des docteurs palestiniens s'occupèrent très peu d'exégèse biblique ; leur activité se concentra spécialement sur l'étude de la loi orale, c'est-à-dire de la Mischna. Ce dernier ouvrage était rédigé avec une grande concision; de plus, il contenait des mots devenus obscurs, il rapportait des lois qui n'étaient plus pratiquées, quelques-unes de ses parties exigeaient une attention particulière et une certaine érudition pour être comprises. Les chefs d'école s'appliquèrent tout d'abord à rendre plus claire la rédaction concise et souvent obscure de la Mischna; ce qui leur fit donner le nom d'*Amoraïm, commentateurs*. Mais ce n'était là qu'une partie de leur tâche; ils se détachèrent peu à peu du texte de la Mischna et se frayèrent des voies nouvelles. Ils traitèrent la Mischna comme les Tannaïtes avaient traité la Tora; ils analysèrent, découpèrent et disséquèrent le texte, et, à leur insu, ce texte se volatilisa en quelque sorte entre leurs mains et changea de fond et de forme.

La première génération des Amoraïm, qui succéda immédiatement aux Tannaïtes et demi-Tannaïtes, se composa d'hommes remarquablement doués, qui atteignirent un âge très avancé; leur activité dura au delà d'un demi-siècle. Les tendances de leurs écoles étaient différentes; ils énoncèrent les opinions les plus divergentes, mais leurs discussions ne prirent jamais le caractère d'altercations violentes, parce qu'il existait de leur temps une règle fixe, une autorité reconnue, la Mischna, à laquelle ils devaient tous obéissance. Le plus ancien docteur de cette génération était *Hanina ben Hama*, de Sépphoris (vers 180-260); il descendait d'une ancienne et illustre famille babylonienne, et il exerçait la médecine. Cette science, pratiquée surtout par les lévites, avait trouvé également de nombreux adeptes chez les docteurs de la Loi. L'enseignement de Hanina était très simple. Ce docteur était un *amora* dans la véritable acception du mot; il exposait la Mischna ou la Boraïta telle qu'elle lui avait été enseignée, sans jamais formuler une opinion personnelle. S'il se présentait un cas quelconque, même très facile, sur lequel la Mischna ne s'était pas prononcée, il ne se permettait pas de le résoudre par lui-même, il le soumettait aux délibérations de ses collègues ou de ses disciples. Ces derniers, plus hardis, ne voulurent pas se résigner à rester attachés à la lettre même de la Mischna, ils se séparèrent de leur maître et fondèrent de nouvelles écoles.

Hanina était d'une piété profonde, qui lui valut le respect des Judéens et des Romains. Lorsqu'il visita, un jour, avec son jeune collègue Josua ben Lévi, le lieutenant romain à Césarée, celui-ci se leva devant les docteurs, et comme quelques-uns des assistants s'en étonnèrent, il leur répondit : « En les voyant, il me semble voir des anges. » L'estime dont Hanina jouissait lui permit de dénoncer avec une franchise absolue les graves défauts de sa communauté, à laquelle il reprochait surtout de croire à la réalité des miracles les plus absurdes. Les exhortations sévères qu'il adressa aux habitants de Sépphoris sont très intéressantes pour l'histoire, elles font connaître l'état des mœurs de cette époque. La peste sévissait une fois à Sépphoris et aux environs avec une extrême violence; tous les quartiers de la ville étaient cruellement frappés, excepté la rue où demeurait Hanina. La communauté déclara que son chef était responsable de cette calamité, parce qu'il ne voulait pas opérer de miracle en sa faveur pour éloigner le fléau. Hanina leur répondit : « Du temps de Moïse, il n'y eut qu'un *Zimri* (homme aux mœurs dissolues) et la peste enleva 24,000 hommes; parmi vous, on trouve un grand nombre de Zimris, et vous vous plaignez de ce fléau ! » Une autre fois, la Judée souffrant d'une grande sécheresse, Hanina ordonna des jeûnes et des prières publiques, mais la pluie ne tomba pas. Les gens de Sépphoris s'en prirent de nouveau à Hanina; ils vantèrent devant lui la puissance de Josua ben Lévi, qui avait obtenu de la pluie pour le sud de la Judée. Le pays étant dévasté plus tard par une nouvelle sécheresse, Hanina fit venir Josua à Sépphoris; il joignit ses prières à celles de son collègue, le ciel ne les exauça pas. Hanina mit cette circonstance à profit pour critiquer vivement les croyances superstitieuses de sa communauté : « Vous le voyez bien, dit-il, ce n'est pas Josua qui amène la pluie, et ce n'est pas Hanina qui l'empêche de tomber; mais les habitants de Lydda sont pieux, ils s'humilient devant Dieu, et Dieu les favorise; vous, au contraire, vous êtes obstinés, vous persistez dans votre impiété, et Dieu vous punit. » Hanina était d'une modestie et d'une abnégation remarquables. Dans sa vieillesse, il reconnaissait et constatait avec empressement le mérite et la gloire de ceux même qui l'avaient éclipsé. Il atteignit un âge très avancé, il fut contemporain de trois patriarches : de Juda I*er*, son maître, de son fils Gamaliel et de Juda II.

L'enseignement de *Johanan bar Napaha* (199-279) forme un vif contraste avec celui de Hanina. Johanan fut, dès son bas âge, orphelin de père et de mère. « Je dois remercier Dieu, disait-il souvent, d'avoir perdu mes parents de bonne heure; je n'aurais jamais pu remplir envers eux mon devoir filial aussi strictement que l'ordonne la Loi. » Sa figure était remarquablement belle, à tel point que, pour en parler, le Talmud, d'ordinaire si sec, emprunte le style imagé de la poésie : « Pour se former une idée de la beauté de Johanan, dit-il, il faudrait prendre une coupe d'argent toute neuve, la remplir de graines de grenade, en entourer le bord d'une guirlande de roses, et la placer entre le soleil et l'ombre, l'éblouissant éclat qu'elle jetterait alors représenterait le rayonnement de la figure de ce docteur. » Mais il était d'une beauté un peu efféminée, il n'avait pas de barbe. Ses cils étaient très longs et projetaient leur ombre sur le visage. Ne possédant pour tout bien qu'un petit champ, il s'associa avec un de ses condisciples, *Ilpha*, et s'occupa de commerce. Bientôt après, il abandonna les affaires et se voua entièrement à l'étude ; il vendit son champ. Quand ses ressources furent épuisées, le patriarche Juda pourvut à son entretien.

Johanan devint un précieux collaborateur de Juda II ; il fut le plus fécond *amora* de son temps. Grâce à ses nombreux disciples, l'ensemble des opinions qu'il a émises forme une des parties capitales du Talmud. Il ne se contentait pas, comme Hanina, de faire pénétrer la Mischna dans la mémoire de ses élèves, il soumettait le texte à une analyse rigoureuse, examinait chaque assertion avec une sévère attention et comparait entre elles les opinions divergentes ; il fut ainsi amené à déclarer que les décisions de la Mischna n'avaient pas toujours force de loi. Tibériade, avec son doux climat, ses champs fertiles et ses sources thermales, devint le siège de l'école de Johanan. Des disciples nombreux ne cessaient d'affluer de tous côtés vers cette ville ; il en venait même de Babylone, où enseignaient cependant les plus illustres maîtres. Il y eut plus de cent Amoraïm qui adoptèrent et enseignèrent les décisions de Johanan. Ce docteur s'était lié d'une étroite amitié avec le patriarche, et il l'appuya vigoureusement dans les tentatives qu'il fit pour modifier certains usages. Du reste, les décisions de Johanan étaient, en général, moins sévères que celles de l'école de Babylone, qui fut organisée à son époque. Il abolit la défense d'apprendre le grec ; il pensait que la connaissance de la langue grecque était pour les hommes une sauvegarde contre les délateurs, et une parure pour les femmes. Il appréciait beaucoup la civilisation grecque et lui donnait rang à côté du judaïsme. « En récompense de la bonne œuvre que les deux fils de Noé, Sem et Japhet, ont accomplie en couvrant la nudité de leur père, Sem (personnification du judaïsme) a pu s'envelopper du manteau orné de franges (Talit), et Japhet (représentant des Grecs) du manteau des philosophes (pallium). » Ce fut aussi Johanan qui permit de décorer les appartements de peintures.

Johanan était hostile aux autorités romaines; il flétrissait avec énergie leur arrogance insolente et leur rapacité. Il prétendait que la quatrième bête de la vision de Daniel, cette vision qui fut tant et tant de fois interprétée par les juifs et surtout par les chrétiens, représentait l'empire romain. La petite corne de la bête indique, selon lui, Rome la pécheresse, qui a détruit les autres puissances; les yeux de cette corne, semblables à des yeux humains, signifient les regards d'envie que les Romains jettent sur le bien d'autrui. Ils confiaient, en effet, aux gens riches une fonction publique pour les obliger à subvenir de leur fortune à l'entretien de la ville ou de la province. « Si on te propose une dignité, dit Johanan, abandonne la ville et établis-toi près du désert du Jourdain. » Il permettait même aux Judéens de quitter la Palestine, ce qui était, en général, sévèrement interdit, pour se soustraire aux fonctions publiques.

Le malheur frappa durement Johanan, la mort lui enleva ses dix fils. Il portait constamment sur lui un morceau d'os de son dixième enfant, et, par ce témoignage matériel des douloureuses épreuves qui l'avaient affligé, il consolait ceux qu'un deuil avait atteints. « Voici, leur disait-il, ce qui me reste de mon dixième fils. » Ce docteur, orphelin dès sa naissance, mourut presque sans postérité; de sa nombreuse famille, il n'avait plus qu'une seule fille. La mort de son ami et beau-frère, Bar Lakisch, dont il s'accusa d'avoir hâté la fin, lui causa un violent chagrin; il en fut si profondément affecté qu'il eut, dans sa vieillesse, des moments de folie.

Simon bar Lakisch ou *Resch Lakisch*, comme on l'appelait par abréviation, était, dans les controverses juridiques, en opposition constante avec Johanan. Il paraît être né dans la ville de *Bostra*. Il vit encore Juda Ier et il se forma à l'école des successeurs de ce patriarche. Il réunissait en lui les qualités les plus opposées; à côté d'une vigueur corporelle étonnante, il était doué d'une âme compatissante et d'un esprit singulièrement pénétrant. Pendant quelque temps, il professa un métier infime et très dangereux : il était chargé, aux jeux du cirque, d'abattre les animaux qui menaçaient la sécurité des spectateurs; ce fut probablement sous la pression d'une poignante nécessité qu'il accepta un tel emploi. Les documents parlent souvent de sa force physique, mais ils vantent surtout son austère probité. Il évitait la société de ceux dont l'honnêteté pouvait être suspectée. Aussi les personnes qu'il honorait de son amitié jouissaient-elles de l'estime et de la confiance générales. Jamais un sourire n'éclairait son visage sévère; il considérait la joie comme un signe de légèreté depuis que le peuple saint était sous la domination des païens. On a vu, plus haut, combien il avait le parler franc même envers le patriarche. Dans l'enseignement, il était partisan de l'examen approfondi du texte plus encore que son collègue et beau-frère Johanan. « Quand il discutait des questions de casuistique, il semblait broyer des montagnes l'une contre l'autre. » Ses vues sur différents points de l'Aggada étaient originales et furent adoptées par ses successeurs. Les écoles avaient discuté à maintes reprises sur le livre de Job et sur l'époque à laquelle le héros de ce drame a vécu, et les opinions étaient naturellement très partagées. Resch Lakisch donna certainement la solution juste du problème en déclarant que « Job n'a vécu en aucun temps et n'a jamais existé, mais que c'est une simple fiction. » Selon lui, les noms d'anges n'étaient pas d'origine juive, mais formaient un élément étranger au judaïsme et avaient été importés de la Babylonie. Un grand nombre de docteurs glorifiaient le passé au détriment du présent ; ils déclaraient, dans leur langage hyperbolique, « qu'un ongle des anciens valait plus que le corps tout entier de leurs successeurs, » ou « que si les anciens étaient des anges, nous ne sommes plus que des ânes. » Resch Kalisch, au contraire, affirmait que les hommes de son temps avaient plus de mérite que les anciens, parce que, malgré leur douloureuse situation, ils se consacraient à l'étude de la Loi. Quoique Ben Lakisch fût condisciple et ami de Johanan et devînt plus tard son beau-frère, leurs relations se tendirent vers la fin de leur vie.

Josua ben Lévi était, avec Johanan et Ben Lakisch, le troisième chef de la jeune génération des Amoraïm palestiniens. L'histoire sait peu de chose de ce docteur, mais la légende rapporte sur lui d'abondantes informations. Il établit une école dans le sud de la Judée, à Lydda. Les gens de Lydda n'étaient pas estimés par les Galiléens ; ces derniers leur reprochaient d'être orgueilleux et de ne posséder qu'une science très superficielle. Mais la réputation de Josua ne souffrit pas de ce jugement ; son autorité était considérable, et ses décisions étaient acceptées en grande partie comme ayant force de loi, même dans les cas où les deux autres Amoraïm, Johanan et Ben Lakisch, les combattaient. Et cependant, Josua avoue lui-même qu'il était tellement préoccupé de la réorganisation des communautés du sud de la Judée qu'il avait oublié un grand nombre de traditions. Ces communautés présentaient, en effet, un spectacle lamentable depuis la lutte de Barcokeba ; Johanan et Jonathan durent même les visiter pour y rétablir l'ordre et la paix. — Josua, comme on l'a déjà vu, se rendit à Rome, probablement pour recueillir des offrandes en faveur du patriarcat. Il pensait que c'est de Rome que viendrait le Messie, qu'il séjournait dans la capitale du monde sous les traits d'un esclave, parmi les mendiants et les misérables postés aux portes, et que c'est là qu'il attendait l'ordre divin de délivrer les Judéens. La légende représente Josua comme un des élus qui s'entretenaient avec le prophète Élie et sur lesquels la mort n'avait pas d'empire ; elle raconte que ce docteur dépouilla l'ange de la mort de son glaive, monta vivant au ciel, parcourut les sphères célestes, le paradis et l'enfer, et contraignit la Mort elle-même, qui lui devait obéissance, à rapporter à Gamaliel ce qu'il avait appris dans ce merveilleux voyage. Il est étrange que Josua soit devenu le héros de tant de légendes aggadiques, lui qui était un adversaire résolu de l'Aggada et qui disait que « celui qui la met par écrit n'a aucune part à la vie future, celui qui l'explique se condamne au feu, et celui qui l'écoute perd son temps. »

Un des plus fervents partisans de l'Aggada était *Simlaï*, il lui imprima une direction nouvelle, et, le premier, il la fit servir à l'enseignement de la religion et de la morale. Né à Lydda, il abandonna cette région désolée pour se rendre à Nehardea ; là, il fréquenta la jeune école des Amoraïm, qui brillait déjà d'un vif éclat. Il devint bientôt l'ami du patriarche Juda. Son autorité dans les questions de casuistique était presque nulle en Palestine comme en Babylonie, mais dans l'Aggada il avait une supériorité incontestée; il excellait surtout à rattacher des entretiens édifiants à des versets bibliques. D'après lui, les prescriptions mosaïques sont au nombre de 613, dont 365 défenses et 248 commandements, que David a résumés dans les 11 vertus suivantes : la droiture, la justice, la vérité, l'aversion pour la médisance, pour la méchanceté et l'injure ; le mépris pour l'impie, l'estime pour le juste, le respect du serment, le prêt sans intérêt, et l'incorruptibilité. Le prophète Isaïe a ramené ces vertus à six, Michée à trois, et le second Isaïe à deux, qui sont : la pratique de la justice et de la charité. Enfin, Habacuc les a comprises toutes sous cette formule unique : « Le juste vit par la foi. » C'est le premier essai qui ait été fait de ramener toutes les lois du judaïsme à un petit nombre de principes.

Grâce à sa profonde connaissance de la Bible et à son esprit élevé, Simlaï était remarquablement préparé pour discuter avec les docteurs de l'Église et leur montrer l'inanité des arguments qu'ils tiraient de l'Ancien Testament en faveur des dogmes chrétiens. Dans ces polémiques, Simlaï se montrait excellent exégète. A l'époque où florissait la première génération des Amoraïm, le christianisme était entré dans une voie nouvelle; à la place de l'Église primitive, où dominait l'élément ébionite et nazaréen, s'était élevée une Église *catholique* (universelle) dont les dogmes, en partie pauliniens et en partie antipauliniens, étaient acceptés par la majorité des chrétiens. C'étaient surtout les évêques de Rome qui avaient contribué à organiser l'Église catholique et à unir en un seul faisceau les nombreuses sectes chrétiennes. Comme ils siégeaient dans la capitale du monde, ils s'arrogeaient la suprématie sur les autres évêques et patriarches, excluaient de la communauté, comme ils le firent au moment où fut discutée la question de la Pâque, leurs collègues qui ne partageaient pas leur opinion, et se faisaient reconnaître comme archevêques et papes. L'unité une fois constituée dans le christianisme, on se mit à examiner et à étudier de plus près les traditions de l'Église. Il s'était formé un certain nombre de nouveaux dogmes pour lesquels il fallait trouver une base dans l'Ancien Testament. La doctrine de l'unité, que les premiers chrétiens avaient conservée comme une tradition de la maison paternelle, s'altéra peu à peu, et la jeune Église, en glorifiant et en exaltant en Jésus le Messie, créa une dualité : le Père et le Fils, ou le Créateur et le Logos. Un troisième élément vint bientôt s'ajouter à cette dualité. La conception juive de l'inspiration des prophètes par Dieu, appelée inspiration sainte (Ruah hakodesch), prit, en quelque sorte, corps dans le christianisme et devint la *personne* du *Saint-Esprit*, ayant même origine et même principe que Dieu et le Christ. Le christianisme, qui prétendait représenter un judaïsme épuré, s'éloigna à son insu de la conception juive et adopta une espèce de triple divinité. Mais, plus le dogme chrétien de la Trinité était en contradiction avec le principe même du judaïsme, plus on faisait d'efforts pour le découvrir dans l'Ancien Testament et prouver par là qu'il remontait à une haute antiquité. Une pareille démonstration présentait de graves difficultés ; les docteurs de l'Église qui savaient l'hébreu eurent recours à la méthode des allégoristes. Ils crurent voir une allusion à la Trinité dans la multiplicité des expressions servant à désigner Dieu ; ils allèrent même jusqu'à déduire de ce premier verset du Pentateuque, si clair cependant et si simple : « Au commencement, Dieu créa le ciel et la terre, » la preuve que le Christ a pris part à la création du monde ; « car, dirent-ils, le mot *commencement* signifie, dans ce passage, la *sagesse*, le *Verbe*, c'est-à-dire le Christ, et ce verset contient cette profonde pensée : c'est dans le Christ que Dieu a créé le monde. »

Simlaï défendit avec beaucoup de force et d'habileté la conception du Dieu-Un contre le dogme chrétien de la Trinité. Il eut peut-être quelquefois pour adversaire le savant Origène, qui avait séjourné longtemps en Palestine. Simlaï démontra d'une façon péremptoire que tous les passages de l'Écriture sainte invoqués en faveur de la Trinité proclament, au contraire, avec force l'unité de Dieu. La polémique dirigée contre le christianisme éveilla, même chez les païens de cette époque, le désir d'étudier les livres juifs pour combattre, à leur tour, cette religion si envahissante. Aux yeux des théologiens chrétiens, le livre de Daniel, avec ses allusions obscures et ses chiffres mystérieux, était une œuvre sibylline prédisant que Jésus reviendrait dans un temps prochain. Le philosophe païen *Porphyre* combattit cette interprétation. Ce néo-platonicien, qui portait le nom oriental de *Malchus* et était originaire de *Batanea*, fit un commentaire sur le livre Daniel, qui était plutôt une œuvre de polémiste que d'exégète. Il y soutint que le livre de Daniel supposait un auteur contemporain d'Antiochus Épiphane, cet ennemi implacable des juifs et du judaïsme, et que les passages énigmatiques de cet ouvrage s'appliquaient aux événements de cette époque, mais n'étaient nullement des prophéties et surtout ne faisaient aucune allusion au christianisme.

CHAPITRE VII

LES JUDÉENS DANS LES PAYS PARTHES

(219-257)

A l'époque où Juda II occupait le patriarcat en Palestine, les communautés juives de la Babylonie prirent un développement considérable et commencèrent à jouer le premier rôle dans l'histoire du judaïsme de ce temps. La Babylonie, cette Italie de l'Orient, dont la capitale avait d'abord été, comme Rome, la maîtresse du monde et avait succombé ensuite sous les flots des envahisseurs, et dont le nom avait brillé au loin, même après sa décadence, d'un prestige magique, ce pays admirable, où s'étaient établies une première fois les tribus expulsées de la Palestine, devint le centre de la pensée juive. Cette région fertile, qui s'étendait entre le Tigre et l'Euphrate, éclipsa totalement la Judée. L'accueil bienveillant qu'elle fit aux Judéens adoucit pour eux l'amertume de l'exil, elle les traita comme ses propres enfants, et les docteurs s'y livrèrent à l'étude de la Loi avec une ardeur nouvelle. C'est que les Judéens, sous la domination des souverains parthes et persans, jouissaient presque d'une complète autonomie, ils avaient à leur tête un chef indépendant. La sécurité que leur assurait cette situation politique, jointe à une étonnante vitalité que n'avaient pu affaiblir ni les vexations ni les persécutions, stimula vivement leur activité intellectuelle et lui imprima une puissante impulsion. Sous l'influence babylonienne, l'esprit juif s'aiguisa, il devint plus pénétrant et plus subtil, cherchant et scrutant jusqu'à ce qu'il eût trouvé une réponse à toute question, une solution à tout problème. Les chefs des écoles de ce pays apprirent au peuple à réfléchir et à raisonner.

Dans les documents juifs, le terme de « Babylonie » ne désigne pas toujours le même territoire. Tantôt, il s'entend de la contrée qui va de l'endroit où le Tigre et l'Euphrate prennent leur source jusqu'au golfe Persique; tantôt, il indique le pays compris entre les deux fleuves jumeaux depuis le point où leurs bras commencent à se rapprocher jusqu'à l'endroit où ils s'unissent et où de nombreux canaux traversaient autrefois la région et mettaient les deux fleuves en communication : c'est la partie la plus méridionale de la Mésopotamie, l'ancien royaume de Babel et une partie de l'ancienne Chaldée, c'est aussi la région qui était habitée en grande partie par des Judéens, et qui, pour cette raison, était quelquefois appelée *pays d'Israël*; enfin, dans sa plus étroite acception, ce terme ne représente plus qu'un petit territoire situé à l'est de l'Euphrate et se développant depuis Nehardea, au nord, jusqu'à Sora, au sud, sur une longueur d'environ 22 parasanges (124 kilomètres). Il était très important pour les Judéens de connaître d'une façon exacte les frontières de ce qu'on appelait la Babylonie, car les Judéens nés en Babylonie étaient considérés comme issus d'une origine essentiellement juive dont la pureté primitive n'avait jamais été altérée par le mélange d'un élément étranger. Sous le rapport de la pureté de race, la Judée elle-même reconnaissait la supériorité de la Babylonie. Un ancien proverbe disait : « Pour la pureté de la race, la différence entre les Juifs des provinces romaines et ceux de la Judée est aussi sensible que la différence entre une pâte de médiocre qualité et une pâte faite de fleur de farine, mais la Judée elle-même est comme une pâte médiocre par rapport à la Babylonie. »

La région judéo-babylonienne était divisée en une quantité de petits districts qui étaient appelés du nom de leur ville principale. Il y avait les districts de *Narès, Sora, Pumbadita, Nehardea, Nehar-Pakod, Mahuza*, etc. Chacun de ces districts avait sa physionomie propre, son originalité, il avait ses mœurs et sa manière de vivre particulières, il avait même ses poids et ses mesures spéciaux. Dans cette région, quatre villes surtout avaient une importance capitale et occupèrent successivement le premier rang. C'était d'abord Nehardea, forteresse construite près de l'Euphrate et du canal *Naraga*, et habitée exclusivement par des Judéens; elle protégeait la Babylonie juive. Pendant quelque temps, Nehardea fut la Jérusalem de la Babylonie; au moment où le temple subsistait encore, cette ville centralisait les dons offerts pour le service du temple par toutes les communautés babyloniennes, et, de là, les sommes recueillies étaient envoyées, sous bonne escorte, à Jérusalem.

A quelques milles de Nehardea, au sud, était située la ville de *Firuz-Schabur* (plus tard, *Anbar*), fortifiée et très populeuse, la plus importante cité après la capitale, *Ctésiphon*. Non loin de là, près d'un des nombreux canaux de l'Euphrate, se trouvait la ville de Pumbadita, où s'élevaient de superbes palais. Elle était également habitée exclusivement par des juifs, qui y étaient établis depuis de longs siècles; les Judéens de la Babylonie la considéraient comme leur capitale. Autour d'elle et dans son voisinage étaient plusieurs petites villes et quelques châteaux forts. Les gens de Pumbadita passaient pour être ingénieux et retors; on les disait même rusés et voleurs. « Si tu te trouves avec un habitant de Pumbadita, dit un proverbe, change d'hôtel. » — Au sud de Pumbadita, à 124 kilomètres (22 parasanges) de là, était *Mata-Mehassia*, qui était bâtie près d'un immense lac, *Sora*. Ce lac n'était autre que l'Euphrate, qui se développait dans cette région profonde sur une très large étendue. Mata-Mehassia s'appelait aussi *Sora*, du nom de ce lac; sa population était composée de païens et de Judéens. La campagne qui entourait Sora était très fertile; tous les ans, les nombreux canaux et les embranchements de l'Euphrate l'inondaient et la fertilisaient. Cette ville formait un contraste absolu avec Pumbadita; tandis que celle-ci se distinguait par la magnificence de ses édifices et le caractère sournois de ses habitants, les gens de Sora, au contraire, étaient pauvres, modestes et honnêtes. « Il vaut mieux, disait un proverbe, demeurer sur un fumier à Mehassia que dans un palais à Pumbadita. » A ces trois villes, Nehardea, Pumbadita et Mata-

Mehassia, situées près de l'Euphrate, il faut ajouter Mahuza, voisine du Tigre et à 3 milles de Ctésiphon, la capitale des Parthes. Mahuza, qui s'appelait aussi *Mahuza-Malka*, du nom de *Nehar-Malka* (canal royal), qui se trouve dans le voisinage du Tigre, s'élevait sur une hauteur et était protégée par deux solides murailles et un fossé profond.

Mahuza, avec son fort, avait une grande importance pour la sécurité des souverains parthes ou perses; néanmoins, elle était exclusivement habitée par des Judéens. Les principaux habitants de cette ville descendaient de prosélytes, aussi leur caractère différait-il de celui des autres Judéens de la Babylonie, ils étaient légers, recherchant le plaisir et montrant plus de goût pour les occupations frivoles et mondaines que pour les choses religieuses; on disait d'eux qu'ils étaient *voués à l'enfer*. Les femmes de Mahuza aimaient les divertissements et les longs loisirs. Lorsqu'un docteur palestinien, venu de Judée à Nehardea, déclara qu'il était permis aux femmes de sortir le sabbat avec des tiares en or garnies de pierres précieuses, il ne se trouva dans cette ville que vingt-quatre femmes qui profitèrent de cette permission, tandis que dans un seul quartier de Mahuza dix-huit femmes usèrent de cette autorisation. Le voisinage de la capitale parthe, Ctésiphon, dont les habitants jouissaient d'une large aisance, influait certainement sur les mœurs des gens de Mahuza. Cette capitale ainsi que la ville d'Ardechir, nouvellement créée, contenaient une population juive considérable.

Les nombreux canaux qui traversaient la Babylonie faisaient ressembler cette région à une île verdoyante; la campagne babylonienne, fertile et bien cultivée, avait l'aspect d'un magnifique jardin. Les dattiers abondaient dans le pays, ce qui donna lieu à ce proverbe : « Les Babyloniens achètent un panier de dattes à un denar, et ils ne se consacreraient pas à l'étude de la Loi! » Les Judéens de la Babylonie étaient adonnés à l'agriculture et à toutes sortes de métiers; ils creusaient et nettoyaient des canaux, élevaient du bétail, s'occupaient de commerce, faisaient le cabotage et pratiquaient un certain nombre d'arts. Par suite de leur importance numérique, ils vivaient en Babylonie presque aussi indépendants que dans leur propre État. Leur vassalité envers les seigneurs du pays consistait à payer certains impôts, la taxe personnelle (Charage) et l'impôt foncier (Taska). Il y avait encore à ce moment dans la région de l'Euphrate de nombreuses terres sans maîtres ; ceux qui s'engageaient à en payer l'impôt foncier pouvaient se les approprier.

Les Judéens avaient leur chef politique, le prince de l'exil (Resch Galuta), qui était un des hauts fonctionnaires de l'empire perse et occupait, dans la hiérarchie des dignitaires, le quatrième rang après le souverain. Le Resch Galuta était, en quelque sorte, un vassal de la couronne de Perse ; le monarque ne le nommait pas lui-même, il confirmait seulement son élection. Les marques de sa dignité consistaient en une tunique de soie et une ceinture en or. Plus tard, les exilarques déployèrent un luxe princier ; ils sortaient dans des voitures richement ornées, escortés d'une garde du corps et précédés d'un héraut chargé d'annoncer leur passage. Chaque fois que le roi leur accordait une audience solennelle, ils étaient reçus avec le plus profond respect par les serviteurs royaux, et ils parlaient librement au souverain des questions dont ils avaient à l'entretenir. Selon la coutume des princes orientaux, ils faisaient exécuter de la musique à leur lever et à leur coucher, ce que certains docteurs blâmèrent comme un oubli de la destruction de Jérusalem.

Les exilarques descendaient de la maison de David, le peuple supportait volontiers leur domination parce qu'il se sentait honoré en leur personne. Ces dignitaires faisaient remonter leur origine à Zérubabel, le petit-fils du roi Joïakin, qui serait, d'après certains documents, revenu à Babel (1) et devenu le chef d'un grand nombre de familles. C'est au II° siècle que nous voyons pour la première fois l'exilarcat occupé par un homme d'une origine obscure, *Mar-Huna*; celui-ci ordonna qu'après sa mort on l'enterrât en Palestine. A partir de cette époque, les exilarques se succédèrent sans interruption jusqu'au XI° siècle ; leur influence fut considérable sur la marche de l'histoire juive en Babylonie.

Les anciens documents fournissent peu de renseignements sur

---

(1) Tome II, page 5.

les rapports des exilarques avec le peuple, ils nous apprennent que le Resch Galuta était le juge supérieur des communautés non seulement pour les affaires civiles, mais encore pour les questions pénales; il rendait la justice lui-même ou en confiait l'administration à un suppléant. Comme moyen de coercition envers les indociles, il employait la bastonnade. Il avait aussi dans ses attributions la police des villes, l'inspection des poids et mesures, la surveillance des canaux et le soin de veiller à la sûreté générale; il nommait des fonctionnaires spéciaux à ces divers emplois.

Au commencement, les exilarques ne paraissent pas avoir été payés par le peuple, il est probable que, selon l'ancien usage de l'Asie, on leur offrait des présents; plus tard, seulement, il est question de ressources régulières que certaines villes mettaient annuellement à leur disposition. En public, on leur accordait des honneurs qui n'étaient rendus qu'aux souverains de la maison de David. Ainsi, dans la synagogue, ils se tenaient dans une tribune élevée qui leur était spécialement destinée, et, quand ils étaient appelés à lire un chapitre de la Tora, le rouleau de la Loi était apporté à leur place. Les revenus de leurs immenses domaines étaient très élevés; ils avaient à leur service de nombreux esclaves et d'autres serviteurs. Même des hommes libres invoquaient leur patronage, et, pour indiquer qu'ils appartenaient à l'exilarque, ils portaient sur leurs vêtements les armes de leur maître. Les exilarques exigeaient de leurs clients qu'ils portassent ces insignes, ils ne permettaient même pas aux savants pauvres qu'ils entretenaient de les déposer ou de les cacher. Le pouvoir du Resch Galuta était considérable, et, comme il n'était pas suffisamment réglé ni limité par des lois ou des usages, il dégénérait quelquefois en despotisme. Aussi se plaignait-on souvent de l'arbitraire, des abus et des violences des exilarques ou de leurs serviteurs; ils dépossédaient, par exemple, des chefs d'école et en nommaient d'autres, moins dignes, à leur place. Mais quel pouvoir s'est jamais tenu dans les limites de la modération et de la justice?

A l'époque où l'enseignement de la Loi n'était pas encore organisé dans la Babylonie, l'ignorance des exilarques en matière religieuse était telle qu'on transgressait dans leur maison, en toute innocence, les plus graves prescriptions alimentaires. Il y eut cependant des exilarques qui eurent une connaissance très approfondie de la Loi, possédèrent les plus solides vertus et furent comptés parmi les gloires les plus pures du judaïsme. L'importance numérique des Judéens de Babylonie, l'indépendance dont ils jouissaient dans ce pays, le pouvoir presque absolu de l'exilarque, imprimèrent à l'histoire juive de cette région un cachet tout particulier. Il se créa en Babylonie une situation nouvelle que la Judée n'avait pas connue, qui nécessita l'établissement de nouvelles lois et poussa la doctrine religieuse vers une nouvelle évolution.

Sous le patriarcat de Juda Ier, les jeunes gens de Babylonie affluaient en nombre considérable dans les écoles de la Galilée. On aurait dit qu'ils se hâtaient de se réchauffer, dans la patrie juive, avant son extinction complète, à la flamme expirante du foyer de l'enseignement religieux, afin de pouvoir répandre ensuite la chaleur vivifiante de l'étude de la Loi dans le pays où ils étaient nés. La jeunesse juive des pays parthes était entraînée par une attraction irrésistible vers la Palestine; c'était là un témoignage de l'amour profond que les Judéens dispersés ressentaient pour le pays de leurs aïeux. Beaucoup de ceux qui ne pouvaient pas se rendre en Palestine s'y faisaient porter après leur mort, pour y dormir du dernier sommeil. On voyait arriver, chargés sur de petites barques ou transportés à dos de chameau, de longues rangées de petits cercueils contenant les ossements de ceux que la pensée seule de reposer un jour dans la Terre sainte avait soutenus et consolés à l'heure suprême. Quelques-uns de ces cercueils, provenant d'Alexandrie et de Syrie, ont été retrouvés; ils portent à l'extérieur, à côté du nom du défunt, de très beaux ornements. Ce désir passionné d'être enseveli dans le pays des ancêtres était encore augmenté par la croyance que la résurrection des morts aura lieu en Palestine. Les chrétiens eux-mêmes partageaient cette espérance ou, pour mieux dire, cette superstition. Mais si les morts de la Babylonie, enterrés en Palestine, ne se sont pas réveillés de leur sommeil, les jeunes gens babyloniens qui venaient s'asseoir aux pieds du patriarche Juda Ier s'imprégnaient en quelque sorte de la Terre sainte et en revenaient animés d'une nouvelle ardeur pour l'étude. Deux d'entre eux, *Rab* et *Mar-Samuel*, transplantèrent l'enseignement de la Loi dans leur pays d'origine, et y organisèrent des écoles. Ces écoles subsistèrent avec des fortunes diverses pendant plus de huit siècles, et c'est encore l'influence de l'enseignement de ces docteurs qui ranima plus tard l'activité intellectuelle dans l'Espagne juive.

Rab, ou plutôt *Abba Areka*, avait suivi son oncle Hiyya à Sépphoris; là, il fréquenta son école et profita si bien de son enseignement que le patriarche Juda Ier, qui, certes, ne prodiguait pas les dignités, lui accorda le titre de docteur. Dès que l'annonce de son retour de Palestine se fut répandue en Babylonie, son condisciple Mar-Samuel, qui était revenu avant lui, et son ami Karna allèrent à sa rencontre; Karna surtout l'accabla de questions. Le roi parthe *Artaban*, le dernier des Arsacides, qu'une nouvelle dynastie allait précipiter du trône et priver de la vie, traita Rab avec une grande bienveillance; il espérait probablement qu'à la suite de l'établissement d'une école importante en Babylonie, les Judéens n'émigreraient plus, ou, au moins, émigreraient en moins grand nombre dans l'empire romain. Même le docteur qui était alors à la tête de l'école de Nehardea, *Schêla*, reconnut la supériorité de Rab. Ce dernier, à la mort de Schêla, fut nommé son successeur, mais il se retira devant son jeune collègue, Mar-Samuel, qui était originaire de Nehardea.

L'exilarque qui détenait alors le pouvoir paraît avoir appelé principalement des savants babyloniens aux fonctions dont il disposait. Il éleva à la dignité de juge du tribunal de Kafri un de ses parents, Mar-Ukba, qui était riche, habile jurisconsulte, très modeste et digne à tous égards de la fonction qu'il occupait. Karna fut également nommé juge; comme il était peu fortuné, il se faisait dédommager par les diverses parties du temps qu'elles lui faisaient perdre. Abba Areka devint surveillant du marché (*Agoranomos*); il fut chargé d'inspecter les poids et mesures. L'exilarque voulut qu'Abba Areka fixât également le prix des denrées, afin d'empêcher le renchérissement des vivres. Sur son refus, il fut mis en prison et n'en sortit qu'à la suite des démarches pressantes de Karna auprès de l'exilarque. Son emploi d'inspecteur du marché obligeait Abba Areka à se rendre souvent dans les divers districts de la Babylonie juive; il apprit ainsi dans quelle profonde ignorance vivaient les communautés éloignées du centre. Il arriva un jour dans un endroit où l'on ne connaissait même pas la défense de manger de la viande avec du lait. Pour remédier en partie aux inconvénients qui résultaient d'une telle situation, Rab défendit souvent ce qui était permis, et comme son autorité était très grande, les aggravations qu'il introduisit dans le judaïsme furent acceptées et acquirent force de loi. L'abandon dans lequel se trouvait la région de Sora lui inspira la pensée d'y fonder une école. Son entreprise réussit admirablement; l'académie de Sora resta, presque sans interruption, pendant huit siècles, le siège de la science juive.

La nouvelle école, appelée du nom consacré de *Sidra*, fut ouverte (vers 219) par Abba Areka. Attirés par la réputation de ce docteur, douze cents disciples accoururent de tous les coins de la Babylonie et des pays parthes. L'école ne pouvait plus contenir tous les auditeurs, et Abba Areka fut obligé de l'agrandir par l'adjonction d'un jardin. Ses disciples lui témoignaient une profonde vénération, ils l'appelaient *Rab*, le *maître*, comme on avait nommé autrefois le patriarche Juda *Rabbi* ou *Rabbenu*; ce titre de Rab est devenu son nom. Son école était désignée par le terme de Bé-Rab (maison du Rab); cette appellation s'appliqua plus tard à toute école. Son autorité religieuse dépassait la Babylonie. Le plus illustre docteur de la Judée, Johanan, lui écrivait : « A notre maître en Babylonie »; il se fâchait contre ceux qui parlaient de son collègue avec dédain, et il avoua que Rab était le seul docteur auquel il se fût subordonné. Rab possédait des champs qu'il faisait cultiver et dont il consacrait les revenus à l'entretien de ses disciples pauvres. Du reste, il avait organisé son enseignement de telle sorte que ses auditeurs pouvaient se consacrer à l'étude de la Loi tout en pratiquant un métier pour s'assurer des moyens d'existence. Les élèves se réunissaient à Sora pendant deux mois de l'année (Adar et Ellul), au commencement de l'automne et au commencement du printemps. Durant ces deux mois, appelés *mois de réunion* (Yarhè Kalla), il y avait chaque jour, dès le matin, des conférences; les auditeurs prenaient à peine le temps de déjeuner. Ces conférences publiques s'appelaient *Kalla*.

Outre ces deux mois, pendant lesquels il s'occupait de ses disciples, Rab consacrait à l'instruction du peuple la semaine qui précédait chacune des principales fêtes. L'exilarque se rendait d'habitude à Sora et assistait à ces réunions pour recevoir les hommages de la foule; les maisons étaient insuffisantes pour loger tous ceux qui affluaient dans la ville, ils étaient obligés de camper en plein air, sur les bords du lac de Sora. Les conférences faites à l'approche des fêtes portaient le nom de *Riglè*. Pendant les mois de Kalla et la semaine de Riglè, les tribunaux chômaient et les créanciers n'avaient pas le droit de citer leurs débiteurs devant la justice.

On ne sait pas si Rab employa un système d'enseignement particulier. Sa méthode consistait à exposer tout au long la Mischna, qu'il avait rapportée absolument complète de Palestine, et à expliquer les mots et la signification de chaque prescription. Ces explications et ces développements portent le nom de *Memra;* Rab en a laissé un nombre considérable; ils forment, avec ceux des chefs d'école Johanan et Mar-Samuel, ses contemporains, une partie importante du Talmud. Comme les habitants juifs de la Babylonie connaissaient, en général, très vaguement les pratiques religieuses et ne savaient pas toujours distinguer entre ce qui était défendu et ce qui était permis, Rab avait résolu d'ajouter, comme on l'a vu plus haut, de nombreuses aggravations aux lois existantes. La plupart de ses décisions furent acceptées; on ne fit exception que pour celles qui se rapportaient au droit civil, parce que son autorité était bien moins grande dans les affaires civiles que dans les questions rituelles.

Après avoir organisé l'enseignement religieux, Rab se préoccupa de corriger les mœurs des juifs babyloniens. La simplicité de la vie conjugale d'autrefois avait dégénéré en brutalité. Si un jeune homme et une jeune fille qui se rencontraient étaient d'accord pour se marier, ils appelaient les premiers venus comme témoins, et l'union se concluait. Des pères mariaient leurs filles mineures; le fiancé ne pouvait voir sa fiancée qu'au moment où il ne lui était plus possible de revenir sur sa décision, ou bien il demeurait dans la maison de son futur beau-père, où ses relations étaient absolument libres avec sa fiancée. La loi, loin de condamner ces mœurs grossières, les protégeait, au contraire, de son autorité. C'est contre un tel état de choses que Rab lutta de toute son énergie. Il interdit ces unions immorales qui se contractaient sans aucune démarche préliminaire, prescrivit rigoureusement aux pères de ne pas marier leurs filles sans leur consentement, surtout avant leur majorité, avertit les jeunes gens de ne pas choisir inconsidérément leur compagne, sans même la connaître, afin de ne pas s'exposer à être amenés à haïr celles qu'ils devraient aimer, et il défendit aux fiancés de demeurer sous le même toit avant leur mariage. Un époux condamné à accorder le divorce à sa femme avait quelquefois recours à certains artifices que lui permettait la loi pour ne pas se soumettre à la sentence prononcée contre lui ; Rab rendait ces ruses inutiles en ne tenant, dans ces cas, aucun compte de la loi. Ce docteur releva également le prestige de la magistrature ; les huissiers des tribunaux eurent rang de fonctionnaires ; chacun devait comparaître sur invitation devant la justice ; ceux qui ne se soumettaient pas aux décisions des juges étaient frappés d'excommunication. C'était là, en Babylonie, une punition rigoureuse qui produisait une impression profonde. On proclamait en public les délits commis par l'excommunié, et tout commerce avec lui était sévèrement interdit jusqu'à ce qu'il eût fait pénitence. Il résulte de ce qui précède que Rab poursuivait un double but, le relèvement moral et intellectuel de la population juive. Ses efforts furent couronnés de succès ; il parvint à amender les mœurs et à répandre l'instruction dans une région qui était auparavant, selon l'expression du Talmud, « un champ en friche ouvert à tout venant .» Rab plaça autour de ce champ une double barrière, des mœurs austères et une solide instruction ; il fit pour la Babylonie ce que Hillel Ier avait fait pour la Judée.

Rab ressemblait encore sous d'autres rapports à Hillel ; il était, comme lui, patient, indulgent et modeste. Il avait une femme qui était méchante, acariâtre, et le contrariait en toute circonstance ; il supportait ses vexations avec une inaltérable douceur. Ayant offensé, dans sa jeunesse, Hanina, le chef de l'école de Sépphoris, il supplia plusieurs fois ce docteur de lui accorder son pardon. Croyait-il avoir fait du tort à un homme du peuple, il se rendait auprès de lui la veille de Kippour afin de se réconcilier avec lui. Pour écarter de son esprit toute pensée d'orgueil aux jours où les Judéens accouraient par milliers autour de sa chaire, il répétait ces paroles de Job : « L'homme, fût-il assez grand pour toucher au ciel, est abaissé en un clin d'œil, » et avant de se rendre au tribunal, il disait : « Je me livre volontairement à la mort; je ne viens pas ici pour soigner mes intérêts, je retourne chez moi sans que j'aie obtenu aucun avantage. Plaise au ciel que je puisse revenir dans ma maison aussi innocent que j'en suis parti. » Il eut la joie de laisser un fils, Hiyya, très versé dans les questions dogmatiques, et de marier sa fille dans la famille de l'exilarque; les enfants de cette fille furent plus tard des princes savants et respectés. Son deuxième fils, *Aïbu*, ne montrait aucune disposition pour l'étude; entre autres conseils qu'il lui donna, il lui recommanda instamment de s'occuper d'agriculture : « Mieux vaut une petite quantité récoltée dans son champ qu'une grande quantité gagnée dans les affaires. » Rab resta pendant vingt-huit ans, jusqu'à sa vieillesse, à la tête de l'académie de Sora (219-247). Tous ses disciples accompagnèrent son corps jusqu'à sa dernière demeure, et, sur la proposition de l'un d'eux, la Babylonie prit le deuil pour une année entière; pendant cette année, il n'y eut ni fleurs, ni guirlandes de myrte aux mariages. Tous les Judéens de la Babylonie, à l'exception d'un seul, Bar-Kascha, de Pumbedita, pleurèrent la mort de l'illustre Amora.

Rab eut comme ami et collaborateur *Samuel* ou *Mar-Samuel*, appelé également *Ariok* et *Yarhinaï*. Ce docteur, qui contribua pour une part importante au relèvement du judaïsme babylonien, avait des idées plus originales et des connaissances plus variées que Rab. Dans sa jeunesse, il suivit le courant qui entraînait tous ceux qui avaient soif de science vers la Palestine; il fréquenta l'école de Juda Ier. On raconte qu'il guérit une maladie d'yeux dont souffrait le patriarche, et que ce dernier ne lui accorda pas l'ordination. Il retourna en Babylonie avant Rab et, à la mort de Schèla, il fut élevé à la dignité de chef d'académie.

Mar-Samuel était un homme calme, sensé, ennemi de toute exagération. A la croyance de ses contemporains, qui pensaient que la venue du Messie serait précédée de nombreux miracles, il opposa cette conception qu'à ce moment-là aussi tout suivra son cours normal, et que l'époque messianique ne se distinguera des temps antérieurs que par l'indépendance absolue dont jouira la nation juive. Mar-Samuel ne se consacra pas uniquement à l'enseignement de la Loi, il s'occupa également d'astronomie et de médecine. Son autorité dans les questions rituelles était moins grande que celle de Rab, mais il était un jurisconsulte éminent et toutes ses décisions dans les affaires civiles acquirent force de loi. Il formula cette règle, d'une importance capitale, que les juifs doivent obéissance aux lois du pays où ils demeurent aussi bien qu'à leur propre législation, ce qu'il exprima par ces mots : *Dina demalkuta dina*. Les Judéens de la Babylonie et des pays parthes, vivant sous un régime de liberté et de tolérance, acceptèrent facilement cette prescription, qui était au fond une innovation très hardie. Le principe de l'inviolabilité des lois du pays établi par Mar-Samuel était, en effet, en contradiction formelle avec les anciens usages, qui permettaient et souvent recommandaient la transgression de certaines lois étrangères. Ce principe eut dans la suite les plus heureuses conséquences pour les Judéens, il contribua, d'un côté, à les réconcilier avec le gouvernement des pays où les jetait la destinée; d'autre part, aux ennemis des israélites qui auraient pris prétexte de l'apparent esprit d'exclusivisme du judaïsme pour conseiller des mesures de persécution contre la nation juive, on pouvait opposer ce commandement de Samuel, qui réduisait à néant tous leurs raisonnements. Déjà le prophète Jérémie avait adressé ce conseil salutaire aux tribus dispersées en Babylonie : « Travaillez au salut de la ville où vous êtes établis. » Mar-Samuel transforma ce conseil en une prescription religieuse : « On est tenu de se soumettre à la loi de l'État. » C'est à Jérémie et à Mar-Samuel que le judaïsme est redevable d'avoir pu subsister dans les pays étrangers.

Mar-Samuel fut une des figures les plus originales de cette époque. Profondément pénétré de l'esprit du judaïsme, dont il connaissait admirablement les doctrines et les traditions, il sut néanmoins voir au delà des limites étroites de sa patrie et de sa religion, et il se préoccupa aussi des autres nations et de leurs croyances. Il s'instruisit particulièrement chez les savants de Perse, et il étudia l'astronomie avec son ami *Ablaat*. L'immense plaine qui se développe entre le Tigre et l'Euphrate et dont le vaste horizon n'est borné par la moindre colline était le berceau de l'astronomie; cette science dégénéra bientôt, dans cette région, en astrologie. Samuel était trop pénétré des idées juives pour accorder quelque crédit à l'astrologie; il ne s'occupa que de l'observation et de l'étude sérieuse des corps célestes. « Les voies du ciel, dit-il, me sont aussi familières que les rues de Nehardea, » mais il ajouta qu'il ne savait pas calculer la marche des comètes. Il utilisa ses connaissances astronomiques pour établir un calendrier qui permettait aux juifs babyloniens de fixer les fêtes sans attendre que la Palestine les informât chaque fois de l'apparition de la nouvelle lune. Samuel ne publia pas ce calendrier, probablement par respect pour le patriarche et pour ne pas rompre l'unité du judaïsme, et on continua à considérer les calculs du calendrier comme une science secrète (Sod ha-ibbur). On sait que Samuel exerçait la médecine, mais aucun document ne donne d'indication précise sur ses connaissances médicales; il prétendait pouvoir guérir toutes les maladies, à l'exception de trois.

L'éclat dont brillait l'académie de Sora, organisée par Rab, faisait pâlir la renommée de l'école de Mar-Samuel. Mais la plus cordiale entente ne cessa de régner entre les deux docteurs, et Samuel, qui était d'une rare modestie, céda en toute circonstance le pas à Rab et se soumit à son autorité. Après la mort de ce dernier, Mar-Samuel fut reconnu comme le seul chef religieux de la Babylonie; il conserva cette dignité pendant dix ans. Johanan, qui était en Judée, hésita d'abord à le traiter en supérieur. Dans les lettres qu'il envoyait en Babylonie au nom de l'école de Tibériade, il appelait Rab : Notre maître en Babylonie, et Mar-Samuel : Notre collègue. Mar-Samuel lui fit alors parvenir un tableau où il avait indiqué les dates des fêtes pour une durée de soixante ans : « C'est un très habile mathématicien, » se contenta de dire Johanan. Mais lorsqu'il eut soumis à Johanan ses recherches sur un nombre considérable de cas douteux de maladies qui pouvaient se présenter chez les animaux et les rendre, d'après les prescriptions talmudiques, impropres à la consommation, son autorité fut reconnue même en Judée.

A l'époque dont il s'agit, c'est-à-dire vers le milieu du IIIe siècle, se produisirent dans l'empire romain et les pays parthes des événements politiques d'une extrême gravité, qui changèrent complètement la situation de ces deux États et exercèrent une profonde influence sur l'histoire des Judéens. Pendant que l'empereur Alexandre Sévère dirigeait les destinées de Rome, la famille des Arsacides, qui régnait depuis quatre siècles sur les Parthes, fut renversée du trône; une nouvelle dynastie s'empara du pouvoir et introduisit d'importantes modifications dans l'administration intérieure comme dans la politique extérieure. L'auteur de cette révolution fut *Ardechir,* d'origine persane. Soutenu par le parti national persan, qui haïssait les Arsacides parce qu'ils témoignaient une prédilection marquée pour la civilisation grecque, dédaignaient le culte de Zoroastre et s'étaient toujours montrés impuissants à repousser les attaques des Romains, Ardechir marcha contre Artaban, le dernier descendant des Arsacides et l'ami de Rab, le battit, le détrôna et fonda la nouvelle dynastie royale des Sassanides. Rab s'affligea vivement de cet événement. A la nouvelle de la mort d'Artaban, il s'écria amèrement : « Le pacte est rompu ! » Il craignait que le changement de dynastie n'amenât une guerre civile, que le pays, déchiré par les luttes intestines, ne devînt facilement la proie des Romains et que les Judéens ne perdissent la semi-indépendance dont ils jouissaient. Le parti qui vint au pouvoir avec Ardechir porte dans l'histoire le nom de néo-Perses et dans les documents juifs celui de Hèbrim (Hèbré); il en reste encore aujourd'hui quelques débris sous le nom de *Guèbres.* Les Arsacides s'étaient montrés assez indifférents pour le culte du feu; Ardechir, au contraire, témoigna pour cette religion un zèle fanatique; il s'intitula orgueilleusement : Adorateur de Hormuz, divin Ardechir, roi des rois d'Iran, d'origine céleste. Il réunit les fragments qui subsistaient encore du Zend-Avesta, le recueil des lois persanes, et les fit adopter comme lois religieuses. — On enseigna partout la doctrine de Zoroastre sur le double principe de la lumière et des ténèbres (Ahura-Mazda et Angri-mainyus); les mages, qui formaient la caste sacerdotale de ce culte, redevinrent tout-puissants, ils sévirent contre les hellénisants par le fer et le feu. Leur intolérance se manifesta également envers les chrétiens établis dans la partie supérieure de la Mésopotamie, dans les districts de Nisibis et d'Edesse, où ils avaient fondé des écoles. Les Judéens n'échappèrent pas aux mesures vexatoires des mages, et seules leur importance numérique, leur centralisation et leur énergie les préservèrent d'une persécution plus grave. Dans l'ivresse de leur triomphe, les néo-Perses enlevèrent aux tribunaux juifs le droit de se prononcer dans les affaires criminelles, qu'ils avaient jugées jusque-là, ils fermèrent aux Judéens l'accès de toutes les fonctions, même de celle d'inspecteur des fleuves et des canaux, et ils exercèrent une certaine contrainte sur les consciences. Ainsi, pendant les fêtes où, dans les temples consacrés au culte du feu, les mages adoraient la lumière comme image visible du dieu Ahura-Mazda, ils ne permettaient pas aux Judéens d'entretenir dans leur demeure du feu dans l'âtre ou d'allumer une lumière ; ils faisaient irruption dans leurs maisons, éteignaient tout feu et toute lumière, et enlevaient des tisons enflammés pour les offrir à leur dieu. Ils ouvraient les tombes pour exhumer les cadavres, parce qu'ils croyaient qu'un corps mort souillait la Spenta-Armaita (la terre divine). Aussi la plupart des docteurs se montrèrent-ils hostiles aux néo-Perses. Johanan craignit vivement que ce peuple ne maltraitât les Judéens de la Babylonie. Le patriarche Juda II s'enquit avec inquiétude du caractère des néo-Perses auprès de Lévi ben Sissi, qui faisait souvent le voyage de Judée en Babylonie. « Les Parthes, lui dit ce docteur, ressemblent aux armées du roi David, les néo-Perses, au contraire, sont de vrais démons. » La tolérance prévalut cependant peu à peu, les Juifs se réconcilièrent avec les néo-Perses, entretinrent avec eux des relations amicales, se départirent même en leur faveur de la stricte observance de certaines lois religieuses et prirent part dans diverses circonstances à leurs repas. Les docteurs autorisèrent les Judéens à fournir aux mages, pendant leurs fêtes, les charbons dont ils avaient besoin, s'écartant ainsi de l'ancienne loi qui considérait un tel acte comme une participation au culte du feu. Rab lui-même, malgré sa sévérité, permettait de transporter le soir de sabbat, sur la demande des mages, les lumières de Hanuka de la cour dans l'intérieur de la maison. Ces rapports amicaux entre

Perses et Judéens s'établirent sans doute sous le règne de Schabur Ier (242-271). Ce souverain était l'ami de Mar-Samuel. Il affirma à ce docteur que dans les divers combats qu'il avait livrés aux Romains dans des provinces habitées par une nombreuse population juive, il n'avait jamais versé le sang d'aucun Judéen, excepté à Césarée (Mazaca), la capitale de la Cappadoce, où il en avait fait passer plusieurs milliers au fil de l'épée, parce qu'ils avaient défendu avec trop de ténacité la cause des Romains contre les Perses.

Pendant que ces faits se passaient en Babylonie, éclata dans l'empire romain une révolution qui influa, de son côté, sur les destinées du judaïsme. Après la mort d'Alexandre Sévère, Rome devint la proie d'une effroyable anarchie. Dans un demi-siècle (235-284), près de vingt Césars et autant d'usurpateurs avaient occupé le trône et risqué leur vie pour réaliser, ne fût-ce que pendant un jour, leur rêve de revêtir la pourpre impériale et décréter librement des exécutions en masse. L'heure de la revanche avait sonné. De tous les pays que Rome avait autrefois soumis se présentaient des candidats au trône pour dompter à leur tour la Babylone italienne. C'étaient des oiseaux de proie qui se jetaient sur l'État romain comme sur un corps en décomposition. Au temps de Mar-Samuel (248), le criminel empereur Philippe, Arabe de naissance et brigand de race, put encore célébrer le millième anniversaire de la fondation de Rome; mais, déjà, Rome était partout, dans tous les camps, dans toutes les stations militaires, excepté dans Rome même. Le Sénat acceptait avec une singulière résignation tous les empereurs qu'il plaisait aux caprices des légions de lui envoyer, et il sanctionnait servilement leur nomination. Les Parthes, d'un côté, et les Goths, de l'autre, envahissaient en foule l'empire romain, comme s'ils étaient chargés de lui infliger le châtiment dont l'avaient menacé les Sibylles.

Rome subit encore la honte de voir son empereur, *Valérien*, enchaîné comme esclave au char de triomphe de Schabur. La captivité de Valérien et la faiblesse de son fils et successeur *Gallien* relâchèrent partout les derniers liens de la discipline; il n'y eut plus ni autorité, ni obéissance; pendant dix ans, l'État romain ressembla à une immense arène, ensanglantée par les luttes de ses propres sujets. Sur tous les points de l'empire se levaient des usurpateurs. Le désarroi et la désorganisation étaient encore bien plus accentués dans les provinces orientales qui touchaient au puissant royaume des Perses. *Odénat*, un riche et vaillant guerrier de Palmyre, avait groupé autour de lui une bande de sauvages Sarrasins, et, à la tête de cette horde de pillards, il faisait de nombreuses incursions en Syrie et en Palestine et, d'autre part, jusque dans la région de l'Euphrate. Il s'était arrogé le titre de sénateur. N'avait-il pas le droit d'espérer être revêtu un jour, aussi bien que son compatriote Philippe, de la pourpre impériale? Les Judéens l'appelèrent *Papa Bar Naçar, chef de brigands*, ils lui appliquèrent ce passage de la vision de Daniel : « Une petite corne sortit de la grande, elle avait des yeux humains et une bouche qui proférait des paroles hautaines. » Cet aventurier ruina totalement plusieurs communautés juives de la Palestine et de la Babylonie, il détruisit l'antique Nehardea (261), qui, depuis l'exil de Babylone, était devenue le centre du judaïsme. Lors de cette destruction, les filles de Samuel furent faites prisonnières et emmenées à Sépphoris, elles furent rachetées et remises en liberté avant même qu'on sût de quelle famille elles étaient. Odénat étendit peu à peu son pouvoir, il devint le chef de l'oasis de Palmyre ou Tadmor, que le roi Salomon avait transformée en une belle cité. La décadence de l'empire romain était telle que ce petit prince asiatique fut obligé de défendre le territoire romain contre les invasions des Perses. L'empereur Gallien récompensa Odénat de ses services en l'appelant à partager le trône avec lui (264). Odénat n'occupa cette haute situation que pendant un temps très court, il fut assassiné en 267. La rumeur publique accusa *Zénobie*, sa femme, d'avoir été l'instigatrice de ce crime.

Après la mort d'Odénat, sa veuve Zénobie, dont les deux enfants étaient mineurs, fut nommée régente de la Palmyrène. Sous son règne, la ville de Palmyre devint le centre du luxe, de la civilisation et du bon goût. D'après une source chrétienne, Zénobie aurait été juive, mais aucun document juif ne signale cette particularité. Les historiens romains dépeignent sous les plus brillantes couleurs la magnificence de cette reine. Dans son superbe palais, dont les ruines montrent encore aujourd'hui la valeur artistique, elle offrait l'hospitalité à des savants remarquables, avec lesquels elle se plaisait à s'entretenir sur les sujets les plus variés. A sa cour, vivait l'illustre philosophe et critique Longin, qui fait ressortir, dans son traité sur le *Sublime*, la vigoureuse concision et la beauté de ces paroles du récit de la Création : « Que la lumière soit ; » Zénobie y avait aussi accueilli Paul de Samosate, évêque d'Antioche. Elle paraît s'être également éprise des principes du judaïsme; néanmoins, les docteurs juifs parlent en termes peu bienveillants de la principauté de Palmyre. « Heureux celui qui assistera à la chute de Tadmor, » dit Johanan. C'est un fait certain que de nombreux juifs avaient pris les armes contre Zénobie, dont la domination s'étendait probablement sur la Judée.

Le Talmud raconte que cette reine ayant condamné à mort, sans doute pour un motif politique, un certain *Zeïra bar Hinena*, deux disciples de Johanan, Ami et Samuel, se rendirent auprès d'elle pour implorer la grâce du coupable. Elle rejeta leur demande, en leur disant : « Croyez-vous donc que Dieu, parce qu'il a déjà fait de nombreux miracles en votre faveur, continuera toujours à vous couvrir d'une protection particulière? » Un autre événement rapporté par le Talmud paraît s'être passé également sous le règne de Zénobie. Un certain *Ulla ben Koscher*, accusé d'un crime politique, avait trouvé un asile à Lydda, dans la maison de Josua ben Lévi. Des soldats cernèrent la ville et menacèrent de la détruire si on ne leur livrait pas Ulla. Josua, placé dans la douloureuse alternative de causer la mort d'un homme ou la destruction d'une communauté, engagea l'accusé à se livrer lui-même aux autorités. Il s'appuya, pour en agir ainsi, sur une loi qui permettait d'abandonner à son sort un accusé poursuivi pour crime politique, dans le cas où sa délivrance mettrait l'existence de nombreuses personnes en danger. Néanmoins, la pensée d'avoir contribué, quoique indirectement, à faire mourir un homme troubla la conscience d'un grand nombre de Judéens. La légende raconte que le prophète Élie apparut à Josua ben Lévi et lui reprocha de s'être conformé dans cette circonstance à une loi quelconque, au lieu de s'être inspiré de la « Mischna des justes, » qui s'élève au-dessus de l'horizon étroit et borné de la législation écrite.

Aurélien triompha de la résistance acharnée de Zénobie et mit fin au règne brillant (267-273) de cette vaillante impératrice ; elle fut emmenée à Rome, attachée au char de triomphe du vainqueur. Johanan vit encore la réalisation du vœu qu'il avait exprimé contre Tadmor, il mourut quelques années après (279).

CHAPITRE VIII

LE PATRIARCAT DE GAMALIEL IV ET DE JUDA III

(280-320)

L'époque où s'accomplit un des événements les plus mémorables de l'histoire, c'est-à-dire le triomphe du christianisme et son avènement au trône impérial, marqua le déclin du judaïsme dans son pays d'origine. Le centre de la pensée juive se déplaça de la Palestine en Babylonie, et la Judée ne fut plus bientôt qu'une relique qu'on vénère pour les souvenirs qui s'y rattachent. Les écoles dirigées par les successeurs de Hanina, de Johanan et de Resch Lakisch étaient fréquentées par de nombreux élèves babyloniens, pour lesquels la Judée gardait un puissant attrait. Parmi les chefs d'école, beaucoup étaient sans notoriété, et les plus considérables d'entre eux, Ami, Assi, Hiyya ben Abba et Zeïra étaient originaires de la Babylonie. Abbahu, esprit très original, était né, il est vrai, en Judée, mais il n'avait aucune autorité dans les questions de casuistique. La supériorité de la Babylonie en matière religieuse était si bien établie que Ami et Assi se soumirent spontanément à l'autorité du successeur de Rab. Les jeunes écoles de la Babylonie surpassèrent leurs aînées de la Palestine, Sora et Plumbadita éclipsèrent Sépphoris et Tibériade. Les patriarches mêmes de cette époque, Gamaliel IV et Juda III, n'avaient qu'une autorité très restreinte dans les affaires juridiques. Sous Juda III, l'audition des témoins venus pour annoncer l'apparition de la nouvelle lune était devenue une pure formalité. Ami voulut rendre à cet acte son ancienne importance, mais le patriarche lui dit que Johanan avait déclaré que, dans le cas où, d'après les calculs astronomiques, le trentième jour du mois était en même temps le premier jour du mois suivant, il était permis de faire attester par des personnes qui n'avaient en réalité rien vu, qu'elles avaient aperçu la nouvelle lune. Quoique le sud de la Palestine eût perdu depuis quelque temps sa supériorité, surtout depuis que le siège du patriarcat avait été établi dans la Galilée, au nord, il avait cependant conservé un privilège. C'est, en effet, à Ein-Tab, près de Lydda, dans le sud, que résidait un délégué du patriarche chargé de fixer les néoménies et les fêtes et de proclamer les années embolismiques. Sous Gamaliel IV ou Juda III, le sud perdit ce privilège, et c'est en Galilée qu'on fixa dorénavant le calendrier. Mais les dates des fêtes étaient établies principalement d'après la marche du soleil et de la lune, l'audition des témoins avait si peu d'importance que sous les successeurs de Juda elle cessa de faire partie des fonctions qui incombaient au patriarche. Juda s'attacha surtout à organiser les communautés et les écoles, il chargea trois des principaux amoraïm, Ami, Assi et Hiyya, de visiter les villes de la Judée afin de s'y rendre compte de la situation des institutions religieuses et scolaires, et de les raffermir là où elles menaçaient ruine. Ces docteurs arrivèrent un jour dans une ville où il n'y avait ni instituteurs, ni chefs religieux. Comme ils demandèrent à voir les gardiens de la ville, on leur présenta les surveillants. « Ce ne sont pas là, dirent-ils, les gardiens, mais les destructeurs de la ville, les véritables gardiens sont ceux qui instruisent le peuple et la jeunesse. La garde veille en vain au salut de la maison, si Dieu lui-même ne la protège pas. »

On accuse le patriarche Juda ou son entourage d'avoir vendu par cupidité des dignités aux riches, et d'avoir refusé l'ordination à des savants pauvres. Ce ne fut certes pas l'amour de l'argent, mais une implacable nécessité qui fit agir Juda ainsi ; il fut contraint de solliciter le concours des riches pour l'entretien de la maison du patriarche et des écoles. Le nombre et la fortune des Judéens avaient diminué, les terres de la Judée étaient presque toutes entre les mains des païens, et cette situation avait forcé beaucoup de Judéens à émigrer. Ceux qui étaient restés souffraient en grande partie de la misère. Du reste, l'empire romain lui-même avait fait banqueroute; les luttes de ses chefs, qui se disputaient la pourpre, l'avaient ruiné. Autrefois, les citoyens riches briguaient les honneurs municipaux; vers le milieu du IIIe siècle, ils les fuyaient, au contraire, parce que les municipalités étaient responsables envers l'État des impôts dus par les habitants, et que la rentrée de ces impôts devenait de jour en jour plus difficile. La Palestine souffrait naturellement de cet appauvrissement général, les communautés juives ne pouvaient plus payer que des contributions très faibles, et, par suite, les subsides envoyés par les Juifs du dehors ne suffisaient plus pour subvenir à l'entretien du patriarcat et des écoles. C'est alors que Juda III eut l'idée de chercher de nouvelles ressources dans la vente de certaines dignités, il accordait, par exemple, le titre de *rabbi* à des personnes qui n'avaient aucune instruction. Les savants ne ménageaient pas leurs sarcasmes à ces hommes qui n'avaient d'autre mérite que celui d'être riches, qui n'avaient jamais étudié la Loi, et que leur titre autorisait cependant à donner l'enseignement religieux. Un jour, un prédicateur du peuple, malicieux et spirituel, fut appelé à fonctionner comme *meturgueman* (ou interprète) auprès d'un de ceux qui avaient ainsi obtenu le grade de docteur à prix d'argent. En cette qualité, il était chargé d'expliquer et de développer au peuple le sujet que le maître devait lui indiquer tout bas. Il se pencha, approcha son oreille de la bouche du docteur, mais ne perçut aucun son. Il comprit alors à quelle classe de savants appartenait ce docteur, et il le fit comprendre aux assistants en paraphrasant ou plutôt en parodiant le passage dans lequel Habaccuc (chap. II, 19) se moque des idoles muettes : « Malheur à celui qui dit au bloc de bois : réveille-toi, et à la pierre inerte : lève-toi. C'est cela qui doit instruire? Cela est enchâssé dans de l'argent et de l'or, mais n'a pas d'intelligence. » « Des idoles d'or et d'argent, » voilà comment on appelait, en effet, ces docteurs qui devaient leur titre de *rabbi* à leur seule fortune.

Juda III occupa la dignité de patriarche sous le règne de Dioclétien. Cet empereur, dont l'énergie retarda de quelques années la chute de la puissance romaine, n'était pas hostile aux juifs ; il haïssait seulement les chrétiens, parce qu'il croyait que leur lutte opiniâtre contre la religion de l'État et leur ardeur à faire des prosélytes étaient les seules causes de la désorganisation de l'empire. Les édits rigoureux qu'il promulgua dans les dernières années de son règne (303-305) pour contraindre les chrétiens à adorer les divinités païennes, pour fermer leurs églises et interdire leurs assemblées religieuses, frappèrent également les Samaritains, mais n'atteignirent pas les juifs. Aussi ces derniers eurent-ils de nombreux envieux qui les calomnièrent auprès de Dioclétien ; ils lui rapportèrent, entre autres, que le patriarche et son entourage se moquaient de son origine obscure, et plaisantaient sur son nom de *aper*. On raconte que l'empereur, irrité, ordonna au patriarche et à quelques notables juifs de se trouver le samedi soir chez lui, à Panéas, à cinq milles environ de Tibériade ; cet ordre ne fut transmis au patriarche que le vendredi soir, de sorte qu'il se trouva dans l'alternative de faire ce voyage le jour du sabbat ou de désobéir à l'empereur. Il arriva cependant avec sa suite, à l'heure fixée, à Panéas ; mais Dioclétien, probablement pour les plaisanter sur la malpropreté dont on accusait les juifs, refusa de les recevoir avant qu'ils n'eussent pris des bains pendant quelques jours. Amenés enfin devant Dioclétien, Juda et sa suite protestèrent de leur dévouement pour lui et lui démontrèrent la fausseté des accusations dirigées contre eux. L'empereur leur pardonna et les congédia.

C'est à cette époque que les Samaritains, contraints par Dioclétien à sacrifier, comme les chrétiens, aux idoles, furent définitivement et totalement exclus de la communauté juive. Par une funeste fatalité, Judéens et Samaritains, qui auraient dû entretenir entre eux des relations cordiales, n'avaient jamais pu s'entendre, et leur antagonisme s'était montré plus profond et plus violent toutes les fois que les circonstances auraient dû les rapprocher. Après la destruction du temple, leurs relations mutuelles étaient excellentes, les Samaritains étant considérés sous beaucoup de rapports comme des observateurs rigoureux de la loi juive. Les persécutions d'Adrien les attachèrent encore plus étroitement aux

Judéens, et lorsque Meïr vint déclarer que les Samaritains devaient être assimilés aux païens, le peuple ne tint nul compte de sa décision. Johanan lui-même n'éprouvait aucun scrupule à manger de la viande des Samaritains. Ses successeurs furent plus sévères, et ils parvinrent à établir une séparation complète entre les Samaritains et les Judéens. Voici le fait qui aurait provoqué cette mesure : Abbahu ayant voulu faire venir du vin de Samarie, un vieillard l'informa que les habitants de cette contrée n'observaient pas les lois religieuses. Abbahu communiqua cette information à Ami et à Assi, qui se rendirent en Samarie, y firent une enquête et conclurent que les Samaritains devaien' être considérés comme des païens. Cette séparation fut une cause de faiblesse pour les deux communautés. Le christianisme, plus prudent et plus actif, réunit toutes ses forces en un seul faisceau, conquit bientôt l'empire du monde et traita Judéens et Samaritains avec une égale rigueur. Quand le Golgotha eut atteint les hauteurs du Capitole, il écrasa de sa masse Sion et Garizim.

Abbahu, qui exclut définitivement les Samaritains de la communauté juive, n'était cependant pas un rigoriste; sur certaines questions, ses vues étaient plus larges que celles de ses collègues. Il était très riche, son intérieur était somptueux, et il avait à son service des esclaves goths. Son industrie consistait à fabriquer des voiles de femmes. Il demeurait à Césarée, résidence du gouverneur romain. Les Judéens de cette ville ne parlaient que le grec et récitaient même la prière du Schema dans cette langue ; aussi Abbahu comprenait-il parfaitement le grec et s'entretenait-il dans cette langue avec des savants païens et chrétiens. Il fit même instruire sa fille dans la littérature grecque, alléguant pour sa justification l'opinion de Johanan. Simon ben Abba, qui était ennemi de toute culture profane, en blâma vivement Abbahu. « Comme il tient à faire enseigner le grec à sa fille, dit-il, il invoque l'autorité de Johanan. » Grâce à son vaste savoir, à la douceur de son caractère et à sa belle et imposante figure, Abbahu jouissait d'un grand crédit auprès du gouverneur romain et probablement aussi auprès de Dioclétien, et il employa, à plusieurs reprises, son influence auprès des autorités en faveur des juifs. Ainsi, pour ne citer qu'un seul cas, qui est en même temps un trait des mœurs de cette époque, Ami, Assi et Hiyya ben Abba ayant prononcé un jour une peine sévère contre une femme, Thamar, sans doute parce qu'elle avait péché contre la morale, la condamnée porta plainte contre ses juges auprès du procureur et les accusa d'empiéter sur les droits des tribunaux romains. Les juges, craignant les suites de cette plainte, demandèrent à Abbahu d'intervenir en leur faveur. Abbahu leur répondit que son crédit avait échoué contre l'implacable rancune ou peut-être contre la beauté de la plaignante. Cette réponse était écrite dans un style pittoresque et à mots couverts. En voici le résumé : « Je me suis déjà occupé de la question des trois calomniateurs Eutokos, Eumathès et Talasseus, mais l'intervention de l'opiniâtre Thamar a fait échouer mes démarches. » Cette lettre, qui nous éclaire sur le goût du temps, est écrite en grande partie en hébreu très pur et remplie de jeux de mots; les noms grecs sont également traduits par des noms hébreux correspondants.

Les connaissances variées qu'il possédait mettaient Abbahu en état d'attaquer avec succès le christianisme. Cette religion était toute prête, à l'époque de Dioclétien, à tenter la conquête de l'empire du monde. Les légions romaines étaient composées en partie de soldats chrétiens; à la cour de Dioclétien, vivaient des fonctionnaires chrétiens. Aussi les chrétiens redoublaient-ils de zèle pour faire des prosélytes et attaquaient-ils violemment le judaïsme et le paganisme. Les Judéens n'avaient d'autres armes à leur disposition, pour se défendre, que la raison et le bon sens, et ils s'en servirent tant qu'ils ne furent pas bâillonnés. Abbahu attaqua vigoureusement, comme Simlaï, les dogmes chrétiens. « Si quelqu'un prétend qu'il est dieu, dit-il, il ment; s'il déclare qu'il est le fils de l'homme, il s'en repentira, et s'il promet de monter au ciel, il ne pourra pas accomplir sa promesse. » C'est surtout sur le dogme de l'Ascension que portaient les controverses des docteurs de la Synagogue et de l'Église; ce dogme était particulièrement défendu par un médecin de Césarée, Jacob le Minéen. Les chrétiens invoquaient en faveur du dogme de l'Ascension la légende qu'Énoch était monté au ciel, comme il est dit : « Et il (Énoch) n'était plus, car Dieu l'avait pris. » Abbahu leur démontra, par d'autres passages, que l'expression « Dieu l'avait pris » signifie tout simplement : « Il était mort. » Quelques années plus tard, Abbahu aurait peut-être payé de sa vie la franchise de ses paroles et la justesse de son argumentation.

Abbahu était modeste, doux et bienveillant. Quand il dut recevoir l'ordination, il se retira devant Abba d'Akko et il exprima le désir qu'on accordât cette dignité à ce dernier pour l'aider à s'acquitter d'une dette qui pesait sur lui. Un autre fait prouve encore sa grande bienveillance. Il fit un jour des conférences dans une ville en même temps que Hiyya ben Abba; celui-ci traita des questions de casuistique, et Abbahu des sujets d'édification. Les conférences d'Abbahu, semées d'anecdotes, d'historiettes, de jeux de mots, eurent naturellement plus d'attrait pour la foule et attirèrent un auditoire plus nombreux que les dissertations arides de Hiyya. Voyant son collègue s'affliger de l'indifférence que montrait le peuple pour son enseignement, Abbahu le consola en ces termes : « Les matières que tu enseignes sont comme des pierres précieuses qui ne peuvent être appréciées que par de rares connaisseurs, tandis que les sujets que moi je développe ressemblent à du clinquant, qui frappe tous les regards. » Cette anecdote a un intérêt historique, elle montre qu'à cette époque on commençait à négliger en Judée l'étude sévère, difficile et aride de la Loi pour les causeries légères de l'Aggada. — Abbahu se défendait même contre l'éloge qu'on faisait de sa modestie : « Ma modestie tant vantée, dit-il un jour, est bien inférieure à celle de mon collègue Abba d'Akko ; celui-ci permet à son *meturgueman* (porte-parole) d'ajouter ses propres réflexions aux développements qu'il lui ordonne de faire entendre à la foule. » On voit par ce dernier fait qu'on ne professait plus le même respect qu'autrefois pour l'enseignement des docteurs. Le meturgueman ne se contentait plus d'être simplement l'organe, le porte-parole de celui qui enseignait, il exposait en même temps ses propres idées. Aussi accusait-on les *meturguemanim* de ne s'acquitter, en général, de leur fonction que par vanité, pour faire admirer leur belle voix ou leur facilité d'élocution, et on leur appliquait ce verset : « Mieux vaut la parole sévère du sage que le chant du sot. » Voici, enfin, un dernier fait qui montre l'indulgence inaltérable d'Abbahu, et jette en même temps une certaine lumière sur les mœurs de cette époque.

Il était d'usage, en Judée, qu'en temps de sécheresse, le plus digne de la communauté récitait les prières prescrites pour demander de la pluie. A une époque de grande sécheresse, on recommanda à Abbahu pour cet office un homme de très mauvaise réputation que le peuple avait surnommé « Cinq-Péchés » (Pentêkaka). Abbahu le fit appeler et lui demanda quelle était sa profession. « Je suis entremetteur, répondit-il, je nettoie le théâtre, j'apporte aux baigneurs leur linge, les divertis par mes farces et joue de la flûte. » — « N'as-tu jamais fait aucun bien dans ta vie? » lui demanda Abbahu. — « Un jour que je nettoyais le théâtre, répliqua Pentêkaka, je vis une femme, appuyée contre une colonne, qui versait des larmes abondantes. Je lui demandai la cause de son chagrin, et j'appris que son mari était en prison et qu'elle ne pouvait trouver la somme nécessaire à sa rançon qu'en se laissant déshonorer. Aussitôt, je vendis mon lit, ma couverture et tout mon mobilier, j'en remis le prix à cette femme et lui dis : Avec cet argent tu pourras racheter ton mari sans être obligée de payer sa liberté du prix de ton déshonneur. » A ces mots, Abbahu dit à Pentêkaka : « Tu es seul digne de prier pour nous dans la détresse. »

Le théâtre se ressentait, à cette époque de décadence, de l'abaissement général des esprits, les pièces sérieuses en étaient bannies, on y représentait des farces pour amuser la foule, et le judaïsme était souvent le sujet de ces bouffonneries. Abbahu, qui était au courant de ce qui se passait dans les théâtres, se plaignait que les institutions juives fussent livrées aux railleries et à la risée des spectateurs. « On amène, par exemple, sur la scène, dit-il, un chameau couvert d'un drap noir, et alors se produit le dialogue suivant : Pourquoi ce chameau est-il en deuil? — Parce que les Judéens observent rigoureusement l'année sabbatique, ne goûtent même à aucun légume et se contentent de manger des chardons; le chameau est ainsi privé de sa nourriture, et il s'en afflige. — Ou bien le *momus* (bouffon) arrive sur la scène, les cheveux coupés. — Pour quelle raison Momus est-il en deuil? — A cause de la cherté de l'huile. — Qui a causé cette cherté? — Ce sont les juifs; ils dépensent pour le sabbat tout ce qu'ils ont gagné pendant la semaine, et comme il ne leur reste même plus de bois pour faire cuire leurs aliments, ils sont obligés de brûler leur lit et, par conséquent, de se coucher par terre dans la poussière. Par mesure de propreté, ils consomment de grandes quantités d'huile, c'est pourquoi l'huile est si chère. »

Abbahu n'était pas versé dans les questions de casuistique, mais comme il jouissait d'une grande considération auprès des autorités romaines, ses collègues, par flatterie, ne lui faisaient aucune observation, même quand il se trompait dans son enseignement. Autant Simon ben Abba avait été sans cesse éprouvé, autant Abbahu fut toujours heureux, et la destinée le favorisa jusque dans sa vieillesse. Il avait deux fils très instruits, *Abimaï* et *Hanina*. Ce dernier se rendit à Tibériade, sur l'ordre de son père, pour y compléter son instruction ; là, il négligea l'étude pour être toujours prêt à rendre les derniers devoirs aux morts. Son père l'en réprimanda vivement dans une lettre qui est d'une concision remarquable : « T'ai-je envoyé à Tibériade parce qu'il n'y avait pas de tombeaux à Césarée ? L'étude est supérieure à la pratique. » — Abbahu fut, en Judée, la dernière personnalité remarquable de l'époque talmudique. A sa mort, raconte la légende, les colonnes même de Césarée versèrent des larmes.

La Palestine avait produit pendant quinze siècles consécutifs des hommes éminents à des titres divers, des juges, des généraux, des prophètes, des soferim, des patriotes et des savants ; à l'époque où nous sommes, sa sève était tarie. Par contre, il régnait une activité extraordinaire dans les écoles fondées en Babylonie par Rab et Mar-Samuel. Pendant les cinquante années que ces docteurs dirigèrent ces écoles, l'enseignement religieux prit un essor considérable. Toutes les classes de la population se livraient alors à l'étude de la Loi avec une ardeur toute fraîche et s'efforçaient de conformer leur conduite aux principes qu'on leur enseignait ; elles témoignaient le plus vif respect aux savants et professaient un dédain profond pour les ignorants. Les mœurs des juifs babyloniens, autrefois si grossières, s'adoucissaient de plus en plus ; on mettait en pratique dans la vie privée, comme dans la vie publique, les prescriptions de morale enseignées par Rab et Mar-Samuel. La Babylonie jouissait en ce temps de nombreux droits, attachés autrefois exclusivement au sol de la Palestine, on y prélevait même les offrandes destinées aux prêtres, probablement pour les distribuer aux docteurs ; car le sacerdoce cédait alors le pas à la science religieuse. Ce pays était devenu un État juif dont la Constitution était représentée par la Mischna, et les pouvoirs publics par le prince de l'exil et les assemblées populaires convoquées par les docteurs. Cette effervescence intellectuelle influa sur les exilarques, qui s'adonnèrent à l'étude de la Loi avec un zèle tout nouveau ; *Nehémia* et *Ukban*, petits-fils de Rab, mentionnés avec leur père, *Nathan*, parmi les exilarques de cette époque, méritèrent par leurs connaissances juridiques d'être qualifiés du titre de *Rabbana*. Cette activité intense qui s'était emparée de tous les juifs de la Babylonie et montrait que le judaïsme était encore assez vigoureux pour produire une nouvelle floraison, fut soigneusement entretenue par les successeurs de Rab et de Mar-Samuel. Les plus importants d'entre eux furent : *Huna*, chef de l'académie de Sora, dont l'autorité religieuse était reconnue par les communautés juives de la Babylonie et du dehors ; *Juda ben Yehesquêl*, qui fonda une école à Pumbadita et introduisit une nouvelle méthode dans l'enseignement de la Halaka ; *Nahman ben Jacob*, qui, après la destruction de Nehardea (259), transféra son école à *Schekan-Zib*, près du Tigre ; et, enfin, *Hasda, Schèschèt* et *Rabba bar Abbahu*. Ces différents amoraïm imprimèrent à l'enseignement des écoles babyloniennes des directions variées.

Huna, de Diokart, (né vers 212 et mort en 297) succéda à Rab comme chef de l'école de Sora ; il jouit d'une autorité considérable, à laquelle les amoraïm de Tibériade même se soumirent. L'histoire de sa vie est en même temps un tableau des mœurs de cette époque, où les Judéens savaient concilier leur ardeur pour l'étude de la Loi avec la pratique d'un métier. Huna, quoique apparenté avec l'exilarque, avait une fortune très modeste. Il cultivait lui-même son petit champ, et n'en rougissait nullement. Deux adversaires lui demandaient-ils de juger leur différend, il leur faisait d'habitude cette réponse : « Donnez-moi quelqu'un pour accomplir mon travail, et je serai votre juge. » Il fut aperçu, un jour, rentrant chez lui, la bêche sur l'épaule, par Hama bar Anilaï, l'homme le plus riche, mais aussi le plus généreux et le plus charitable de la Babylonie. Ce Hama avait atteint l'idéal dans la pratique de la charité. Dans sa maison, on cuisait jour et nuit du pain pour les pauvres; sa demeure avait quatre entrées, une de chaque côté, afin que les indigents pussent y pénétrer facilement; ils y entraient avec la faim et en sortaient rassasiés. Dans la rue, il avait toujours la bourse à la main pour ne pas faire attendre les pauvres honteux qui lui demanderaient l'aumône. Pendant une année de disette, il fit placer du blé devant la porte de ceux qui n'osaient pas tendre la main. Avait-on besoin d'argent pour payer une lourde contribution, on s'adressait à Hama, qui ne refusait jamais la somme demandée. Malgré ses immenses richesses, il était d'une grande modestie, et quand il vit revenir Huna, chargé de sa bêche, il voulut se saisir de l'outil pour le porter. Huna ne le lui permit point : « Tu n'as pas l'habitude, dit-il, de porter des instruments aratoires dans ta ville, je ne veux donc pas que tu le fasses ici. » Plus tard, Huna devint très riche, et il fit de sa fortune un très noble emploi. Pendant les temps d'orage, quand la tempête soufflait sur la ville, il parcourait les rues en litière pour inspecter les maisons, et il faisait abattre les murs qui menaçaient ruine. Dans le cas où le propriétaire ne pouvait pas faire rebâtir à ses frais l'édifice démoli, Huna mettait les ressources nécessaires à sa disposition. Aux heures des repas, ses domestiques ouvraient toutes grandes les portes de la maison et disaient à voix très haute : « Que ceux qui ont faim entrent ici, ils seront rassasiés. » Il contribuait à l'entretien de très nombreux disciples indigents qui fréquentaient son école, située à Sora. Ses conférences étaient suivies par huit cents élèves, il avait besoin de treize meturguemanim pour que ses paroles pussent être entendues de tout l'auditoire.

Ce fut Huna qui organisa le judaïsme babylonien, et cette organisation subsista pendant huit siècles. Il établit naturellement une hiérarchie parmi les fonctionnaires. Les assemblées convoquées pendant certains mois de l'année pour suivre l'enseignement des docteurs portaient le nom de *metibta*, le chef de l'assemblée s'appelait *Resch metibta* (recteur); après lui, venaient les *Resché kalla* (professeurs), chargés de donner des explications préparatoires, pendant les trois premières semaines des mois de Kalla, sur le sujet que le chef de l'école voulait développer dans ses conférences. Le pouvoir judiciaire appartenait aux exilarques. Ceux-ci, soit parce qu'ils n'étaient pas versés dans les questions juridiques, soit parce qu'ils n'avaient pas ou ne voulaient pas prendre le temps de rendre la justice, en confiaient le soin aux docteurs. Ces derniers rendaient la justice devant la maison ou le palais de l'exilarque ; de là, le nom de *juge de la porte* (dayyan di baba) que portait le chef de la magistrature.

Huna garda pendant quarante ans la direction de sa metibta. Le respect que ses contemporains professaient pour son savoir et son caractère lui permit de rendre la Babylonie complètement indépendante de la Judée, et de faire reconnaître aux écoles babyloniennes une autorité religieuse égale à celle des écoles de la Palestine. Il rompit le dernier lien qui rattachait les pays de l'exil à la mère patrie, ou plutôt il eut le courage de faire envisager la situation sous son vrai jour. En réalité, la Babylonie était déjà, depuis de nombreuses années, égale et même supérieure à la Palestine, et c'est par respect pour le berceau du judaïsme, ou pour obtenir en faveur de quelque doctrine la sanction des écoles d'un autre pays, que les savants babyloniens consultaient quelquefois l'opinion des docteurs de la Judée. Sous la direction de Huna, l'académie de Sora occupait le premier rang en Babylonie. Ce docteur mourut subitement à l'âge de quatre-vingts ans (297). Ses amis et ses élèves rendirent à ses restes les plus grands honneurs. L'orateur qui prononça son oraison funèbre commença par ces mots : « Huna méritait que l'esprit saint reposât sur lui. » Son corps fut transporté en Palestine ; là, les hommes les plus remarquables, tels que Ami et Assi, allèrent au-devant du convoi. Il fut enterré dans le caveau de son compatriote Hiyya.

Un des plus jeunes contemporains de Huna était *Juda ben Yehesquêl* (220-299). Ce docteur, doué d'une intelligence pénétrante, avait un caractère ferme et loyal, mais très anguleux. Descendant d'une famille dont l'origine remontait peut-être jusqu'aux temps bibliques, il attachait une importance capitale à la noblesse et à la pureté de race. Il aimait la simplicité en toute chose, et il se montrait violent et blessant envers ceux qui étaient raffinés dans leurs manières ou leurs paroles. Quoique sa vénération pour la Terre sainte fût profonde, il blâmait vivement ceux qui abandonnaient la Babylonie pour fréquenter les écoles de la Palestine. Juda fonda à Pumbadita une académie, qui, après la destruction de Nehardea, joua, dans le nord de la Babylonie, un rôle aussi considérable que l'école de Sora dans le sud.

Chez Juda ben Yehesquêl, comme, en général, chez ses compatriotes, le sentiment était subordonné à la raison; il ne consacrait qu'un jour par mois à la prière, et le reste du temps il s'adonnait à l'étude. Mar-Samuel l'avait déjà surnommé « le sagace »; il créa cette dialectique fine et pénétrante qui avait régné autrefois, pendant un certain temps, dans les écoles de la Palestine, et qui fut poussée jusqu'aux dernières limites de la subtilité dans les écoles babyloniennes. Dans son enseignement, il s'occupait exclusivement des questions de droit, parce qu'elles lui fournissaient l'occasion de supposer les cas les plus variés, de faire les déductions les plus étonnantes et les applications les plus imprévues, et il laissa totalement de côté les parties de la mischna qui traitaient des lois de la pureté lévitique ou d'autres prescriptions qui n'avaient plus d'utilité pratique dans son temps. Aimant surtout la clarté et la précision, il ne se contentait pas, quand il rapportait une tradition, de la faire simplement connaître, il désignait en même temps le docteur qui l'avait enseignée. Cependant son frère *Rami* (R. Ami) l'accusa de donner souvent des indications inexactes : « N'adoptez pas, dit-il quelquefois, ces décisions, telles que mon frère les rapporte au nom de Rab ou de Samuel : ces docteurs les ont formulées autrement. » Rami se mit encore, dans une autre circonstance, en opposition avec Juda. Celui-ci avait défendu sévèrement de quitter la Babylonie et même déclaré que les exilés avaient commis un péché grave en retournant en Palestine avec Zérubabel et Ezra, malgré le conseil que le prophète Jérémie leur avait donné de rester en Babylonie. Rami ne tint nul compte de l'opinion de son frère, et se rendit en Judée.

On a vu plus haut que Juda attachait une très grande importance à la pureté de race; il poussa les scrupules, sur ce point, si loin qu'il empêcha pendant longtemps son fils Isaac de se marier, par crainte que la femme qu'il épouserait ne fût pas d'une origine absolument pure. Son ami Ulla lui en fit le reproche en lui disant avec une grande justesse : « Sommes-nous bien sûrs de ne pas descendre des païens qui, après la prise de Jérusalem, ont déshonoré les jeunes filles de Sion ? » — Juda était tenu en très haute estime par les Juifs de la Babylonie aussi bien que par ceux du dehors, et, après la mort de Huna, il fut nommé chef de l'académie de Sora (297). Son autorité fut même reconnue en Judée. Il exerça ses fonctions avec une rigoureuse impartialité ; ainsi, il ne craignit pas, un jour, d'excommunier un membre influent de l'académie, contre lequel avaient été dirigées certaines accusations. Cet homme étant venu le voir pendant sa maladie, Juda lui dit : « Je suis fier d'avoir eu le courage de te punir, sans égard pour ta haute situation. » Après être resté pendant deux ans à la tête de la *metibta*, il mourut dans un âge très avancé.

Juda eut pour successeur un vieillard de quatre-vingts ans, *Hasda*, de Kafri (217-309). Ce docteur était un disciple de Rab, pour lequel il éprouvait une profonde vénération. Il recueillit fidèlement toutes les opinions émises par Rab, il promit même une récompense à quiconque pourrait lui citer une seule décision de son « illustre maître », dont il n'eût pas connaissance. Hasda fut considéré comme le plus heureux des amoraïm. Issu d'une famille très pauvre, il acquit une telle fortune qu'elle devint proverbiale. Il vit célébrer soixante mariages dans sa famille, et, pendant sa vie, il n'eut la douleur de perdre aucun de ses parents. Quoiqu'il eût fréquenté l'école de Huna, sa méthode d'enseignement se rapprochait de celle de Juda ; il se distingua surtout par sa dialectique subtile. Son savoir était supérieur à celui de Huna, et il le fit sentir un jour à son collègue, ce qui amena dans leurs relations une tension qui subsista pendant plusieurs années. C'est probablement à la suite de ce désaccord que Hasda quitta Sora pour retourner à Kafri, mais il s'y sentit seul et abandonné. Un jour que le Conseil de l'école de Sora le consultait sur une question difficile, il répondit tristement : « Pourquoi ramasse-t-on maintenant le bois vert ? on croit donc trouver un trésor dessous ! » Pendant que Huna dirigeait encore l'académie de Sora, Hasda fit élever à ses propres frais une école dans cette ville (293) ; il ne continua pas moins à considérer Huna comme la seule autorité religieuse de la ville et s'abstint de statuer sur aucun cas. Nommé, après la mort de Juda, chef de l'académie de Sora, il conserva cette dignité pendant dix ans et mourut à l'âge de quatre-vingt-douze ans (309.)

Mar-Schèschèt était, comme Hasda, disciple de Rab et auditeur de Huna. Doué d'une mémoire prodigieuse, il savait par cœur toute la mischna et les autres recueils de lois. Aussi Hasda était-il effrayé de l'abondance des citations que faisait Mar-Schèschèt dans chaque discussion; il est vrai que, de son côté, ce dernier ne suivait pas sans crainte les développements subtils de la dialectique de Hasda. Mar-Schèschèt était, en effet, un adversaire déclaré de ces raisonneurs de l'école de Pumbadita qui dissertaient à l'infini sur chaque question pour faire admirer la finesse et l'ingéniosité de leur esprit. Quelqu'un faisait-il à Mar-Schèschèt une objection spécieuse, il lui disait aussitôt : « Tu es sans doute de Pumbadita, où l'on veut faire passer un éléphant par un trou d'aiguille ». — On sait par Mar-Schèschèt que les gens de la maison de l'exilarque de son époque étaient peu scrupuleux dans l'observance des lois religieuses et avaient des mœurs rudes et grossières. Invité, à plusieurs reprises, à manger chez l'exilarque, il déclina chaque fois l'invitation, et il motiva un jour son refus en déclarant que les serviteurs du Resch Galuta découpaient, pour les faire rôtir, des morceaux de chair sur des animaux vivants. L'exilarque ignorait sans doute ces actes de sauvagerie ; ce fait prouve, au moins, qu'il ne se préoccupait pas de la conduite religieuse de ses domestiques. Ceux-ci jouaient même les plus méchants tours aux docteurs qui étaient en relations avec leur maître et les enfermaient quelquefois dans des cachots.

Le plus jeune amora de cette génération était *Nahman ben Jacob*, disciple de Samuel (235-324). Il était un des représentants les plus remarquables de ces Judéens de la Babylonie auxquels la large aisance, la sécurité et l'indépendance dont ils jouissaient avaient inspiré un sentiment de présomptueux orgueil. Il épousa *Yalta*, fille de l'exilarque, qui était veuve, et il adopta le faste et les manières arrogantes de la famille de sa femme. Ayant des eunuques à son service, comme un prince de l'Orient, il les employait parfois à rappeler par la violence ceux qui étaient tentés de l'oublier au respect qu'il se croyait dû. Son beau-père l'avait nommé aux fonctions de juge, et il faisait sentir, à l'occasion, à ses collègues que lui seul avait le droit de rendre la justice. Contrairement à l'usage, il siégeait seul, sans assesseurs, au tribunal. Son caractère était hautain et violent. Un jour, une vieille femme vint se plaindre auprès de lui des esclaves de l'exilarque, qui lui avaient volé des matériaux de construction pour élever une *succa* (cabane). Nahman l'écouta á peine : « Je descends d'un homme, dit-elle alors malicieusement, qui posséda 318 esclaves (Abraham), et tu ne daignes pas prêter l'oreille à ma réclamation ! » Nahman l'apostropha rudement et décida qu'elle n'avait droit qu'à être dédommagée de la valeur des matériaux qui lui avaient été pris. — Sa femme, Yalta, était encore plus orgueilleuse et plus arrogante que lui, elle avait l'humeur changeante et capricieuse d'une princesse orientale. Elle exigeait que tous les savants juifs qui rendaient visite à Nahman lui présentassent leurs hommages ; l'un d'eux, Ulla, ayant refusé de le faire, elle l'insulta. Comme ce docteur se rendait souvent de la Palestine en Babylonie, et qu'il était sans doute pauvre, elle lui dit : « Les voyageurs sont des bavards, et les gueux, des pouilleux. »

Nahman introduisit dans le droit juif une réforme très utile. Autrefois, lorsqu'une personne déclarait ne pas devoir l'argent qui lui était réclamé, elle ne pouvait être condamnée à affirmer son dire par serment que dans le cas où elle reconnaissait devoir au moins une partie de la somme réclamée ; la contestation portait-elle sur la somme tout entière, l'accusé était dispensé du serment. Les anciens croyaient, en effet, dans leur honnête et loyale simplicité, qu'aucun débiteur n'aurait l'audace de nier totalement ce qu'il devait. L'application de ce principe étant devenue un encouragement au vol, Nahman décida que dans tous les cas, qu'il niât une partie seulement ou la totalité de la somme réclamée, l'accusé serait obligé d'affirmer sa déclaration par serment.

Un autre amora, *Zeïra*, forma en quelque sorte un trait d'union entre la Judée en décadence et le judaïsme babylonien, qui était alors à son essor ; il personnifia plus que tout autre le contraste si vif qui existait entre les Judéens de la mère patrie et ceux de la colonie babylonienne. Cet amora fréquenta les écoles de Huna et de Juda ben Yehesquêl. Peu satisfait de la méthode babylonienne, il désirait se rendre en Judée pour y suivre l'enseignement des docteurs de la Galilée. Mais, sachant que Juda blâmait vivement l'émigration en Palestine, il n'osait pas réaliser son vœu. Un jour, cependant, entraîné par sa passion de visiter la Terre Sainte, il quitta la Babylonie presque secrètement. Arrivé sur les bords du Jourdain, il n'eut pas la patience de chercher un pont pour traverser ce fleuve, et il gagna l'autre rive sur une corde. Un chrétien, témoin de cet acte, dit à Zeïra : « Vous, Judéens, vous ne vous êtes pas encore corrigés de cette dangereuse précipitation dont vous avez déjà donné une preuve au pied du mont Sinaï ». — « Puis-je retarder d'un seul instant, lui répondit Zeïra, mon entrée dans la Terre Sainte, où Moïse et Aron eux-mêmes n'ont pas pu pénétrer ! » Dès son arrivée à Tibériade, il essaya de se corriger de l'habitude, chère aux écoles babyloniennes, de raisonner à outrance sur toutes les questions ; d'après la légende, il jeûna pendant quarante jours afin que Dieu l'aidât à oublier totalement la méthode babylonienne. Mais cette méthode avait agi si profondément sur son esprit que, malgré lui et à son insu, il déployait dans les controverses les qualités caractéristiques des écoles de la Babylonie, et ce furent précisément sa finesse et sa subtilité qui lui assurèrent un des premiers rangs parmi les savants de la Judée. On voulut l'élever au grade de docteur ; il chercha d'abord, par modestie, à se soustraire à cet honneur, et il ne l'accepta que lorsqu'on lui eut persuadé que les charges honorifiques rachètent les péchés. Malgré sa prédilection pour les écoles de la Palestine, Zeïra blâma vivement les prédicateurs ou *aggadistes* palestiniens de ce temps, qui avaient pris l'habitude d'appliquer, dans leurs prédications, certains passages de la Bible à la situation du moment et d'en travestir ainsi le sens réel, et il qualifia les principaux représentants de ce système, *Levi* et *Abba bar Kahana*, de « sorciers ». Il ne devint pas moins, à côté de ses collègues Ami, Assi et Abbahu, une des autorités religieuses de la Judée ; il survécut à ces docteurs. A sa mort, un poète composa sur lui l'élégie suivante : « La Babylonie lui a donné le jour, il a acquis la sagesse dans la Terre Sainte, Tibériade gémit et se lamente, elle a perdu son joyau. »

CHAPITRE IX

LE TRIOMPHE DU CHRISTIANISME ET LES JUDÉENS

(320-375)

L'époque qui, dans l'histoire des peuples, fut marquée par le triomphe du christianisme, vit aussi la ruine de la religion païenne et la décadence du judaïsme en Palestine. Secte longtemps haïe et persécutée, mais opiniâtre et envahissante, les chrétiens désarmaient leurs ennemis en les convertissant à leurs croyances. Le paganisme, fondé sur le mensonge et l'immoralité, céda peu à peu la place à la nouvelle doctrine, qui avait dû faire, il est vrai, des concessions considérables aux idées païennes, mais qui avait une conception plus élevée de la Divinité et était, au moins en théorie, plus pure et plus morale que toutes les religions que les Romains avaient connues jusque-là. Ce fut le temps de la décadence de l'Italie et de Rome, sa capitale, et aussi, par une coïncidence singulière, de la Judée et de Tibériade, ville qui occupait alors, dans la Terre Sainte, la place de Jérusalem. Les exploits glorieux qui avaient illustré ces deux pays n'étaient plus que de pâles souvenirs, le temps commençait à les envelopper de son ombre; ils étaient cependant encore assez présents à la mémoire des Judéens et des Romains pour leur inspirer un ardent enthousiasme et une vigoureuse énergie. Le triomphe du christianisme eut pour la Judée comme pour l'Italie les plus funestes conséquences; en devenant la religion officielle de l'empire romain, il eut à son service la hache des licteurs et l'épée des légionnaires, et il usa de son pouvoir pour étouffer toute activité intellectuelle parmi les Judéens. L'école de Tibériade perdit son prestige, les élèves cessèrent d'y venir.

Pendant que le judaïsme babylonien florissait sous la direction de trois docteurs éminents, les amoraïm palestiniens ne montraient plus ni originalité, ni profondeur d'esprit; ceux qui sont mentionnés dans les documents de cette époque, *Haggaï*, *Jona II* et *José*, disciples et successeurs d'Ami et d'Assi, étaient bien inférieurs à ceux qui les précédèrent. La seule autorité religieuse de la Judée fut Jérémie; encore ce docteur était-il originaire de la Babylonie et si peu estimé dans son pays qu'il fut expulsé des écoles. Le patriarcat était alors occupé par Hillel II. Le père de Hillel, Juda III, qu'un vil apostat accusa d'avoir reçu le baptême sur son lit de mort, avait délaissé son enfant dès sa plus tendre jeunesse (vers 320) et confié le soin de son éducation ainsi que l'administration du patriarcat à deux membres du collège, dont l'un était Joseph de Tibériade. Le patriarche n'avait plus à cette époque qu'un pouvoir très limité, il était chargé principalement de fixer la date des fêtes et de nommer les fonctionnaires religieux des communautés du dehors, il ne dirigeait même plus l'école de Tibériade. Par un contraste singulier, les autorités civiles rendaient au patriarche des honneurs plus éclatants à mesure que son influence diminuait, les patriarches étaient qualifiés, à l'instar des plus hauts dignitaires de l'État, des titres pompeux de *illustres*, *très distingués* (spectabiles), *très glorieux* (clarissimi). « Quiconque injurie publiquement les illustres patriarches est passible d'une peine sévère, » proclame un édit, qui, il est vrai, fut promulgué plus tard, mais qui s'appuie sur des lois antérieures, relatives aux patriarches.

Au commencement du règne de Constantin, les Judéens de l'empire romain pouvaient pratiquer leur religion en toute liberté. Cet empereur avait, en effet, pris les mesures nécessaires, avant qu'il ne fût chrétien, pour mettre fin aux persécutions religieuses dans son État, et il avait promulgué une sorte d'édit de tolérance par lequel il reconnaissait à chacun le droit d'observer le culte qui lui plairait. Les Judéens profitèrent naturellement de cette tolérance, leurs patriarches, leurs anciens, les chefs des écoles et des synagogues jouissaient des mêmes droits que les ecclésiastiques chrétiens et les prêtres païens. Il fut établi que les Judéens qui se consacrent à l'étude de la Loi ou à l'enseignement, les patriarches, les anciens et tous les fonctionnaires religieux seraient exemptés de la charge des fonctions municipales et autres emplois de ce genre. On appliqua aux Judéens des lois analogues à celles qui régissaient les prêtres romains et les évêques chrétiens, et on reconnut en Judée le patriarche comme chef de toutes les communautés juives de l'empire romain.

Constantin ne persista pas longtemps dans ces sentiments de justice. A mesure que l'influence chrétienne s'emparait plus complètement de son esprit, il se montrait plus hostile envers les Juifs, pour lesquels le christianisme éprouvait une aversion violente. Hosius, évêque d'Espagne, Sylvestre, évêque de Rome, Paul, devenu plus tard évêque de Constantinople, la nouvelle capitale des Romains, et Eusèbe, l'historien ecclésiastique, ne cessaient d'attiser la haine contre les Juifs, ils les appelaient « une secte dangereuse, perverse et sacrilège » (*feralis, nefaria secta*), qu'on devrait exterminer. Défense fut de nouveau faite, à cette époque, aux Juifs d'accueillir des prosélytes; convertisseurs et convertis furent menacés de châtiments rigoureux (315). Pour les chrétiens, au contraire, l'État encouragea de son appui le développement de l'esprit de prosélytisme, il interdit sévèrement aux Juifs de punir ceux d'entre eux qui manifesteraient le désir d'embrasser la religion chrétienne. « Ceux qui se permettront de maltraiter les renégats à coups de pierre ou de toute autre façon seront livrés aux flammes, eux et leurs complices. » L'Église s'efforça d'attirer les Juifs à sa doctrine en imposant de lourdes charges à ceux qui restaient fermes dans leurs croyances et en assurant aux apostats des avantages considérables. « Pourquoi vous faites-vous tuer pour votre Dieu ? Voyez de combien de malheurs et de douloureuses épreuves il vous accable! Venez à nous, nous vous nommerons ducs, gouverneurs et généraux. » Des Juifs sans honneur et sans conscience se laissaient séduire par ces promesses, et acceptaient le baptême. « L'impie Rome » ou « le fils de ta mère cherche à faire trébucher les fidèles », tel était le texte que les prédicateurs développaient fréquemment à cette époque dans les synagogues. Sur l'ordre de Constantin, les Juifs perdirent leurs privilèges; cet empereur décréta qu'à l'exception de deux ou trois dignitaires, ils seraient tous soumis aux charges municipales.

Ce fut à cette époque qu'on vit, pour la première fois, ce spectacle de plusieurs centaines d'évêques et d'*anciens* réunis à Nicée sous la présidence de l'empereur. Cette assemblée, qui devait être, en quelque sorte, la constatation matérielle du triomphe des chrétiens, ne servit qu'à faire ressortir leur faiblesse et leurs dissensions intestines. Car, au moment où le christianisme se présentait pour la première fois dans l'éclat de sa puissance temporelle et spirituelle, toute trace de son essence primitive avait disparu, il ne connaissait plus ni la doctrine essénienne de l'humilité, de la fraternité et du communisme, ni la moralité austère et les sentiments élevés des pauliniens, ni l'amour de l'étude et des recherches critiques des écoles alexandrines. Des controverses stériles, telles que la discussion sur l'identité de Christ le fils avec Dieu le père, allaient occuper dès lors une place prépondérante dans l'histoire de l'Église. Le concile de Nicée rompit le dernier lien qui rattachait encore la nouvelle religion au judaïsme en adoptant pour la célébration de la Pâque chrétienne, observée le plus souvent à la même époque que la fête de *Péssah*, c'est-à-dire au jour fixé par le synhédrin, une date absolument indépendante du calendrier juif. « Il n'est pas convenable que pour la célébration de cette fête sacrée nous suivions l'usage des Juifs. — Maintenant, nous n'avons plus rien de commun avec la nation détestée des Juifs, notre Sauveur nous a tracé une autre voie. — Il serait cependant bien pénible que les Juifs pussent se vanter que sans leur enseignement (leur calendrier) nous ne serions pas en état de célébrer la Pâque. » Ces dernières paroles sont mises dans la bouche de l'empereur Constantin, et si lui-même ne les a pas proférées, elles n'en reflètent pas moins le sentiment qui inspirera dorénavant la conduite de l'Église envers les Juifs.

Constantin, conseillé sans doute par les évêques qui vivaient à sa cour, renouvela contre les Juifs le décret d'Adrien qui leur interdisait l'entrée de Jérusalem ; c'est seulement le jour anniversaire de la destruction du temple et contre le payement d'une somme d'argent qu'ils pouvaient dorénavant aller pleurer, au milieu des ruines du sanctuaire, sur la chute de la ville sainte. Il est très difficile d'admettre, comme l'affirme une légende chrétienne, que cette défense fut promulguée à la suite d'une tentative que firent les Juifs pour reconquérir Jérusalem. Constantin remit également en vigueur une ancienne loi qui défendait aux Juifs de circoncire leurs esclaves. Mais, d'un autre côté, il les protégea par un édit contre les injures et les mauvais traitements des renégats juifs qui s'arrogeaient le droit d'outrager leurs anciens coreligionnaires. Un de ces apostats, *Joseph*, semble avoir fait beaucoup de mal aux Juifs de la Palestine. Assesseur du patriarche au synhédrin de Tibériade, il fut délégué dans les communautés de la Cilicie. Là, il se lia avec un évêque, qui lui fit lire le Nouveau Testament. Les Judéens de la Cilicie conçurent des soupçons sur son orthodoxie, et comme ses manières autoritaires et sa sévérité excessive envers les instituteurs et les chefs religieux lui avaient aliéné beaucoup d'esprits, quelques-uns de ses ennemis pénétrèrent un jour à l'improviste dans sa demeure et le surprirent lisant les évangiles. On raconte que, dans leur colère, ils le jetèrent dans le Cydnus, d'où il aurait été sauvé par miracle. Quand il se vit démasqué, il se convertit au christianisme, et, sur les instances de quelques évêques influents, Constantin l'éleva à la dignité de *comes* et le plaça ainsi au-dessus de la juridiction des tribunaux. Il paraît avoir profité de ce privilège pour faire endurer aux Juifs toutes sortes de vexations. L'empereur l'autorisa également à construire des églises en Galilée, et notamment à Tibériade, à Sépphoris, à Nazareth, et à Capernaüm. Joseph affirme qu'il a réellement élevé des églises dans ces diverses villes ; c'est une pure fanfaronnade. A quoi auraient-elles servi ? Lui-même raconte qu'il n'y avait pas de chrétiens dans cette région, parce que les Judéens ne les y toléraient pas. En réalité, il essaya seulement d'organiser à Tibériade une sorte de chapelle dans un édifice qui datait de l'empereur Adrien et qui faisait partie du domaine impérial, mais sa tentative rencontra, paraît-il, tant de difficultés de la part des Judéens, qu'il fut obligé de quitter la région et de s'établir à Scythopolis (Betsan).

Le règne de l'orthodoxe et fratricide Constance (337-362) fut le signal d'une propagande énergique en faveur du christianisme, et en même temps d'une nouvelle ère de persécution contre les Judéens. Si les évêques de cette époque n'avaient pas été aveuglés par un ardent désir de domination et par la soif de la vengeance, ils auraient prévu qu'en faisant appel au bras séculier de la puissance romaine, ils se donnaient un maître et exposaient le christianisme à un très grave danger. L'empereur Constance pouvait dire à bon droit : « Que ma volonté soit la loi de l'Église et tienne lieu de religion. » Sous son règne, les questions religieuses étaient résolues en dernier ressort, non par les docteurs de l'Église, mais par les eunuques et les dames de la cour. Aussi bien, un esprit de sombre fanatisme animait tous les chrétiens, depuis l'empereur jusqu'au plus infime de ses sujets, au point que de simples querelles de mots amenaient quelquefois des persécutions sanglantes. Les Judéens eurent naturellement à souffrir de cette intolérance; dès le commencement du règne de Constance, plusieurs de leurs docteurs furent exilés, entre autres, *Dimé* et *Isaac ben Joseph*. Plus tard, la situation des Judéens devint encore plus douloureuse, les docteurs furent sans cesse menacés de mort; il se produisit alors parmi eux un mouvement important d'émigration. Parmi les émigrés, on remarquait Abin et Samuel bar Juda (337-338). Peu à peu, l'école de Tibériade fut complètement délaissée, et toute activité intellectuelle cessa parmi les Judéens de la Palestine. Jusqu'alors, il y avait encore une espèce de synhédrin qui délibérait sur les questions importantes; cette institution disparut à son tour. Les derniers membres connus de cette assemblée furent *Haggaï*, *Jona* et *José*. Les sentiments malveillants de l'empereur Constance envers les Judéens se firent jour par un certain nombre de mesures très rigoureuses qu'il édicta contre eux. Il leur fut interdit, sous peine de mort (339), de se marier avec des femmes chrétiennes, de circoncire un esclave (339), et même de convertir des esclaves païens. Ces mesures restrictives étaient illégales, car les Judéens étaient citoyens romains et, comme tels, ne devaient être soumis à aucune loi d'exception. Mais qu'importait le droit et la justice à cet empereur faible et déloyal, dominé complètement par quelques eunuques et quelques prélats de cour, et qui soumettait l'Église elle-même à ses caprices! Constance ou ses courtisans ecclésiastiques furent, en réalité, les fondateurs de l'État chrétien.

Au commencement de son règne, Constance soutint de nombreux

combats contre le roi des Perses, Schabur II, qui n'avait attendu que la mort de Constantin pour attaquer l'empire romain. Les légions de Constance furent défaites dans plusieurs rencontres, les Perses passèrent l'Euphrate et répandirent la terreur jusqu'à Antioche. Un autre ennemi menaçait l'empire, c'étaient les Sarrasins, tribu barbare, établie sur les frontières de l'Europe et de l'Asie, qui faisait de fréquentes incursions sur le territoire romain. Comme la possession de la Terre Sainte avait une importance considérable pour Constance, qui était le premier empereur réellement chrétien, il y fit stationner des légions, sous le commandement du général Ursicinus. Ces soldats, cantonnés dans les villes de la Judée, logeaient chez les habitants juifs, contraints par un ordre spécial d'Ursicinus à se soumettre à toutes les exigences de leurs hôtes et, par conséquent, à enfreindre très souvent les prescriptions de leur religion. Ainsi, ils étaient obligés de cuire du pain pour les soldats les jours de sabbat et pendant la fête de Pâque. Pour tranquilliser la conscience de ceux qui éprouvaient des scrupules à observer cet ordre, les deux principaux docteurs de Tibériade, Jona et José, enseignèrent qu'il était permis de cuire du pain le jour du sabbat pour l'armée, et les docteurs de *Nevé*, ville de la Gaulanite, autorisèrent également les communautés juives à cuire du pain pendant Pâque pour les soldats romains. Outre les vexations que le général Ursicinus et ses légions faisaient supporter aux Judéens de la Palestine, ces derniers, pour la plupart très pauvres, étaient soumis à des impôts fort lourds : ils devaient fournir du blé et du bétail, payer la capitation ou taxe judaïque, la patente et des amendes de toute sorte. Les prédicateurs se firent l'écho des plaintes que ces charges arrachaient aux Judéens. « Nous ressemblons, dirent-ils, sous la domination d'Edom, à un vêtement accroché à un buisson ; le détache-t-on d'un côté, les épines le retiennent de l'autre. Avant que nous ayons fini de payer les impôts en nature, on vient réclamer la capitation ; cette taxe est-elle payée, on exige le tribut. » — « L'impie Esaü a recours aux plus méchants artifices pour maltraiter Israël. » — « Tu as tué et volé. — C'est faux ! — Désigne-nous ton complice, livre-nous ce que tu as à fournir pour l'armée, paye ta capitation et les autres impôts que tu dois. »

L'empereur Constance prit encore une autre mesure vexatoire

contre les Judéens. Malgré la défense que le concile de Nicée leur en avait faite, un grand nombre de communautés chrétiennes de l'Asie Mineure, de la Syrie et de la Mésopotamie continuaient à célébrer la Pâque en même temps que les Judéens. Dans les années embolismiques, où le patriarche et le collège intercalaient un mois, les chrétiens de ces contrées célébraient la fête de Pâque quelques semaines plus tard que les chrétiens de l'empire romain. Ces hérétiques étaient appelés *quartidecimanes*, c'est-à-dire des croyants observant la Pâque, comme les Juifs, le quatorzième jour de Nissan au soir. Constance et ses évêques étaient vivement irrités contre ces hérétiques, mais ces derniers étant trop nombreux pour pouvoir être convertis par le fer et le feu, les autorités romaines s'en prirent aux Juifs. Elles défendirent une fois sévèrement au patriarche de déclarer une année embolismique et, par conséquent, de retarder la célébration de la Pâque; le patriarche dut se soumettre à cet ordre. Les communautés de la Palestine purent sans doute être avisées secrètement que l'année était embolismique. Mais comment en informer les communautés du dehors? Il aurait été dangereux de les en prévenir par des circulaires hébraïques; des apostats juifs, tels que Joseph de Tibériade, auraient pu facilement les lire et en faire connaître le contenu aux autorités romaines. Le patriarche se servit d'un stratagème, il rédigea une épître qui ne pouvait être comprise que par les docteurs de Babylonie. Voici ce qu'il écrivit au chef des communautés de cette contrée : « Des hommes sont venus de Rékét (Tibériade), ils ont été attaqués par l'aigle (les légions romaines) parce qu'ils avaient sur eux ce qui se fait à Luz (de la couleur d'azur pour les Tzitzit). Par la grâce de Dieu et leur propre mérite, ils sont arrivés sains et saufs. Les descendants de Nahschon (le patriarche) ont voulu intercaler un pourvoyeur de mois (mois supplémentaire), l'araméen (le romain) le leur a interdit, néanmoins les membres de l'assemblée (synhédrin) ont intercalé le mois pendant lequel Aron est mort (mois d'ab.) » Une autre fois, il fut interdit aux Judéens, sous le règne de Constance, d'observer la fête de l'Expiation en son temps, et ils durent en remettre la célébration au sabbat suivant. Ces diverses mesures provoquèrent un nouveau soulèvement de la population juive. Les circonstances paraissaient, du reste, favorables pour une émeute. Après la mort des frères de Constance, qui avaient partagé le pouvoir avec lui, plusieurs généraux se firent proclamer empereurs; de là, des luttes sanglantes entre les différents partis. Constance fut contraint de nommer son neveu Gallus, encore jeune et inexpérimenté, gouverneur des provinces orientales, et de lui confier le soin de repousser les attaques des Perses. Les victoires que ces derniers remportèrent sur les légions romaines et la situation troublée de l'empire encouragèrent les Judéens à essayer de se soustraire à l'autorité despotique de Constance. Ils furent affermis dans leur résolution par un homme actif et énergique que les Romains appelaient *Patricius* et les Judéens *Natrona*; les Judéens voyaient même en lui le Messie. Pour surexciter la colère de la population juive et la pousser à la révolte, un prédicateur, Isaac, prononça à Sépphoris ou à Tibériade un discours enflammé contre les Romains. Cette diatribe est un curieux spécimen de l'éloquence du temps, elle contient un dialogue entre Dieu et le peuple juif, et elle évoque les quatre royaumes dont parle Daniel. L'orateur montre que Dieu a déjà abaissé trois de ces royaumes, la Babylonie, la Médie et la Grèce, qui avaient assujetti Israël; il affirme que le quatrième, celui des Romains (Esaü, Edom) sera détruit à son tour. « Nous délivreras-tu, dit Israël à Dieu, pour nous rejeter dans le malheur? — Non, répond Dieu, Mardochée et Esther vous ont délivrés des Mèdes, les Hasmonéens des Grecs, Natrona vous vengera d'Edom, ce Natrona dont il est dit dans l'Ecriture sainte qu'il sera votre appui et votre refuge. Ils ne seront pas défaits à moitié, ils seront totalement exterminés, tous ces ducs, ces gouverneurs et ces généraux qui vous oppriment, et aussi tous ceux qui ont abandonné ma communauté pour se joindre à mes ennemis (les apostats) périront au jour du malheur. » Le mouvement paraît avoir pris naissance dans la ville de Sépphoris, puis s'être étendu jusqu'à Tibériade et à Lydda. Gallus, ou plutôt son lieutenant Ursicinus dompta la révolte. La répression fut impitoyable, plusieurs milliers de Judéens furent égorgés, les enfants même ne furent pas épargnés. Tibériade, Lydda et les autres villes qui s'étaient révoltées furent détruites en partie; Sépphoris fut rasée jusqu'au sol (352). Même après que le soulèvement eut été étouffé dans le sang, Ursicinus continua à faire rechercher et à châtier ceux qui y avaient participé ; il se montra particulièrement cruel pour les habitants de Sepphoris. Ceux-ci, pour échapper à leur ennemi, cherchaient à se rendre méconnaissables en s'appliquant un emplâtre sur le nez. Cette ruse leur réussit pendant quelque temps, mais elle fut bientôt divulguée aux autorités romaines. Ceux qu'on arrêtait étaient impitoyablement tués. Un grand nombre de rebelles se cachèrent dans les souterrains de Tibériade. « Dans les souterrains de Tibériade, dit Huna II, où nous avions cherché un refuge, nous étions munis de torches ; quand leur lumière pâlissait, nous reconnaissions qu'il faisait jour, et quand elle était brillante nous savions que la nuit était arrivée. » Ces paroles prouvent que les fugitifs se tinrent assez longtemps enfermés dans leur cachette.

Peu de temps après sa victoire sur les Judéens, Ursicinus tomba en disgrâce (354) et Gallus fut tué par ordre de l'empereur Constance. Ces événements ne modifièrent pas la situation des Juifs, qui continuèrent à être persécutés comme hérétiques. On les accusa même d'être athées, parce qu'ils ne reconnaissaient pas la divinité de Jésus, et on promulgua cette loi (357) : que tout chrétien qui entre dans la communauté des « blasphémateurs » juifs encourt la confiscation de tous ses biens. Les impôts, qui pesaient déjà d'un poids très lourd sur les Judéens, furent considérablement augmentés, sous prétexte que des athées et des blasphémateurs ne méritaient ni protection, ni pitié. D'un autre côté, la collecte des impôts payés par les Juifs pour subvenir aux frais du patriarche fut ou allait être interdite.

Les épreuves douloureuses que traversèrent les Judéens engagèrent le patriarche de cette époque, Hillel, à faire adopter une mesure qui montre qu'il plaçait l'intérêt public bien au-dessus de son propre intérêt. Jusqu'alors, les calculs relatifs à la fixation des néoménies et des années embolismiques étaient tenus secrets, et la date des fêtes était annoncée aux diverses communautés par des messagers que le synhédrin envoyait dans les villes voisines de la Judée. Ce système ne pouvait plus être appliqué sous Constance, les communautés du dehors étaient donc incertaines sur les dates des fêtes. Pour remédier à cet état de choses, Hillel II fit connaître les règles que le synhédrin suivait dans la détermination des néoménies et des fêtes, afin que chacun pût fixer lui-même le calendrier. Ce patriarche rompit ainsi de ses propres mains le dernier lien qui rattachait encore au patriarcat les communautés juives de l'empire romain et de la Perse, il n'hésita pas à renoncer en faveur de l'affermissement du judaïsme à un privilège dont les patriarches Gamaliel II et son fils Simon avaient exigé le maintien avec une obstination passionnée. Le synhédrin approuva la mesure prise par Hillel, il demanda seulement qu'on continuât à célébrer, comme auparavant, dans les communautés extra-palestiniennes le deuxième jour de fête. José adressa à la communauté d'Alexandrie une lettre contenant ces mots : « Quoique nous vous ayons mis à même de déterminer exactement la date des fêtes, ne modifiez pas l'usage de vos ancêtres (d'observer le deuxième jour de fête). » — « N'abandonnez pas l'usage de vos pères », dirent les docteurs aux Juifs babyloniens. Ce conseil fut suivi, et aujourd'hui encore toutes les communautés juives en dehors de la Palestine célèbrent le deuxième jour de fête.

Hillel a établi son calendrier d'après des règles si simples et si justes qu'elles ont été reconnues exactes par tous les hommes compétents, juifs et non juifs, et que ce calendrier est encore en usage de nos jours. L'année solaire (calculée à 365 jours) et l'année lunaire (la lunaison comprenant 29 jours, 12 heures et une fraction), qui entrent toutes les deux en ligne de compte pour la fixation des fêtes, sont combinées de telle sorte que, sauf une différence insignifiante, elles concordent parfaitement entre elles. La durée des mois est calculée dans ce calendrier d'après le mouvement de la lune, et Hillel y a tenu compte en même temps pour la fixation des fêtes de certaines prescriptions spéciales relatives à ces fêtes. Les calculs sont fondés sur le cycle d'or de dix-neuf ans (mahzor halebana), dans lequel entrent sept années embolismiques. Chaque année comprend dix mois qui ont une durée invariable, ils ont alternativement 29 et 30 jours, et deux mois de l'automne, ceux qui suivent le mois de Tischri, qui ont une durée variable, dépendant de certains faits astronomiques et de certains usages religieux. On ne sait pas au juste quelle part, dans ce système, appartient en propre à Hillel et quelle part en revient à la tradition ; il existait, en effet, dans la famille du patriarche, quelques traditions relatives aux calculs astronomiques. Hillel parait, en tout cas, avoir utilisé le calendrier de Samuel.

L'oppression qui pesait sur les Juifs palestiniens contribua au développement du judaïsme en Babylonie. L'enseignement religieux prit dans ce pays un tel essor, qu'il effaça presque, par son éclat, le souvenir des anciennes écoles. Jusque-là, les docteurs de la Loi avaient suivi dans leur enseignement deux méthodes bien différentes, dont l'une consistait à transmettre les traditions religieuses telles qu'elles avaient été reçues, et l'autre, à déduire de ces traditions des lois nouvelles. Chacune de ces deux méthodes était représentée en Babylonie par une école spéciale : la première, par l'académie de Sora, et la seconde, par l'académie de Pumbadita. L'école de Sora ne faisait, en réalité, que continuer l'enseignement des écoles palestiniennes, et, tout en se distinguant des docteurs de la Judée par cette sagacité toute particulière aux Juifs babyloniens, elle ne contribua en rien au développement de la Loi religieuse. Il en fut tout autrement de l'école de Pumbadita : les dialecticiens pénétrants et subtils de cette ville exercèrent à cette époque une autorité incontestée dans la Babylonie et ses dépendances. Les trois principaux représentants de Pumbadita étaient Rabba et ses jeunes collègues Abaï et Râba.

Rabba bar Nahmani (né vers 270, mort en 330) était originaire de Mamal ou Mamala, ville de Galilée dont presque tous les habitants descendaient de la famille sacerdotale d'Héli ; ils prétendaient même que la malédiction prononcée par Dieu contre la postérité de ce grand-prêtre continuait à peser sur eux et qu'ils mouraient tous avant d'avoir atteint la vieillesse. Il paraît, en effet, que les vieillards étaient excessivement rares à Mamala. — Rabba avait trois frères, *Kaïlil*, *Uschaïa* et *Hanania*, tous pauvres. Les deux derniers, qui étaient retournés en Judée, vivaient misérablement de leur métier de cordonnier ; ils étaient même obligés, faute d'autres clients, de confectionner des chaussures pour des prostituées. Tout en étant en relations fréquentes avec ces femmes, ils conservèrent des mœurs si pures et si austères qu'ils furent vénérés comme « des saints du pays d'Israël ». Uschaïa et Hanania se laissèrent séduire par les charmes de l'Aggada ; leur frère Rabba, esprit plus calme et plus réfléchi, se consacra à l'étude plus aride et plus difficile des questions de casuistique. Rabba étant resté en Babylonie, ses frères, toujours inquiets de son sort, le supplièrent de venir en Judée. « Il n'est pas indifférent, lui firent-ils dire, qu'on meure en Judée ou hors de la Judée, le patriarche Jacob a demandé, lui aussi, à se faire enterrer dans la Terre Sainte. Quoique tu sois sage et intelligent, tu ferais des progrès bien plus rapides sous la direction d'un maître instruit qu'en restant livré à tes propres ressources. Tu ne peux pas nous objecter qu'il n'y a en Judée aucun docteur remarquable, nous en connaissons un qui a une grande valeur. » Rabba accéda au désir de ses frères et se rendit en Palestine; mais, au bout de quelque temps, il retourna en Babylonie.

Après la mort de Juda, son maître (299), Rabba fut désigné comme chef de l'académie de Pumbadita; par modestie, il déclina cet honneur. On nomma alors *Huna bar Hiyya* à cette dignité. Ce docteur était tellement riche qu'il fournissait des sièges dorés pour tous les élèves de son école, lesquels étaient encore à cette époque au nombre de 400. Huna avait la ferme des douanes. Lorsque le Conseil de l'école en fut informé, il lui fit comprendre qu'il devait renoncer à une occupation, jugée alors comme méprisable, ou abandonner la direction de l'école. Huna préféra rester à la tête de l'académie; seul, Joseph continua à ne pas reconnaître son autorité.

L'école de Pumbadita ayant décliné sous la direction de Huna, on chercha, à la mort de ce dernier, un docteur qui pût rendre à cette académie son ancien éclat. Deux hommes paraissaient capables de la relever et d'y attirer de nombreux disciples : Rabba et Joseph ben Hiyya, l'un par sa dialectique et l'autre par son érudition. Le choix était très embarrassant; on demanda conseil aux savants de la Judée : « Lequel des deux a le plus grand mérite? est-ce le Sinaï (l'homme érudit) ou le souleveur de montagnes (le dialecticien subtil)? » L'école de Tibériade se prononça pour le premier. Joseph, qui était ainsi désigné pour la dignité de chef d'académie, hésita à l'accepter, parce qu'un Chaldéen, qui avait tiré son horoscope, lui avait prédit qu'il occuperait un jour une fonction élevée et qu'au bout de deux ans et demi il mourrait. On nomma alors, à sa place, Rabba (309).

Sous la direction de Rabba, l'école de Pumbadita prit un remarquable essor; plus de 1,200 élèves la fréquentèrent. C'est que Rabba ne limitait pas son enseignement, comme son prédécesseur Juda, à la partie pratique de la loi orale, il expliquait tous les traités de la mischna, s'efforçant de concilier les opinions divergentes des Tannaïm et des Amoraïm et de rendre compréhensibles les passages difficiles. Il mettait de la vie et du mouvement dans son enseignement en parsemant d'anecdotes, d'aperçus ingénieux et de sentences l'exposition aride de la casuistique; car, il établit comme principe qu'il était nécessaire de tenir l'attention des auditeurs en éveil par des récits intéressants, pour qu'il leur fût possible de suivre et de comprendre la discussion de questions sérieuses et souvent très ardues.

Rabba était, comme Akiba, un esprit synthétique, groupant les faits isolés sous un certain nombre de rubriques générales. Son mérite était hautement reconnu par tous ses collègues, qui lui témoignaient une profonde vénération. Par contre, la population de Pumbadita lui marquait une très grande hostilité; elle était irritée des reproches violents qu'il lui adressait sur sa conduite coupable et ses mœurs corrompues. Ayant une fois ordonné, pendant une période de sécheresse, un jeûne et des prières publiques, sans que la pluie demandée tombât, il dit au peuple : « Ne croyez pas que le ciel nous refuse la pluie parce que les chefs religieux d'aujourd'hui sont moins pieux et étudient moins la Tora que les contemporains de mon maître Juda; Dieu n'accueille pas notre prière parce que la génération actuelle est méchante et perverse. »

Du temps de Rabba, les Juifs babyloniens eurent à subir une persécution qui, sans être grave, troubla néanmoins la quiétude dont ils avaient joui jusqu'alors. Cette persécution se produisit sous le nouveau roi sassanide, Schabur II, qui régna 69 ans (310-379) sur les Perses. Grâce à l'intervention de la mère de Schabur, Ifra-Ormuzd, amie des Juifs, ces derniers souffrirent bien moins que les chrétiens, qui furent traités très durement à cette époque. Voici, en résumé, ce qu'on raconte sur cet événement. Rabba fut accusé auprès du roi ou de ses conseillers d'avoir engagé les 1,200 auditeurs qui suivaient ses conférences pendant les mois de

Kalla à ne pas payer la capitation ou taxe personnelle. Des ordres ayant été donnés pour s'emparer de lui, Rabba, averti du danger qui le menaçait, s'enfuit et erra dans la campagne, aux environs de Pumbadita. Un jour, il prit le bruissement du vent dans le feuillage pour le bruit d'une troupe en marche; il crut qu'on venait pour l'arrêter et il en éprouva une telle frayeur qu'il mourut. Ses deux principaux élèves, *Abaï* et *Râba*, aidés par leurs condisciples, se mirent à la recherche de son corps;-ils le trouvèrent entouré d'oiseaux qui le protégeaient de leurs ailes. Ils observèrent en son honneur un deuil de sept jours (330). L'accusation qui avait amené la mort de Rabba ne paraît pas avoir eu d'autre suite. La reine mère Ifra envoya même une bourse pleine de denars au successeur de Rabba pour une bonne œuvre, à son choix; il l'employa au rachat de prisonniers juifs.

Le successeur et ami de Rabba, *Joseph bar Hiyya* (né vers 270 et mort en 333), était d'une constitution débile et d'une sensibilité maladive. Très susceptible et très irritable, il souffrait vivement de ses défauts, et il avouait lui-même que son caractère serait toujours un obstacle à son bonheur. Il possédait, paraît-il, des champs, des plantations de palmiers et des vignes qu'il cultivait avec beaucoup de soin et qui produisaient un vin d'une excellente qualité. Devenu aveugle, il s'affligeait surtout de ce que son infirmité l'empêchait d'accomplir un certain nombre de pratiques religieuses. Joseph fut une exception parmi les divers chefs de l'académie de Pumbadita, il préféra l'érudition à une dialectique subtile et raffinée. Sa profonde connaissance de la Mischna et de la Boraïta lui valut le surnom de « Sinaï » et de « possesseur de réserves de blé. » Outre l'étude de la Loi, Joseph se consacra à une traduction chaldéenne de la Bible. On avait traduit depuis longtemps en araméen et en syriaque le Pentateuque et les chapitres des prophètes récités au temple (Haftarot); il existait même plusieurs traductions chaldéennes du Pentateuque, dont l'une, faite probablement d'après la version grecque d'Akylas, porte le nom de *Targum Onkelos*. Les Juifs de la Syrie et de la Mésopotamie avaient à leur usage une version syriaque de la Tora, nommée Pschitô, mais il n'existait aucune traduction chaldéenne de la plus grande partie des prophètes. Ce fut Joseph qui entreprit ce travail. — Joseph tenait la main à l'observance stricte des prescriptions religieuses, et il fit flageller un de ses élèves, *Nathan bar Assa*, qui, contrairement à la loi, était allé un deuxième jour de fête depuis l'école jusqu'à la ville de Pumbadita.

L'existence de Joseph fut troublée par diverses épreuves ; une des plus douloureuses pour lui fut la perte de la mémoire. Cet accident lui survint à la suite d'une maladie. Il arrivait parfois que des élèves lui objectaient, dans une controverse, qu'il avait émis autrefois une opinion contraire à celle qu'il venait d'exprimer. Quoique ces observations ne lui fussent faites qu'avec les plus délicats ménagements, sa susceptibilité n'en souffrait pas moins, et il disait tristement à ses disciples : « Montrez-vous indulgents pour un vieillard, et rappelez-vous que les fragments des tables de la Loi brisées par Moïse ont été respectueusement conservés dans l'arche avec les tables entières. » — L'exemple de Joseph montre l'infériorité du système d'enseignement qui repose sur la mémoire. On entasse dans sa mémoire des lois et des traditions, on veille avec un soin jaloux sur la moindre parcelle de son trésor, on écarte impitoyablement, comme ennemis, le raisonnement et la réflexion, un accident survient, la mémoire s'affaiblit, on perd tout ce qu'on avait amassé avec tant de peine, et l'on n'a plus les moyens de remplacer ce qu'on a perdu. C'est ce qui arriva à Joseph. L'école de Sora déclina, elle aussi, parce que, dans son enseignement, elle n'avait pas fait la part assez large au raisonnement et qu'elle s'était abstenue de développer la Loi par de nouvelles déductions. Après la mort de Hasda, elle fut dirigée pendant douze ans (309-320) par *Rabba* ou Rab Abba, fils de Huna ; mais la jeunesse studieuse la délaissa peu à peu pour se rendre à l'académie de Pumbadita. Rabba n'a laissé d'autre souvenir que celui d'un homme très modeste. Après la mort de ce docteur, l'école de Sora resta sans chef pendant près d'un demi-siècle, puis elle se releva encore une fois.

Le collège de Pumbadita était très embarrassé pour désigner un successeur à Joseph ben Hiyya. Quatre docteurs, *Abaï*, *Râba*, *Zeïra II* et *Rabba bar Matana*, étaient dignes à titre égal d'être élevés à la fonction de chef d'académie. Il fut alors décidé qu'on soumettrait une question de casuistique aux quatre candidats et qu'on choisirait celui qui en proposerait la meilleure solution. Abaï remporta la victoire dans ce tournoi et fut placé à la tête de l'école de Pumbadita. Ce docteur (né vers 280 et mort en 338), surnommé Nahmani, ne connut jamais ses parents. Son père, Kaïlil, mourut avant sa naissance, et il perdit sa mère peu de temps après qu'il fut venu au monde. Abaï conserva un souvenir reconnaissant de la femme qui l'avait élevé, il la désigna toujours sous le nom de « mère » et cita en son nom un grand nombre de recettes médicales. Son oncle Rabba lui tint lieu de père, s'occupa de son instruction, lui enseigna la Loi et l'initia à la dialectique talmudique. Abaï, comme son collègue Râba, faisait pressentir, dès sa jeunesse, qu'il serait un jour un savant distingué. On disait de lui que « l'on voit déjà par la fleur ce que sera le fruit. » — Abaï semble avoir été peu fortuné ; il possédait cependant, comme la plupart des docteurs babyloniens, un petit champ, qu'il faisait cultiver par un métayer. D'un caractère doux et conciliant, il se montrait très affable avec tout le monde : « Que l'homme, dit-il, parle avec douceur et bienveillance, vive en paix avec ses frères, ses parents et, en général, avec tous les hommes, même avec les païens, alors il sera aimé, estimé et écouté de tous. » Conformant sa conduite à ses paroles, il était respecté même des Samaritains de la Babylonie pour sa droiture et sa parfaite loyauté. Un jour qu'un de ses ânes s'était enfui, les Samaritains le lui ramenèrent, quoiqu'il ne pût leur prouver par aucun signe particulier que cet âne lui appartenait. « Si tu n'étais pas Nahmani, lui dirent-ils, nous ne t'aurions pas rendu cet âne, eusses-tu même pu nous prouver qu'il était à toi. »

Pendant qu'Abaï dirigeait l'école de Pumbadita, le nombre des élèves alla en décroissant et tomba jusqu'à 200 ; ce qui lui fit dire, pour indiquer ce déclin, qu'il était doublement orphelin. Non pas que l'ardeur pour l'étude se fût refroidie, mais à côté de l'école d'Abaï, Râba avait fondé à Mahuza, près du Tigre, une école rivale qui attirait de nombreux disciples. Sous l'impulsion que lui imprimèrent ces deux docteurs, l'enseignement babylonien atteignit son apogée ; la sagacité et la souplesse de leur esprit leur firent découvrir la solution de questions que leurs prédécesseurs Rabba et Joseph n'avaient pas pu résoudre.

Après la mort d'Abaï, la direction de l'école fut confiée d'un commun accord à *Râba bar Joseph bar Hama* (né en 299 et mort en 352), de Mahuza. Râba possédait une grande fortune, il était doué d'une vaste intelligence et d'une rare pénétration, mais son caractère avait des côtés faibles qui le plaçaient au-dessous de plusieurs des docteurs de son époque. Il connaissait bien ses qualités et ses défauts ; il les décrivit, un jour, en ces termes : « Des trois vœux que j'ai formés, deux seulement se sont réalisés : je me suis souhaité le savoir de Huna et la richesse de Hasda, et je les ai obtenus ; mais je n'ai pas pu acquérir la réserve et la modestie de Rabba bar Huna. » Râba ressemblait, en effet, à ses compatriotes de Mahuza : il aimait le luxe et se montrait en toute circonstance orgueilleux et hautain, excepté, peut-être, envers les gens de Mahuza, qu'il flattait beaucoup et dont il désirait vivement gagner et conserver les bonnes grâces. « Quand je fus nommé juge, dit-il, je craignis de perdre l'affection que me témoignaient les habitants de Mahuza, mon impartialité devant me faire forcément aimer ou haïr de tous. » Abaï semble avoir blâmé chez son collègue cet ambitieux désir de se rendre populaire au détriment de sa dignité. « Si un docteur est aimé de ses concitoyens, dit-il, il en est très souvent redevable, non à son mérite, mais à son indulgence pour leurs défauts. » — Les habitants de Mahuza, comme on l'a vu plus haut, descendaient pour la plupart de prosélytes, et les familles babyloniennes, très fières de leur origine, refusaient de s'allier à eux. Zeïra II les autorisa alors, dans une conférence publique, à contracter mariage avec des bâtardes. Froissés profondément, par cette autorisation, dans leur orgueil, ils se vengèrent de Zeïra en lançant contre lui — c'était la fête des cabanes — leurs cédrats. Râba blâma vivement la franchise de Zeïra : « Quelle imprudence, dit-il, de faire une telle déclaration dans une communauté dont la plupart des membres descendent de prosélytes ! » Pour gagner la faveur populaire, il combattit l'opinion de Zeïra et enseigna que des prosélytes pouvaient même épouser des filles de prêtres. Flattés de cette décision, les Mahuzéens en témoignèrent leur satisfaction à Râba en lui faisant don d'étoffes de soie. Râba reconnut un peu plus tard qu'il était allé trop loin, et pour diminuer en partie la considération qu'il avait paru accorder à ses compatriotes, il leur permit de s'allier à des bâtards. Les Mahuzéens lui en ayant exprimé leur mécontentement, il les apaisa par ces mots : « Je ne fais qu'étendre vos droits, je vous laisse libres de vous unir à des familles sacerdotales ou à des bâtards. »

Râba avait encore un autre défaut, il aimait beaucoup l'argent. Un prosélyte de Mahuza, nommé *Issor*, lui avait confié une somme de 12,000 *zuz* (7,500 francs) pour la remettre, après sa mort, à son fils. Quand Issor tomba malade, Râba espéra pouvoir garder le dépôt qui lui avait été confié, parce que, d'après la loi juive, les enfants d'un prosélyte nés avant sa conversion n'avaient pas le droit d'hériter de leur père. Un autre docteur, informé du chagrin qu'éprouvait Issor de ne pouvoir laisser par testament ses biens à son fils, lui suggéra l'idée de déclarer devant témoins que toute sa fortune appartenait à ce fils. Râba en voulut à son collègue du conseil qu'il avait donné à Issor, comme s'il lui avait fait perdre une fortune sur laquelle il avait des droits légitimes. Et cependant, une loi talmudique, tout en admettant que, d'après la légalité stricte, on n'est pas tenu de rendre aux enfants prosélytes un dépôt confié par leur père païen, condamne toutefois comme ayant agi contre l'équité et la morale tout homme qui garderait un pareil dépôt. Râba donna une autre preuve de sa cupidité en exigeant de ses métayers un fermage plus élevé que celui qu'on payait d'habitude en Babylonie. Sa conduite envers les indigents était parfois absolument contraire aux prescriptions de la loi écrite et de la tradition qui enseignent la douceur, la commisération et la charité. Son frère *Saurim* était encore plus dur que Râba. S'érigeant en censeur des mœurs, il châtiait les pauvres dont la piété ne lui paraissait pas suffisamment rigoureuse en leur imposant de durs travaux, comme à des esclaves, et en les obligeant à le porter dans sa litière dorée. Non seulement Râba ne blâma pas ces actes arbitraires, il les justifia même en déclarant qu'ils étaient conformes à une ancienne loi qui permet de traiter en esclaves les Juifs qui n'observent pas les prescriptions religieuses.

Il faut dire que la simplicité et l'austérité des mœurs d'autrefois avaient fait place, chez un grand nombre de Juifs babyloniens, à la vanité, à l'orgueil et à l'amour du luxe. Certains docteurs de la

Loi se pavanaient, couverts de vêtements somptueux, dans des litières dorées. Ils s'éloignaient de plus en plus, par leurs idées et leurs manières, du peuple, dont ils étaient sortis, et formaient une caste à part, la classe des patriciens, s'appliquant surtout à sauvegarder leurs propres intérêts et traitant le peuple avec une hautaine arrogance.

Râba avoua un jour que toutes les fois qu'il avait à juger une cause dans laquelle était impliqué un docteur, il ne pouvait pas goûter de repos avant qu'il n'eût découvert quelque argument en faveur de son collègue. Les docteurs jouissaient du privilège de vendre, les premiers, les produits qu'ils apportaient au marché, afin de pouvoir en tirer un prix plus élevé ; au tribunal, leurs causes étaient jugées les premières ; ils n'avaient pas à contribuer aux impôts collectifs payés par les communautés ; dans les villes où l'on ignorait qu'ils étaient docteurs, ils avaient le droit de se faire connaître, afin de jouir des privilèges attachés à leur titre. Râba alla encore plus loin dans cette voie, il les autorisa même à se déclarer adorateurs du feu pour se faire exempter de l'impôt du *charage*. Quel contraste entre ces hommes égoïstes et ambitieux et les Tannaïtes qui avaient toujours refusé, quelquefois au risque de leur vie, de tirer profit de leur science religieuse ! Quoi d'étonnant que le peuple ressentit pour la classe des savants une profonde antipathie ! « Ces savants-là, disaît-il d'eux avec un profond mépris, ne nous sont d'aucune utilité ; ils font servir leur science à leurs propres intérêts. » A la tête des adversaires des *Rabbanan*, se trouvait la famille du médecin *Minjamin*, de Mahuza, qui raillait impitoyablement les docteurs. « Ces interprètes de la Loi, dit Minjamin, sont absolument incapables de nous rendre aucun service, ils ne peuvent ni nous permettre de manger des corbeaux, ni nous défendre de manger des pigeons, » en d'autres termes, ils sont obligés, malgré toutes les subtilités de leur dialectique, à s'en tenir purement à la tradition. Ce médecin jouissait sans doute d'une influence assez considérable, car Râba, tout en déclarant que ses propos étaient entachés d'hérésie, ne paraît pas l'avoir excommunié ; il était probablement attaché à la maison de l'exilarque.

Malgré l'hostilité que le peuple témoignait aux savants, on

continuait à se livrer avec ardeur à l'enseignement. Les jeunes gens affluaient de plus en plus à l'école de Râba, à Mahuza, et pour se consacrer tout entiers à l'étude, ils négligeaient toutes leurs affaires. Râba essayait de modérer leur zèle. « Ne venez pas à mon école, leur disait-il, au printemps et à l'automne, afin que vous puissiez vous occuper de la récolte de votre blé, de votre vin et de votre huile, et vous assurer ainsi des moyens d'existence pour le restant de l'année. » L'enseignement de Râba se distinguait par la clarté de l'exposition, la profondeur de l'argumentation et l'indépendance d'esprit avec laquelle il expliquait la tradition. Le vrai Talmud, c'est-à-dire cette partie de l'œuvre où les docteurs se plaisent à déployer de prodigieuses ressources de sagacité et de finesse pour soulever des difficultés et les résoudre, pour découvrir des différences ou des ressemblances dans les opinions de leurs prédécesseurs, où, partant d'un point quelconque, leur pensée parcourt avec la rapidité de l'éclair toute une série de raisonnements, cette partie où éclate l'amour de la discussion et de l'argumentation est le produit de cette époque. Rabba, Abaï et Râba étaient, non pas des amoraïm, des interprètes de la Mischna, mais des talmudistes dans le sens réel du mot, c'est-à-dire des dialecticiens. Ainsi entendu, le Talmud est principalement l'œuvre des écoles de Pumbadita et de Mahuza; ce système de dialectique était absolument étranger aux écoles palestiniennes.

Grâce à son vaste savoir, à sa pénétration et peut-être aussi à ses richesses, Râba, pendant qu'il était chef d'école, était considéré comme la seule autorité religieuse de la Babylonie. La Palestine elle-même avait recours à ses conseils, à cette époque malheureuse où elle était cruellement persécutée par Constance et Gallus.

Les Juifs qui vivaient en Perse étaient également malheureux en ce temps, ils souffraient de la guerre acharnée qui mettait aux prises les Perses et les Romains. Les habitants juifs de Mahuza, où un corps d'armée perse tenait alors garnison, étaient l'objet de vexations et de mauvais traitements de la part des soldats. Du reste, Schabur II n'aimait pas les Juifs; il ramena un nombre élevé de prisonniers juifs (près de 71,000) de l'Arménie, où ils demeuraient de temps immémorial, pour les établir dans la Susiane et à Ispahan.

Cette dernière ville, ancienne capitale de la Perse, comprenait, par suite de cette immigration forcée, une population juive si considérable qu'on lui donna le nom de *Jehudia*. En Babylonie, Schabur ne se montrait pas moins dur pour les Juifs, et Râba dut, sans doute, donner maintes fois de l'argent pour assurer sa sécurité et celle de ses coreligionnaires. Félicité par ses amis de la tranquillité dont il jouissait au milieu des épreuves qui affligeaient les autres Judéens, il leur répondit : « Vous ne savez pas tout ce que je suis obligé de faire en secret pour la cour du roi Schabur ! » Un jour, cependant, il courut un sérieux danger. Un juif ayant eu des relations avec une femme perse, il le fit flageller ; le condamné en mourut. Schabur en fut informé, et il ordonna de punir sévèrement Râba d'avoir fait appliquer, de son propre chef, une peine corporelle. Ce docteur paraît avoir échappé au châtiment par la fuite, mais sa maison fut mise au pillage. Cette affaire ne semble pas avoir eu d'autre suite pour Râba, grâce à l'intervention de la reine-mère Ifra-Ormuzd, qui aurait dit à son fils Schabur : « N'irrite pas les Juifs, tout ce qu'ils demandent à Dieu, il le leur accorde. » On sait déjà qu'Ifra ressentait une vive sympathie pour les Juifs, et particulièrement pour les docteurs, auxquels elle confiait parfois ses plus secrètes pensées, et qu'elle envoya au chef d'école Joseph une bourse pleine d'or, qu'il accepta, malgré l'opposition très vive de Rami. Ifra eut aussi la singulière idée d'envoyer un animal au chef de l'académie de Mahuza, avec ordre de l'offrir en sacrifice comme témoignage de sa vénération pour le Dieu-Un.

Râba mort, l'école de Mahuza perdit toute son importance, et l'académie de Pumbadita reprit son ancien rang. Mais une sorte de lassitude s'empara dès ce moment de cette école, sa sève parut épuisée. Aucun des successeurs de Râba ne fut en état de le remplacer. Nahman ben Isaac, Papa et Hama de Nehardéa, chefs des écoles babyloniennes, purent bien maintenir pendant quelque temps les traditions de fine analyse et de dialectique pénétrante de l'académie de Pumbadita, mais ils furent incapables de former quelque élève remarquable.

Nahman ben Isaac (né vers 280, mort en 356) dut sa nomination comme chef d'école à son âge avancé, à sa profonde piété, et peut-être aussi à sa fermeté de caractère. Son enseignement, qui dura quatre ans, n'a laissé aucune trace. C'est à ce moment que s'éleva une nouvelle école dans le voisinage de Sora, à Narès, près du canal de ce nom.

Le fondateur et le chef de l'école de Narès était *Papa bar Hanan* (né vers 300 et mort en 375), homme riche, et orphelin dès son enfance; son ami *Huna ben Josua*, également riche, était Resch Kalla (professeur) de cette école. Malgré leurs efforts réunis, ils ne purent pas combler le vide laissé par la mort de Râba, et les membres de l'école de Mahuza, qui s'étaient rendus à Narès, eurent souvent l'occasion de constater cette infériorité. Un jour que Papa ne parvenait pas à élucider une question qu'il exposait, ils se communiquèrent, par des regards furtifs, l'impression pénible qu'ils en ressentaient. Papa, l'ayant remarqué, en fut très peiné et leur dit : « Puissiez-vous partir d'ici en paix ! » Un autre auditeur, *Simaï bar Aschi*, dont le fils fut plus tard le célèbre Aschi, adressa un jour plusieurs questions à Papa; celui-ci sentait qu'il ne pourrait y répondre. Craignant d'être humilié devant les assistants, il pria Dieu à voix basse de le préserver d'un tel chagrin. Simaï, témoin involontaire de cette prière, prit la résolution de garder dorénavant le silence pour ne plus mettre Papa dans un aussi cruel embarras. — Papa était un esprit flottant et irrésolu, qui ne savait même pas avoir un avis sur l'opinion des autres. Une question avait-elle reçu deux ou plusieurs solutions différentes, il n'osait s'arrêter à aucune d'entre elles : « Nous adoptons les diverses solutions proposées, » disait-il. Il resta pendant dix-neuf ans à la tête de l'école de Narès.

L'académie de Pumbadita n'était pas mieux dirigée que l'école de Narès; le trait suivant suffira pour caractériser son chef, *Hama*, de Nehardéa. Comme les Perses n'enterraient ni ne brûlaient leurs morts, le roi Schabur demanda un jour à Hama si les Juifs, en inhumant les cadavres, suivaient une prescription de la Tora ou se conformaient simplement à un ancien usage; Hama ne sut que répondre. Cela fit dire à Aha ben Jacob : « Le monde est gouverné par des sots. Hama n'aurait-il pas pu citer ce verset : Tu l'enterreras le même jour. » Hama conserva ses fonctions pendant vingt et un ans (356-377). Dans cette période de temps se produisit, dans la politique intérieure de l'empire romain, un changement amené par l'avènement au pouvoir de Julien, neveu de l'empereur Constance, changement dont les conséquences furent considérables pour le judaïsme de la Palestine et de la Babylonie.

Julien était un de ces caractères énergiques qui s'imposent aux hommes et dont le souvenir se grave dans les mémoires en traits ineffaçables. Sans sa mort prématurée et la haine dont le poursuivait l'Eglise, il aurait certainement reçu le titre de « grand. » Quoiqu'il appartînt à la famille de Constantin, sa vie était sans cesse menacée par les membres de cette famille, et la crainte d'être assassiné le contraignit à pratiquer, au moins en apparence, la religion chrétienne, qui lui était odieuse. Par un hasard des plus singuliers, il fut appelé par son ennemi implacable, l'empereur Constance, à partager le pouvoir avec lui. Devenu bientôt, grâce à un soulèvement militaire et à la mort de son collègue, le seul maître de l'empire romain, Julien, que l'Église a surnommé « l'apostat, » résolut de mettre en pratique les conceptions élevées qu'il avait puisées dans l'enseignement de ses maîtres Libanius et Maxime. Protéger les opprimés de toute nation et de toute religion établis dans son empire, alléger les charges qui pesaient sur ses sujets, relever l'enseignement de la philosophie condamné par ses prédécesseurs, rétablir le culte païen dépouillé de toutes les pratiques qui pouvaient le rendre méprisable ou ridicule, et limiter la puissance toujours croissante du christianisme, telles étaient les préoccupations de Julien. Il avait trop souffert lui-même de la persécution pour vouloir persécuter les chrétiens, il chercha seulement à arrêter leurs empiétements, à leur enlever toute influence dans les conseils de l'État et la direction de l'enseignement, et à les rabaisser par ses mordantes railleries aux yeux des classes éclairées. Pour les Judéens, au contraire, Julien éprouvait une très vive sympathie; il est le seul empereur romain, après Alexandre Sévère, qui se soit intéressé au judaïsme. D'après son propre aveu, les violences exercées contre les Juifs et les accusations dirigées contre leur religion par les chrétiens, sous le règne de Constance, l'avaient profondément indigné. Cette religion, que des adversaires sans scrupule qualifiaient de blasphématoire, il la connaissait et la respectait, il vénérait le Dieu de la

Bible, et, tout en admettant qu'il y avait d'autres dieux à côté de lui, il le déclarait un « grand Dieu; » la générosité des Juifs pour leurs pauvres excitait surtout son admiration. Éprouvant une prédilection particulière pour les cérémonies solennelles des sacrifices, le culte juif avec sa pompe grandiose, tel qu'il était pratiqué autrefois à Jérusalem, avait pour lui un attrait puissant, et il en faisait un grief au christianisme d'avoir répudié le Dieu, les pratiques, et surtout le culte des sacrifices des Juifs. Peut-être aussi ne témoignait-il tant de bienveillance au judaïsme que pour rendre les Juifs babyloniens favorables à sa cause, dans le cas où il réaliserait le projet, qui hantait son esprit, de faire la guerre aux Perses. Quoi qu'il en soit, le règne de Julien, qui dura à peine deux ans (novembre 361 à juin 363), amena une amélioration sensible dans la situation des Juifs; ils ne furent plus soumis à une législation exceptionnelle, on ne les accusa plus d'être des blasphémateurs, et Julien appela le patriarche Hillel son « vénérable ami, » il lui envoya même une lettre autographe pour l'assurer de sa sympathie et lui promettre d'abolir toutes les lois humiliantes dirigées contre les Juifs. Une lettre, signée de l'empereur, fut également adressée à toutes les communautés juives de l'empire romain pour leur faire part des dispositions prises en faveur de la restauration du temple de Jérusalem. Ce document, daté d'Antioche, de l'automne 362, présente un intérêt très grand ; le voici :

Aux communautés juives,

La perte de votre indépendance vous a causé dans le passé une profonde affliction, mais vous avez certainement souffert plus vivement encore des nouvelles taxes que mes prédécesseurs vous imposaient sans cesse, à votre insu, et des amendes considérables que vous étiez contraints de verser dans le trésor impérial. J'ai vu bien des faits de ce genre de mes propres yeux, j'en ai connu un plus grand nombre par la lecture du rôle des contributions qui, à votre grand détriment, a été scrupuleusement conservé. Vous étiez menacés d'un nouvel impôt, je l'ai supprimé et vous ai ainsi protégés contre une nouvelle iniquité; de mes propres mains j'ai jeté au feu une liste trouvée dans les archives et contenant les contributions extraordinaires qui pesaient sur vous, afin que personne ne pût à l'avenir vous flétrir du nom de blasphémateurs. Il ne faut pas tant accuser de ces injustices mon frère, le glorieux Constance, que les hommes injustes et cruels qui ont inventé ces impôts. De la situation élevée qu'ils occupaient, j'ai précipité ces misérables dans un profond abîme, afin d'effacer jusqu'au souvenir de leur disparition. — Vous accordant un nouveau témoignage de bienveillance, j'ai encouragé mon frère, le vénérable patriarche *Iulos* (Hillel), à empêcher la perception de la taxe que vous appelez « apostolè », et j'ai pris soin de vous préserver de nouvelles charges et d'assurer votre tranquillité dans tout mon empire. Grâce à la sécurité dont vous jouissez, c'est d'un cœur sincère que vous pourrez appeler sur mon règne la protection du Créateur tout-puissant dont la main droite m'a soutenu. Ceux qui vivent dans la souffrance ont l'esprit affaissé et n'invoquent pas l'appui de Dieu. Mais les hommes exempts de tout souci, à l'âme joyeuse, sont mieux disposés à prier avec ferveur pour le salut de l'empire et à demander à Dieu de bénir mon règne et de me soutenir dans la voie que je veux suivre. Recommandez-moi donc à la bienveillance divine, et quand j'aurai mené à bonne fin ma campagne contre les Perses, je me rendrai à Jérusalem, la ville sainte, et, selon le désir que vous nourrissez depuis de nombreuses années, je la restaurerai à mes propres frais et je m'y joindrai à vous pour glorifier le Tout-Puissant.

Aucun document ne rend compte de l'impression que cette épître, si affectueuse et si habile, a produite sur les Juifs. On sait seulement, par une tradition, qu'ils appliquèrent à l'empereur Julien ce verset de Daniel (11.34) : « Même quand ils (les Israélites) auront péché, ils ne resteront pas dépourvus de secours. » D'après cette même tradition, Daniel aurait prophétisé que la nation juive, opprimée d'abord par Gallus, serait protégée par Julien, qui les traiterait avec bienveillance et leur promettrait de reconstruire le temple.

Julien n'en resta pas à la simple promesse. Malgré les graves préoccupations que lui donnaient ses préparatifs de guerre contre les Perses, il se mit à l'œuvre pour relever le temple de Jérusalem de ses ruines; il chargea un de ses meilleurs amis, le savant et vertueux *Alype*, d'Antioche, de surveiller les travaux, lui fit comprendre l'importance qu'il attachait à la réussite de cette entreprise, et l'engagea à ne reculer devant aucune dépense.

Ordre fut donné aux gouverneurs de Syrie et de Palestine de soutenir Alype de leur appui. De nombreux ouvriers furent envoyés à Jérusalem pour déblayer l'emplacement du sanctuaire des ruines qui y étaient amoncelées depuis trois siècles, des matériaux de construction y furent transportés en quantité considérable. Le silence gardé par les documents juifs sur cette entreprise prouve que les Judéens n'y portèrent qu'un intérêt très modéré. D'après certains auteurs chrétiens, les communautés juives auraient envoyé des sommes considérables pour la reconstruction du temple, les femmes auraient vendu leurs bijoux pour contribuer à cette œuvre, elles auraient même porté elles-mêmes des pierres pour hâter le travail. Ces informations sont fausses. Julien avait fourni des matériaux et des ouvriers en quantité suffisante, et les Juifs n'avaient nullement besoin de recueillir de l'argent ou de prendre part au travail. Les chrétiens répandirent aussi le bruit que Julien ne témoignait une telle bienveillance aux Juifs que pour les attirer au paganisme, ils ajoutèrent que les Juifs détruisirent de nombreuses églises en Judée et dans les pays voisins et qu'ils menacèrent les chrétiens de se venger sur eux des mauvais traitements que les empereurs chrétiens leur avaient infligés. Ces assertions ne reposent sur aucun fait, il paraît avéré, au contraire, qu'à cette époque, les chrétiens d'Edesse massacrèrent tous les Juifs de cette ville. Quoi qu'il en soit, il paraît certain que les Judéens, qui avaient cependant accompli deux ou trois révolutions et s'étaient imposé les plus douloureux sacrifices pour reconstituer leur État, assistèrent avec indifférence aux tentatives de Julien pour relever le temple. C'est qu'ils croyaient que Sion ne brillerait réellement de son ancienne splendeur qu'avec la venue du Messie, et ils ne pouvaient pas admettre que le Messie se présentât sous les traits d'un empereur romain. Il était, du reste, généralement admis à cette époque, parmi les Judéens, que le peuple juif avait promis à Dieu, par serment, « de ne pas passer par-dessus le mur (reconquérir leur indépendance par la force), ni se soulever contre ses maîtres, ni secouer le joug de la tyrannie avant la venue du Messie, ni chercher, par la rébellion, à avancer l'heure de la délivrance. »

La reconstruction du temple de Jérusalem, entreprise par Julien, excita l'envie des chrétiens, mais elle fut interrompue dès l'origine. Au moment où les ouvriers creusèrent le sol pour mettre à nu les anciennes fondations du temple, des jets de flammes sortirent de terre et en tuèrent un certain nombre. Ce phénomène était dû, sans doute, à l'air, qui, fortement comprimé pendant des siècles dans les galeries souterraines, se détendit violemment, à la suite des travaux de terrassement, et s'alluma au contact de l'air extérieur; les ouvriers en furent effrayés et cessèrent les travaux. Si les Judéens avaient montré plus d'ardeur pour la restauration de leur sanctuaire, il leur eût été facile de stimuler le zèle des ouvriers et de faire continuer l'œuvre commencée. Mais leur indifférence paralysa l'activité d'Alype, qui ne fit aucun effort pour mettre fin à l'interruption des travaux. On raconte que Julien accusa les chrétiens d'avoir allumé ces feux souterrains et les menaça de les enfermer, au retour de sa campagne contre les Perses, dans une prison construite avec les matériaux du temple. Cette information est puisée à une source chrétienne et ne mérite, par conséquent, aucune créance. Les chrétiens rapportent, en effet, un grand nombre de miracles imaginaires qui auraient eu lieu, à l'occasion des tentatives de restauration du temple, pour ouvrir les yeux aux Judéens sur leurs erreurs et leur faire reconnaître la divinité du Christ.

Malheureusement pour les Judéens, Julien échoua dans son expédition contre les Perses. Après avoir réuni toutes les forces dont disposait l'empire romain pour marcher contre Schabur II, il crut pouvoir enfin réaliser le rêve, qui avait hanté l'esprit de plusieurs généraux romains, de faire flotter l'aigle romaine sur l'autre rive du Tigre. Les deux armées se portèrent les principaux coups dans la Babylonie juive; aucun document n'indique sous quel drapeau se rangèrent le Juifs. Après un siège de trois jours, la ville de *Firuz-Schabur*, où demeurait une nombreuse population juive, dut capituler; elle fut brûlée. On ne sait pas comment les habitants juifs de Firuz-Schabur se comportèrent à l'égard de Julien et de son armée, la population s'étant réfugiée en très grande partie, après la prise de la ville, sur des barques, dans les canaux de l'Euphrate. La forteresse de Mahuza, qui était sans doute le faubourg de Ctésiphon, opposa aux forces romaines une longue et vigoureuse résistance, elle tomba enfin sous les coups du bélier romain (363), dix ans après la mort de Râba, qui y avait établi une école. Après la guerre, Mahuza fut rebâtie. — Malgré ces succès, Julien ne put pas atteindre Ctésiphon. Bientôt, sa trop grande témérité lui fit perdre le fruit de ses victoires et même la vie ; il fut tué par une flèche qu'un chrétien de son armée, dit-on, lança contre lui. Julien mourut avec la sérénité d'un sage ; on raconte qu'il s'écria avant de mourir : « Galiléen, tu m'as vaincu ! » Avec Julien disparut la sécurité des Juifs. Ces derniers ressentirent néanmoins pendant longtemps encore les effets heureux de son règne. Ainsi, les mesures restrictives édictées contre les Juifs par Constantin et Constance, et que Julien avait abolies, ne leur furent plus appliquées ; on continua, au contraire, à mettre en vigueur les lois qu'il avait promulguées en leur faveur. *Jovien*, le successeur de Julien, qui fut contraint de conclure une paix honteuse avec le roi des Perses, Schabur, conserva le pouvoir trop peu de temps pour introduire des modifications dans la politique intérieure de l'empire ; pendant son règne si court, chacun fut libre de professer la religion qui lui convenait. Après lui, l'empire romain eut de nouveau deux chefs, *Valentinien I*er (364-375) et *Valens* (364-378). Ce dernier, qui régnait en Orient, appartenait à la secte arienne et était en butte aux attaques du parti catholique. Aussi protégea-t-il les Juifs et leur accorda-t-il de nombreuses preuves de son estime. Son frère, Valentinien I*er*, empereur d'Occident, resta neutre dans la lutte entre ariens et catholiques, il permit à chacun de pratiquer selon sa conscience ; les Juifs profitèrent naturellement de cette tolérance.

CHAPITRE X

LES DERNIERS AMORAÏM

(375-500)

L'époque à laquelle s'effondra l'empire romain marque dans l'histoire du monde une période de ruine et de restauration, de destruction et de renaissance. Une sombre nuée vint, en ce temps, du nord, des frontières de la Chine, portant dans son flanc un orage qui secoua violemment l'État romain, le renversa et couvrit la terre de ses débris. On vit s'avancer la horde sauvage des Huns, le fléau de Dieu, chassant devant eux des tribus aux noms inconnus, des peuplades aux mœurs étranges. Ce mouvement irrésistible qui poussait des masses considérables vers de nouvelles régions rappelait ces paroles du prophète : « La terre chancelle comme un ivrogne, elle succombe sous le poids de ses péchés, elle tombe sans pouvoir se relever, et le Dieu Zebaoth punira les armées célestes dans le ciel et les princes de la terre sur la terre. » Dans ces innombrables Huns qui se précipitèrent sur l'empire romain et le firent tomber sous leurs attaques, les Juifs voyaient l'armée de Gog dont parle le prophète, s'élançant du pays de Magog « avec la vitesse de l'ouragan, avec la rapidité du nuage, pour couvrir la terre, » et ce va-et-vient des peuples, ce spectacle d'un empire qui disparaissait, d'un autre qui se formait, leur fit croire, avec une nouvelle conviction, à l'éternité de la nation juive : « Un peuple se lève, un autre s'évanouit, et Israël subsiste toujours. » Mais, d'un autre côté, la vue de ces changements fit reconnaître aux chefs religieux du judaïsme, en Palestine comme en Babylonie, la nécessité impérieuse de mettre en sûreté le trésor qui leur était confié et de le soustraire à l'influence des variations qui pourraient se produire dans l'histoire des peuples; ils comprirent que le temps était venu de récolter ce que leurs prédécesseurs avaient semé, de réunir et de coordonner les matériaux considérables accumulés pendant plusieurs générations et par diverses écoles. A la tête de ce mouvement se trouvait Aschi.

Rabbana Aschi (né en 352, mort en 427), originaire d'une famille très ancienne et très riche, était remarquablement doué. A l'âge de vingt ans, il fut placé à la tête de l'école de Sora, où il parvint à attirer de nouveau de nombreux élèves. Le local de l'école menaçant ruine, il le fit entièrement reconstruire, et, pour activer les travaux, il les surveilla jour et nuit jusqu'à leur complet achèvement. Sur son ordre, les ouvriers donnèrent à ce bâtiment une grande hauteur; il dominait les autres édifices de la ville. -- Aschi joignait à la dialectique pénétrante de l'école de Pumbadita la vaste érudition des docteurs de Sora; son autorité religieuse était aussi considérable qu'avait été celle de Raba, et ses contemporains lui donnèrent le titre de « Rabbana » (notre maître).

Aschi resta cinquante-deux ans à la tête de l'école de Sora. Pendant ce laps de temps, l'académie de Pumbadita eut sept chefs. L'école de Nehardéa, délaissée depuis la destruction de cette ville par Ben Naçar (Odénat), avait aussi repris, à cette époque un certain rang. Mais l'école de Sora jouit d'une suprématie incontestable, et les plus anciens amoraïm, *Amémar*, *Mar-Zutra* et d'autres, reconnurent l'autorité d'Aschi; même les deux exilarques de son époque, *Mar-Kahana* et *Mar-Zutra I*ᵉʳ, acceptaient ses décisions. Ce n'était plus, comme autrefois, à Nehardéa ou à Pumbadita, mais à Sora que les exilarques recevaient les délégués des communautés babyloniennes et convoquaient les assemblées générales. Aschi fit de Sora le centre de la vie religieuse de la Babylonie juive et assura à cette ville une influence prépondérante dans la direction du judaïsme babylonien.

Grâce à ses éminentes qualités et à sa situation élevée, Aschi put entreprendre une œuvre qui exerça une profonde influence sur les destinées comme sur le développement du peuple juif. Il commença ce travail gigantesque de rassembler et de mettre en ordre l'énorme quantité d'explications, de déductions et de développements qui, sous le nom de Talmud, avaient été ajoutés à la Mischna. Un des principaux motifs de cette entreprise fut certainement le souci de préserver de l'oubli ces matériaux considérables, accumulés par trois générations d'amoraïm, qui étaient confiés à la seule mémoire. Aschi eut la bonne fortune de pouvoir travailler à la coordination de ces matériaux pendant cinquante-deux ans. Chaque année, pendant les mois de kalla, où collègues et disciples étaient réunis autour de lui, il étudiait avec ses auditeurs un certain nombre de traités de la Mischna et y ajoutait les explications et développements talmudiques; au bout de trente ans, il avait ainsi soigneusement étudié près de quarante traités. Les matériaux étaient prêts, il ne s'agissait plus que de les reviser et les mettre en ordre; Aschi consacra à ce travail la seconde période de son activité.

Ce recueil ne fut pas écrit dès son achèvement, on avait encore, à cette époque, des scrupules à mettre la tradition orale par écrit, d'autant plus que les chrétiens s'étant approprié l'Écriture sainte pour en faire la base de leur religion, le judaïsme, d'après les conceptions de ce temps, ne se distinguait plus du christianisme que parce qu'il avait une loi orale. Cette pensée fut souvent exprimée sous forme poétique par l'Aggada : « Moïse a voulu mettre la loi orale par écrit ; mais l'Éternel, prévoyant qu'un jour les nations traduiraient la Tora en grec et déclareraient qu'elles sont le vrai peuple d'Israël et les enfants de Dieu, s'est opposé au projet de Moïse, parce qu'il a voulu laisser aux Juifs une marque distinctive par laquelle ils pourraient prouver qu'eux seuls sont ses élus. « Quiconque connait mon mystère, dit Dieu, est mon « fils, » c'est-à-dire quiconque connait la Mischna et l'explication orale de la Tora. Le prophète Hosée a dit dans le même sens : « Si j'écrivais toutes les lois, Israël serait considéré comme une nation étrangère. » En coordonnant le Talmud, Aschi compléta l'œuvre commencée deux siècles auparavant par Juda. Cette coordination présentait cependant de très graves difficultés. La Mischna rapporte sèchement les décisions juridiques formulées dans des paragraphes distincts, qu'il n'était pas trop difficile de mettre en ordre ; le Talmud, au contraire, montre en quelque sorte sur le vif le développement de la tradition orale, il indique la genèse des diverses lois, en fait ressortir l'esprit et enregistre les raisonnements plus ou moins subtils qui ont conduit aux diverses conclusions. La rédaction du Talmud est certainement un des faits les plus considérables de l'histoire juive ; le Talmud babylonien (Talmud babli) devint, en effet, pour le judaïsme un élément d'action très important. Quoiqu'il ait consacré principalement son activité à la rédaction du Talmud, Aschi ne se résigna cependant pas à employer exclusivement ses facultés à un simple travail de compilation. Il résolut un grand nombre de questions restées jusque-là obscures ou mal comprises, et les solutions qu'il en donne sont le plus souvent aussi remarquables par leur justesse et leur profondeur que par leur simplicité.

Les vingt dernières années de l'activité d'Aschi coïncidèrent avec le règne du roi sassanide *Yesdegird* (399-420). Ce monarque, surnommé *al-Hatim* (le pécheur) par les mages, parce qu'il ne voulut pas se laisser dominer par eux, se montra tolérant pour les Juifs et les chrétiens. Les jours où l'on prêtait hommage au roi, on voyait à la cour les trois principaux représentants du judaïsme babylonien : Aschi, comme délégué de Sora ; Mar-Zutra, comme délégué de Pumbadita, et Amêmar, comme délégué de Nehardéa. Un autre docteur, Huna bar Zutra, était un des familiers de Yesdegird.

Le mouvement d'émigration et les révolutions considérables qui se produisirent, à cette époque, parmi les peuples, et le châtiment infligé par Dieu à l'empire de Rome, réveillèrent les espérances messianiques dans les cœurs juifs. On répéta partout dans la foule que le prophète Élie avait annoncé que le Messie viendrait au 85ᵉ jubilé (4200 de la création, 440 de l'ère vulgaire). De pareilles croyances ont rencontré de tout temps des adeptes passionnés, qui, ne se contentant pas de nourrir silencieusement leurs espérances dans leur cœur, se sont efforcés de faire partager leur enthousiasme à la foule et l'ont entraînée dans de folles aventures. Le même phénomène se reproduisit à l'époque d'Aschi. Un de ces rêveurs mystiques parcourut pendant une année toutes les communautés juives de l'île de Crète, leur persuadant que l'époque messianique était arrivée et leur promettant de leur faire traverser la mer à pied sec, comme autrefois Moïse, dont il avait, du reste, le nom, et de les conduire jusque dans la Terre promise. On le crut sur parole, les Juifs crétois ne s'occupèrent plus de leurs affaires, distribuèrent leurs biens et attendirent avec anxiété le jour fixé par leur Messie pour le passage de la mer. Au jour dit, le Messie, suivi de toute la population juive de Crète, se dirigea vers la mer. Monté sur une colline qui s'avançait dans l'eau, il engagea ses partisans à se précipiter sans crainte dans les flots, leur assurant que les eaux se retireraient devant eux. Un grand nombre de ces hallucinés se noyèrent ; d'autres furent sauvés par des marins. Le faux Moïse paraît n'avoir pas été retrouvé.

Aschi chercha à prémunir les Juifs contre des croyances aussi dangereuses, et il expliqua ainsi la prophétie alors répandue dans le peuple : « Il n'est pas possible que le Messie apparaisse avant le 85ᵉ jubilé ; à partir de cette époque, on peut avoir l'espoir, mais non la certitude, qu'il viendra. » — Aschi mourut dans un âge très avancé (en 427), deux ans avant la prise de Carthage par le

Vandale Geiseric. Celui-ci emporta en Afrique toutes les dépouilles entassées dans Rome, et, parmi elles, les vases enlevés autrefois, par Titus, du temple de Jérusalem. Ces vases, comme les Juifs eux-mêmes, furent condamnés à de bien étranges pérégrinations !

La Judée, qui continuait à être le siège du patriarcat et, par conséquent, à conserver la direction de toutes les communautés juives de l'empire romain, était à ce moment en pleine décadence. Sous la domination oppressive du christianisme, l'étude de la Loi rencontrait de nombreuses difficultés, et l'enseignement du Talmud, autrefois si brillant, ne jetait plus que de faibles lueurs. Les derniers amoraïm, désireux sans doute d'imiter leurs collègues babyloniens, recueillirent alors les travaux des diverses écoles de la contrée, les coordonnèrent et en formèrent le Talmud de Jérusalem (ou plutôt de la Judée). Les documents relatifs à cette époque sont si rares que le nom d'aucun de ceux qui collaborèrent à cette entreprise ou qui en prirent l'initiative n'a été conservé.

C'est à cette époque que disparut l'institution du patriarcat. Les trois derniers patriarches connus sont : Gamaliel V, successeur de Hillel II, son fils Juda IV, et Gamaliel le dernier. On sait très peu de chose de leur administration. Ils portaient, comme leurs prédécesseurs, le titre pompeux de « sérénissime », jouissaient des privilèges attachés à ce titre, percevaient les contributions spéciales destinées au patriarcat, mais n'exerçaient plus, en réalité, qu'une faible autorité. Même le droit qu'ils avaient possédé jusque-là d'exclure de la communauté juive ceux qui suivaient les pratiques chrétiennes leur fut enlevé. Sur l'instigation des évêques, les autorités civiles forcèrent, en effet, les patriarches et les chefs des communautés, appelés *primats*, à accueillir de nouveau parmi les Juifs les apostats qu'ils avaient exclus.

Cependant, malgré les excitations d'Ambroise et d'autres membres du clergé catholique, qui le poussaient à persécuter les ariens et autres hérétiques, *Théodose le Grand* (379-395) confirma aux patriarches et aux primats le privilège d'excommunier les membres indignes de la communauté et défendit, en général, aux fonctionnaires civils de s'immiscer dans les affaires religieuses des Juifs. Il donna à ces derniers une preuve de son équité en condamnant à mort le consulaire *Hesychius* que Gamaliel V avait accusé de lui avoir dérobé des papiers importants. Théodose dut intervenir plus d'une fois pour modérer l'ardeur religieuse de chrétiens trop zélés, qui se faisaient gloire de troubler les prières des Juifs, de piller et d'incendier les synagogues ou de les transformer en églises. Parmi les principaux et plus acharnés ennemis du judaïsme se trouvaient Jean Chrysostome, d'Antioche, et Ambroise, de Milan.

Jean Chrysostome tonnait contre les Juifs du haut de la chaire dans des discours d'une éloquence véhémente, mais ampoulée et cynique; il prononça consécutivement six sermons contre eux. C'est que les Juifs d'Antioche étaient vraiment de grands coupables, ils permettaient aux chrétiens de suivre les usages juifs, de se faire juger par des tribunaux juifs, d'assister, le sabbat et les jours de fête, aux offices dans les synagogues, où les femmes surtout, grandes dames et femmes de la basse classe, venaient toujours en très grand nombre; ils leur permettaient aussi d'écouter avec recueillement, au nouvel an juif, le son du schofar, de célébrer la fête de l'Expiation et de prendre part aux réjouissances de la fête des Cabanes. Les chrétiens préféraient soumettre leurs différends à des arbitres juifs, parce qu'il leur semblait que la prestation du serment se faisait d'une façon plus solennelle chez les Juifs que chez eux. Ces témoignages de respect accordés par les chrétiens aux pratiques du judaïsme indignaient Chrysostome, il proférait les plus violentes injures contre les Juifs, les accablant d'outrages et qualifiant leurs synagogues de théâtres à scandales et de cavernes de voleurs.

Ambroise, de Milan, dépassait Chrysostome en violences et en odieuses calomnies contre les Juifs. Il appela l'usurpateur Maxime « judéen », parce qu'il avait ordonné au sénat romain de faire reconstruire aux frais de la ville une synagogue de Rome incendiée par les chrétiens, et il protesta en des termes tellement vifs contre Théodose, qui avait condamné l'évêque de Callinicus, dans le nord de la Mésopotamie, à rebâtir à ses frais une synagogue qu'il avait fait incendier par des moines, que l'empereur fut obligé de revenir sur sa décision. Dans sa haine contre les Juifs, Ambroise inventa de fausses accusations contre eux, leur reprochant de mépriser les lois romaines et les raillant de ce qu'aucun d'eux ne pouvait devenir ni empereur, ni gouverneur, ni général, ni sénateur, de ce qu'ils étaient repoussés de la table des grands et ne servaient qu'à remplir le trésor impérial. Devant ces attaques incessantes, inspirées par un aveugle fanatisme, il devint nécessaire de protéger efficacement les Juifs. Partant de ce principe qu'aucune loi ne défendait, dans l'empire romain, l'exercice du judaïsme, Théodose exigea que les adeptes de cette religion fussent respectés dans leur personne et leurs synagogues, et il édicta des peines sévères contre les chrétiens qui troubleraient leur tranquillité. Mais les ordres impériaux étaient impuissants à modifier l'esprit du temps, qui était hostile aux Juifs, et les persécutions continuèrent. Du reste, il existait déjà contre les Juifs, avant le règne de Théodose, un certain nombre de lois restrictives, ces lois restèrent en vigueur. Théodose enleva même aux Juifs le privilège, qu'ils avaient obtenu sous ses prédécesseurs, d'être exempts, à cause de leurs croyances, de certaines charges publiques.

A la mort de Théodose le Grand, l'empire romain échut à ses deux fils et fut divisé en deux tronçons, l'empire d'Orient et l'empire d'Occident. Les Juifs romains eurent ainsi deux maîtres différents. En Orient, où régnait l'empereur *Arcadius* (395-408) ou plutôt ses deux conseillers tout-puissants *Rufin* et *Eutrope*, ils étaient assez bien traités. Rufin aimait l'argent, et les Juifs avaient déjà appris à en connaître le pouvoir magique. Grâce à la protection de Rufin, ils obtinrent la promulgation de plusieurs édits favorables. En 396, une loi leur confirma le droit de nommer eux-mêmes les surveillants de leurs marchés (*agoranomos*) et menaça d'un châtiment rigoureux ceux qui y mettraient obstacle; dans la même année, une autre loi protégea les « illustres patriarches » contre toute injure. A la suite d'attaques dirigées en Illyrie contre les synagogues, et dont les instigateurs furent sans doute des membres du clergé, qui désiraient aussi ardemment la destruction des sanctuaires juifs que la ruine des temples païens, Arcadius, ou plutôt Eutrope, ordonna aux gouverneurs de châtier sans merci les fauteurs de désordres (397); en même temps, il renouvela la loi, promulguée sous Constantin, qui exemptait les patriarches et autres fonctionnaires religieux juifs, à l'instar des ecclésiastiques chrétiens, de toute charge judiciaire. Enfin, par le décret de février 398, les Juifs furent autorisés à soumettre leurs différends, dans le cas où les deux parties y consentiraient, aux patriarches ou à d'autres arbitres juifs, et à remettre aux autorités romaines l'exécution de la sentence prononcée. Il ne faut pas trop s'étonner que, sous un gouvernement aussi capricieux que celui d'un empereur byzantin, on rencontre, à côté de ces lois libérales, une mesure intolérante : un édit, promulgué en 399, imposait à tous les Juifs, même aux dignitaires religieux, les charges curiales. Cette loi n'eût sans doute pas vu le jour sans la chute d'Eutrope, qui eut lieu en cette année.

Quelle fut, pendant ce temps, la situation des Juifs dans l'empire d'Occident, sous le faible *Honorius?* Il est très difficile de le dire. Quoique les communautés juives d'Apulie et de Calabre eussent perdu, à cette époque, les libertés curiales, on ne peut pas en conclure que les Juifs, en général, aient été persécutés. Honorius défendit, il est vrai, en avril 399, dans toute l'étendue de son empire, la collecte de l'argent destiné au patriarche, et exigea que les sommes déjà recueillies fussent versées dans le trésor impérial, mais cette mesure ne paraît pas avoir été inspirée par un motif religieux. Honorius voulait seulement empêcher que des sommes aussi considérables passassent de sa préfecture dans celle de son frère. Cinq ans plus tard (404), cette interdiction fut levée, et les Juifs purent de nouveau envoyer leurs offrandes au patriarche. Au reste, les lois relatives aux Juifs n'étaient pas toutes empreintes du même esprit ; si, d'une part, Honorius défendit aux Juifs et aux Samaritains de prendre part au service militaire, d'autre part, il les protégea efficacement contre l'arbitraire des fonctionnaires et leur donna une preuve remarquable de sa tolérance en défendant aux tribunaux de les faire comparaître le sabbat et les autres jours de fête (409).

Avec le règne du successeur d'Arcadius, *Théodose II* (408-450), qui était animé d'excellents sentiments, mais dont la faiblesse était pour les évêques fanatiques un encouragement à la violence, commença pour les Juifs la période du moyen âge. On leur défendit d'élever de nouvelles synagogues, de juger les différends existant entre Juifs et chrétiens, de posséder des esclaves. Ce fut sous Théodose II que disparut définitivement l'institution du patriarcat. Le dernier patriarche, Gamaliel, jouit cependant d'un très grand crédit à la cour de l'empereur, il fut élevé à la dignité de préfet et obtint un diplôme d'honneur (*codicillus honorarius*). Il dut, sans doute, ces distinctions à ses connaissances médicales; Gamaliel était, en effet, médecin, et on lui attribue la découverte d'un remède efficace contre les maladies de la rate. La situation élevée qu'il occupait lui fit croire qu'il pouvait se placer au-dessus des lois d'exception dirigées contre les Juifs, il fit construire de nouvelles synagogues, jugea des procès où étaient impliqués des chrétiens et viola d'autres édits de ce genre. Théodose II l'en punit en le dépouillant de ses diverses dignités et en ne lui laissant que les seuls privilèges attachés à son titre de patriarche (415).

Gamaliel n'eut pas de successeur. Avec lui disparut le dernier dignitaire appartenant à la maison de Hillel. Cette illustre famille avait dirigé pendant trois siècles et demi les destinées religieuses du judaïsme, elle avait fourni des docteurs remarquables et de vaillants défenseurs de la liberté et de la nationalité juive, et son histoire particulière forme un chapitre important de l'histoire générale des Juifs. De la maison de Hillel étaient sortis quinze patriarches, dont deux Hillel, trois Simon, quatre Juda et six Gamaliel.

Pendant que Théodose était empereur d'Orient et Honorius empereur d'Occident, l'évêque Cyrille, d'Alexandrie, expulsa les Juifs de cette ville. Après avoir convoqué tous les chrétiens, il leur tint des discours enflammés contre les Juifs, surexcita leur fanatisme, envahit avec eux les synagogues, dont il s'empara pour les consacrer au culte chrétien, les poussa au pillage et contraignit les Juifs à chercher leur salut dans la fuite (415). C'est ainsi que les chrétiens d'Alexandrie firent subir aux Juifs de cette ville le même sort qu'ils avaient enduré eux-mêmes 370 ans auparavant de la part des païens. Malgré l'énergie qu'il déploya pour défendre les Juifs, le préfet Oreste fut impuissant à réprimer l'émeute, il ne put que porter plainte contre Cyrille; la cour de Constantinople donna gain de cause à l'évêque. Ce dernier se vengea d'Oreste avec une cruauté inouïe, il le livra à une bande de moines fanatiques du mont Nitra, qui le lapidèrent. Ce premier meurtre fut bientôt suivi d'un second. Cette horde de moines sauvages se jeta un jour sur *Hypathie*, célèbre par ses connaissances philosophiques, son éloquence et ses mœurs austères, l'assassina et déchiqueta son corps avec une férocité bestiale. De tous les Juifs d'Alexandrie, un seul, *Adamantius*, qui enseignait la médecine, accepta le baptême pour échapper à l'expulsion ; tous les autres préférèrent les souffrances de l'exil à l'abandon de leur foi.

Les Juifs de *Magona* (Mahon), petite ville de l'île espagnole Minorque, dans la Méditerranée, ne montrèrent pas la même fermeté dans leurs croyances. Persécutés par l'évêque de Mahon, Sévère, ils ne craignirent pas d'acheter leur sécurité au prix d'une apostasie. Il est à remarquer qu'en Espagne, comme dans d'autres régions, les Juifs et les chrétiens entretinrent d'abord entre eux des relations pacifiques ; ce fut le clergé qui éveilla les sentiments de haine et d'intolérance dans la population chrétienne. L'évêque Osius (Hosius), de Cordoue, membre du concile de Nicée et organisateur du concile d'Elvire, fit adopter à cette dernière réunion une décision en vertu de laquelle la peine d'excommunication était prononcée contre les chrétiens qui auraient des relations avec les Juifs, contracteraient des mariages avec eux, ou feraient bénir par eux les fruits de leurs champs.

Dans la situation pénible qui leur était faite dans les pays chrétiens, il ne restait aux Juifs d'autre arme contre leurs oppresseurs que la raillerie. Mais ils la maniaient parfois avec maladresse, et particulièrement au jour de Purim, où l'animation de la fête conduisait souvent à l'ivresse et, par suite, à des démonstrations irréfléchies. En ce jour, la jeunesse bruyante pendait en effigie Aman, l'ennemi traditionnel des Juifs, à un gibet auquel, par hasard ou à dessein, on donnait la forme de la croix et qu'ensuite on brûlait. Ce fait irritait naturellement les chrétiens, qui accusaient les Juifs d'outrager leur religion. Pour mettre fin à ce scandale, Théodose II ordonna aux recteurs de la province d'en punir les auteurs de peines rigoureuses ; mais il n'arriva pas à le faire cesser. Cette plaisanterie de carnaval eut un jour les plus désastreuses conséquences. Les Juifs d'Imnestar, petite ville de la Syrie située entre Antioche et Chalcis, ayant élevé un de ces « gibets d'Aman, » les chrétiens les accusèrent d'y avoir attaché un enfant chrétien et de l'avoir fait mourir à coups de fouet. Par ordre de l'empereur Théodose, tous les inculpés furent sévèrement châtiés. La population chrétienne d'Antioche vengea, de son côté, le prétendu crime d'Imnestar en s'emparant des synagogues des habitants juifs. C'est un fait digne de remarque que les préfets et les recteurs des provinces se prononçaient presque toujours contre le clergé et en faveur des Juifs. Le préfet d'Antioche, qui informa Théodose II de la spoliation commise par les chrétiens, dut qualifier cet acte d'une façon excessivement sévère pour que l'empereur, imprégné de la plus étroite bigoterie, adressât aux coupables l'ordre de rendre les synagogues à leurs propriétaires. Siméon, anachorète qui vivait dans une espèce d'étable, près d'Antioche, protesta vivement contre cet ordre. En apprenant la décision de l'empereur, il lui écrivit en des termes très blessants, lui disant qu'il reconnaissait Dieu seul comme son empereur et maître, et le pressant de revenir sur sa résolution. Théodose obéit à cette injonction, les synagogues restèrent entre les mains des chrétiens, et le préfet qui avait eu le courage d'invoquer la justice de l'empereur contre les spoliateurs fut destitué.

La sombre et intolérante dévotion de Théodose II agit fortement sur l'empereur d'Occident, Honorius. Ce furent ces deux souverains qui promulguèrent ensemble, en très grande partie, les diverses mesures restrictives qui pesaient sur les Juifs au moment où ils passèrent de la domination romaine sous celle des nouveaux États germaniques. Sous leur règne, l'accès de toutes les fonctions administratives et militaires fut fermé aux Juifs; par contre, on continua à leur imposer la charge, plus lourde qu'honorable, des fonctions municipales; Théodose ne leur laissa même pas la faculté de disposer librement de leur fortune pour des œuvres de bienfaisance.

Malgré la disparition du patriarcat, les communautés juives avaient continué à envoyer en Palestine les offrandes destinées autrefois à l'entretien du patriarche et de sa maison; ces sommes étaient consacrées très probablement par les primats au service des écoles. Tout à coup parut un décret obligeant les primats à verser l'argent déjà recueilli dans le trésor impérial et à laisser dorénavant aux fonctionnaires de l'empire le soin de faire rentrer ces contributions ; même les dons envoyés par les Juifs des provinces occidentales devaient être remis aux trésoriers impériaux (30 mai 429). La nouvelle Rome avait hérité de la rapacité de l'ancienne. De même que l'empereur païen Vespasien avait mis autrefois la main sur les sommes envoyées par les communautés juives pour le service du temple, de même l'empereur chrétien s'appropria les contributions payées pour l'entretien du patriarcat, imposant comme taxe obligatoire ce qui n'avait été payé jusque-là que comme don volontaire.

Et cependant, malgré la situation douloureuse des Juifs établis dans l'empire d'Orient, l'ardeur pour l'étude de la Loi n'était pas éteinte en Judée. On avait cessé, il est vrai, d'expliquer et de développer la loi orale, mais on s'efforçait de bien connaître la langue hébraïque et de comprendre le sens naturel (Peschat) des Écritures saintes. Cet enseignement avait pour principaux sièges les écoles de Tibériade et de Lydda. C'est dans ces deux villes qu'un des Pères de l'Église latine, *saint Jérôme* (331-420), qui fonda un couvent de nonnes à Bethléhem, chercha des maîtres juifs pour étudier, comme Origène, la Bible dans le texte original. Un de ses maîtres fut Bar-Hanina. Comme les chrétiens se servaient de leur connaissance de la langue hébraïque pour combattre les croyances juives, il avait été interdit, dans les derniers temps, aux savants juifs de leur enseigner cette langue. Afin de ne pas froisser les susceptibilités de ses coreligionnaires, Bar-Hanina se rendait secrètement auprès de Jérôme pour étudier la Bible avec lui. Jérôme fit rapidement des progrès remarquables, il n'apprit pas seulement à prononcer et à traduire correctement l'hébreu, il parvint à s'assimiler l'esprit même de la langue et à la parler. — Les Juifs de cette époque témoignèrent aussi d'un sens critique très développé dans la distinction qu'ils surent établir entre les livres canoniques et les apocryphes. Dans le désir de clore la discussion qui s'était élevée parmi les chrétiens sur la sainteté de quelques écrits d'un caractère douteux, le concile de Nicée avait donné place dans le Canon à plusieurs livres apocryphes. Les Juifs, dans leurs entretiens avec Jérôme sur la Bible, firent sur quelques-uns de ces apocryphes des observations dont les exégètes modernes reconnaissent encore aujourd'hui la justesse et la valeur.

Tout en ayant eu des maîtres juifs et « trouvé la vérité hébraïque » dans le texte original, Jérôme détestait profondément les Juifs, montrant ainsi à ceux qui lui avaient reproché son étude de l'hébreu comme une hérésie qu'il était resté orthodoxe. Ce sentiment de haine était partagé par un de ses plus jeunes contemporains, le Père de l'Eglise *Augustin*, et devint un article de foi, un dogme pour toute la chrétienté, qui acceptait comme paroles révélées tout ce que disaient les saints Pères de l'Église. C'est le fanatisme puisé dans les écrits des Pères de l'Église qui arma plus tard rois et peuples, croisés et pastoureaux contre les Juifs, fit élever des bûchers et inventer les plus horribles supplices. — Quoiqu'ils fussent haïs par les particuliers et méprisés par l'État, les Juifs de Césarée prenaient part aux jeux et divertissements à la mode : ils conduisaient des chars, concouraient dans l'arène pour le prix de course, arboraient la couleur verte ou bleue, comme cela se pratiquait à Rome, Ravenne, Constantinople et Antioche. Mais, à cette époque, les jeux mêmes prenaient un caractère confessionnel, la rivalité entre les différentes couleurs devenait une lutte religieuse, et la défaite ou le triomphe des conducteurs de char juifs, samaritains ou chrétiens donnaient lieu à des mêlées, souvent sanglantes, entre les coreligionnaires des vainqueurs et des vaincus.

Dans la Perse, où les Juifs avaient joui jusque-là d'une tranquillité à peine troublée par quelques vexations, ils commencèrent également, vers le milieu du ve siècle, à être sérieusement persécutés. Le judaïsme de ce pays était devenu pauvre en personnalités remarquables, l'activité créatrice qui avait régné jusqu'alors dans les écoles déclinait visiblement, les docteurs se contentaient de répéter et de coordonner les opinions de leurs devanciers. L'histoire des Juifs de ce temps se meut dans des limites très étroites : on nomme des chefs d'école, ils enseignent, meurent et sont remplacés par d'autres. Un des savants les plus importants de cette époque fut *Mar*, fils d'Aschi, appelé également *Tab-Yomè*. Il se trouvait à Mahuza quand il fut informé que l'école de Sora venait de perdre son chef. A cette nouvelle, il se rendit immédiatement à Sora ; il y arriva au moment où les membres de l'académie étaient réunis pour élire le nouveau chef d'école. Invité à venir délibérer avec le Conseil sur l'élection d'Aha, il retint les délégués qui furent envoyés auprès de lui pour le chercher; on en envoya d'autres, il les retint encore. Quand ils furent au nombre de dix, il fit une conférence devant eux, et ils l'acclamèrent Rèsch Metibta (455). Aha fut vivement affecté de son échec, il s'appliqua ce dicton : « Une fois que le malheur a frappé quelqu'un, il ne cesse de l'accabler de ses coups! » C'est dans cette même année qu'éclata en Babylonie contre les Juifs une persécution sanglante qui se prolongea à travers tout le règne des derniers rois néo-perses.

Yesdigerd II (438-457) n'imita pas à l'égard des Juifs la tolérance de son prédécesseur, il leur défendit de célébrer le sabbat (456). Les bons rapports qui avaient existé jusque-là entre le gouvernement perse et les Juifs furent sans doute troublés par les mages qui, par leur fanatisme, exercèrent sur les rois de Perse la même influence néfaste que les conseillers ecclésiastiques sur les empereurs d'Orient, et qui, à l'instar des chrétiens, étaient animés d'un ardent désir de prosélytisme. Les documents de l'époque ne disent pas quel accueil les Juifs firent à la défense d'observer le sabbat. Il est probable qu'il ne leur était pas difficile d'éluder cette interdiction; en tout cas, on ne mentionne aucun martyr à l'occasion de cette persécution. Yesdigerd fut tué l'année qui suivit la promulgation de son édit relatif au sabbat, et ses deux fils Chodar-Warda et Peroz se disputèrent la couronne, les armes à la main.

A cette époque, l'académie de Sora avait à sa tête Mar bar Aschi. Ce docteur jouissait d'une très grande autorité, et toutes ses décisions, sauf trois, reçurent force de loi, mais il ne semble pas avoir donné un bien grand éclat à l'école qu'il dirigeait. Continuant l'œuvre commencée par son père, il s'efforça d'achever la coordination du recueil talmudique, travail qui était d'autant plus urgent qu'une nouvelle ère de persécutions semblait s'ouvrir et que l'avenir n'était rien moins que certain. On connaît peu de chose du caractère de Mar bar Aschi, on sait seulement qu'il était d'une grande délicatesse de conscience. « Toutes les fois qu'un de mes collègues, dit Mar, comparait devant mon tribunal, je quitte mon siège, parce que je considère les docteurs comme mes parents et que je crains de me montrer, à mon insu, trop partial à leur égard. »

Après la mort de Mar (468), une persécution sanglante fut dirigée contre les Juifs de Babylonie et de Perse. Cet événement funeste se produisit sous *Peroz* ou *Pheroces* (459-484). Le motif de cette persécution aurait été, dit-on, la vengeance que le roi Peroz, circonvenu par les mages, voulait tirer des Juifs d'Ispahan, dont quelques-uns auraient tué et écorché deux prêtres. La moitié de la population juive d'Ispahan fut massacrée et les enfants furent enlevés pour être élevés dans le culte du feu. Bientôt, ce mouvement d'intolérance s'étendit dans les communautés babyloniennes, où il persista jusqu'à la mort de Peroz. L'exilarque *Huna-Mari*, fils de Mar-Zutra, et deux autres docteurs, *Amémar bar Mar-Yanka* et *Mescherschaya bar Pacod*, furent jetés en prison et exécutés (469-470); ce furent les premiers martyrs juifs de la Babylonie. Il est remarquable qu'un exilarque subit le martyre pour le judaïsme. Quelques années plus tard, la persécution prit un caractère plus grave, les écoles furent fermées, les assemblées populaires qui avaient lieu, à l'approche des fêtes, pour entendre les conférences religieuses des docteurs, furent interdites, les tribunaux juifs furent supprimés et les enfants juifs convertis de force à la religion des mages (474). La ville de Sora paraît avoir été détruite à cette époque. Peroz, dont le fanatisme rappelle celui d'Adrien, découvrit un procédé de persécution auquel l'empereur romain n'avait pas songé, il éloigna la jeunesse juive du judaïsme pour la contraindre à pratiquer le culte du feu; comme Adrien, il a été flétri par l'histoire juive de l'épithète de « malfaisant » et surnommé *Piruz reschia*.

L'effet immédiat de ces persécutions fut de pousser les Juifs à quitter la Babylonie; ils émigrèrent du côté du sud jusqu'en Arabie et, à l'est, jusqu'aux Indes. Un homme, nommé *Joseph Rabban* (ce titre indique suffisamment son origine babylonienne), arriva, avec un grand nombre de familles juives, sur la côte de Malabar, en l'année 4250 de l'ère de la création (490); ils étaient donc partis de la Babylonie sous le règne de Peroz. Le roi indien *Airvi* (Eravi), de Cranganor, accueillit les voyageurs juifs avec une grande bienveillance, leur permit de s'établir dans son pays, les autorisa à vivre conformément à leurs lois et à choisir parmi eux un chef (mardeliar) pour les administrer. Leur premier chef fut

Joseph Rabban. Le roi Airvi lui accorda des privilèges importants et des dignités spéciales, qui devaient rester héréditaires dans sa famille. Il avait le droit, à l'instar des princes indiens, de sortir, monté sur un éléphant, de se faire précéder d'un héraut d'armes avec tambours et cymbales et de s'asseoir sur des tapis. Joseph Rabban eut, paraît-il, une série de 72 successeurs qui gouvernèrent les colonies judéo-indiennes jusqu'au jour où éclatèrent des dissensions parmi les Juifs; dans ces luttes intestines, un grand nombre de Juifs furent tués, Cranganor fut détruit, et les survivants émigrèrent à Mattachery (à une lieue de Cochin), qui fut surnommé « ville des Juifs ». Les privilèges accordés par Airvi aux émigrés juifs furent gravés sur une table d'airain, en caractères tamuliques (vieux-indiens), dans une traduction hébraïque très obscure. Cette table existe encore de nos jours.

Les familles juives qui avaient émigré avec Joseph Rabban rencontrèrent, selon toute apparence, sur la côte de Malabar, des coreligionnaires qui pouvaient bien être partis de Perse antérieurement ou à l'époque où d'autres émigrés juifs s'étaient rendus en Chine. La population juive des Indes orientales se compose encore aujourd'hui de deux classes ou plutôt de deux castes qui diffèrent tellement l'une de l'autre par la couleur de la peau, les traits du visage, les mœurs et les usages, qu'elles peuvent être difficilement considérées comme membres d'une seule et même tribu. On trouve sur la côte de Malabar et dans l'île de Ceylan des Juifs blancs qui se disent originaires de Jérusalem et des Juifs noirs qui ne se distinguent en rien des Indiens indigènes. Ces deux classes n'ont aucune ressemblance entre elles, et les Juifs blancs témoignent pour leurs coreligionnaires noirs le dédain que la race blanche éprouve, en général, dans toutes les parties du monde, pour la race noire. Il est vrai que les Juifs noirs vivent dans un état de très grande ignorance, connaissant peu la religion de leurs pères, ne possédant que de rares exemplaires de la Bible et du Talmud, et n'ayant aucune notion de leur propre histoire.

Après la mort de Peroz, les persécutions cessèrent et la situation des communautés babyloniennes s'améliora, les écoles furent rouvertes et de nouveaux chefs furent placés à leur tête. La direction de l'université de Sora fut confiée à *Rabina*, qui resta en fonction de 488 à 499, et celle de Pumbadita à *José*, qui enseigna de 471 jusque vers 520. Ces deux docteurs, voyant que l'avenir du judaïsme devenait de plus en plus incertain et que l'enseignement religieux allait en décroissant, consacrèrent toute leur activité à l'achèvement du Talmud; ils sont désignés dans les chroniques comme les derniers des amoraïm. Rabina et José furent certainement aidés dans leur travail par ceux des membres des deux académies dont les noms ont été conservés. Le plus important d'entre eux fut *Ahaï bar Huna*, de Bè-Hatim, tout près de Nehardéa (mort en 506). Grâce à son originalité de pensée, à sa clarté d'esprit et à sa pénétrante perspicacité, Ahaï était estimé et vénéré, même en dehors de la Babylonie, comme le prouvent les termes suivants d'une épître que la Judée adressa aux docteurs babyloniens : « Respectez Ahaï, il éclaire de ses lumières les exilés de la Babylonie. » L'exilarque de ce temps, *Huna-Mar*, possédait, sans doute, des connaissances talmudiques, car la chronique, d'ordinaire peu favorable à ces dignitaires, le mentionne parmi les docteurs et lui donne le titre de « rabbi ». Son histoire, à laquelle se rattachent des événements importants, appartient à l'époque qui suit celle dont il s'agit actuellement.

Aidés d'Ahaï, de Huna-Mar et d'autres savants, Rabina et José achevèrent définitivement le Talmud; en d'autres termes, ils déclarèrent que le recueil des discussions, décisions et ordonnances qu'ils venaient de coordonner était définitif et que rien ne devait plus y être ajouté. La clôture du Talmud babylonien, appelé aussi *guemara*, eut lieu dans l'année de la mort de Rabina (13 kislev ou 2 décembre 499), à la fin du ve siècle, à l'époque où les Juifs déposèrent dans la presqu'île Arabique les premiers germes d'une nouvelle religion et d'un nouvel empire et où s'élevèrent, en Europe, sur les débris de l'ancienne Rome, les royaumes des Goths et des Francs.

Le Talmud, qui se compose de douze volumes, ne ressemble à aucune autre production littéraire, il forme une œuvre spéciale qui doit être jugée d'après des règles particulières. Aussi est-il excessivement difficile, même à ceux qui sont très familiers avec ses procédés et sa méthode, d'en donner une définition exacte et précise. On pourrait être tenté de le comparer aux travaux des Pères de l'Église, composés vers la même époque. Mais on reconnaîtrait à un examen attentif que cette comparaison n'est même pas possible. Il est vrai qu'il s'agit ici moins de faire voir ce que le Talmud est en soi que d'indiquer ce qu'il a été dans l'histoire, quelle influence il a exercée sur les générations suivantes. On a dirigé contre le Talmud, à diverses époques, les accusations les plus diverses, on l'a décrié avec passion et on l'a brûlé, parce qu'on n'a regardé que ses défauts sans vouloir tenir compte de son mérite, qu'on ne peut réellement apprécier qu'en embrassant d'un coup d'œil toute l'histoire juive. Sans doute, le Talmud de Babylone a un certain nombre de défauts inhérents à toute œuvre de l'esprit qui a une tendance exclusive, il poursuit son but avec une logique inflexible, traite sérieusement les questions les plus futiles, enregistre avec gravité des croyances et des pratiques superstitieuses empruntées à la religion des Perses et relatives à la puissance des démons, à l'efficacité de la magie et des formules de conjuration, à la signification des songes, croyances et superstitions qui sont en contradiction absolue avec l'esprit du judaïsme ; il contient aussi des maximes et des sentences hostiles aux autres peuples et aux autres religions ; enfin, son interprétation de la Loi est souvent très subtile, étrange, contraire au bon sens et à la réalité. Dans le Talmud dominent l'aridité et la sécheresse, on n'y trouve nulle trace du souffle poétique qui anime certaines parties de la Bible, il n'a rien de l'éloquence entraînante des prophètes, de l'élévation des Psaumes, de la profondeur de pensée de Job, des accents brûlants du Cantique des Cantiques. Par suite de ces divers défauts, on a reproché au Talmud de s'occuper de vétilles et de minuties, on l'a condamné comme une source d'erreurs et d'immoralités. Cette critique méconnaît qu'il n'est pas le travail d'un auteur unique, responsable de chaque parole et de chaque idée. Le Talmud est l'œuvre de la nation juive tout entière. Ce livre extraordinaire présente, pris sur le vif, six siècles de l'histoire juive avec les costumes, les expressions et les idées propres à chaque époque. On dirait qu'une catastrophe pareille à celle qui nous a conservé Pompéï et Herculanum a pétrifié ces six siècles avec toutes leurs particularités pour les déposer dans le Talmud. Qu'y a-t-il alors d'étonnant qu'on y trouve le mal à côté du bien, des pensées généeuses et élevées à côté de sentiments exclusifs et étroits, des remarques profondes à côté d'observations oiseuses, des conceptions remarquables à côté d'absurdités, des idées juives à côté de superstitions païennes. Le plus souvent, les paroles d'intolérance enregistrées par le Talmud, et relevées avec une satisfaction haineuse par les adversaires des Juifs, ne sont que l'expression d'une colère passagère, arrachées par le désespoir à quelque docteur et que des disciples trop zélés ont pieusement conservées. Mais, si le Talmud rapporte les cris de vengeance échappés à de malheureux opprimés, il contient aussi les plus généreuses sentences de morale et charité, il enseigne l'amour que l'homme doit à l'homme, sans distinction d'origine et de religion.

Le Talmud de Babylone se distingue de celui de Jérusalem par une argumentation plus serrée, une pénétration plus vive et des aperçus plus profonds. Les idées originales y abondent, elles n'y sont souvent présentées qu'à l'état d'ébauche et de façon à obliger l'esprit à la réflexion. En étudiant de près le Talmud, on pénètre jusqu'au sous-sol de la pensée, on assiste à son éclosion, on suit son développement jusque dans ses ramifications les plus fines et les plus ténues, on monte jusqu'à ces hauteurs vertigineuses où l'esprit ne peut plus la saisir. Pour ces diverses raisons, le Talmud de Babylone éclipsa totalement le Talmud de Jérusalem et devint le livre par excellence, la propriété exclusive et en quelque sorte l'âme de la nation juive. Les générations suivantes en firent leur principal, leur unique aliment intellectuel, les penseurs se plaisant à approfondir son argumentation, et les hommes de cœur admirant sa morale élevée. Pendant plus de dix siècles, les Juifs restèrent indifférents au monde extérieur, à la nature, aux hommes et aux événements, ils n'y voyaient que des incidents insignifiants, de simples fantômes, la seule réalité pour eux était le Talmud, ils ne considéraient comme vrai que ce qui avait sa sanction, ils ne connaissaient la Bible, l'histoire de leurs aïeux, l'éloquence passionnée et les paroles consolatrices de leurs prophètes, les effusions ardentes de leurs Psalmistes que par le Talmud. Mais, comme le judaïsme a sa racine dans le monde réel et que le Talmud a dû s'occuper nécessairement de questions concrètes, de faits de ce monde-ci, ces idées mystiques, ce dédain du monde, cette haine de la réalité qui ont donné naissance au moyen âge à de nombreux cloîtres de moines et de nonnes n'ont pas pu se fixer parmi les Juifs. Il faut reconnaître que le raisonnement dans le Talmud dégénère quelquefois en subtilité, en une aride scolastique, il n'est pas moins vrai que cette habitude de raisonner, même poussée jusqu'à l'exagération, a été très utile aux Juifs. C'est le Talmud qui leur a donné ces qualités de pénétrante dialectique et de profondeur d'esprit qui les ont préservés aux plus mauvais jours de l'engourdissement intellectuel dont souffrirent les autres peuples, il les a entourés d'une atmosphère saine et pure qui les a protégés contre la corruption et a entretenu la fraîcheur et l'activité de leur esprit. On peut dire que le Talmud a été l'éducateur de la nation juive, l'influence qu'il a exercée sur elle a été des plus salutaires; car, malgré les humiliations qu'elle a eu à subir, les outrages dont elle a été abreuvée et l'avilissement auquel elle a été condamnée, elle a su conserver des mœurs honnêtes et pures. Le Talmud a été la bannière qui a servi de signe de ralliement aux Juifs dispersés dans les divers pays, il a maintenu l'unité du judaïsme.

CHAPITRE XI

LES JUIFS DANS LA BABYLONIE ET EN EUROPE

Peu de temps après la clôture du Talmud, alors que plusieurs des docteurs qui avaient pris part à ce travail de coordination enseignaient encore à Sora et à Pumbadita et que le souvenir des persécutions de Peroz vivait encore dans toutes les mémoires, les Juifs furent assaillis en Perse, sous le règne de *Kavadh* (Cavadès, Cobad), le deuxième successeur de Peroz, par de nouveaux malheurs. Kavadh (488-531), qui ne manquait pas de qualités, était très faible de caractère; sous l'influence de quelques fanatiques, il persécuta tous les hérétiques. Le principal instigateur de ces violences fut *Mazdak*, prêtre du culte du feu, qui voulut réformer la religion des mages. Partant de ce principe que la cupidité et la concupiscence sont pour les hommes la source de tous les maux, il croyait assurer la victoire de la lumière sur les ténèbres, d'Ahura-Mazda sur Angro-Mainyus, en faisant disparaître ces deux passions ; en conséquence, il établit la communauté des biens et la communauté des femmes, il permit même les relations entre proches parents. A ses yeux, le communisme était la voie la plus sûre pour amener le triomphe de la doctrine de Zoroastre. Se montrant très désintéressé et menant une vie d'ascète, Mazdak acquit bientôt une grande influence sur une partie des Perses, et vers 501, il comptait de nombreux partisans. Ceux-ci avaient pris le nom de *Zendik*, c'est-à-dire vrais sectateurs du Zend, la religion de la parole sacrée. Le roi Kavadh protégea Mazdak et préconisa ses réformes, il décréta que tous les habitants de la Perse étaient tenus d'adopter les nouvelles doctrines et d'y conformer leur conduite. Les basses classes de la population, sans fortune, sans éducation et sans moralité, suivirent avec empressement la nouvelle religion de Mazdak; elles s'approprièrent les biens des riches et s'emparèrent des femmes qui leur plaisaient. Il en résulta qu'à cette époque on ne savait plus distinguer entre le vice et la vertu, la propriété et le vol. Les grands du royaume détrônèrent Kavadh et le jetèrent en prison, mais il fut délivré et replacé sur le trône avec l'aide des Huns, et, de nouveau, il fit mettre en pratique les doctrines de Mazdak. Juifs et chrétiens eurent à souffrir de ces folies; on les dépouilla de leurs biens et on leur prit leurs femmes. Les Juifs, qui avaient toujours attaché la plus haute importance à la pureté des mœurs et à la sainteté du mariage, paraissent avoir défendu par les armes l'honneur de leurs jeunes filles et de leurs épouses. Une révolte éclata, en effet, en ce temps, parmi les Juifs babyloniens, et il est bien probable que cette révolte était spécialement dirigée contre les tentatives communistes des Zendik. A la tête de ce mouvement se plaça le jeune exilarque Mar-Zutra II.

Mar-Zutra (né vers 496) était le fils de ce savant Huna qui, à la mort de Peroz, fut élevé à la dignité d'exilarque (488-508). Quand son père mourut, il était encore tout jeune. Dès qu'il eut atteint l'âge d'homme, il prit les armes pour défendre les droits de la famille et de la propriété. Aidé de quatre cents vaillants compagnons, il attaqua les partisans de Mazdak, et réussit, selon toute apparence, à les chasser de la partie de la Babylonie habitée par les Juifs. D'après la chronique, il aurait accompli des exploits remarquables, il serait même parvenu à repousser les attaques des troupes que le roi avait envoyées pour réprimer l'insurrection, à conquérir l'indépendance des Juifs et à imposer un tribut aux habitants non juifs de la Babylonie. Mahuza, qui n'est pas loin de Ctésiphon, devint la capitale d'un petit État juif placé sous l'autorité de l'exilarque.

L'indépendance de cet État subsista pendant sept ans. Au bout de ce temps, la petite troupe juive fut battue par un corps d'armée perse et l'exilarque fait prisonnier. Ce dignitaire et son vieux grand-père, Mar-Hanina, furent exécutés et leurs corps mis en croix près du pont de Mahuza (vers 520). Les habitants de cette ville furent dépouillés de leurs biens et emmenés en captivité, la famille de l'exilarque s'enfuit en Judée, emmenant le jeune fils de ce dernier, qui était né après la mort de son père et portait également le nom de Mar-Zutra. Cet enfant était l'unique représentant de l'exilarcat, il grandit en Judée, où il se distingua plus tard par son enseignement. Ainsi, par suite des persécutions de Kavadh, la dignité d'exilarque demeura pendant un certain temps sans titulaire, les écoles furent fermées et les docteurs contraints de s'enfuir. Parmi les fugitifs se trouvaient *Ahunaï* et *Guiza;* ce dernier s'établit près du fleuve Zab. D'autres se rendirent sans doute en Palestine et dans l'Arabie. Les persécutions ne semblent pas avoir sévi dans toute la Perse, car, parmi les troupes de Kavadh qui se battirent contre le général byzantin Bélisaire, il se trouva des soldats juifs pour lesquels le général perse eut les plus grands égards, il demanda même un armistice pour leur permettre de se reposer pendant la fête de Pâque.

A la mort de Kavadh, les persécutions contre les Juifs babyloniens cessèrent. Son successeur, *Kosroès Nuschirvan* (531-579), imposa aux Juifs comme aux chrétiens une taxe dont les enfants et les vieillards seuls étaient exempts, mais il n'en agissait pas ainsi par haine ou par intolérance, il cherchait seulement à remplir les caisses de l'État. Pendant son long règne, les Juifs vécurent tranquilles, les communautés se réorganisèrent, les écoles se rouvrirent et les docteurs qui avaient pris la fuite revinrent en Babylonie. Guiza, qui avait cherché un refuge près du fleuve Zab, fut placé à la tête de l'école de Sora, et Simuna à la tête de l'école de Pumbadita. Ces docteurs s'appliquèrent à attirer dans les écoles de nombreux disciples, à relever l'enseignement religieux et à reprendre l'étude du Talmud ; ils continuèrent aussi, selon l'ancien usage, à réunir autour d'eux des auditeurs, pendant les mois d'Adar (mars) et d'Ellul (septembre), pour leur transmettre la tradition, les initier à l'enseignement et leur indiquer quelques questions à élucider par leurs propres recherches. Mais la force créatrice était épuisée chez les disciples des derniers Amoraïm ; ils n'ajoutèrent presque plus rien à la partie déjà existante du Talmud, ils fixèrent seulement d'une façon définitive de nombreux points du rituel, du droit civil et du droit matrimonial qui n'avaient pas encore été résolus ou sur lesquels les diverses écoles n'étaient pas d'accord. Les juges avaient besoin de lois certaines pour les appliquer dans les cas donnés, et les particuliers de prescriptions claires pour pouvoir les mettre en pratique. Les docteurs de cette époque s'efforcèrent de satisfaire à cette nécessité en établissant des règles fixes là où régnaient l'indécision et l'incertitude. De là, leur nom de *Saboraïm*, c'est-à-dire « ceux qui examinent le pour et le contre » pour fixer les lois religieuses et les lois civiles. Les Saboraïm, qui poursuivirent un but tout pratique, commencèrent leur tâche immédiatement après la clôture du Talmud ; leur œuvre fut continuée par Guiza, Simuna et leurs collègues.

Guiza et Simuna mirent tout d'abord le Talmud par écrit ; ils utilisèrent, pour ce travail, et ce qu'ils avaient appris par la tradition et les notes écrites qu'ils avaient rédigées pour aider leur mémoire ; quand un passage leur semblait obscur, ils y ajoutaient des explications. Ce sont eux qui ont donné au Talmud la forme sous laquelle l'ont reçu les communautés contemporaines et les générations postérieures.

A cette époque naquit une science sans laquelle la Bible serait restée un livre fermé et qui ébranla la domination jusqu'alors absolue du Talmud. L'Écriture Sainte était presque complètement inconnue à la foule, ceux qui n'avaient pas appris par la tradition, dès leur jeune âge, à en lire le texte, n'y comprenaient rien, parce que les consonnes n'étaient pas pourvues de voyelles. Dans les temps antérieurs, la nécessité avait déjà fait créer des signes pour les voyelles principales (a, i, u), mais on en faisait un usage très restreint, elles n'étaient ajoutées qu'à de rares consonnes, et, pour lire le reste, il fallait le savoir par la tradition, ou le deviner. Il était très difficile de distinguer l'un de l'autre deux mots écrits avec les mêmes consonnes et ayant une signification différente; aussi le sens de la Bible restait-il obscur pour le peuple. Seuls les docteurs et leurs disciples savaient lire la Bible, et encore ne la lisaient-ils qu'à travers le Talmud. C'est à ce moment que partit de la Grèce en décadence un mouvement scientifique qui se propagea en Perse. Après la fermeture des écoles d'Athènes par l'empereur Justinien, les sept sages de la Grèce émigrèrent en Perse, où ils espéraient trouver protection auprès du roi Nuschirvan. Leur attente ne fut pas trompée. Sous l'impulsion des savants grecs, une école de médecine et de sciences naturelles fut fondée dans une contrée où les Juifs demeuraient en grand nombre. La linguistique fut également cultivée, principalement par des chrétiens de Syrie habitant près de l'Euphrate et en deçà du Tigre, la secte des Nestoriens, qui, à la suite d'une discussion sur une question dogmatique, s'étaient séparés de leurs coreligionnaires établis à l'ouest de l'Euphrate, les Jacobites. Les Nestoriens étaient plus portés vers les Juifs que les autres chrétiens, leurs prêtres et leurs savants entretenaient avec eux d'excellentes relations. S'inspirant de leur exemple, les Juifs se décidèrent à étudier la Bible plus attentivement. Mais, avant tout, il était nécessaire d'en rendre la lecture plus facile en pourvoyant le texte de voyelles. Ce travail fut accompli par un ou plusieurs savants restés inconnus. D'abord, on se contenta d'ajouter des voyelles aux mots à double sens; peu à peu on pourvut de voyelles toutes les consonnes. L'invention des signes-voyelles paraît avoir été d'une extrême facilité. On transcrivit sous une forme plus petite que leur forme habituelle certaines lettres hébraïques dont le son se rapproche de celui des voyelles qu'on voulait exprimer, et on les ajouta en guise de voyelles aux consonnes. Cette innovation eut d'excellents résultats; elle rendit non seulement le texte de la Bible plus facile à comprendre et permit, par conséquent, à un plus grand nombre de personnes de connaître les principes généreux et la morale élevée du judaïsme, mais elle servit également la civilisation. Quand le christianisme se réveilla de la longue torpeur du moyen âge, ses guides spirituels puisèrent dans l'étude du texte original de la Bible la force de dissiper entièrement les nuages de cette sombre époque. Il leur eût été probablement impossible d'étudier l'Écriture Sainte sans les signes-voyelles.

Les inventeurs babyloniens ou perses des signes-voyelles ont aussi introduit dans le texte biblique un système très simple de signes pour indiquer la fin des versets et des paragraphes. Ce système, resté ignoré pendant plus de dix siècles, n'est connu que depuis une cinquantaine d'années; il est appelé le système babylonien ou assyrien. Il a été supplanté par un autre système, plus récent, qui a pris naissance à Tibériade. On sait que pendant les persécutions de Kavadh, le représentant de l'exilarcat, Mar-Zutra, s'était réfugié en Judée; plus tard, il fut nommé chef d'école à Tibériade. Ses descendants continuèrent à diriger cette école pendant plusieurs générations; ils se considéraient comme les seuls exilarques légitimes, les vrais descendants de la maison de David, tandis qu'ils regardaient ceux qui occupaient de leur temps la dignité d'exilarque en Babylonie comme des usurpateurs. De là, une sourde hostilité entre les chefs religieux de la Judée et ceux de la Babylonie. Toute innovation introduite par ces derniers était repoussée ou au moins accueillie avec froideur à Tibériade. Il en arriva de même pour le système babylonien des accents et des signes-voyelles. Ce système ne pouvait, du reste, pas convenir à la Palestine, par cette raison que les voyelles étaient prononcées autrement dans cette contrée qu'en Babylonie. Il fut remanié, développé et subit des modifications telles qu'il devint absolument méconnaissable et que les orgueilleux docteurs de Tibériade purent s'en déclarer les créateurs, sans craindre aucune contradiction. Ce qui les aida à établir cette croyance, c'est qu'un peu plus tard l'étude de la langue hébraïque devint une des principales occupations de l'école de Tibériade, d'où elle se propagea dans les écoles extrapalestiniennes. On a seulement découvert dans les temps modernes qu'il existait des signes-voyelles et des accents babyloniens, et que le système de Tibériade n'en était que le plagiat. Quoique ceux qui ont introduit les signes-voyelles dans le texte biblique eussent trouvé l'idée première de leur système chez les chrétiens syriens, ils ne les ont cependant pas servilement imités. Il est vrai que, dans les textes des chrétiens, les consonnes avaient des signes-voyelles, mais les Nestoriens en sont restés au système défectueux des points qui rendent la lecture si difficile, et les Jacobites, qui se servent de vrais signes-voyelles, n'employèrent ce système qu'un siècle après les Juifs.

Ni la chronique ni la tradition n'ont conservé les noms des successeurs immédiats des Saboraïm Guiza et Simuna; ils ont été oubliés au milieu des persécutions qui avaient alors repris contre les Juifs, sous le successeur de Nuschirvan, *Hormisdas IV* (579-589). A cette époque les mages et les ecclésiastiques rivalisèrent d'intolérance envers le judaïsme; les prêtres de deux religions dont l'une poursuivait la victoire définitive de la lumière sur les ténèbres et l'autre prêchait l'amour des hommes abusaient de la faiblesse de certains rois pour maltraiter les sectateurs d'un autre culte.

Hormisdas IV ne ressemblait en rien à son père Nuschirvan, il avait les instincts cruels d'un Néron. Tant qu'il resta sous l'influence de son précepteur et conseiller Buzurg-Mihir, un Sénèque perse, qui inventa, dit-on, le jeu d'échecs pour prouver à son maître que tout roi est dépendant de l'armée et de la nation, Hormisdas domina ses mauvaises passions. Une fois son précepteur retiré de la cour, il ne garda plus aucun ménagement. A l'instigation des mages, qui croyaient retarder la chute imminente de leur religion en persécutant les autres croyants, il tourna toute sa colère contre les Juifs et les chrétiens. Les écoles de Sora et de Pumbadita furent fermées et les docteurs obligés, comme sous Peroz et Kavadh, d'émigrer dans d'autres contrées (vers 581). Une partie d'entre eux s'établit à Peroz-Schabur, près de Nehardéa; cette ville leur offrait un refuge plus sûr, parce qu'elle était gouvernée par un chef arabe. Plusieurs écoles s'organisèrent à Peroz-Schabur, une d'elles a laissé un certain renom, c'est celle de *Mari*.

Détesté de ses sujets, qu'il maltraitait, vaincu par les ennemis de la Perse, qui réussirent à s'emparer de plusieurs provinces, Hormisdas vit son pouvoir battu en brèche de tous côtés. Il fut d'abord vaillamment soutenu par le général Bahram Tschubin ; il récompensa son défenseur de ses services en le destituant. Bahram, irrité, se révolta contre son roi, le précipita du trône et le fit enfermer dans un cachot, où il fut tué (589). Bahram gouverna d'abord la Perse au nom du roi Kosru, bientôt il jeta le masque et s'assit lui-même sur le trône de Perse. Sous son règne, les Juifs de la Perse et de la Babylonie furent très heureux, il les traita avec bienveillance et les autorisa à rouvrir les écoles de Sora et de Pumbadita (589). Ils lui témoignèrent leur reconnaissance en lui fournissant des hommes et de l'argent. Sans les Juifs, il n'aurait certes pas pu rester au pouvoir, car le peuple perse était demeuré fidèle au roi légitime Kosru ; les troupes seules soutenaient Bahram, et les Juifs contribuaient en grande partie à l'entretien de ces troupes. Le règne de Bahram ne fut pas de longue durée ; Kosru revint dans son royaume avec une armée que lui avait fournie l'empereur byzantin *Maurice* et à laquelle se joignirent un grand nombre de Perses. Bahram fut battu et obligé de se réfugier chez les Huns. Les Juifs payèrent de la mort leur dévouement à la cause de l'usurpateur. A la prise de Mahuza, le général perse *Mebodès* fit passer par les armes la plupart des habitants juifs de la ville.

Kosru II (590-628) ressemblait plus à son grand-père Nuschirvan qu'à son père Hormisdas. D'un caractère très doux, il pardonna aux Juifs leur fidélité envers Bahram et laissa subsister les deux écoles de Sora et de Pumbadita. A la tête de la première se trouvait d'abord, à cette époque, *Hanan*, et ensuite *Mari bar Mar*, à la tête de la seconde, *Mar bar Huna* (de 609 jusque vers 620). Ils eurent pour successeurs : *Haninaï*, à Pumbadita, et *Hanania* à Sora. Ces deux docteurs assistèrent encore à la chute de la puissance perse et au triomphe des Arabes. Dans les dernières années de la domination des Perses, la tranquillité des Juifs ne fut pas troublée, les derniers rois sassanides, dont cinq se succédèrent au trône dans un espace de cinq ans, étaient trop préoccupés de leur propre sécurité pour songer aux Juifs ; ils laissèrent ces derniers diriger leurs affaires comme ils l'entendaient. Aussi le judaïsme babylonien continua-t-il à avoir à sa tête un exilarque. Pendant le demi-siècle qui s'écoula depuis la réouverture des écoles religieuses, sous Bahram, jusqu'à la domination des Arabes (589-640), il y eut trois exilarques dont le nom a été conservé et dont le dernier, *Bostanaï*, fit briller la dignité dont il était revêtu d'un vif éclat.

Les Juifs de la Palestine étaient bien plus malheureux que leurs coreligionnaires de la Perse. Soumis à une législation inique, ils étaient exclus de toutes les fonctions honorifiques et n'avaient même pas le droit de construire de nouvelles synagogues. Un mot de l'empereur *Zénon* peint leur situation dans toute sa tristesse. La ville d'Antioche, comme la plupart des grandes villes de l'empire byzantin, se divisait, aux courses de chevaux, en deux partis, les bleus et les verts. Ces derniers suscitèrent un jour des troubles, attaquèrent leurs adversaires, tuèrent, entre autres, beaucoup de Juifs, jetèrent leurs cadavres dans le feu et incendièrent plusieurs synagogues. Quand l'empereur Zénon fut informé de cet événement, il déclara que les verts ne méritaient d'être punis que parce qu'ils s'étaient contentés de brûler les Juifs morts et avaient épargné les vivants. Cette haine sauvage vouée par les hauts dignitaires aux Juifs encouragea naturellement la foule à se ruer à toute occasion sur ces parias; les habitants d'Antioche se distinguèrent particulièrement par leur hostilité envers les Juifs. Un conducteur de chars célèbre, Calliopas, étant venu un jour de Constantinople à Antioche, où il se rangea sous la bannière des verts, des désordres se produisirent à Daphné, près d'Antioche, où s'était rendu son parti, et, sans provocation, sans motif aucun, toute cette foule attaqua la synagogue, tua les Juifs qui y étaient réunis et détruisit tous les objets sacrés qu'elle y trouva (9 juillet 507).

Pendant qu'on cherchait noise aux anciens maîtres de la Terre Sainte, quand ils s'avisaient de restaurer une vieille synagogue délabrée, le christianisme prenait possession peu à peu de la Palestine tout entière, il y élevait librement des églises et des couvents. Évêques, abbés et moines se remuaient en Judée et y discutaient tumultueusement sur la nature simple ou la nature double du Christ. Même Jérusalem, qui, malgré la destruction du temple, était restée la capitale religieuse des Juifs, avait cessé d'être le centre du judaïsme ; les chrétiens s'en étaient emparés, y avaient fondé un évêché et en défendaient l'accès aux premiers possesseurs depuis que l'impératrice Hélène, la mère de Constantin, dont la réputation de jeune fille n'était pas sans tache, avait eu la pensée d'y faire construire, en expiation de ses fautes, l'église du Saint-Sépulcre. Seule la jolie ville de Tibériade avait conservé son rang, elle était restée le siège de l'activité religieuse des Juifs, et, grâce aux descendants de Mar-Zutra qui s'y étaient établis, son école continuait à jouir en Palestine et au dehors d'une très grande autorité. Le roi juif de l'Arabie lui-même se soumettait aux ordres venus de Tibériade. Mais là aussi le christianisme avait élu domicile en y établissant un évêché. Il est probable qu'à Nazareth, le berceau du christianisme, où l'on rencontrait les plus belles femmes de la Palestine, la population était en grande partie juive, car cette ville n'eut pas d'évêque. De même, Scythopolis (Bethsan), qui devint à cette époque la capitale de la deuxième Palestine (*Palæstina secunda*), et Néapolis (Sichem), devenue la capitale des Samaritains depuis que Samarie était une ville chrétienne, renfermaient de nombreux habitants juifs. Mais dans toutes ces villes, excepté à Nazareth, les Juifs étaient en minorité et étaient presque complètement perdus au milieu de la population chrétienne.

Mais si les Juifs de la Palestine et de l'empire byzantin étaient régis en tant que citoyens par une législation restrictive, du moins purent-ils, jusqu'au règne de Justinien, pratiquer librement leur religion. Cet empereur fut le premier qui, non content d'étendre leurs incapacités civiles, s'immisça dans leurs affaires religieuses. C'est lui qui promulgua la loi humiliante en vertu de laquelle ils ne pouvaient pas témoigner en justice contre les chrétiens (532). Il est vrai qu'il leur laissa le droit de témoigner entre eux, tandis qu'il refusa toute force au témoignage des Samaritains, même contre leurs coreligionnaires, et leur interdit de disposer de leurs biens par testament. Justinien se montrait si sévère envers les Samaritains, parce qu'ils s'étaient révoltés à plusieurs reprises contre le pouvoir impérial et s'étaient donné autrefois un roi,

Julien bar Sabar. Une autre loi d'exception fut dirigée à la fois contre les Juifs et les Samaritains. Tout en étant exclus de toutes les dignités, ils pouvaient être obligés d'accepter la charge si onéreuse du décurionat (dignité municipale), sans jouir cependant des privilèges attachés à cette charge : l'immunité contre la peine de la flagellation et de l'exil. « Qu'ils portent le joug, même s'ils en gémissent, mais qu'ils soient déclarés indignes de tout honneur. » Justinien défendit aussi aux Juifs, sous peine d'amende, de célébrer leur Pâque avant les Pâques chrétiennes; les gouverneurs des provinces étaient chargés de veiller à l'exécution rigoureuse de cet édit. Dans d'autres circonstances encore, Justinien s'immisça dans les affaires religieuses des Juifs. Il se produisit une fois une scission dans une communauté juive, peut-être à Constantinople ou à Césarée. Les uns demandèrent que les chapitres du Pentateuque et des prophètes qu'on lisait en hébreu dans les synagogues fussent lus en même temps en langue grecque pour les illettrés et les femmes. Les rigoristes, et spécialement les docteurs, éprouvaient une certaine aversion à faire usage, à l'office divin, de la langue de leurs persécuteurs, qui était en même temps la langue de l'Eglise; ils objectaient aussi que cette innovation ne laisserait plus de temps pour les discours d'édification. La discussion fut très vive, et les partisans du grec allèrent jusqu'à porter le différend devant l'empereur. Justinien se déclara naturellement pour l'introduction de la traduction grecque, et il ordonna aux Juifs de se servir de la version des Septante ou de celle d'Aquila. Dans les synagogues des provinces italiennes, il fallait traduire les chapitres de l'Écriture en langue latine. En outre, Justinien menaça de châtiments corporels les partisans de la vieille liturgie qui excommunieraient leurs adversaires. Ces diverses dispositions peuvent à la rigueur se justifier. Mais l'empereur outrepassa certainement son droit en contraignant toutes les communautés juives de l'empire byzantin, même celles qui ne voulaient pas de cette innovation, à lire la traduction grecque ou latine des chapitres de la Bible récités à l'office divin, et en défendant de rattacher dorénavant à ces chapitres, dans les synagogues, comme cela s'était toujours pratiqué, des discours d'édification. Il croyait qu'en obligeant les docteurs à remplacer l'explication traditionnelle de la Bible, qui affermissait les Juifs dans leur religion, par la lecture de la traduction grecque des Septante modifiée d'après les idées chrétiennes, il faciliterait la conversion des Juifs au christianisme. Dans sa pensée, l'office divin ainsi réglé serait un moyen efficace de propagande chrétienne. Il attachait une importance capitale à cette loi, car il ordonna à son ministre Areobindus de la faire connaître à tous les fonctionnaires impériaux et de les inviter à en surveiller l'application avec un soin tout particulier (13 février 553).

Cette loi perfide n'eut pas les conséquences qu'en attendait l'empereur. La nécessité d'entendre à la synagogue la traduction de la Bible ne se faisait pas sentir, en général, chez les Juifs; ceux qui avaient réclamé cette réforme restèrent isolés, et, dans les communautés unies, il n'était pas très difficile d'organiser le service divin de telle sorte que les autorités ne s'apercevaient pas de la violation de l'édit impérial. Les prédicateurs continuèrent à faire servir l'Écriture Sainte à l'édification des fidèles, sans craindre de diriger parfois des traits acérés contre leurs oppresseurs. Ils dirent, par exemple, que ce passage des Psaumes : « Là, fourmillent des vers sans nombre, » s'appliquait « aux édits innombrables dirigés par l'empire romain (Byzance) contre les Juifs; que les grands et les petits animaux représentaient les ducs, les gouverneurs et les généraux, et que quiconque (des Juifs) s'associera à eux deviendra un objet de risée. » — « Il en est des édits d'Esaü (Byzance), dirent-ils encore, comme d'une flèche qu'on lance au loin; de même qu'on ne remarque la flèche que lorsqu'elle atteint le cœur, de même les édits d'Esaü sont des traits qui frappent à l'improviste, on ne s'en aperçoit que lorsqu'on annonce que le coupable a encouru la peine de mort ou l'emprisonnement. »

Les Juifs paraissent encore avoir eu à subir une autre ingérence de Justinien dans leur liturgie. Il leur fut interdit de réciter dans les synagogues la prière si importante du rituel qui proclame l'unité de Dieu (le Schema); les chrétiens considéraient peut-être cette prière comme une protestation contre la Trinité. On plaça des gardiens dans les temples pour veiller à l'exécution de cette mesure aussi inique que ridicule et empêcher les fidèles de

dire à haute voix : « Écoute, Israël, l'Éternel, notre Dieu, est un. »
Les Juifs se soumirent à cet édit, l'officiant passait cette prière et
l'assemblée la récitait à voix basse. Pendant les jours de fête et le
sabbat, après le départ des surveillants, qui n'assistaient qu'à la
prière du matin, l'officiant récitait le Schema au deuxième office.

Justin le Jeune, qui succéda à Justinien, maintint toutes les lois
restrictives édictées par son prédécesseur contre les Juifs et les
Samaritains, mais il n'en ajouta pas de nouvelles. Sous les empereurs *Tibère* et *Maurice*, il n'est pas question de la population
juive. Mais pendant le règne de l'usurpateur *Phocas*, qui essaya de
renouveler les exploits de Caligula et de Commode, survint un
événement qui jette une vive lumière sur la triste situation des
Juifs. A Antioche, où de tout temps les chrétiens haïssaient profondément les Juifs, ceux-ci se jetèrent un jour sur leurs ennemis,
en tuèrent un grand nombre et brûlèrent les cadavres. Ils s'acharnèrent surtout contre le patriarche Anastase, nommé le Sinaïte,
lui infligèrent les plus cruels traitements et le traînèrent à travers
les rues avant de lui donner la mort. Quelles effroyables souffrances les Juifs doivent-ils avoir endurées de la part des fonctionnaires impériaux et du clergé pour se porter à de tels excès ! Dès
que Phocas fut informé de ces troubles, il nomma *Bonosus* gouverneur de l'Orient et chargea le général *Kotys* de châtier les
émeutiers. Les Juifs se défendirent avec vigueur et repoussèrent
les troupes impériales. Des forces plus considérables furent
envoyées, et les Juifs durent déposer les armes. Le châtiment fut
terrible, une grande partie d'entre eux furent tués, d'autres furent
mutilés, les autres enfin furent envoyés en exil (septembre et
octobre 608).

Les Juifs, exaspérés contre leurs oppresseurs, trouvèrent bientôt une occasion inattendue de se venger. Phocas avait usurpé
le trône de l'empereur Maurice ; le gendre de ce dernier, Kosru II,
roi des Perses, résolut de châtier Phocas et de s'emparer de l'empire byzantin. Il envahit l'Asie Mineure et la Syrie avec une armée
considérable. Dans l'intervalle, Héraclius détrôna Phocas, il en informa Kosru et lui proposa de conclure la paix avec lui ; Kosru refusa.
Un corps d'armée perse, sous le commandement du général Scharbarzar, descendit des hauteurs du Liban pour envahir la Palestine.

Quand les Juifs de ce pays apprirent la défaite des chrétiens et les progrès continus de l'armée perse, ils éprouvèrent un ardent désir de prendre part à la lutte. Ils pensèrent que l'heure avait enfin sonné où ils pourraient se venger des maux dont les Romains et les chrétiens les accablaient depuis des siècles! Sur l'instigation d'un certain Benjamin, de Tibériade, qui consacra son immense fortune à fomenter des troubles et à armer des soldats juifs contre les Romains, un appel fut adressé à tous les Juifs de la Palestine pour les engager à se joindre à l'armée perse. A cet appel, les robustes Juifs de Tibériade, de Nazareth et des montagnes de la Galilée vinrent se ranger en foule sous le drapeau des Perses. Il est probable qu'ils massacrèrent auparavant les chrétiens et saccagèrent les églises de Tibériade; ils s'unirent aux soldats de Scharbazar pour marcher sur Jérusalem et reprendre la ville sainte aux chrétiens. En route, ces troupes furent rejointes par les Juifs du sud de la Palestine et par des bandes de Sarrasins. Jérusalem fut emportée d'assaut (juillet 614). On dit que 90,000 chrétiens furent tués dans la ville. La chronique ajoute que les Juifs auraient racheté aux Perses leurs prisonniers chrétiens pour les faire mourir; cette accusation ne repose sur aucun fait précis. Couvents et églises furent brûlés à Jérusalem par l'ennemi. Il est probable que les Juifs prirent une plus grande part à ces scènes de destruction que les Perses, parce qu'ils estimaient que la ville sainte n'était pas moins souillée par la présence de la croix et des reliques des martyrs qu'elle l'avait été autrefois par les idoles d'Antiochus Epiphane et d'Adrien.

Appelés par leurs coreligionnaires de Tyr, des Juifs de Jérusalem, de Tibériade, de Galilée, de Damas et même de Chypre marchèrent sur cette ville, au nombre de près de 20,000, dans l'espoir de surprendre les chrétiens et de les massacrer dans la nuit de Pâques. Les chrétiens, informés de ce projet, prirent les devants, ils s'emparèrent des Juifs de Tyr, les jetèrent en prison, fermèrent les portes de la ville et attendirent l'arrivée de leurs ennemis. Ceux-ci, trouvant les chrétiens prêts à se défendre, se mirent à dévaster les églises construites aux environs de Tyr. Chaque fois que les chrétiens de cette ville apprenaient qu'une église avait été détruite, ils tuaient cent de leurs prisonniers juifs et jetaient leurs têtes par-dessus les murs ; 2,000 Juifs, dit-on, furent ainsi massacrés. Les assiégeants, effrayés des terribles représailles des chrétiens, se retirèrent.

Pendant quatorze ans, les Juifs furent de nouveau maîtres de la Palestine. Un grand nombre de chrétiens, doutant de l'avenir de leur religion ou craignant d'être maltraités par les Juifs, se convertirent au judaïsme. Une conversion fit surtout grand bruit, ce fut celle d'un moine. Enfermé depuis des années dans un couvent, sur le mont Sinaï, il eut tout à coup des songes qui lui firent croire que sa religion était fausse. D'un côté, il vit le Christ, les apôtres et les martyrs, enveloppés d'un sombre nuage, et de l'autre, Moïse, les prophètes et les saints d'Israël brillant d'un éclat lumineux. Longtemps il hésita sur la détermination à prendre. Enfin, fatigué de cette lutte intérieure, il descendit du Sinaï, traversa le désert, arriva en Palestine et se rendit à Tibériade, où il annonça aux Juifs sa résolution de se convertir. Il se fit circoncire, prit le nom d'*Abraham*, se maria avec une juive et devint un vaillant défenseur de sa nouvelle religion et un adversaire résolu du christianisme.

Cependant, les espérances que les Juifs avaient fondées sur le triomphe des Perses ne se réalisèrent pas. Les vainqueurs ne rendirent pas à leurs alliés la ville de Jérusalem, comme ceux-ci y avaient compté, ne leur permirent pas d'organiser leurs communautés en associations indépendantes, et les chargèrent probablement d'impôts. Par suite de ces déceptions, un certain mécontentement se fit jour parmi les Juifs de la Palestine ; les plus remuants furent exilés en Perse. Il se produisit alors un revirement dans les esprits ; les Juifs se rapprochèrent de l'empereur Héraclius. Attentif à profiter de tout ce qui pouvait affaiblir les Perses, Héraclius encouragea les Juifs à se détacher des Perses, et, probablement après une entente préalable avec Benjamin, de Tibériade, il conclut une alliance avec eux, leur promettant l'impunité pour le mal qu'ils avaient fait aux chrétiens et leur assurant encore d'autres avantages (vers 627).

Grâce à ses victoires, grâce aussi à la révolte de Siroès contre son père Kosru, Héraclius reconquit toutes les provinces dont l'armée perse s'était emparée. A la suite du traité que l'empereur romain avait conclu avec Siroès, qui détrôna et fit assassiner son vieux père, les Perses se retirèrent de la Judée, et cette contrée retomba sous la domination byzantine (628). Dans l'automne de cette année, Héraclius se rendit en triomphe à Jérusalem. Comme Tibériade se trouvait sur son chemin, il s'arrêta quelque temps dans cette ville, où Benjamin lui offrit l'hospitalité et entretint à lui seul son armée. Dans un de ses entretiens, l'empereur demanda à Benjamin pourquoi il s'était montré si acharné contre les chrétiens. « Parce qu'ils sont les ennemis de ma foi, » répondit courageusement Benjamin.

A son entrée dans Jérusalem, Héraclius fut instamment prié par les moines et le patriarche *Modeste* d'exterminer tous les Juifs de la Palestine. L'empereur refusa en invoquant les promesses solennelles qu'il avait faites aux Juifs de les protéger, promesses qu'il ne pourrait trahir sans devenir un grand pécheur devant Dieu et un parjure devant les hommes. Aveuglés par le fanatisme, les moines lui affirmèrent que, loin d'être un péché, le meurtre des Juifs était au contraire une action agréable aux yeux de Dieu, et ils ajoutèrent qu'ils en accepteraient la responsabilité et qu'en expiation de ce qu'il croyait un péché, ils institueraient une période de jeûne. Le dévot empereur se laissa convaincre, et il ordonna une persécution générale contre les Juifs de la Palestine ; tous ceux qui ne parvinrent pas à se réfugier dans les montagnes ou à gagner l'Égypte furent massacrés. De tous les Juifs palestiniens, Benjamin de Tibériade, l'instigateur de la révolte contre Rome, fut seul épargné, parce qu'il s'était converti au christianisme. Le souvenir du parjure dont Héraclius se rendit coupable envers les Juifs se conserva très longtemps, grâce au jeûne que les moines avaient institué en l'honneur de ce crime et que les chrétiens de l'Orient, notamment les Coptes et les Maronites, observèrent pendant quelques siècles. En s'abstenant de manger de certains aliments, ils croyaient racheter le massacre de plusieurs milliers de Juifs !

En Europe, les Juifs n'eurent réellement une histoire qu'à partir de l'époque où un heureux concours de circonstances leur permit de développer leurs forces et de donner un libre cours à leur activité. Jusque-là, il n'y a à noter chez eux qu'une série de persécutions que le christianisme victorieux dirigea contre le judaïsme et qui se répétèrent dans tous les pays avec une triste monotonie.

« Dispersés dans le monde entier, dit un écrivain célèbre de ce temps, les Juifs gémissent sous le joug des Romains, mais n'en restent pas moins fidèles à leurs croyances. » Dans les différents États européens où ils s'étaient établis, ils avaient d'abord entretenu avec les autres habitants les plus cordiales relations, ils n'y devinrent malheureux que lorsque la religion chrétienne y eut définitivement triomphé. Ce phénomène se présenta dans l'empire byzantin comme chez les Ostrogoths de l'Italie, dans le pays des Francs et des Burgondes comme chez les Visigoths de l'Espagne. Le peuple, les princes et les barons ne manifestaient ni intolérance, ni antipathie pour les Juifs ; c'était le clergé qui ouvrait partout les hostilités. A ses yeux, la prospérité des Juifs était un outrage au christianisme, il résolut donc de les maltraiter, afin de voir se réaliser la malédiction que le fondateur du christianisme avait prononcée contre eux. Les conciles et les synodes se préoccupaient aussi vivement de la question juive que des attaques dirigées contre les dogmes et de la corruption des mœurs, qui, en dépit de la sévérité de l'Église et du redoublement de la dévotion (ou peut-être à cause de cette dévotion), sévissait alors avec une dangereuse intensité parmi les ecclésiastiques et les laïques.

A l'origine, les évêques romains, qui s'arrogèrent peu à peu le titre de chefs suprêmes de la chrétienté, se montrèrent assez bienveillants pour les Juifs. Plus tard, les papes tinrent à honneur de les protéger contre les ecclésiastiques et les souverains et défendirent qu'on les convertît de force. Au fond, c'était une inconséquence ; car l'Église, telle qu'elle s'est constituée à la suite du concile de Nicée, devait nécessairement être intolérante et, par conséquent, ennemie implacable de toutes les autres religions, elle ne pouvait laisser aux Juifs, aux Samaritains et aux hérétiques d'autre alternative que la conversion ou la mort. Mais combien la généreuse inconséquence de saint Grégoire n'est-elle pas supérieure à la logique impitoyable des rois Sisebut et Dagobert, ces cruels persécuteurs des Juifs ! Cependant, la tolérance des évêques les plus équitables était toute relative. Ils ne voulaient pas, il est vrai, qu'on contraignît les Juifs sous peine d'expulsion ou de mort à accepter le baptême, parce qu'ils savaient que les conversions forcées ne donneraient à l'Église que de faux chrétiens qui, dans leur cœur, la haïraient profondément; mais, ils n'hésitaient pas à les soumettre à des mesures vexatoires et à des lois d'exception, et à les traiter en serfs. Chez les peuples qui suivaient la doctrine d'Arius, la condition des Juifs était supportable; les catholiques, au contraire, manifestaient à leur égard une animosité violente, qui grandissait avec la résistance que les Juifs opposaient aux tentatives des convertisseurs, ils voyaient en eux des maudits et des réprouvés dont l'humiliation contribuerait à la grandeur de l'Église.

Dans le coup d'œil que nous allons jeter sur les Juifs d'Europe, nous rencontrons d'abord, tout près de l'Asie, ceux de l'empire byzantin, qui étaient déjà dans ce pays avant que le christianisme ne s'y fût établi en maître. A Constantinople, les Juifs habitaient un quartier spécial, appelé le *marché d'airain*, où s'élevait une grande synagogue; ils furent expulsés de ce quartier par Théodose II ou Justin II, et la synagogue devint « l'église de la mère de Dieu ».

Les Juifs de Byzance virent avec une profonde douleur qu'entre autres trophées, Bélisaire, le vainqueur des Vandales, avait rapporté de Carthage, où ils se trouvaient depuis près d'un siècle, les vases sacrés du temple de Jérusalem, et qu'il les exposait, sur son char de triomphe, aux regards de la foule, à côté du roi des Vandales, Gélimer, petit-fils de Geiseric, et du trésor de ce prince. Ne pouvant contenir le chagrin que lui causait cette profanation, l'un d'eux déclara à un courtisan « qu'il ne conseillerait pas à l'empereur de garder ces vases au palais, parce qu'ils pourraient lui porter malheur; que Rome, pour les avoir détenus, avait été ravagée par Geiseric, et que ce dernier s'en étant emparé, à son tour, son descendant Gélimer venait d'être défait et sa capitale pillée par l'armée ennemie; qu'il lui paraissait donc plus prudent de les déposer dans l'endroit auquel le roi Salomon les avait destinés, au temple de Jérusalem ». A peine informé des paroles du Juif, l'empereur Justinien eut peur et fit immédiatement transporter les vases sacrés dans une église de Jérusalem.

Dans la Grèce, la Macédoine et l'Illyrie, il y avait, de longue date, des Juifs ; les empereurs chrétiens, tout en les opprimant et en les humiliant, leur permettaient d'administrer librement leurs communautés et de juger eux-mêmes leurs procès civils. Chaque communauté avait à sa tête un maire (éphore) juif, chargé de surveiller la vente au marché, les poids et les mesures.

On sait que l'Italie renfermait déjà des Juifs du temps de la République ; ils jouirent dans ce pays du droit de bourgeoisie jusqu'à l'avènement des empereurs chrétiens. Les persécutions qu'ils subirent alors excitèrent leur haine contre les Romains, et il est probable qu'ils assistèrent d'un cœur joyeux à l'invasion des Barbares à la chute de Rome, autrefois la maîtresse du monde, et qu'ils furent contents de pouvoir appliquer à cette ville les lamentations exhalées par le prophète sur Jérusalem : « La reine des nations, la princesse parmi les provinces est devenue tributaire. » Après les Gépides et les Hérules, qui n'avaient asservi Rome que pour un temps très court, arrivèrent les Goths, qui, sous la conduite de leur chef Théodoric, détruisirent la puissance romaine et fondèrent sur ses débris l'empire ostrogoth. Rome cessa alors d'être la capitale de l'Italie, ce fut Ravenne, alternativement avec Vérone, qui devint le centre politique du nouvel empire. Dans ces deux villes, ainsi qu'à Rome, Milan et Gênes, existaient des communautés juives ; il y avait également de nombreux Juifs dans la basse Italie, et notamment à Naples, dans l'île de Sicile, à Palerme, Messine et Agrigente, ainsi qu'en Sardaigne. A Palerme demeuraient quelques familles juives d'ancienne noblesse, qui portaient le nom de *Nassas* (Nassi).

Les Juifs italiens étaient régis par le code de Théodose II, ils avaient le droit de juger eux-mêmes leurs différends et étaient maîtres de l'administration intérieure des communautés, mais il leur était interdit d'élever de nouvelles synagogues, d'occuper quelque fonction judiciaire ou quelque emploi militaire et de posséder des esclaves chrétiens. Dans la pratique, ces lois restrictives restaient souvent lettre morte, les évêques qui occupaient le siège apostolique et avaient appris des hommes d'État romains l'art de gouverner étaient trop habiles pour se montrer fanatiques ; ils fermaient souvent les yeux pour ne pas avoir à punir les Juifs qui

LES JUIFS SOUS THÉODORIC, ROI DES OSTROGOTHS.

enfreignaient les prescriptions que l'Église avait édictées contre eux. Le pape *Gelasius* avait pour ami un Juif de Télésine, qualifié de « clarissime », dont il recommanda chaleureusement un parent à l'évêque *Secundinus*. Ce même pape acquitta un Juif, *Basile*, qu'on avait accusé d'avoir acheté des esclaves chrétiens de la Gaule, et qui allégua pour sa justification qu'il achetait seulement des esclaves païens, mais qu'il pouvait arriver qu'il se trouvât parmi eux des chrétiens.

Telle était la situation des Juifs en Italie au moment où ce pays tomba au pouvoir de Théodoric, chef des Ostrogoths. Sous le règne de ce prince, il se produisit quelques troubles contre les Juifs ; mais ces attaques étaient plutôt dues à l'animosité excitée par les croyances ariennes de Théodoric qu'à la haine des Juifs. Ces derniers n'avaient cependant pas trop à se louer de Théodoric, qui désirait vivement les convertir. Un jour, sur son ordre, son ministre et conseiller Cassiodore écrivit à la communauté juive de Milan ce qui suit : « Tu cherches, ô Judée, le repos sur cette terre, et, dans ton aveuglement, tu ne te préoccupes pas de t'assurer le repos dans l'éternité ! » Et quand les Juifs de Gênes lui demandèrent l'autorisation de restaurer leur synagogue, il leur donna cette réponse : « Vous recherchez ce qu'au contraire vous devriez fuir ! Nous vous accordons la permission que vous nous demandez, mais nous blâmons le vœu que vous avez formé dans votre folie. Néanmoins, nous ne voulons imposer à personne notre religion ni contraindre les hérétiques d'agir contre leur conscience. » Théodoric défendit aux Juifs de construire de nouvelles synagogues ou d'embellir les anciennes, il leur permettait seulement de restaurer celles qui menaçaient ruine. Mais si Théodoric n'accorda aux Juifs qu'une liberté assez restreinte, du moins les protégea-t-il contre toute aggression. Dans leur haine contre les ariens, les catholiques saisissaient toutes les occasions pour offenser le plus illustre représentant de l'arianisme, le chef des Ostrogoths. Lorsqu'un jour, quelques esclaves se soulevèrent à Rome contre leurs maîtres juifs, la foule, dans le but de manifester son hostilité pour Théodoric, incendia les synagogues, maltraita les Juifs et pilla leurs maisons. Informé de ces troubles, Théodoric en fit des reproches très vifs au sénat et le mit en demeure de punir les coupables et de faire rebâtir les synagogues à leurs frais. Comme on ne découvrit pas les coupables, ce fut la municipalité qui fut condamnée à reconstruire les synagogues.

Les Juifs d'Italie ne paraissent pas avoir connu les mœurs grossières et corrompues qui régnaient alors dans ce pays, car la littérature politique et ecclésiastique d'alors, qui ne les ménageait pas, ne leur reprochait que leur entêtement et leur incrédulité. L'ancien ministre de Théodoric, Cassiodore, qui s'était fait moine et avait composé, entre autres ouvrages, un commentaire homilétique sur les Psaumes, apostrophé souvent les Juifs dans cet écrit ; il voulait à toute force les convertir à sa religion. Quand il vit que ses tentatives restaient infructueuses, il les accabla d'injures, les appelant *scorpions, lions, ânes sauvages, chiens* et *licornes*. Malgré ces diverses vexations, les Juifs italiens furent relativement heureux sous Théodoric, et, après lui, sa fille, la belle et savante *Amalasunthe*, et son époux et meurtrier *Théodat* les traitèrent également avec équité. Les Juifs témoignèrent leur reconnaissance à Théodat en montrant pour sa cause un sincère attachement. Bélisaire, le vainqueur des Vandales, le vaillant héros, qui tremblait devant son maître Justinien et le servait avec un dévouement absolu, s'était emparé de toute la Sicile et du sud du continent italien et s'avançait à grands pas vers Naples, la plus grande ville de la basse Italie. Devant la sommation qu'il leur fit de lui livrer la ville, les Napolitains se divisèrent en deux partis. La plupart des habitants refusèrent de combattre pour maintenir en Italie la domination détestée des Ostrogoths ; seuls, les Juifs et deux dignitaires qui devaient leur haute situation aux rois ostrogoths s'opposèrent à la reddition de la ville. Les Juifs promirent de consacrer leurs biens et leur vie à la défense de Naples, et ils tinrent parole. Pour soutenir plus longtemps le siège, ils achetèrent de leur argent une quantité considérable de provisions, et ils défendirent avec une si vaillante opiniâtreté la partie de la forteresse confiée à leur garde que l'ennemi n'osa pas attaquer le côté où ils se trouvaient. Leur héroïsme, auquel un historien de ce temps, Procope, a rendu un éclatant hommage, ne put sauver la ville, les ennemis y pénétrèrent par ruse ; les Juifs se firent tuer presque tous à leur poste. On ne sait pas quel sort fut réservé aux survivants. — Les craintes des Juifs italiens se réalisèrent, l'Italie devint une province de l'empire byzantin et les Juifs passèrent sous l'autorité despotique de Justinien.

Cette situation ne tarda pas à se modifier. Sous le successeur de Justinien, une grande partie de l'Italie tomba au pouvoir des Lombards (589), peuple mi-païen, mi-arien, qui se soucia peu des Juifs et les laissa vivre à leur guise. Il est vrai que les Juifs italiens n'eurent pas trop à souffrir même après que les Lombards eurent embrassé le christianisme; car, les chefs de l'Église catholique se montraient rarement intolérants. Le pape Grégoire Ier (590-604), surnommé « le Grand » et « le Saint », posa comme principe qu'il fallait chercher à convertir les Juifs, non de force, mais par la persuasion et la douceur. Lui-même employa souvent ce dernier moyen, spéculant même sur les sentiments les moins élevés pour faire des prosélytes. Ainsi, il promit d'exempter d'une partie de l'impôt foncier les fermiers ou propriétaires juifs qui se convertiraient au christianisme. Certes, il ne se dissimulait pas que de tels prosélytes ne seraient pas de bien fervents chrétiens; mais « si nous ne les gagnons pas eux-mêmes au christianisme, disait-il, nous aurons, du moins, leurs enfants ». Ayant appris qu'un Juif de l'île de Sicile, du nom de Nassas, avait élevé un *autel d'Élie* (probablement une synagogue qui portait ce nom) et que de nombreux chrétiens s'y rendaient pour prier, il ordonna au préfet Libertinus de faire démolir cet édifice et d'infliger à Nassas un châtiment corporel. Il défendit très sévèrement aux Juifs d'acquérir ou de posséder des esclaves chrétiens. Chez les Francs, qui ignoraient encore le fanatisme et l'intolérance, les Juifs pouvaient, en toute liberté, acheter et vendre des esclaves. Pour faire cesser cet état de choses qui l'indignait, Grégoire écrivit à Théodoric, roi des Burgondes, à Théodebert, roi d'Austrasie, et à la reine Brunehaut, pour les exhorter « à porter un prompt remède à ce mal et à délivrer les croyants des mains de leurs ennemis ».

Dans l'Europe occidentale, en Gaule et en Espagne, où l'Église eut de la peine à établir son pouvoir, les Juifs furent d'abord bien plus heureux que dans l'empire byzantin et en Italie, mais leur sécurité fut troublée dans ces pays dès que le christianisme y fut devenu prépondérant. Le premier établissement des Juifs en Gaule remonte au temps de la République ou de César. Des marchands juifs étaient venus d'Alexandrie et de l'Asie Mineure jusqu'à Rome et en Italie, il y en eut sans doute qui s'avancèrent jusque dans la Gaule. D'autre part, quand Vespasien et Titus disséminèrent leurs prisonniers juifs aux quatre coins de l'empire romain, il est probable qu'il en pénétra jusqu'en Gaule. Mais c'est seulement au ıı° siècle que la présence des Juifs est signalée d'une façon certaine dans l'Europe occidentale.

Les Juifs de la Gaule, qu'ils soient venus dans cette région comme marchands ou comme fugitifs, eurent tous les droits de citoyen romain, et ces droits leur furent maintenus par les Francs et les Burgondes. Au moment de l'invasion de ces peuples, les Juifs étaient répandus en Auvergne (Arverne), à Carcassonne, Arles, Orléans, et, dans le Nord, jusqu'à Paris et en Belgique. Il y en avait également à Marseille, Béziers (Beterræ) et dans la province de Narbonne, où ils étaient en assez grande quantité pour qu'une montagne, près de Narbonne, fût appelée « Mont-Juif » (mons judaïcus). Les relations commerciales des Juifs de cette contrée s'étendirent, paraît-il, jusqu'en Chine et aux Indes. La région de Narbonne appartint pendant quelque temps aux Visigoths de l'Espagne ; les habitants juifs qui y demeuraient partagèrent alors les vicissitudes de leurs frères d'au delà des Pyrénées.

Chez les Francs comme chez les Burgondes, les Juifs pouvaient pratiquer librement l'agriculture, professer des métiers ou se livrer au commerce ; les fleuves et les mers étaient sillonnés de leurs vaisseaux. Ils exerçaient aussi la médecine, et bien des ecclésiastiques qui n'avaient pas une confiance absolue dans l'intervention miraculeuse des saints ou la vertu curative des reliques recouraient à leurs conseils. Le métier des armes leur était également familier, et ils prirent une part active anx combats que Clovis et les généraux de Théodoric se livrèrent près d'Arles (508). Outre les noms bibliques, les Juifs de la Gaule portaient aussi les noms usités dans le pays, ils s'appelaient *Armentarius*, *Gozolas*, *Priscus*, *Siderius*. Leurs relations avec les chrétiens étaient des plus cordiales, les ecclésiastiques s'asseyaient à leurs tables et, à leur tour, invitaient leurs hôtes ; les unions mixtes n'étaient pas rares entre Juifs et chrétiens. Les hauts dignitaires du clergé ne virent pas d'un bon œil la cordialité de ces rapports, et le concile de Vannes (465) interdit aux ecclésiastiques de prendre place à la table des Juifs « parce qu'il est indigne que des chrétiens goûtent indistinctement, chez les Juifs, à tous les aliments, lorsque les Juifs repoussent avec dédain certains aliments des chrétiens ; on croirait, d'après cela, que les ecclésiastiques sont inférieurs aux Juifs. » Le concile ne fut pas obéi, Juifs et chrétiens continuèrent à vivre familièrement ensemble dans la Gaule. Leurs relations restèrent cordiales même après que, par suite du baptême de Clovis, l'Église catholique fut devenue prépondérante en Gaule. Clovis était féroce dans les combats, il n'était pas fanatique. Du reste, l'Église lui sut gré de sa conversion et n'exigea pas de lui qu'il laissât le champ libre à l'ardente propagande des ecclésiastiques. Les successeurs de Clovis étaient également en situation de se passer de la protection du clergé, ils n'avaient donc pas à subir toutes ses volontés. Aussi les Francs conservèrent-ils encore assez longtemps un grand nombre d'usages païens et les Juifs purent-ils exercer librement leur religion. Il y eut bien quelques évêques fanatiques qui employèrent la persuasion et la violence pour convertir les Juifs ; parfois aussi, un roi dévot les maltraitait, mais ces persécutions restaient isolées et les Juifs continuèrent à jouir chez les Francs d'une large tolérance. Ils étaient moins heureux chez les Burgondes, depuis que le roi Sigismond avait abandonné l'hérésie arienne pour embrasser la religion catholique (516). Sigismond s'efforça d'élever une barrière entre les Juifs et les chrétiens, il sanctionna la mesure que le concile d'Epaone, présidé par l'évêque *Avitus*, avait prise pour défendre à tout chrétien, même laïque, de manger chez des Juifs.

Sigismond trouva bientôt des imitateurs parmi les rois francs. Le troisième et le quatrième concile d'Orléans (538 et 545) ayant interdit aux Juifs de se montrer en public pendant les fêtes de Pâques, sous prétexte « que leur présence était une offense au christianisme », Childebert Ier, de Paris, inscrivit cette prohibition dans sa Constitution (554). Heureusement, le royaume des Francs était gouverné par plusieurs chefs, et lorsque l'un d'eux persécutait les Juifs, les autres ne leur imposaient ni contrainte, ni restriction. Même des princes de l'Église continuaient à entretenir d'excellentes relations avec les Juifs, sans craindre qu'il en résultât un danger pour le catholicisme. Mais le fanatisme est contagieux, dès qu'il commence à exercer ses ravages, il se propage immédiatement avec une dangereuse rapidité. Ce fut Avitus, évêque de Clermont, qui donna, chez les Francs, le signal des persécutions contre les Juifs ; d'autres suivirent bientôt cet exemple funeste.

A maintes reprises, Avitus engagea les Juifs de son diocèse à se convertir, mais ils se montrèrent peu disposés à suivre son conseil. Irrité de leur résistance, il prononça contre eux des discours enflammés. Ses paroles produisirent l'effet désiré, les chrétiens attaquèrent les synagogues et les rasèrent jusqu'au sol. Cet exploit ne suffit pas à Avitus, il mit les Juifs dans l'alternative d'accepter le baptême ou de quitter la ville. Un seul embrassa le christianisme, et devint, après sa conversion, un objet de raillerie et de mépris pour ses anciens coreligionnaires. Comme il traversait la rue, pendant la fête de Pentecôte, dans son vêtement blanc de néophyte, un Juif lança de l'huile sur ses habits. Cette offense faite à un prosélyte exaspéra la foule, qui se rua sur les Juifs et en tua un grand nombre. Devant le danger qui les menaçait, cinq cents Juifs demandèrent à Avitus de les baptiser; les autres se réfugièrent à Marseille (576). L'Église considéra la conversion de ces cinq cents affolés comme un remarquable succès, et *Grégoire de Tours* chargea le poète *Venantius Fortunatus* de célébrer cet éclatant triomphe.

Encouragé par le fanatisme d'Avitus, le concile de Mâcon (581) arrêta plusieurs dispositions qui étaient toutes humiliantes pour les Juifs. Il est interdit aux Juifs d'exercer les fonctions de juge ou de fermier des impôts, « afin que la population chrétienne ne paraisse pas placée sous leurs ordres; » ils sont contraints de témoigner du respect aux prêtres chrétiens, et ils ne peuvent s'asseoir, en leur présence, que sur leur autorisation. Enfin, le concile de Mâcon renouvelle l'interdiction pour les Juifs de se montrer dans les rues pendant Pâques. Chilpéric Ier lui-même, auquel on ne peut certes pas reprocher d'être un fanatique, suivit l'impulsion donnée par Avitus, il obligea les Juifs de son royaume de se faire baptiser, et il tenait lui-même les néophytes sur les fonts baptismaux. Il est vrai qu'il se contentait de conversions apparentes et permettait aux Juifs, après leur baptême, d'observer le sabbat ainsi que toutes les autres prescriptions du judaïsme.

Sous les derniers rois mérovingiens, la situation des Juifs s'aggrava encore. Clothaire II, qui, tout en ayant assassiné sa mère, est présenté par l'Église comme un modèle de piété, et qui réunit sous son sceptre tout l'empire des Francs, sanctionna les décisions du concile de Paris défendant aux Juifs d'exercer aucune fonction supérieure ou de servir dans l'armée (615). Son fils Dagobert manifesta également une violente haine pour les Juifs. Craignant de paraître moins dévot que le roi des Visigoths Sisebut, dont l'atroce persécution avait chassé des milliers de Juifs d'Espagne en France, il ordonna que tous les Juifs de son royaume acceptassent le baptême ou fussent traités en ennemis, c'est-à-dire tués (vers 629). La situation des Juifs s'améliora avec le déclin de la puissance des rois mérovingiens et l'accroissement de l'influence des maires du palais. Les prédécesseurs de Charlemagne comprirent combien l'activité et l'intelligence des Juifs pouvaient être profitables à l'État.

Les Juifs d'Allemagne venaient probablement de France, ils étaient établis en grande partie en Austrasie et subirent, par conséquent, pendant quelque temps, la même destinée que leurs frères des Gaules, car l'Austrasie se trouvait placée sous l'autorité des Mérovingiens. D'après un chroniqueur, les plus anciens Juifs des provinces rhénanes auraient été les descendants des légions germaines qui avaient pris part à l'incendie du temple et à la destruction de Jérusalem. Ces soldats auraient choisi, parmi les prisonniers juifs, les captives qui leur plaisaient, pour les emmener dans leurs cantonnements, sur les bords du Rhin et du Mein. Les enfants nés de ces unions auraient été élevés par leurs mères dans la religion juive et seraient ainsi devenus les fondateurs des premières communautés juives établies entre Worms et Mayence. En tout cas, il est certain que dans la ville de Cologne il y avait des Juifs longtemps avant que le christianisme ne fût devenu la religion officielle de l'empire romain. Les prédécesseurs de Constantin avaient accordé aux chefs et aux notables de la communauté juive de Cologne le privilège de n'avoir à supporter aucune des charges municipales, privilège qui leur fut enlevé par le premier empereur chrétien ; deux ou trois familles seules continuèrent à en jouir. Les Juifs de Cologne avaient aussi le droit, qu'ils conservèrent jusque vers le milieu du moyen âge, de juger eux-mêmes leurs procès. Un chrétien, fût-il ecclésiastique, qui avait un différend avec un Juif, était obligé de comparaître devant un juge (évêque) juif.

Si l'histoire des Juifs de Byzance, d'Italie et de France ne présente le plus souvent qu'un intérêt particulier, celle des Juifs de la péninsule ibérique est, au contraire, d'un intérêt général. Les habitants juifs de cette heureuse contrée, qu'ils aimaient comme leur patrie, ont contribué à sa grandeur, pris part à tous les événements importants qui y sont survenus et se sont ainsi trouvés mêlés à son histoire. D'un autre côté, l'Espagne juive a exercé sur le judaïsme une influence presque aussi considérable que la Judée et la Babylonie, et la moindre localité de cette nouvelle patrie est devenue pour les Juifs une terre classique. Les noms de Cordoue, Grenade et Tolède sont aussi familiers aux Juifs que ceux de Jérusalem et de Tibériade, ils rappellent des souvenirs plus puissants que Nehardéa et Sora. Tari dans sa sève en Orient, le judaïsme recommença à fleurir en Espagne. Ce pays semble avoir été désigné par la Providence pour devenir pour les exilés un nouveau centre, vers lequel convergèrent toutes leurs forces intellectuelles. — Le premier établissement des Juifs en Espagne se perd dans la nuit des temps. Quelques Juifs y étaient déjà venus du temps de la République romaine, attirés par les ressources considérables qu'offrait le pays. Plus tard, sous Vespasien, Titus et Adrien, de nombreux prisonniers de guerre juifs furent disséminés par les vainqueurs jusque dans les contrées les plus éloignées de l'Occident, et, d'après une version évidemment exagérée, 80,000 captifs auraient été envoyés en Espagne. Ils trouvèrent dans cette contrée des frères libres qui leur vinrent certainement en aide et remplirent envers eux l'obligation prescrite par le Talmud de racheter les esclaves.

A en juger par les noms de quelques villes de l'Espagne, les Juifs ont dû être fort nombreux dans certaines parties de ce pays. Ainsi, Grenade s'appelait la *ville des Juifs*, parce que toute sa population était juive. Tarracona (Tarragona), la vieille cité fondée par les Phéniciens, portait le même nom avant qu'elle ne fût conquise par les Arabes. A Cordoue, s'élevait autrefois une *Porte des Juifs*, et, près de Saragosse, existait une forteresse que, pendant la période arabe, on nommait *Ruta al Yahud*. — Un monument funéraire découvert à Tortose prouve que les Juifs s'étaient avancés jusque dans le nord de l'Espagne. Sur ce monument, élevé à la mémoire d'une jeune femme juive qui portait le nom profane de *Belliosa* et le nom biblique de *Miriam*, est gravée une inscription trilingue, en hébreu, en grec et en latin. On peut conclure de cette inscription que les Juifs espagnols étaient originaires de pays où l'on parlait le grec, qu'ils avaient appris le latin sous la domination romaine, et qu'ils n'avaient pas oublié la langue sacrée de leur première patrie.

Les Juifs espagnols, semblables sous ce rapport aux autres habitants de l'Espagne, se vantaient d'être d'une très ancienne noblesse. Non contents de ce fait que leurs ancêtres avaient déjà joui, dans la péninsule ibérique, des droits de citoyens avant qu'elle ne fût envahie par les Visigoths et autres hordes germaniques, ils faisaient remonter leur arrivée en Espagne à l'époque de la destruction du premier temple. Quelques familles, telles que les *Ibn-Daud* et les *Abrabanel*, déclaraient même descendre de la maison royale de David; leurs aïeux, disaient-ils, étaient établis de temps immémorial aux environs de Lucena, de Tolède et de Séville. La famille judéo-espagnole *Nassi* traçait également son arbre généalogique jusqu'au roi David. Les *Ibn-Albalia*, plus modestes, se contentaient de dater leur immigration de la destruction du second temple. On racontait dans cette famille que, sur la demande du gouverneur romain de l'Espagne, Titus lui avait envoyé quelques-uns des plus nobles Juifs de Jérusalem, parmi lesquels se trouvait un nommé *Baruch*, artiste habile à tisser les rideaux du sanctuaire. Ce Baruch, qui s'établit à Mérida, serait le père des Ibn-Albalia.

Le christianisme avait rapidement pris racine en Espagne, puisqu'avant la conversion de Constantin, il y eut une assemblée de prêtres catholiques à Elvire (Illiberis), près de Grenade. Néanmoins, les Juifs continuaient à jouir auprès de la population chrétienne, comme auparavant auprès des païens, d'une très grande considération. Pour les chrétiens espagnols, pas plus que pour les chrétiens romains, les Juifs n'étaient encore des réprouvés dont il fallait éviter le contact ; les croyants des deux religions vivaient ensemble en parfaite harmonie. Les habitants chrétiens, qui ne savaient pas quel abîme séparait le christianisme du judaïsme, faisaient bénir les récoltes de leurs champs indistinctement par les rabbins juifs ou les prêtres chrétiens. Juifs et chrétiens se mariaient souvent entre eux, comme cela avait lieu dans les Gaules.

Aux yeux du haut clergé, ces bons rapports entre les adeptes des deux religions constituaient un danger pour l'Église encore mal affermie. Ce sont les chefs de l'Église catholique d'Espagne qui, les premiers, tracèrent une séparation entre les chrétiens et les Juifs. Le concile d'Elvire (vers 320), présidé par *Osius*, évêque de Cordoue et conseiller intime de l'empereur Constantin, défendit aux chrétiens, sous peine d'être exclus de la communauté, d'entretenir des relations d'amitié avec les Juifs, de contracter mariage avec eux et de faire bénir par eux les fruits de leurs champs.

Cependant, ces germes de haine que le concile d'Elvire sema en Espagne ne portèrent pas immédiatement leurs fruits empoisonnés. C'est que les Visigoths, qui avaient définitivement pris possession de l'Espagne après que ce pays eût été successivement envahi et ravagé par divers peuples barbares, suivaient l'hérésie arienne. Peu leur importait, au fond, que le fils de Dieu fût égal ou semblable au père et que l'évêque *Arius* fût hérétique ou orthodoxe, mais ils haïssaient profondément les catholiques, anciens habitants du pays, parce qu'ils voyaient dans tout catholique un Romain, c'est-à-dire un ennemi. Les Visigoths faisaient donc peser lourdement leur joug sur les catholiques, mais ils laissaient les Juifs en possession de leurs droits civils et politiques, les admettaient aux fonctions publiques et leur permettaient de circoncire leurs esclaves païens et chrétiens.

Cette situation prospère des Juifs d'Espagne dura plus d'un siècle, tant que l'Espagne fut une province de l'empire tolosano-visigoth, et plus tard encore, quand ce pays fut devenu, sous *Theudès* (531), le centre de la puissance visigothe. Les Juifs de la province de Narbonne et de la région de l'Afrique qui faisait partie de l'empire visigoth jouissaient également de l'égalité civile et politique. Plusieurs d'entre eux rendirent aux rois visigoths d'importants services. Ainsi, ceux qui habitaient au pied des Pyrénées défendaient vigoureusement les passages de ces montagnes contre les attaques des Francs et des Burgondes. Ils étaient regardés comme les plus vigilants gardiens de la frontière, et leur vaillance leur valut de flatteuses distinctions.

Avec le triomphe de l'Église catholique en Espagne commença pour les Juifs de ce pays une ère de vexations et de persécutions. Ce fut le roi *Reccared* qui, d'accord avec le concile de Tolède, où il avait abjuré la foi arienne, commença à restreindre les droits des Juifs. Il leur interdit de se marier avec des chrétiens, de posséder des esclaves chrétiens et d'occuper des emplois publics; les enfants nés d'unions mixtes étaient baptisés de force (589). Parmi toutes ces mesures, si pénibles pour des hommes qui avaient joui jusque-là des mêmes droits que leurs concitoyens, la plus dure était certainement la défense de posséder des esclaves. Tous les habitants aisés avaient des serfs et des esclaves pour cultiver leurs champs et s'acquitter de divers travaux domestiques; seuls, les Juifs ne pouvaient plus en employer. Ils cherchèrent à faire lever cette interdiction en offrant à Reccared une forte somme d'argent; Reccared refusa le présent et maintint la prohibition. Le pape Grégoire loua hautement la conduite du roi visigoth. Vers la même époque, Reccared confirma une résolution du concile de Narbonne qui défendait aux Juifs de chanter des psaumes aux enterrements; ils avaient sans doute emprunté cet usage à l'Église.

Grâce à la constitution particulière de l'Espagne visigothe, les Juifs pouvaient assez facilement tourner les lois édictées contre eux par Reccared. Le roi n'avait qu'une puissance fort limitée; les seigneurs visigoths, qui élisaient leur souverain, étaient maîtres absolus sur leurs terres, et, pas plus que le peuple, ils ne haïssaient les Juifs. Ils continuaient à leur permettre de posséder des esclaves et à les nommer à des fonctions publiques. Au bout de vingt ans, les lois de Reccared étaient totalement tombées en désuétude. Ses successeurs n'en tinrent nul compte et se montrèrent, en général, favorables aux Juifs.

Cette situation, relativement heureuse, cessa à l'avènement de *Sisebut*. Ce roi, contemporain de l'empereur Héraclius, était, comme lui, un ennemi acharné des Juifs. Héraclius pouvait, à la rigueur, justifier ses persécutions par le soulèvement des Juifs de la Palestine, et, de plus, il subissait l'influence de moines fanatiques. Mais Sisebut persécuta les Juifs sans motif, de son plein gré, presque contre la volonté de l'Église. Dès le commencement de son règne (612), il renouvela les édits de Reccared et ordonna aux ecclésiastiques, aux juges et même au peuple d'en surveiller attentivement l'application. Il alla plus loin que Reccared en défendant aux Juifs non seulement d'acquérir de nouveaux esclaves, mais encore de garder ceux qu'ils possédaient déjà. Seuls, les Juifs convertis étaient autorisés à posséder des esclaves, ils avaient même le droit de prendre ceux qui leur venaient de l'héritage de quelque parent juif. Sisebut adjura solennellement ses successeurs de tenir fermement la main à l'exécution de cet édit, et il forma le souhait que tout roi qui l'abrogerait « fût exposé sur cette terre à la plus vile ignominie et livré dans l'autre monde aux flammes éternelles du purgatoire. » Malgré ces objurgations et ces malédictions, les seigneurs du pays accordaient leur protection aux Juifs; même des ecclésiastiques et des évêques ne tenaient nul compte des lois de Sisebut. Ce dernier prit encore une mesure plus sévère : il décréta que tous les Juifs du pays étaient tenus d'accepter le baptême dans un délai donné ou de quitter le territoire visigoth. Cette mesure fut exécutée. Les uns se laissèrent fléchir par la crainte de perdre leurs biens et leur patrie et acceptèrent le baptême; d'autres, plus attachés à leurs croyances, émigrèrent en France et en Afrique (612-613). Le clergé n'approuva nullement ces conversions forcées, et l'un de ses principaux membres blâma le roi « d'avoir méconnu, dans son zèle pour la religion, les droits de la conscience ».

A la mort de Sisebut, ces persécutions cessèrent. Le nouveau roi, *Swintila*, homme bienveillant et équitable, que les opprimés appelèrent « le père de la patrie, » abrogea les lois de Sisebut. Les exilés revinrent dans leur pays et les convertis retournèrent au judaïsme (621-631). Bientôt, la condition des Juifs fut de nouveau modifiée. A la suite d'une conjuration des seigneurs et des ecclésiastiques, Swintila fut détrôné, et *Sisenand* nommé à sa place. Sous ce roi, le clergé reconquit son ancienne influence, et, de nouveau, les assemblées ecclésiastiques s'occupèrent des Juifs. En 633, se réunit un concile à Tolède, sous la présidence d'*Isidore*, archevêque de *Hispalis* (Séville). Ce prélat était instruit, intelligent et modéré, mais il subissait l'influence des préjugés de son temps. Il faut rendre cette justice au concile qu'il établit comme principe qu'il ne fallait amener les Juifs au christianisme ni par la violence, ni par les menaces; il ne renouvela pas moins les lois iniques de Reccared. Il prit surtout des mesures très rigoureuses contre les Juifs qui, baptisés de force sous Sisebut, étaient revenus plus tard à leur ancienne foi. Bien que le clergé blâmât lui-même les conversions forcées, il croyait cependant de son devoir de retenir dans le christianisme ceux qui avaient reçu les sacrements de l'Église, afin que « la religion ne fût point outragée. » Aussi le concile décida-t-il que les Juifs précédemment baptisés seraient empêchés par la force d'observer les prescriptions du judaïsme et d'avoir des rapports avec leurs anciens coreligionnaires et que leurs enfants des deux sexes leur seraient arrachés pour être élevés dans des couvents. Les prosélytes qu'on verrait observer le sabbat et les fêtes juives, se marier d'après les rites juifs, pratiquer la circoncision ou s'abstenir des aliments prohibés par la loi juive, seraient privés de leur liberté; on les placerait comme esclaves chez des chrétiens orthodoxes. D'après cette même législation canonique, ni les Juifs convertis de force ni leurs descendants ne devaient être admis à témoigner en justice, « car, dit le synode avec une singulière logique, qui est devenu traître envers Dieu ne peut être sincère envers les hommes. » Comparé à ces rigueurs, le traitement appliqué aux Juifs restés fidèles à leur foi parait bénin.

Le clergé, qui protestait contre l'emploi de la violence pour baptiser les Juifs, essayait de les convertir par la persuasion. Isidore de Séville écrivit deux livres dans lesquels il cherchait à prouver la vérité du christianisme par les textes de l'Ancien Testament. Les Juifs espagnols, autant pour se raffermir eux-mêmes dans leur foi que pour réfuter les raisonnements du prélat, répondirent à cette attaque et opposèrent arguments à arguments. A cette assertion, à laquelle le polémiste chrétien attachait une grande importance, que « le sceptre était sorti de Juda » et que les chrétiens, qui avaient leurs rois, constituaient le vrai peuple d'Israël, les Juifs répliquèrent en montrant dans l'Extrême-Orient un royaume juif gouverné par un descendant de David. Ils avaient sans doute en vue l'empire judéo-hymiarite, au sud de l'Arabie, dont les chefs appartenaient à une famille convertie au judaïsme. Toutes ces controverses étaient probablement écrites en latin. La connaissance approfondie que les Juifs avaient de la Bible leur rendait la victoire facile.

Protégés par la noblesse hispano-visigothe, les Juifs convertis n'eurent pas trop à souffrir des mesures que le quatrième concile de Tolède et le roi Sisenand avaient prises contre eux. Mais un nouveau roi monta sur le trône qui haïssait cordialement les Juifs. Ce prince, nommé *Chintila*, réunit un nouveau concile à Tolède, renouvela toutes les anciennes lois d'exception relatives aux Juifs et décréta, en outre, que nul ne pourrait demeurer dans l'empire visigoth s'il ne professait la religion catholique. Chintila était tout à fait un prince selon le cœur de l'Église, elle accorda à ses actes une approbation pleine et entière, elle était heureuse « qu'il fût fermement résolu à mettre fin à l'incrédulité des Juifs ». Ceux-ci durent reprendre le chemin de l'exil. Les Juifs convertis furent obligés de signer un acte (*placitum*) par lequel ils s'engageaient à conserver et à observer la religion catholique. Dans le fond de leur cœur, ces malheureux, secrètement attachés à la foi de leurs pères, nourrissaient l'espoir que les temps deviendraient meilleurs, et qu'une de ces révolutions si fréquentes chez les Visigoths modifierait leur situation. Leur attente ne fut pas trompée ; après le règne de Chintila, qui dura quatre ans (638-642), leur condition s'améliora.

CHAPITRE XII.

LES JUIFS EN ARABIE

La situation des Juifs, si douloureuse en Palestine et dans divers États européens, était très satisfaisante dans la presqu'île Arabique. Là, ils n'étaient pas contraints de vivre, comme leurs coreligionnaires européens, dans la crainte perpétuelle de s'attirer la colère du clergé ou le châtiment du souverain ; là, ils n'étaient pas exclus de toutes les fonctions et de toutes les dignités. Libres et estimés au milieu d'un peuple jeune, actif et intelligent, ils montraient que le métier des armes leur était aussi familier qu'à toute autre nation et qu'ils savaient se battre avec un admirable courage. Il n'était pas rare de voir des Juifs à la tête de tribus arabes, ils contractaient des alliances offensives et défensives, livraient des combats et brillaient dans les tournois. Habiles à manier l'épée, ils savaient aussi conduire la charrue et faire résonner la lyre ; ils devinrent, sous bien des rapports, les initiateurs des Arabes. L'histoire des Juifs de l'Arabie, un siècle avant l'avènement de l'islamisme et pendant la vie de Mahomet, forme une des plus glorieuses pages des annales du judaïsme.

A quelle époque les Juifs ont-ils émigré en Arabie ? D'après une légende, des Israélites envoyés par Josué contre les Amalécites se seraient établis dans la ville de *Yathrib* (plus tard Médine) et sur le territoire de *Khaïbar*. Une autre légende rapporte que les guerriers de Saül qui avaient épargné le prince amalécite auraient trouvé, après leur désobéissance, un accueil très hostile auprès du peuple juif et se seraient rendus dans le *Hédjaz*. Ou bien encore une colonie juive aurait émigré, sous David, dans le nord de l'Arabie. Il se peut que, pendant le règne des puissants rois de Judée, des navigateurs israélites, attirés par *Ophir*, le pays de l'or, aient créé des comptoirs dans l'Arabie du sud (Yémen, Himyare, Sabée), à *Mariba* et à *Sanaa*, pour trafiquer avec les Indes, et y aient fondé des colonies. Les Juifs de l'Arabie disaient avoir entendu raconter par leurs pères que, lors de la destruction du premier temple par Nabuchodonozor, des fugitifs juifs étaient venus jusque dans le nord de l'Arabie. En tout cas, il est hors de doute que, pour fuir devant les persécutions des Romains, de nombreux Juifs s'avancèrent jusque dans la presqu'île Arabique, où ils se divisèrent en trois tribus : les *Benou-Nadhir*, les *Benou-Kuraïza* et les *Benou-Nakdal*, dont les deux premières descendaient d'Aaron et portaient le nom de *Kohanim* (Alkahinani). Une autre tribu juive, les *Benou-Kainukaa*, habitait le nord de l'Arabie. Le centre de toutes ces tribus était la ville de Yathrib, située dans une région couverte de palmiers et de rizières, et arrosée par de nombreux petits cours d'eau. Pour se défendre contre les attaques des Bédouins, elles élevèrent des châteaux forts dans la ville et aux environs. A l'origine, elles étaient les seuls possesseurs de cette région, mais plus tard (vers 300), elles durent en céder une partie à deux tribus arabes, les *Benou-Aus* et les *Khazradj* (appelés ensemble les tribus *Kaïla*), avec lesquels elles vécurent tantôt en amies, tantôt en ennemies.

Sur le territoire de Khaïbar, au nord de Yathrib, demeuraient aussi de nombreux Juifs, que la tradition faisait descendre des *Rêkabites*. Ces derniers, sur l'ordre de leur aïeul Yonadab ben Rêkab, vivaient en nomades et en naziréens, et, à ce que raconte la légende, s'avancèrent, après la chute du premier temple, jusque dans la région de Khaïbar. Les Juifs de ce pays possédaient toute une série de forts, dont le plus important s'élevait sur une montagne escarpée. *Wadi-l-Kora* (la vallée des bourgs), une vallée très fertile, avait une population juive très importante. A La Mecque, où se trouvait le sanctuaire des Arabes, ne demeuraient que peu de Juifs. Ils étaient, par contre, très nombreux dans le Yémen, région dont, selon les paroles des habitants, « la poussière était de l'or, où les hommes étaient vigoureux, où les femmes enfantaient sans douleur ». Mais, différents en cela de leurs frères du Hêdjaz, les Juifs de l'Arabie-Heureuse n'étaient unis entre eux par aucun lien politique ou administratif, ils vivaient disséminés parmi les Arabes. Ils n'en prirent pas moins un ascendant considérable sur les tribus et les rois du Yémen, au point de pouvoir empêcher pendant quelque temps le développement du christianisme dans cette contrée. Ce ne fut que vers la fin du v° siècle ou le commencement du vi° que des missionnaires chrétiens réussirent à convertir une tribu arabe avec son chef, qui avait sa résidence dans la ville de *Nedjran*.

Les Juifs et les Arabes avaient entre eux de nombreux points de contact, leurs langues étaient parentes, leurs mœurs presque identiques, et, comme ils se mariaient souvent entre eux, leur ressemblance sous le rapport des habitudes et des coutumes devint encore plus complète. Dans le midi, les Juifs, comme les Himyarites, étaient commerçants ; au nord, ils menaient la même existence que les Bédouins, travaillant la terre, élevant du bétail, vendant des armes et même faisant du brigandage. L'organisation de leurs tribus était toute patriarcale. Plusieurs familles étaient réunies sous l'autorité d'un chef (cheikh) qui, en temps de paix, rendait la justice, et, pendant la guerre, conduisait les hommes valides au combat et contractait des alliances. Les Juifs avaient adopté les mœurs hospitalières et chevaleresques des Arabes, mais ils s'étaient également assimilé leurs défauts, ils poursuivaient avec un acharnement implacable la vengeance d'un de leurs membres mis à mort, dressaient des embûches à leurs ennemis, tuaient sans remords. Il arrivait parfois qu'une tribu juive s'alliait à des Arabes pour combattre des Juifs appartenant à un autre parti. Mais, dans ce cas, les vainqueurs traitaient les vaincus avec une certaine douceur et rachetaient les prisonniers de leurs alliés arabes pour ne pas laisser d'esclaves juifs entre les mains des païens. Les Juifs de l'Arabie ne rivalisaient pas seulement avec les indigènes en courage et en vaillance guerrière, ils se mesuraient aussi avec eux dans les tournois poétiques, qui étaient en grand honneur parmi les Arabes. Sur bien des points, les Juifs étaient supérieurs aux Arabes, ils avaient des traditions historiques et des connaissances religieuses, ce qui faisait défaut aux fils du désert, ils avaient une écriture, tandis que la plupart des Arabes n'en connaissaient pas jusqu'au milieu du vii° siècle. De plus, presque tous les Juifs savaient lire l'Écriture Sainte, ce qui les fit surnommer par les Arabes *le peuple de l'Écriture* (Ahlou-l-kitab).

Les Juifs arabes avaient une profonde vénération pour le judaïsme talmudique, ils observaient rigoureusement les prescriptions alimentaires, les fêtes, le jeûne de Kippour, qu'ils nommaient *Aschoura*, et le sabbat; en ce jour, ils s'abstenaient même de faire la guerre. Malgré le rôle considérable qu'ils jouaient en Arabie et la situation heureuse qu'ils y occupaient, ils aspiraient à retourner dans la Terre Sainte et appelaient de leurs vœux la venue du Messie. Pendant la prière, ils se tournaient vers Jérusalem. Ils étaient en relations avec leurs frères de la Palestine, et, après la disparition du patriarcat, ils se soumirent aux autorités religieuses de Tibériade. Yathrib était, en Arabie, le centre de l'enseignement religieux juif, il s'y trouvait une école (*midras*) et quelques savants (*abbâr*, *habar*), mais leur science était bien restreinte. Doués d'une brillante imagination, les Juifs arabes se plurent surtout à enrichir l'histoire biblique de traits fantaisistes, que le peuple prit ensuite pour des faits réels. Ils profitèrent de la large tolérance dont ils jouissaient pour exposer librement leurs vues religieuses et essayer de les faire partager à leurs voisins païens. Les Arabes trouvaient plaisir aux histoires à la fois naïves et sérieuses de la Bible, à ces récits si fortement empreints de poésie, et peu à peu ils se familiarisèrent avec une partie de la Bible et un certain nombre de conceptions religieuses des Juifs. Ceux-ci communiquèrent aussi aux Arabes leur calendrier, ils leur enseignèrent à ajouter un mois supplémentaire à certaines années et leur firent adopter le cycle de dix-neuf ans (vers 420). Détail assez curieux, les Arabes appelaient l'intercalation du mois supplémentaire « Nassi », probablement parce que, chez les Juifs, le Nassi ou patriarche fixait le calendrier des fêtes.

Les Arabes ne possédaient aucune tradition sur leur origine, ce furent les Juifs qui leur en créèrent. Il était pour les Juifs du plus haut intérêt d'être considérés comme apparentés avec les Arabes. En effet, la ville sainte de La Mecque était un asile inviolable pour ceux qui s'y réfugiaient. De plus, il y avait dans l'année quatre mois sacrés qui formaient une espèce de trêve de Dieu, pendant laquelle on ne pouvait livrer aucun combat; les cinq foires de l'Arabie ne pouvaient également être tenues que pendant ces mois. Mais, pour jouir du droit d'asile à La Mecque et des privilèges attachés à la période sacrée de l'année, il fallait être apparenté avec les Arabes.

S'appuyant sur les données du premier livre du Pentateuque, les Juifs prouvèrent qu'ils avaient une double parenté avec les Arabes, et par Yoktan et par Ismaël. Aussi, les deux principales tribus arabes, les vrais Arabes (Himyarites) et les Arabes du Nord, firent-ils remonter leur généalogie, les premiers, jusqu'à Yoktan, les autres, jusqu'à Ismaël. Fiers d'une origine aussi ancienne, ils s'efforcèrent de mettre leurs souvenirs et leurs traditions en harmonie avec les récits de la Bible ; les Arabes du Sud prirent sans scrupule le nom de *Kakhtanides* (descendants de Kakhtan ou Yoktan), et les Arabes du Nord celui d'*Ismaélites*.

Liés comme ils l'étaient avec les Juifs et familiers avec leurs doctrines religieuses et leurs légendes séduisantes, il était tout naturel que quelques Arabes eussent le désir d'échanger leurs croyances, dénuées de tout attrait et de toute poésie, contre la religion juive. Il leur était d'autant plus facile de franchir ce pas que, comme les Juifs, ils pratiquaient la circoncision ; le plus souvent, la conversion du chef entraînait celle de la famille ou de la tribu tout entière. Parmi les tribus qui embrassèrent le judaïsme, on mentionne : les *Benou-Kinanah*, gens belliqueux, parents des illustres Koreïschites de La Mecque ; une tribu ghassanide, qui a produit un célèbre poète judéo-arabe, et enfin plusieurs familles des tribus Auz et Khazradj, à Yathrib.

La conversion la plus retentissante et la plus importante fut celle d'un puissant roi du Yémen. Les chefs de cette contrée, appelés *Tobba*, dont l'autorité s'étendait quelquefois sur toute l'Arabie, descendaient historiquement d'Himyar ; la légende faisait remonter leur origine jusqu'à Yoktan. Un prince de cette dynastie, *Abou-Kariba-Assad-Tobban*, poète remarquable et vaillant guerrier, entreprit une expédition (vers 500) contre Kavadh, roi de Perse. Passant, dans sa marche, près de Yathrib, la capitale de l'Arabie du Nord, il y laissa son fils en qualité de gouverneur. À peine éloigné de la ville, il apprit que les habitants de Yathrib avaient assassiné son fils ; il revint immédiatement sur ses pas pour venger ce meurtre. La ville fut assiégée et tous les palmiers, dont la population tirait sa principale nourriture, furent coupés ; un poète juif de Yathrib composa une élégie sur la destruction de ces arbres comme sur la mort d'êtres bien-aimés. Aidés par les

Juifs, qui rivalisaient avec eux de courage et d'énergie, les Arabes soutinrent le siège avec une grande bravoure et épuisèrent les assiégeants par d'incessantes sorties. Abou-Kariba lui-même tomba malade. C'est à ce moment que deux docteurs juifs de Yathrib, *Caab* et *Assad*, allèrent trouver le prince himyarite pour lui demander de pardonner à la ville et de lever le siège. Dans leur entretien avec Abou-Kariba, les deux docteurs lui exposèrent aussi les principes du judaïsme. Ils parvinrent sans doute à exciter au plus haut point l'intérêt du chef arabe pour leur religion, car celui-ci se convertit au judaïsme avec toute son armée. Sur son désir, Caab et Assad l'accompagnèrent au Yémen pour instruire son peuple dans la religion juive et l'y convertir; ils y réussirent en partie. Cependant, les Himyarites et leur roi paraissent n'avoir été juifs que de nom, et le judaïsme n'exerça probablement aucune action sérieuse sur leurs sentiments et leurs mœurs. Un autre prince, *Harith ibn Amrou*, neveu du roi du Yémen et chef des Kendites, embrassa également le judaïsme avec sa tribu. Abou-Kariba le nomma vice-roi des Maaddites, près de la mer Rouge, et plaça les villes de La Mecque et de Yathrib sous sa domination.

Grâce aux nombreux marchands étrangers que leurs affaires appelaient dans le Yémen, les Juifs des régions les plus éloignées apprirent bientôt qu'il existait un royaume juif dans la plus belle et plus fertile partie de l'Arabie. En réalité, le Yémen ne devint vraiment juif que sous le règne de *Zorah Dhou-Nowas* (520-530), le plus jeune fils ou le petit-fils d'Abou-Kariba. Dhou-Nowas, qui, dans son zèle pour la religion juive, ajouta à son nom celui de *Youssouf* (Joseph), était indigné de l'oppression qui pesait sur ses coreligionnaires de l'empire byzantin, et il résolut d'user de représailles envers l'empereur de Constantinople. Un jour que des marchands byzantins vinrent dans son royaume, il les fit pendre. Cette exécution, qui effraya les marchands chrétiens et porta un coup sérieux au commerce, alors très florissant, de l'Arabie, attira sur le Yémen de très graves difficultés. Un chef voisin, *Aidoug*, païen, reprocha au roi juif sa rigueur malencontreuse, qui arrêtait tout trafic entre l'Arabie et l'Europe, et lui déclara la guerre. Dhou-Nowas fut vaincu (521) mais non corrigé de son imprudence. La ville de Nedjran, dans le Yémen, dont la majeure partie de la population était chrétienne, avait à sa tête un gouverneur chrétien, *Harith ibn Kaleb*, vassal de Dhou-Nowas. Soit que Harith n'eût pas assisté son suzerain dans sa guerre contre Aidoug, soit qu'il eût laissé impuni, comme le raconte la légende, le meurtre de deux enfants juifs assassinés à Nedjran, Dhou-Nowas marcha contre la ville et l'obligea à capituler. Harith, avec trois cent quarante notables, se rendit auprès du roi du Yémen pour signer le traité de paix. Quand ils furent arrivés dans son camp, Dhou-Nowas, à ce que l'on raconte, les plaça dans l'alternative d'accepter le judaïsme ou la la mort; ils choisirent la mort. Ce qui est certain, c'est que Dhou-Nowas, pour venger sur les chrétiens de son royaume les mauvais traitements que leurs coreligionnaires infligeaient aux Juifs dans divers États, leur imposa de lourdes taxes.

Les faits survenus à Nedjran furent complètement dénaturés, le châtiment de quelques rebelles devint une persécution contre les chrétiens, et les morts, dont on exagérait le nombre, furent élevés au rang de martyrs. Un évêque syrien, *Siméon*, qui était alors en route pour l'Arabie du Nord, ajouta foi à tous ces bruits et écrivit à un de ses collègues, qui demeurait tout près de l'Arabie, d'ameuter tous les chrétiens contre le roi juif et de pousser le négus (roi) de l'Éthiopie à lui déclarer la guerre. Il proposa même de contraindre les docteurs juifs de Tibériade à adresser à Dhou-Nowas une lettre collective en faveur des chrétiens. On voulut également entraîner l'empereur byzantin *Justin I*ᵉʳ dans cette croisade contre le roi du Yémen. Mais Justin, dont l'armée était aux prises avec les Perses, ne voulut pas se joindre à cette levée de boucliers : « Le royaume himyarite, dit-il, est loin, je ne peux pas envoyer mes troupes à une si grande distance, à travers des déserts de sable, mais j'en écrirai au roi d'Éthiopie, il est chrétien comme nous et il est bien plus près de l'Arabie que moi. » Il demanda, en effet, au roi d'Éthiopie *Elesbaa* (ou *Atzbeha*) d'aller combattre les Himyarites.

Il n'était pas nécessaire d'exciter Elesbaa contre Dhou-Nowas; depuis longtemps il voyait avec peine la couronne du royaume himyarite sur la tête d'un juif. Aussi saisit-il avec empressement l'occasion de déclarer la guerre au roi arabe. Il équippa une flotte considérable, à laquelle vinrent se joindre plusieurs vaisseaux byzantins que le collègue de Justin Ier, *Justinien*, amena d'Égypte, et une armée nombreuse traversa la mer Rouge pour pénétrer dans le Yémen. Dhou-Nowas essaya de s'opposer à la marche des envahisseurs. Mais que pouvaient ses faibles troupes contre les nombreuses légions du roi d'Éthiopie? A la première rencontre, Dhou-Nowas fut battu, et la ville de Zafara (Thafar) tomba au pouvoir de l'ennemi avec les trésors et la femme du chef himyarite. Quand il se vit perdu, Dhou-Nowas se précipita du haut d'un rocher dans la mer (vers 530). Les Éthiopiens mirent tout à feu et à sang, ils pillèrent, tuèrent et emmenèrent les survivants comme prisonniers; les Juifs surtout eurent à subir la fureur du vainqueur, des milliers d'entre eux furent massacrés, en expiation de la mort des prétendus martyrs de Nedjran. Telle fut la fin du royaume judéo-himyarite, qui, comme on voit, n'eut qu'une durée éphémère.

Vers la même époque, éclatèrent des dissensions entre les Juifs de Yathrib et leurs concitoyens arabes. Les tribus juives de Yathrib, soutenues par le roi himyarite, suzerain de toute la région, avaient la prépondérance sur les tribus pagano-arabes. Ces dernières ne supportaient cette domination qu'avec impatience, et elles profitèrent des embarras du roi himyarite pour se rendre indépendantes des Juifs. Voici comment elles s'y prirent. Un chef arabe, *Harith ibn Abou-Schammir*, de la tribu de Ghassan, qui avait accepté du service à la cour de Byzance, fut invité à venir à Yathrib avec ses troupes; il y consentit. Pour ne pas donner l'éveil aux Juifs, il leur fit accroire qu'il se disposait à se rendre dans le royaume himyarite. Il établit son camp près de Yathrib et invita les chefs juifs à venir l'y trouver. Dans l'espoir que Harith, selon l'usage, leur offrirait des présents, quelques-uns d'entre eux acceptèrent son invitation; il les fit massacrer à mesure qu'ils entraient dans sa tente. « Je vous ai délivrés, dit-il alors aux Arabes de Yathrib, d'une grande partie de vos ennemis; avec de la vigueur et du courage, il vous sera facile de vous rendre maître des autres. » Puis il partit. Les Arabes n'eurent pas le courage d'attaquer ouvertement les chefs juifs; un jour, il les invitèrent à un repas et les tuèrent. Les tribus juives, soumises ainsi à l'autorité des Arabes, ne supportèrent d'abord que difficilement cette humiliation. Mais, impuissantes contre leurs nouveaux maîtres par suite de la perte de leurs chefs, elles se résignèrent peu à peu à leur sort et demandèrent elles-mêmes la protection des tribus arabes. C'est ainsi que les Juifs de Yathrib devinrent les clients (*Mawali*) des Aus et des Khozradj.

À son retour de Yathrib, le prince ghassanide Harith ibn Abou-Schammir attaqua un poète juif qui s'acquit, à cette occasion, parmi les Arabes, une très grande renommée. *Samuel ibn-Adiya* (né vers 500 et mort vers 560), d'un caractère très chevaleresque, était l'ami intime du plus grand poète arabe des temps préislamiques, et, grâce à cette intimité, il est devenu immortel. D'après les uns, il était d'origine païenne, de la tribu des Ghassanides; d'autres prétendent qu'il eut une mère arabe et un père juif. Son père Adiya demeurait d'abord à Yathrib; plus tard il construisit, aux environs de Taïma, un château fort que ses couleurs variées firent surnommer *Alablak* et qui a été immortalisé par la poésie arabe. Samuel, chef d'une petite tribu, jouissait d'une telle considération dans le Hédjaz que même des tribus arabes, trop faibles pour se défendre, se plaçaient sous sa protection; il offrait un asile dans son château fort à tous les persécutés. Un jour, l'aventureux prince kendite, le roi des poètes arabes, *Imroulcaïs*, entouré partout d'ennemis, vint également chercher un refuge à Alablak, et, après y avoir reçu l'hospitalité, s'éloigna, laissant en dépôt à Samuel sa fille, son cousin, cinq magnifiques cottes de mailles et d'autres armures. Quand le chef des Ghassanides arriva dans le Hédjaz, il se présenta devant le château de Samuel et réclama les armes d'Imroulcaïs. Sur le refus du châtelain, il assiégea le fort. Voyant que le siège traînerait en longueur, il eut recours à un autre moyen pour obtenir ce qu'il désirait. Il s'était emparé d'un enfant de Samuel, que sa nourrice avait emmené hors du fort, et il menaçait de le mettre à mort si on ne lui livrait pas ces armes. « Fais comme il te plaira, répondit le père, la trahison est un carcan qui jamais ne se rouille, et mon fils a des frères. » Le barbare, insensible à tant de grandeur d'âme, tua l'enfant sous les yeux du père, mais il ne put s'emparer du fort. « Plus fidèle que Samuel, » devint une expression proverbiale parmi les Arabes, pour désigner par hyperbole le suprême degré de la fidélité.

Le fils de Samuel, *Schoraïch*, avait hérité des sentiments généreux de son père. Un jour que le célèbre poète arabe, *Maïmoun Ascha*, auquel son humeur capricieuse avait fait beaucoup d'ennemis, fut amené prisonnier, inconnu parmi d'autres captifs, au château fort de Schoraïch, il composa un dithyrambe en l'honneur de Samuel :

> Sois comme Samuel, quand il fut assiégé
> Par un prince belliqueux avec son armée :
> « Trahis, ou tu perdras ton enfant !
> C'est un choix terrible que tu as à faire. »
> Mais il répondit sans hésiter : « Tue ton
> Prisonnier, je protège mon hôte. »

Schoraïch reconnut le poète et le fit remettre en liberté.

Vers la fin du vɪᵉ siècle, les Juifs de Yathrib avaient à peu près reconquis leur ancienne puissance. Les tribus d'Aus et de Khazradj, qui les avaient placés sous leur domination, étaient épuisées par dix années de luttes incessantes, auxquelles les Juifs n'avaient pris qu'une part peu active. Une dernière guerre entre ces deux tribus amena leur déclin définitif et la prépondérance des Juifs à Yathrib.

Outre les prosélytes que le judaïsme fit parmi les tribus arabes, il forma un homme dont l'action a été profonde sur la marche de l'histoire des peuples et continue à s'exercer encore aujourd'hui sur de nombreuses nations. *Mahomet*, « le prophète de La Mecque et de Yathrib, » n'est pas né dans le judaïsme, mais il s'est nourri de ses doctrines et de ses traditions. Dans des réunions d'amis à La Mecque, son lieu de naissance, aux foires et dans ses voyages, le *fils d'Abdallah* entendit souvent parler de la religion qui proclame un Dieu unique, d'Abraham, qui s'était consacré au culte de ce Dieu, d'institutions sociales et de préceptes moraux bien antérieurs au paganisme arabe, et son esprit si vaste et si impressionnable fut vivement frappé de tous ces récits. Il subit aussi l'influence d'un habitant notable de La Mecque, *Waraka ibn-Naufal*, de la noble tribu des Koreïschites, cousin de sa femme Khadidja; Waraka avait adopté les croyances juives et savait lire l'hébreu.

Les premières doctrines de Mahomet, conçues au milieu d'accès d'épilepsie et rapportées à un cercle restreint d'amis comme des révélations de l'ange Gabriel, portent un cachet absolument juif. A la base de l'*islamisme*, sa nouvelle religion, le prophète arabe place ce principe fondamental du judaïsme : « Il n'y a d'autre dieu qu'Allah; » ce n'est que plus tard que, dans un mouvement d'orgueil, il ajouta : « Et Mahomet est son prophète. » Déclarer comme le faisait Mahomet, que le dieu qu'il prêchait n'avait pas d'associé (contrairement au dogme de la Trinité) et qu'il ne voulait être adoré sous aucune forme matérielle, s'élever avec violence contre le culte rendu dans la Kaaba à trois cents idoles, flétrir les mœurs dissolues qui régnaient parmi les Arabes et l'usage barbare des parents de jeter les nouveau-nés du sexe féminin dans l'eau, et proclamer que ces doctrines n'étaient pas nouvelles mais appartenaient à la vieille religion d'Abraham, c'était affirmer publiquement le triomphe du judaïsme et la réalisation de cette prophétie « qu'un jour viendra où tout genou fléchira devant le Dieu-Un, où toute bouche l'exaltera ». Déjà Paul de Tarse avait été obligé, pour prêcher le christianisme aux Grecs, de leur faire connaître d'abord le judaïsme. La meilleure partie du Coran est empruntée à la Bible et au Talmud.

Quand Mahomet s'aperçut de l'insuccès de sa prédication à La Mecque, siège de l'idolâtrie, et du danger qu'il courait dans cette ville, il s'adressa à quelques habitants de Yathrib. Ceux-ci, en rapports fréquents avec des Juifs, trouvèrent les révélations de Mahomet moins étranges, parce qu'ils leur reconnurent un air de parenté avec le judaïsme, ils adhérèrent aux doctrines du nouveau prophète et l'engagèrent à venir à Yathrib. Mahomet se rendit dans cette ville en 622; c'est l'année de l'émigration ou l'*hégire*. Il y arriva pendant la fête de Kippour, et comme il vit que les Juifs jeûnaient en ce jour, il établit le jeûne *Aschura*, disant « qu'il appartenait plus aux Arabes qu'aux Juifs de jeûner ». Pour gagner les bonnes grâces des Juifs, il ordonna de tourner la face (*quibla*), pendant la prière, vers Jérusalem, et, dans les différends qu'il avait à juger entre Juifs et Arabes, il se montrait toujours favorable aux premiers. Il eut pendant longtemps un secrétaire juif. Ces prévenances de la part d'un homme si célèbre flattèrent les Juifs de *Médine*, — c'est ainsi que s'appelait Yathrib depuis que Mahomet s'y était établi, — et plusieurs d'entre eux, parmi lesquels se trouvait un savant de la tribu de Kainukaa, *Abdallah ibn Salam*, montrèrent un profond attachement pour celui qui, à leurs yeux, était presque un *prosélyte juif* et qu'ils croyaient appelé à propager le judaïsme en Arabie. Ces amis, qui lui fournirent une partie de ses révélations, furent appelés *Anzar* (aides); ils continuèrent à observer toutes les pratiques juives, sans que Mahomet s'en formalisât.

Mahomet ne trouva cependant que peu d'adhérents parmi les Juifs ; son égoïsme, son orgueil et ses passions sensuelles éloignaient de lui des hommes auxquels leurs prophètes avaient donné une conception plus élevée d'un envoyé de Dieu. « Regardez-le, disaient les Juifs ; par Dieu ! il n'est jamais rassasié, et les femmes absorbent tous ses soins. S'il est réellement prophète, qu'il s'occupe de sa mission et non des femmes. » Les Juifs disaient encore: « Dieu n'apparaît à ses élus qu'en Palestine, c'est donc là que Mahomet, s'il est prophète, doit accomplir sa mission. » Ou bien : « Tu te vantes d'être de la religion d'Abraham, qui ne mangeait, cependant, ni de viande de chameau, ni du fromage fait avec du lait de chamelle. » Les principaux adversaires juifs de Mahomet étaient : *Pinhas ibn Azoura*, esprit caustique, qui ne manquait pas une occasion de se moquer de lui ; *Kaab ibn Ascharaf*; le poète *Abou-Afak*, plus que centenaire, qui cherchait à le rendre odieux aux yeux des Arabes ; enfin, *Abdallah*, fils de Saurah, considéré comme le Juif le plus savant du Hédjaz. Ils raillaient « l'envoyé de Dieu », tournaient en ridicule ses révélations et ses prédications, et le traitaient avec dédain ; ils ne supposaient pas que le pauvre fugitif de La Mecque, qui était venu implorer du secours à Médine, soumettrait ou exterminerait bientôt leurs tribus ; ils oubliaient que l'ennemi le plus dédaigné est souvent le plus redoutable.

Au commencement, Mahomet parut se montrer indifférent aux attaques des Juifs. « Soyez convenables, dit-il à ses partisans, dans vos discussions avec les gens de l'Écriture (Juifs), et dites-leur :

« Nous croyons et à ce qui *vous* a été révélé et à ce qui *nous* a été
« révélé. Notre Dieu est le même que le vôtre et nous lui sommes
« entièrement soumis. » Peu à peu, leurs relations se tendirent.
D'un côté, les Juifs s'efforcèrent de provoquer des défections parmi
ses adhérents, et ils parvinrent à exciter contre lui l'homme le plus
considérable de Médine, le khazradjite *Abdallah ibn Oubey*, qui
était sur le point d'être élu chef de la ville et que l'arrivée de
Mahomet avait remis dans l'ombre; jusqu'à ses derniers jours, il
resta l'adversaire implacable de Mahomet. D'autre part, les partisans du prophète lui demandèrent avec instance de se prononcer
nettement au sujet du judaïsme. Voyant que ses amis juifs continuaient à s'abstenir de manger de la chair de chameau et à suivre
les autres pratiques juives, ils lui dirent : « Si la Tora est un livre
divin, pourquoi ne nous obliges-tu pas à en observer les prescriptions? » Mahomet était trop imprégné des sentiments et des
idées arabes pour embrasser la religion juive, il savait aussi que
les Arabes ne se soumettraient que très difficilement aux pratiques
sévères du judaïsme. Il se décida donc à rompre avec les Juifs.
Pour bien marquer cette rupture, il les invectiva dans une longue
soura (*la soura de la vache*), et il décida qu'à l'avenir les musulmans ne se tourneraient plus, pendant la prière, comme auparavant, vers Jérusalem, mais vers La Mecque et le temple de la
Kaaba. Le jeûne *Aschura* qu'il avait établi à la fête juive de l'Expiation fut aboli et remplacé par le jeûne du *Ramadhan*, mois qui,
de temps immémorial, était sacré pour les Arabes. Mahomet supprima encore d'autres usages juifs qu'il avait recommandés
précédemment. Les Juifs n'étaient plus pour lui de vrais croyants,
adorateurs du Dieu-Un, mais des incrédules qui vénéraient Ezra
(Ozaïr) comme fils de Dieu, et des menteurs qui avaient effacé de
la Tora les passages qui annonçaient la venue de Mahomet comme
prophète.

Mahomet craignit cependant de traduire déjà sa haine en actes,
son influence n'était pas encore considérable, et les Juifs, alliés
à quelques tribus arabes, étaient bien supérieurs en nombre à
ses partisans. Son audace augmenta après la bataille de Bedr
(hiver 624), où il défit la puissante tribu des Koreïschites. L'humble apôtre se transforma alors en un violent despote qui ne recu-

lait devant aucun moyen, fût-ce le guet-apens et le meurtre, pour triompher de ses ennemis. Confiant dans la solidité et le courage de ses compagnons, il commença à faire la guerre aux Juifs. Ce fut la petite tribu de Kaïnukaa qui eut à supporter ses premiers coups. Voici le fait qui servit de prétexte aux hostilités. Un musulman, irrité d'une mauvaise plaisanterie d'un Juif, le tua ; les Kaïnukaa tirèrent vengeance de ce meurtre. Mahomet les plaça alors dans l'alternative d'embrasser l'islamisme ou d'accepter la guerre ; ils prirent les armes. Comptant sur l'appui des Nadhir et des Kuraïza, leurs coreligionnaires, ils se retirèrent dans leurs châteaux forts, près de Médine. Mahomet vint les y assiéger. Plus avisés, les nombreux Juifs du nord de l'Arabie auraient prévu qu'un jour ou l'autre ils seraient attaqués à leur tour par Mahomet, et ils se seraient alliés tous ensemble contre lui ; il leur eût été alors bien facile d'écraser sa petite armée. Mais, pour leur malheur, ils étaient divisés entre eux, et chaque tribu se désintéressait de ses voisins. Pendant quinze jours, les Kaïnukaa repoussèrent vaillamment les attaques des Arabes. Épuisés et désespérant d'être secourus, ils ouvrirent les portes de leurs forts. Mahomet les fit enchaîner et donna ordre de les égorger. Abdallah ibn Oubey, leur allié, saisit le prophète par sa cuirasse : « Je ne te lâcherai, lui dit-il, que lorsque tu m'auras donné la promesse formelle de remettre les prisonniers en liberté ; ils ont été mon appui, ils m'ont défendu contre les rouges et les noirs. » N'osant repousser cette demande, Mahomet dit : « Qu'on les délivre, et que Dieu les damne, eux et Abdallah ! » Dépouillés de tous leurs biens, les Kaïnukaa partirent alors, au nombre de sept cents, pour se rendre en Palestine ; là, ils s'établirent dans la Batanée, dont la capitale était Adraat.

Après sa victoire sur les Kaïnukaa, Mahomet engagea les musulmans, dans une révélation, à refuser toute protection aux Juifs : « O vous qui croyez, ne prenez point pour amis les Juifs et les chrétiens ; qu'ils se protègent eux-mêmes. Celui qui les prend pour amis leur ressemble ; Dieu n'est pas le guide des pervers. » Les chrétiens étaient en petit nombre dans le nord de l'Arabie et n'y jouissaient que d'une situation précaire, ils souffrirent donc peu de cette exclusion. Il n'en fut pas de même des Juifs. Habitués à mener une existence indépendante et à guerroyer de côté et d'autre, ils avaient souvent besoin de l'appui de leurs voisins arabes. Quand ceux-ci, sur l'ordre de Mahomet, ne voulurent plus contracter d'alliance avec eux, ils restèrent seuls exposés aux coups de leurs ennemis.

Dans leur haine pour Mahomet, les Benou-Nadhir cherchèrent à le tuer par ruse. Un jour, ils l'invitèrent à venir les voir dans leur fort de *Zouhara*, avec l'intention de le précipiter du haut des remparts ; leur chef était alors *Houyey ibn Akhtab*. Mahomet accepta leur invitation, mais il devina à temps les mauvais desseins de ses hôtes et s'enfuit à Médine. Il ne tarda pas à se venger cruellement des Benou-Nadhir. Placés dans l'alternative de se convertir à l'islamisme ou d'émigrer en masse, ils se décidèrent, sur l'instigation d'Abdallah ibn Oubey, qui leur promit de venir à leur aide, à accepter la lutte, et se retirèrent dans leurs châteaux. Les secours annoncés n'arrivant pas, ils durent capituler. Mahomet leur laissa la vie sauve, mais à condition de lui livrer leurs armes, de quitter leurs forts et de n'emporter de leurs biens que ce qu'ils pouvaient charger sur un chameau. Ils partirent au nombre de six cents et allèrent s'établir, les uns au milieu de leurs frères de Khaïbar, les autres près de Jéricho et à Adraat (juin-juillet 625). Plus tard, Mahomet justifia cette guerre dans la révélation suivante : « Tout ce qui est dans les cieux et sur la terre chante les louanges de Dieu ; il est le Puissant, le Sage. C'est lui qui a fait sortir de leurs demeures les infidèles parmi les gens de l'Écriture pour rejoindre ceux qui ont déjà émigré (les Kaïnukaa). Vous ne croyiez pas qu'ils partiraient, eux-mêmes pensaient que leurs forteresses les protégeraient contre Dieu. Mais Dieu les a attaqués du côté où ils ne s'y attendaient pas ; il a jeté la terreur dans leur cœur, et ils ont contribué autant que les croyants à la destruction de leurs maisons. »

Ceux des Benou-Nadhir qui étaient restés en Arabie essayèrent d'organiser une coalition contre Mahomet. Trois d'entre eux, *Houyey*, *Kinanah ibn-ar-Rabia* et *Sallam ibn Mischkam*, s'efforcèrent de décider les Koraïschites de La Mecque, la puissante tribu des Ghatafan et d'autres Arabes à unir leurs forces contre l'orgueilleux prophète ; ils réussirent dans leur entreprise. Il leur fut plus difficile de faire entrer la tribu juive des Kouraïza dans cette ligue. Le chef des Benou-Kouraïza, *Kaab ibn Assad*, refusa même d'abord d'accorder un asile à Houyey, parce que sa tribu avait conclu une alliance avec les musulmans. Mais, éclairé sur les dangers communs qui menaçaient tous les Juifs arabes, il consentit enfin à prendre part à la guerre contre le prophète. Dix mille alliés entrèrent en campagne et marchèrent sur Médine, dont ils crurent pouvoir s'emparer sans coup férir; ils se heurtèrent contre de solides retranchements que Mahomet, averti par un traître, avait fait élever à la hâte. Les assaillants s'épuisèrent en vains efforts pour s'emparer de la ville. A la fin, Mahomet réussit à semer la discorde parmi les confédérés, qui retournèrent chez eux.

La *guerre des tranchées*, comme on l'appela, fut donc un nouveau succès pour Mahomet; ce furent les Juifs qui supportèrent les fâcheuses conséquences de l'échec des confédérés. Dès que ces derniers se furent éloignés de Médine, le prophète marcha immédiatement avec trois mille hommes contre les Kouraïza. Ceux-ci, trop faibles pour livrer bataille en rase campagne, se retranchèrent derrière les remparts de leurs châteaux forts. Après un siège de vingt-cinq jours (février-mars 627), ils n'eurent plus de vivres et songèrent à capituler. Ils demandèrent au prophète de les traiter comme les Nadhir, c'est-à-dire de les laisser émigrer avec leurs femmes, leurs enfants et une partie de leurs biens. Mahomet refusa; il voulut qu'ils se rendissent à discrétion. Près de sept cents Juifs, et parmi eux les chefs Kaab et Houyey, furent égorgés sur une place publique de Médine, et leurs cadavres entassés dans une seule et même fosse. L'endroit où cette exécution eut lieu fut nommé *le marché des Kouraïza*. Ce forfait fut accompli au nom de Dieu. Voici ce qu'en dit le Coran : « Dieu a expulsé de leurs forts ceux des gens de l'Écriture qui aidaient les alliés et a jeté la terreur dans leurs cœurs; vous avez tué les uns, vous avez réduit les autres en captivité. Il vous a donné en partage leurs maisons, leurs richesses et leur pays, que vous n'aviez jamais foulé jusqu'alors de vos pieds. Dieu est tout-puissant. » Les femmes furent échangées contre des armes et des chevaux. Mahomet se choisit comme concubine, parmi les captives, une jeune fille juive d'une grande beauté, nommée Rihâna; celle-ci repoussa fièrement les faveurs du prophète.

L'année suivante arriva le tour des Juifs de Khaïbar. Mais la campagne que Mahomet entreprit contre eux fut autrement difficile que les précédentes guerres. La région était couverte d'une série de forts défendus par de vaillants et solides guerriers; des tribus arabes, les Ghatafan et les Fezara, avaient promis leur aide. L'âme de la résistance était l'exilé nadirhite Kinanah ibn-ar-Rabia, homme d'une volonté tenace et d'une bravoure indomptable, surnommé « le roi des Juifs ». Il avait comme lieutenant *Markab*, un vrai géant, d'origine himyarite. Mahomet commença par adresser des prières solennelles à Dieu pour lui demander la victoire. Cet acte de piété accompli, il marcha contre les Juifs de Khaïbar avec une armée de quatorze mille hommes. Selon son habitude, il signala son entrée en campagne par la destruction des palmiers pour couper les vivres à l'ennemi; ensuite, il s'empara assez facilement de quelques fortins. Le château fort *Camuss*, qui s'élevait sur un rocher abrupt, opposa une plus longue résistance; il repoussa plusieurs assauts tentés par les meilleurs capitaines de Mahomet, Abou-Bekr et Omar. Un des défenseurs de Camuss était Marhab, qui avait à venger la mort de son frère Harith; il fit des prodiges de valeur. Quand Ali, un autre lieutenant de Mahomet, s'approcha du fort, Marhab lui cria : « Khaïbar connait ma vaillance, je suis Marhab le héros, couvert d'une solide armure et dur à la fatigue, » et il provoqua Ali à un combat singulier; il fut tué. Avec Marhab tomba également la forteresse de Camuss. On ne sait pas ce qui advint des prisonniers. Kinanah fut mis à la torture pour qu'il indiquât l'endroit où étaient cachés les trésors des vaincus; il mourut sans avoir parlé. La chute de cette forteresse amena la reddition des autres châteaux forts; Fadak, Wadi-l-Kora et Taïma se soumirent également au prophète. Les Juifs purent rester dans le pays et conserver leurs terres, à condition de remettre à Mahomet, comme tribut, la moitié de leurs revenus. Cette campagne avait duré près de deux mois (printemps 628).

Mahomet ramena de cette guerre deux belles captives, *Safa*, la fille de son ennemi implacable Houyey, et *Zaïnab*, la sœur de

Marhab. Cette dernière essaya de se venger de celui qu'elle regardait comme le meurtrier de son frère et de ses coreligionnaires. Dissimulant ses sentiments de haine, elle feignit un profond attachement pour Mahomet et gagna ainsi sa confiance. Un jour, elle servit de la viande empoisonnée; un des convives en mourut. Mahomet, trouvant au mets un goût désagréable, le rejeta. Interrogée par le prophète sur le motif de ce crime, Zaïnab lui répondit : « Tu as fait endurer de cruelles souffrances à mon peuple ; je me suis dit que si tu n'étais qu'un vulgaire despote, ta mort serait une délivrance pour mon peuple ; serais-tu, au contraire, prophète, alors mon poison n'aurait aucune action sur toi. » Elle fut exécutée. A la suite de cet incident, Mahomet ordonna à ses soldats de ne se servir de la vaisselle enlevée aux Juifs qu'après l'avoir trempée dans de l'eau bouillante. — Ces défaites successives ne découragèrent pas les Juifs; ils cherchèrent à s'allier avec les mécontents des tribus arabes pour essayer de nouveau d'abattre la puissance naissante de Mahomet. Les pourparlers avaient lieu dans la maison d'un juif, *Suwailim*, à Médine. Suwailim fut dénoncé et sa maison livrée aux flammes.

Quand Mahomet mourut (632), les Juifs s'en réjouirent fort; ils croyaient qu'avec lui disparaîtrait la croyance des Arabes à son immortalité et à sa mission divine. Mais déjà le fanatisme avait fait son œuvre; le Coran tout entier, dans ses polémiques comme dans ses doctrines, avait acquis force de loi, il était devenu le livre par excellence d'une population considérable dans trois parties du monde, et ses violentes diatribes contre les Juifs étaient considérées par tous les musulmans comme des articles de foi. L'islamisme, comme le christianisme, meurtrit le sein qui l'avait nourri. Le deuxième khalife, *Omar*, d'un fanatisme farouche, expulsa de Khaïbar et de Wadi-l-Kora les tribus juives que le prophète avait laissées par traité sur leurs terres, il ne voulut pas que le sol sacré de l'Arabie fût souillé par leur présence; il chassa pour la même raison les chrétiens de Nedjran. Les guerriers musulmans eurent en partage les vastes domaines des Juifs; ceux-ci obtinrent, en compensation, un petit territoire situé près de l'Euphrate, dans le voisinage de la ville de Koufa (vers 640). Malgré ces divers actes d'hostilité des Arabes envers les Juifs, on peut dire que le triomphe de l'islamisme fut un bienfait pour le judaïsme.

CHAPITRE XIII

ORGANISATION DU JUDAISME BABYLONIEN

(ÉPOQUE DES GAONIM)

Après la mort de Mahomet, les musulmans se répandirent avec une impétuosité indomptable au delà des frontières de l'Arabie; ils se précipitèrent, l'épée dans une main et le Coran dans l'autre, à la conquête des plus belles régions de l'Asie et de l'Afrique, électrisés par leur cri de guerre : Allah seul est Dieu, et Mahomet est son prophète. Le vieux royaume de Perse tomba au premier choc; les provinces byzantines, la Palestine, la Syrie et l'Égypte, dont la population détestait les empereurs de Constantinople, acceptèrent avec empressement la domination arabe. En Palestine surtout, les Juifs et les Samaritains favorisèrent la conquête musulmane. La ville forte de Césarée, la capitale politique du pays, où se trouvaient, dit-on, 700,000 hommes en état de porter les armes, fut livrée aux Arabes par un Juif. Jérusalem tomba au pouvoir du khalife *Omar* (vers 638), il y éleva une mosquée sur l'emplacement du temple. Cette ville resta pour les musulmans la *cité sainte* (Al-Kouds).

L'islamisme naissant se montra cependant aussi intolérant pour les Juifs que le christianisme. Omar leur interdit le séjour de Jérusalem; il les soumit, en outre, à un certain nombre de lois restrictives qui sont connues sous le nom de « législation d'Omar », et qui s'appliquaient également aux chrétiens. Ainsi, il leur était défendu de construire de nouvelles synagogues et d'embellir les anciennes; ils ne pouvaient chanter à l'office qu'à mi-voix, ils devaient réciter les prières des morts à voix basse, ils ne pouvaient occuper aucune fonction publique, ni juger les musulmans, ni empêcher leurs coreligionnaires de se convertir à l'islamisme, ni porter une bague à cachet. Enfin, on leur imposait, ainsi qu'aux chrétiens, un vêtement d'une couleur particulière, et on ne leur permettait pas de monter à cheval. Pendant que les musulmans étaient exempts de tout impôt ou ne payaient qu'une taxe légère pour secourir les pauvres, les Juifs et les chrétiens étaient soumis à un impôt personnel et à un impôt foncier.

Malgré ces restrictions, les Juifs se sentaient plus libres chez les musulmans que dans les pays chrétiens. D'abord, les lois d'Omar ne leur étaient pas rigoureusement appliquées, même du vivant de ce khalife. Ensuite, les musulmans, tout en étant convaincus de la supériorité de leur religion, ne méprisaient pas les Juifs, comme le faisaient les chrétiens, ils savaient reconnaître leur mérite et leur témoigner, à l'occasion, les plus grands égards.

C'est surtout dans l'ancienne Babylonie, appelée *Irak* par les Arabes, que la conquête musulmane fut bienfaisante pour les Juifs. Les rois sassanides, qui gouvernaient alors le pays, persécutaient le judaïsme et le christianisme. Aussi Juifs et chrétiens aidèrent-ils les Arabes, quand ils eurent envahi la Babylonie, à conquérir cette région. Les services qu'ils leur rendirent dans cette guerre durent être très importants, puisque le khalife Omar, qui n'était cependant pas indulgent pour les « infidèles », les en récompensa en leur accordant un certain nombre de privilèges. Le chef de l'Église chaldéenne, *Jesujabu*, qui avait le titre de patriarche ou *catholicos*, obtint le droit d'étendre son autorité sur tous les chrétiens de l'Irak, et ceux-ci lui devaient obéissance non seulement dans les questions religieuses, mais encore dans les questions politiques. Des privilèges analogues furent probablement accordés à l'exilarque *Bostanaï;* Omar ou un de ses lieutenants donna même en mariage à ce dignitaire une fille du roi de Perse, Kosru, qu'il avait emmenée en captivité (642). Bostanaï fut le premier exilarque qui reçût l'investiture de la main d'un khalife. Revêtu de pouvoirs politiques et judiciaires assez étendus, il réunit entre elles, par des liens étroits, toutes les communautés juives de la Babylonie. Il fut autorisé à se servir officiellement d'un sceau spécial, sur lequel était gravée une mouche, et qu'il apposait sur les édits et les ordonnances qu'il promulguait.

Après la mort d'Omar (644), tombé sous les coups d'un meurtrier, et celle de son successeur Othman (655), tué dans une émeute, *Ali* fut élevé à la dignité de khalife. A ce moment, l'empire musulman était gouverné par deux partis : les uns tenaient pour

Ali, qui avait sa résidence dans la ville de Koufa, dans l'Irak, les autres pour *Mouawiya*, un parent du khalife Othman. Les Juifs de la Babylonie et les chrétiens nestoriens se déclarèrent pour Ali. On raconte qu'après la prise de la ville de Peroz-Schabur ou Anbar, près de 90,000 Juifs se seraient rendus auprès d'Ali, sous la conduite du chef d'école *Mar-Isaac*, pour lui jurer fidélité. Ali fut profondément touché de cet hommage, et il accorda à Mar-Isaac un certain nombre de privilèges. C'est probablement de cette époque que datent le titre de *gaon* porté par le chef de l'école de Sora et les prérogatives attachées à ce titre. Dans la suite, naquit entre les gaonim et les exilarques, c'est-à-dire entre le pouvoir temporel et le pouvoir spirituel, une rivalité qui dégénéra souvent en violentes querelles. — Avec Bostanaï et Mar-Isaac commença une nouvelle période dans l'histoire des Juifs, l'*époque des gaonim*.

Après la mort de Bostanaï, des dissensions éclatèrent entre ses fils. L'exilarque avait eu plusieurs femmes, dont une était, comme on sait, la fille d'un roi de Perse. Le fils de cette dernière, issu de sang royal, était probablement le favori de son père, qui l'avait sans doute désigné pour lui succéder. Les autres enfants de Bostanaï, nés de femmes juives, étaient jaloux de la situation privilégiée de leur frère. Or, comme ce dernier avait eu pour mère une esclave non juive, et qu'il devait suivre, d'après le droit talmudique, la condition de sa mère, ils essayèrent de le vendre comme esclave. Cette conduite coupable fut approuvée par plusieurs docteurs. D'autres prétendirent, au contraire, qu'il n'était pas possible que Bostanaï, homme pieux, eût épousé la captive royale sans l'avoir préalablement affranchie et lui avoir fait embrasser le judaïsme. Pour empêcher qu'un frère ne fût vendu comme esclave par ses autres frères, un docteur, Haninaï, fit déclarer par le tribunal que le fils de la princesse de Perse était affranchi ; celui-ci conserva néanmoins le caractère d'enfant illégitime, et ses fils ne furent jamais considérés comme descendants d'un exilarque.

On a peu d'informations précises sur les gaonim et les exilarques qui ont vécu de 670, c'est-à-dire depuis la mort de Bostanaï, à l'an 730 ; on ignore même les noms de la plupart d'entre eux. *Mar-Isaac* fut, selon toute apparence, le premier gaon de Sora ;

il eut pour successeur *Hunaï*. Pendant que celui-ci dirigeait l'académie de Sora, l'école de Pumbadita avait à sa tête *Mar-Râba* (vers 670-680). Hunaï et Mar-Râba prirent une mesure très importante, qui abolissait une loi talmudique. D'après le Talmud, la femme, même dans le cas où son mari est atteint d'une maladie rebutante ou exerce une profession répugnante, ne peut demander le divorce que très rarement; elle est obligée de rester avec son mari, même quand elle éprouve pour lui une insurmontable aversion. Persiste-t-elle dans sa demande de divorce, elle est menacée de perdre son douaire et même sa dot. L'avènement de l'islamisme modifia cette situation. Comme le Coran permettait à l'épouse de demander la répudiation, les femmes juives s'adressaient quelquefois aux tribunaux musulmans; ceux-ci forçaient le mari à consentir au divorce et à restituer à la femme ce qui lui était dû. C'est alors que Hunaï et Mar-Râba autorisèrent l'épouse, contrairement au droit talmudique, à exiger la répudiation sans qu'il en résultât pour elle aucune perte pécuniaire.

Les successeurs de ces deux gaonim, jusqu'à 720, ne sont connus que de nom; l'histoire du judaïsme babylonien pendant toute cette période est restée absolument obscure. On sait seulement que, dans ces quarante années (680-720), les trois dignitaires juifs (l'exilarque et les chefs des deux écoles de Sora et de Pumbadita) fixèrent entre eux l'étendue de leurs pouvoirs respectifs par des arrangements à l'amiable et des concessions mutuelles, et que les communautés babyloniennes furent définitivement réorganisées.

A la tête de ces communautés se trouvaient l'exilarque et les deux chefs d'académie. L'exilarque avait des fonctions politiques, il représentait le judaïsme babylonien auprès du khalife et des gouverneurs et recueillait les impôts dus par les communautés à la caisse de l'État. Ce dignitaire déployait un faste presque royal; il portait un costume somptueux, sortait dans les carrosses de l'État, avait sa garde du corps et jouissait, en général, d'une très grande considération. Les deux gaonim ou chefs des académies de Sora et de Pumbadita maintenaient l'unité religieuse, ils dirigeaient l'enseignement talmudique, promulgaient de nouvelles lois et en surveillaient l'exécution; ils partageaient le pouvoir judiciaire avec l'exilarque. Ce dernier nommait les chefs d'école, après entente préalable avec le Collège. Le chef de l'académie de Sora était seul autorisé à porter le titre de gaon; il possédait encore d'autres droits qui étaient refusés à son collègue de Pumbadita. Pendant quelque temps, on ne pouvait même placer à la tête de l'école de Pumbadita qu'un membre du Collège de Sora.

L'exilarcat était devenu héréditaire dans la maison de Bostanaï; néanmoins, aucun membre de cette famille ne pouvait y être élevé qu'avec l'assentiment des deux académies. L'investiture du nouvel exilarque avait lieu au milieu d'une grande pompe et avec une imposante solennité. Les présidents des deux écoles de Sora et de Pumbadita, accompagnés de leurs Collèges et des personnages les plus considérés du pays, se rendaient dans la ville habitée par le nouvel élu. Là, ils se réunissaient dans une salle spacieuse et luxueusement ornée, où étaient placés des sièges d'honneur pour l'exilarque et les chefs des deux académies. Le gaon de Sora prenait alors la parole pour appeler l'attention du prince de l'exil sur l'importance et la gravité de ses devoirs et pour le prémunir contre tout sentiment de vanité ou d'orgueil. Le jeudi, on se rendait à la synagogue, où les deux chefs d'école imposaient leurs mains sur la tête de l'exilarque, et, au son des trompettes, prononçaient les paroles suivantes : « Vive notre maître, le prince de l'exil! » Ces paroles étaient joyeusement acclamées par la foule, qui était toujours très nombreuse à cette cérémonie. L'exilarque sortait alors de la synagogue, accompagné jusqu'à son domicile d'un immense cortège d'honneur.

Le samedi suivant, on célébrait en son honneur un service solennel. Il paraissait à la synagogue dans une tribune élevée et ornée de riches étoffes, comme autrefois les rois de la maison de David au temple de Jérusalem. Le gaon de Sora s'approchait alors de la tribune, ployait le genou devant l'exilarque et s'asseyait à sa droite; ensuite, venait le chef de l'école de Pumbadita qui se plaçait à sa gauche. Pour lire la Loi, on apportait le rouleau sacré devant lui, à l'instar de ce qui se faisait autrefois pour les souverains; le président de l'école de Sora lui servait d'interprète (*meturgueman*). Après la lecture de la Loi, il développait devant les fidèles un sujet d'édification; s'il n'en était pas capable, le gaon le faisait à sa place. Dans la prière finale, récitée à la gloire de Dieu, on mentionnait le nom de l'exilarque : « Puisse cet événement se produire, disait-on, du vivant du prince! » Puis l'officiant appelait la bénédiction divine sur le prince, les chefs et les membres des deux académies (la prière de Yekoum Pourkan) et mentionnait les noms des pays, des villes et des personnes qui contribuaient par leurs dons à l'entretien des écoles. L'exilarque était alors conduit, au milieu d'une imposante procession, jusqu'à sa demeure, où il réunissait autour de lui, dans un magnifique festin, les dignitaires, les savants, les fonctionnaires de l'État et toutes les notabilités qui se trouvaient dans la ville.

Une fois par an, la troisième semaine après la fête des Cabanes, le prince de l'exil tenait une espèce de cour à Sora; les chefs des deux académies et leurs Collèges, les représentants des communautés et d'autres notabilités lui rendaient visite. La réunion de tous ces personnages autour de l'exilarque portait le nom de *grande assemblée* ou *pèlerinage auprès du prince de l'exil*. Pendant toute cette semaine, on faisait des conférences religieuses, et, le samedi, on suivait à l'égard de l'exilarque le cérémonial qui était observé en son honneur le samedi de son installation.

Comme revenus, l'exilarque avait les impôts qui lui étaient payés par un certain nombre de villes. Les districts de *Naharowan* (à l'est du Tigre), de *Farsistan* et de *Holwan* lui versaient encore, dans leur décadence, sept cents deniers d'or (environ 8,500 francs). Il avait aussi le droit d'imposer, pour son compte, à toutes les localités placées sous sa juridiction, des taxes extraordinaires; de plus, on lui offrait des présents.

Au deuxième rang, immédiatement après l'exilarque, se tenait le chef de l'académie de Sora; il portait le titre de gaon, et en toute circonstance, même quand il était beaucoup plus jeune que lui, il avait le pas sur son collègue de Pumbadita. Celui-ci était cependant absolument indépendant pour les questions d'administration intérieure, à moins que quelque exilarque ne s'y ingérât illégalement. Au-dessous de lui, le chef d'école avait un président de tribunal qui rendait la justice et lui succédait habituellement. Ensuite, venaient sept *chefs des assemblées des professeurs* et trois *compagnons* ou *savants;* ces dix fonctionnaires paraissent avoir formé le « petit sénat ». Il y avait, enfin, un Collège de cent membres qui se subdivisait en deux sections d'inégale importance : le *grand synhédrin*, composé de soixante-dix membres, et le *petit synhédrin*, composé de trente membres. La dignité de membre du Collège était héréditaire, mais celle de président était élective.

Le Collège avait perdu graduellement son caractère de *corps enseignant* pour ne plus être qu'un *corps législatif*, un vrai parlement. Deux fois par an, au mois de mars et au mois de septembre (adar et elloul), il se réunissait et tenait séance pendant tout un mois. Ces réunions étaient bien consacrées en partie à des controverses théoriques sur un chapitre du Talmud qui avait été désigné d'avance comme devant servir de thème aux discussions du Collège, mais on y poursuivait avant tout un but pratique, on promulguait de nouvelles lois, on instituait de nouvelles pratiques et on délibérait sur les consultations légales adressées au Collège, pendant le semestre, par les communautés du dehors. A la fin de la session, les réponses à ces consultations étaient lues devant les membres réunis, signées par le chef de l'académie au nom de tout le Collège, scellées du sceau de l'école et apportées par des messagers aux diverses communautés qui les avaient provoquées. Toute communauté qui avait ainsi recours aux lumières des docteurs envoyait d'habitude, avec sa demande, de riches dons en argent. Ces dons étaient-ils offerts explicitement pour l'une des deux écoles, l'autre n'en recevait aucune part; les envoyait-on sans indiquer la destination, l'académie de Sora en recevait les deux tiers, et le troisième tiers était pour l'école de Pumbadita. Cet argent était réparti par le président entre les membres du Collège et les élèves. Outre les présents qu'elles recevaient, les deux académies avaient des revenus réguliers, fournis par les districts qui étaient placés sous leur autorité. L'école de Sora avait dans son ressort le sud de l'Irak avec les deux villes importantes de Wasit et Bassora, sa juridiction s'étendait jusqu'à Ophir (Inde ou Yémen?); elle recueillait encore dans les plus mauvais temps jusqu'à quinze cents deniers d'or (environ 18,000 francs). De Pumbadita dépendaient les communautés du nord jusqu'au Khorassan.

Chacun des trois chefs du judaïsme babylonien nommait les juges de son district. Ceux-ci recevaient de leur chef hiérarchique un diplôme qui leur donnait le titre de *dayyan* et le droit de statuer non seulement sur des points de droit civil mais aussi sur des questions religieuses ; en même temps que juges, ils étaient aussi *rabbins*. Le juge se choisissait parmi les membres de la communauté deux assesseurs (*Zekénim*), qui formaient avec lui le *tribunal des juges-rabbins*. C'est ce tribunal qui légalisait les pièces judiciaires, telles que contrats de mariage, lettres de divorce, lettres de change, actes de vente ou de donation. Le juge remplissait aussi l'emploi de *notaire de la communauté*, et, pour ces diverses fonctions, il recevait un traitement fixe payé par la communauté, des honoraires pour chaque acte qu'il dressait, et, enfin, il prélevait chaque semaine une somme déterminée sur la vente de la viande. Ce fonctionnaire avait probablement aussi la surveillance des écoles.

L'organisation de la communauté juive en Babylonie, qui a servi de modèle à tout le judaïsme et s'est conservée en partie jusqu'à nos jours, était établie sur les bases suivantes. A la tête de la communauté, se trouvait une commission chargée de soigner les intérêts généraux et de distribuer des secours aux pauvres ; elle était composée de sept membres, appelés *Parnessé ha-Kenésset*. La surveillance de la communauté était confiée au délégué de l'exilarque ou de l'un des deux chefs d'académie. C'est ce délégué qui prononçait les châtiments contre les coupables ; il pouvait infliger deux sortes de châtiments, la bastonnade et l'excommunication. Cette dernière punition n'a été appliquée chez les Juifs ni aussi fréquemment ni aussi arbitrairement que chez les chrétiens, mais chez les premiers aussi on l'a trop souvent employée. L'excommunication simple atteignait ceux qui ne voulaient pas se soumettre à quelque usage religieux ou à quelque ordre des autorités ; les conséquences n'en étaient pas très graves, car ni les étrangers, ni surtout les membres de sa famille n'étaient tenus de s'éloigner de l'excommunié. Ce dernier persistait-il au bout de trente jours dans son insubordination, il était frappé de l'excommunication majeure. Ses amis les plus intimes s'éloignaient alors de lui, il était isolé au milieu de la société et traité en maudit. Ses enfants étaient exclus de l'école et sa femme de la synagogue; on ne pouvait ni enterrer ses morts, ni même circoncire ses enfants. Quelque rigoureux que fût ce châtiment, il était nécessaire de l'appliquer à une époque où il n'était pas possible d'agir sur la foule par le raisonnement ou la persuasion, pour maintenir l'unité religieuse et assurer le triomphe de la loi.

Tout en étant soumis aux caprices des gouverneurs musulmans et quelquefois à l'arbitraire des exilarques eux-mêmes, le judaïsme babylonien apparaissait au loin sous les plus brillantes couleurs. Les Juifs de tous les pays voyaient dans l'institution de l'exilarcat le rétablissement de la dynastie royale de David et dans le gaonat la résurrection des écoles talmudiques. A mesure que les khalifes de la famille des *Omayyades* étendaient leurs conquêtes, au nord, jusqu'à la Transoxanie, à l'est, jusqu'aux Indes, à l'ouest et au sud, jusqu'à l'Afrique et aux Pyrénées, de nouvelles communautés juives venaient se placer sous l'autorité de l'exilarque et des gaonim. La Palestine elle-même se subordonna à la Babylonie. Les regards de tous les Juifs étaient tournés vers l'heureuse région où régnait un prince juif, le prince de l'exil, on se consolait de la destruction du temple et de la dispersion par la pensée que, près des fleuves de Babel, dans ce coin mystérieux où s'était établie la partie la plus active et la plus vaillante de la nation juive, où avaient vécu les illustres amoraïm, fleurissait un Etat juif. « Dieu, se racontait-on, a fait fonder les écoles de Sora et de Pumbadita douze ans avant que Nabuchodonosor n'incendiât le temple de Jérusalem, il les a couvertes tout spécialement de sa protection, elles n'ont jamais été persécutées ni par Rome, ni par Byzance, n'ont jamais été ni opprimées ni asservies. La délivrance d'Israël viendra de la Babylonie, et les habitants juifs de cette contrée privilégiée seront préservés des maux de l'époque messianique. » L'attachement des Juifs du dehors pour la Babylonie était si profond; qu'ils demandaient comme un suprême honneur que leur souvenir fût rappelé, après leur mort, à une cérémonie funèbre que célébreraient les deux académies. Pour donner satisfaction au désir qui lui en était exprimé de toutes parts, le Collège décida de consacrer deux jours par an, pendant ses sessions, à prier pour l'âme des bienfaiteurs des écoles.

Des listes de morts étaient envoyées même de France et d'Espagne afin que leur nom fût rappelé à cette solennité.

Au moment où les Juifs de l'Irak obtenaient des khalifes le droit de vivre en liberté et de former de nouveau un Etat autonome, leurs frères d'Espagne, auxquels l'histoire réservait cependant un rôle si brillant, étaient exposés aux plus cruelles souffrances. Les uns avaient émigré, les autres avaient dû accepter le baptême et promettre par écrit, sur l'ordre du roi Chintila, de rejeter sincèrement le judaïsme et d'observer fidèlement les pratiques chrétiennes. Ces Juifs convertis n'en restaient pas moins attachés de toute leur âme à la foi de leurs pères ; ils étaient, du reste, protégés en partie contre les rigueurs du roi par la noblesse visigothe, indépendante de son souverain. Dès que Chintila fut mort, ils s'empressèrent, sous son successeur *Chindaswind* (642-652), qui détestait le clergé, de revenir publiquement au judaïsme.

Le fils et successeur de Chindaswind, *Receswinth* (652-672), fut très hostile aux Juifs. Par fanatisme ou par flatterie envers le clergé, il recommanda vivement au synode réuni à cette époque de prendre des mesures énergiques contre les Juifs, surtout contre les Juifs rélaps. Dans son discours du trône, il prononça devant les ecclésiastiques les paroles suivantes : « Je me plains des Juifs, parce que j'ai appris que mon pays était souillé de leur pernicieuse présence. Tandis qu'avec l'aide du Tout-Puissant, toutes les hérésies ont été exterminées radicalement de ce royaume, cet opprobre de l'Eglise (les Juifs) est resté ici, il faut qu'il soit amélioré par notre piété ou détruit par notre rigueur. Les uns ont conservé leur ancienne incrédulité, d'autres, purifiés par le baptême, sont retombés dans leurs erreurs, ils sont des blasphémateurs plus coupables que ceux qui n'avaient jamais été baptisés. Je vous adjure donc de prendre à l'égard des Juifs, sans acception de personne, une résolution énergique qui soit agréable à Dieu et utile à notre foi. » Le huitième concile de Tolède ne vota aucune mesure nouvelle, il se borna à confirmer les dispositions prises par le quatrième. Les Juifs purent rester dans le pays, mais n'avaient le droit ni de posséder des esclaves, ni d'occuper une fonction, ni de témoigner contre un chrétien.

Bien plus douloureuse encore était la situation de ceux qui, pendant la persécution, avaient embrassé le christianisme. Ils durent abjurer de nouveau le judaïsme et rentrer dans le giron de l'Eglise; la fuite était impossible, les châtiments les plus sévères menaçaient ceux qui, après avoir reçu le baptême, se cachaient ou essayaient de quitter le pays. On croyait rendre leur conversion plus sincère en les forçant de nouveau à signer une formule d'abjuration (*placitum Judæorum*). Les Juifs de la capitale Toletum (Tolède) signèrent, le 18 février 654, pour le roi Receswinth, un acte de foi dans lequel ils déclaraient : « que déjà sous le roi Chintila ils avaient fait vœu de persister dans la religion chrétienne, mais que leur incrédulité et leurs erreurs héréditaires les avaient empêchés de reconnaître la divinité du Christ; que maintenant ils promettaient, de par leur libre volonté, eux, leurs femmes et leurs enfants, de ne plus observer les rites et usages des Juifs; qu'ils s'abstiendraient d'entretenir des relations condamnables avec des Juifs non baptisés, de se marier entre parents (oncles et nièces), d'épouser des femmes juives, d'accomplir les cérémonies du mariage juif, de pratiquer la circoncision, de célébrer la Pâque, le sabbat et les autres fêtes juives, de suivre les prescriptions alimentaires et, en général, tous les usages abominables du judaïsme; qu'ils s'engageaient, au contraire, à reconnaître sincèrement les enseignements des évangiles et les traditions apostoliques et à observer sans détours ni hypocrisie les lois de l'Église; que, tout en ne pouvant pas surmonter leur répugnance pour la chair de porc, à laquelle il leur était impossible de goûter, ils promettaient de manger sans aversion ce qui était cuit avec le porc; que quiconque d'entre eux violerait un de ces engagements périrait de leurs propres mains ou des mains de leurs fils par le feu ou la lapidation; qu'ils juraient *par la Trinité* de rester fidèles à cette déclaration. » Il est très probable que dans les autres villes du royaume hispano-visigoth les Juifs furent contraints de signer des actes semblables. Ils durent néanmoins payer la taxe imposée aux Juifs, le fisc ne voulait pas que leur conversion lui fût préjudiciable.

Receswinth savait que la noblesse du pays défendait les Juifs et permettait à ceux d'entre eux qui avaient été baptisés de force de vivre selon leur conscience, il promulgua un édit en vertu duquel nul chrétien ne devait protéger ceux qui pratiquaient en secret le judaïsme, sous peine d'être excommunié ou exclu de l'Église. Cette loi ne produisit cependant pas le résultat désiré. Les *chrétiens judaïsants*, comme on les appelait, restèrent attachés à leur ancienne religion, ils apprirent à fatiguer par leur tenacité la méfiance vigilante de leurs ennemis. Dans l'intérieur de leurs maisons, ils continuèrent à célébrer les fêtes juives et à négliger l'observance des fêtes chrétiennes. Pour remédier à cet état de choses, le clergé les obligea à passer les jours de fêtes juives et chrétiennes sous les yeux d'ecclésiastiques, et ils furent ainsi contraints de négliger les unes et de célébrer les autres (655).

Sous le règne du roi *Wamba* (672-680), les Juifs jouirent de nouveau d'une certaine liberté, ils en profitèrent pour publier des écrits de controverse, dans lesquels ils montraient que ce n'était ni par aveuglement ni par folie, comme le prétendaient les conciles et les auteurs chrétiens, qu'ils n'acceptaient pas le baptême, et par lesquels ils s'affermissaient dans la foi juive et y affermissaient en même temps ceux d'entre eux qui appartenaient en apparence au christianisme. Ces œuvres de polémique étaient probablement écrites en latin. On ne connaît qu'un seul point de leur contenu, on sait qu'elles rapportaient une tradition d'après laquelle le Messie n'apparaîtrait que dans le septième millénaire de la création, parce que les six mille années répondaient aux six jours de la création et que le septième millénaire représentait le sabbat universel, le temps messianique. Or, d'après les calculs des Juifs, il ne s'était même pas écoulé quatre mille ans entre la création du monde et l'apparition de Jésus, ce dernier ne pouvait donc pas être le Messie. Cet argument était présenté, selon toute apparence, sous une forme très habile, puisqu'il ébranla maint chrétien dans sa foi.

Les Juifs ne conservèrent pas longtemps cette liberté de culte et de parole. Wamba fut détrôné par un seigneur d'origine byzantine, *Erwig*, vrai Grec de la décadence, sans foi ni conscience. Pour s'attacher le clergé, l'usurpateur lui sacrifia les Juifs. Devant le concile qui devait le couronner, il prononça contre les Juifs un discours fanatique, dont voici le début : « C'est avec des larmes que je viens supplier la vénérable assemblée de s'appliquer à purifier le pays de la lèpre de la corruption. Levez-vous ! levez-vous !... exterminez ces Juifs pestiférés qui s'endurcissent sans cesse dans de nouvelles folies, examinez les lois que Notre Majesté va promulguer contre eux. »

Des vingt-sept paragraphes que le roi Erwig soumit à l'approbation du concile, un seul se rapportait aux Juifs, tous les autres avaient en vue les malheureux qui avaient été baptisés de force et qui, malgré leurs déclarations écrites, malgré les peines les plus sévères, restaient attachés de cœur au judaïsme. Pour amener les Juifs au christianisme, Erwig proposa tout simplement de les obliger à se présenter au baptême dans le délai d'un an, eux, leurs enfants et tous leurs parents, et, dans le cas où ils ne se conformeraient pas à cet ordre, de confisquer leurs biens, de les frapper de cent coups de verges, de leur arracher la peau du front et de la tête, et de les chasser enfin du pays. Les chrétiens judaïsants, déjà si durement éprouvés, furent soumis à une nouvelle vexation. Ils étaient déjà obligés de passer les solennités juives et chrétiennes sous la surveillance du clergé, Erwig contraignit ceux qui se mettaient en voyage pendant la fête de Pâques à se présenter devant les ecclésiastiques des localités où ils s'arrêtaient, pour faire constater qu'ils accomplissaient fidèlement leurs devoirs religieux. Il était ordonné aux Juifs de porter constamment sur eux le texte des lois qui les concernaient, afin qu'il ne leur fût pas possible, en cas de désobéissance, d'arguer de leur ignorance.

Le concile, présidé par le métropolitain *Julien*, de Tolède, d'origine juive, approuva toutes les mesures proposées par Erwig et décida qu'elles ne pourraient jamais être abolies. Deux jours après la clôture de l'assemblée, on convoqua tous les Juifs pour leur faire connaître les dispositions prises à leur égard (25 janvier 681). Pour la troisième fois, les Juifs baptisés durent abjurer le judaïsme et signer un acte de foi.

La situation si malheureuse des Juifs hispano-visigoths s'aggrava encore sous *Egica*, le successeur d'Erwig. Ce roi leur défendit de posséder des maisons et des terres, il leur interdit la navigation et le commerce avec l'Afrique et, en général, toute relation d'affaires avec les chrétiens. Les Juifs étaient obligés de céder tous leurs immeubles au fisc, qui leur donnait un semblant de dédommagement. Poussés au désespoir par ces mesures rigoureuses, ils se mirent en rapport avec leurs frères d'Afrique pour détruire la puissance visigothe (694); ils comptèrent probablement, pour l'exécution de ce projet, sur le concours du khalife, au dehors, et, dans le pays même, sur l'appui des seigneurs mécontents. Le complot aurait pu réussir dans l'état de décadence où se trouvait alors l'empire visigoth, il fut dévoilé trop tôt. Non seulement les coupables, mais tous les Juifs de l'Espagne et de la Septimanie, province gauloise qui appartenait aux Visigoths, furent réduits en servage et répartis entre les grands du pays, sans pouvoir jamais être affranchis. Les enfants au-dessous de sept ans furent arrachés à leurs parents, afin d'être élevés dans le christianisme. Seuls, les guerriers juifs qui défendaient les défilés des Pyrénées contre les invasions du dehors conservèrent leur liberté.

Mais l'empire visigoth touchait à sa fin. Après la mort de *Witiza*, fils d'Egica, *Tarik*, le conquérant mahométan, vint de l'Afrique en Andalousie avec des forces considérables, il fut rejoint par tous les Juifs bannis d'Espagne et par ceux qui étaient restés dans la Péninsule. Après la bataille de Xerès (juillet 711) et la mort de *Roderic*, dernier roi des Visigoths, les Arabes victorieux s'avancèrent rapidement dans l'intérieur du pays. Grâce à l'appui des Juifs, auxquels ils confiaient la garde des villes dont ils s'emparaient, les généraux musulmans disposaient toujours de presque toute leur armée pour continuer la conquête du pays, et ils triomphaient ainsi facilement des résistances qu'ils rencontraient. Quand Tarik s'approcha de Tolède, il ne s'y trouvait plus qu'une faible garnison; les grands et le clergé s'en étaient enfuis. Pendant que les chrétiens invoquaient, dans les églises, la protection divine (dimanche des Rameaux de l'an 712), les Juifs ouvrirent les portes de la ville au général arabe, qu'ils acclamèrent comme un libérateur. Ils avaient tant souffert depuis Reccared et Sisebut! Un peu plus tard, le gouverneur d'Afrique, *Mousa-ibn-Nosaïr*, envahit l'Espagne avec une seconde armée et s'empara d'un certain nombre de villes, il en laissa également la garde aux Juifs.

L'Espagne tout entière devint une province musulmane, et les

Juifs de cette contrée passèrent sous la domination des Arabes. Pour les récompenser de l'appui qu'ils leur avaient prêté, leurs nouveaux maîtres les traitèrent avec bienveillance, ils leur permirent de pratiquer ouvertement leur religion et d'avoir leurs tribunaux particuliers, leur imposant seulement une taxe (*dsimma*), qui était également payée par les chrétiens récemment soumis. Les Juifs d'Espagne entrèrent ainsi, à leur tour, dans la grande communauté formée par leurs nombreux coreligionnaires qui vivaient dans le vaste empire des khalifes.

Sous les premiers khalifes omayyades, les Juifs vécurent libres et heureux au milieu des Arabes. *Moaviya, Yezid I*er*, Abdu-l-Malik, Walid I*er* et Soleïman* (655-717) étaient des souverains tolérants et éclairés, qui ne s'inspiraient pas, dans leur conduite, des doctrines étroites du Coran. Ils aimaient la poésie (Abdu-l-Malik était poète), estimaient la science et récompensaient les savants distingués aussi généreusement que les illustres guerriers. Le peuple lui-même avait un certain goût littéraire et mettait tous ses soins à parler un langage correct et élégant. Les Juifs de l'Arabie imitaient sur ce point l'exemple de leurs concitoyens musulmans. Aussi, pendant que les Juifs, en général, se servaient d'un langage corrompu, mélange d'hébreu, de chaldéen et de grec, impropre à toute production littéraire, et qu'ils se montraient indifférents pour la forme dont ils revêtaient leurs idées, leurs coreligionnaires arabes s'exprimaient en un hébreu correct et pur. Les tribus juives de Kaïnoukaa et de Nadhir, qui avaient émigré en Palestine et en Syrie, et celles de Khaïbar et de Wadi-l-Kora, qui s'étaient établies à Koufa et dans d'autres parties de l'Irak, avaient emporté avec elles dans leur nouvelle patrie le goût de la poésie arabe ; elles l'inspirèrent à leurs autres coreligionnaires. Aussi, cinquante ans après que les Arabes eurent conquis la Palestine et la Perse, vers 683, un Juif babylonien, le médecin *Masser-Gawaih*, de Bassora, sut traduire un ouvrage médical du syriaque en arabe.

Stimulés par le zèle passionné avec lequel les Arabes étudiaient le Coran et les productions de leurs poètes, les Juifs se livrèrent avec ardeur à l'étude de la Bible et essayèrent, eux aussi, d'avoir leurs poètes ; de là, la naissance de la poésie néo-hébraïque. Mais, tandis que les Arabes chantaient la guerre, la chevalerie et l'amour, se lamentaient sur la perte de leur fortune ou lançaient des sarcasmes contre les adversaires qu'ils ne pouvaient atteindre de leur épée, les poètes juifs célébraient Dieu et sa puissance et gémissaient sur les souffrances de la nation juive. Tels étaient les deux principaux thèmes développés par les chantres juifs. Il vint s'y ajouter bientôt un troisième élément. On sait que depuis la chute de l'Etat juif, l'enseignement religieux était devenu l'âme du judaïsme, la plus grande partie des offices du sabbat et des fêtes était consacrée à la lecture de la Thora et des prophètes, aux commentaires des targoumistes (interprètes) et aux développements des aggadistes (prédicateurs). Pour agir sur les esprits, la poésie hébraïque devait donc devenir didactique, et comme le poète n'avait d'autre théâtre que la synagogue, d'autre public que les fidèles, la poésie devait nécessairement prendre un caractère *synagogal* ou *liturgique*.

Une circonstance particulière vint favoriser le développement de la poésie synagogale : les simples et courtes prières qu'on récitait au temple étaient devenues insuffisantes. On y avait bien ajouté quelques psaumes et un certain nombre de compositions liturgiques, mais le peuple avait besoin, à ce moment, de s'entretenir longuement avec son Créateur et de prolonger son séjour à la synagogue. Il devenait de toute nécessité d'élargir le cadre de l'office divin, surtout pour les fêtes du Nouvel An et de l'Expiation, où les fidèles, contrits et repentants, désiraient passer au temple la plus grande partie de la journée.

Le plus ancien des poètes liturgiques ou *Païtanim* paraît être *José b. José Hayathom* ou *Haithom*. On ne sait ni dans quel pays ni à quelle époque il est né, il semble être originaire de la Palestine et n'avoir pas vécu avant le 1er siècle de l'hégire. Dans ses poésies liturgiques pour le Nouvel An, il s'inspire des sentiments qui animent les fidèles pendant cette fête et des souvenirs qu'elle rappelle, il célèbre Dieu comme créateur et maître tout-puissant de l'univers, comme juge souverain et équitable. Ces compositions remarquables, qui exaltent le passé glorieux, les souffrances présentes et l'avenir radieux d'Israël, sont à la fois des chants de triomphe et de tristes élégies, où s'entremêlent les cris de douleur et les accents de joie et d'espérance. José b. José composa également un poème pour la fête de l'Expiation ; c'est une sorte d'épopée liturgique qui raconte la création de l'homme et de l'univers, l'impiété des premières générations, la mission d'Abraham et l'élection de ses descendants comme peuple de Dieu, la consécration de la famille d'Aron au service du temple, les cérémonies accomplies par le grand prêtre dans le sanctuaire pendant la fête de l'Expiation, et enfin la joie que manifestait le peuple quand il s'apercevait à certains signes que ses fautes étaient pardonnées. Les compositions de José b. José se font remarquer par la profondeur et l'élévation de la pensée ; elles sont devenues, dans certaines communautés, partie intégrante de l'office et elles ont servi de modèle aux poètes postérieurs, mais elles n'ont encore ni rime, ni mètre ; le seul caractère qui les distingue de la prose ordinaire, c'est que les lettres qui commencent les versets se suivent dans l'ordre alphabétique.

La poésie néo-hébraïque ne conserva pas longtemps cette forme si simple. Familiarisés avec la littérature arabe, les Juifs ne tardèrent pas à introduire la rime dans leurs compositions poétiques. Le premier auteur juif connu qui ait adopté la rime est *Yannaï*, originaire, à ce que l'on croit, de la Palestine. Yannaï a écrit des poèmes liturgiques pour les sabbats qu'on nomme *extraordinaires*, soit parce qu'ils rappellent des événements historiques, soit parce qu'ils sont rapprochés de certaines fêtes et leur servent en quelque sorte d'introduction. Les aggadot servant de thème aux prédicateurs ne présentaient plus aucun intérêt pour les fidèles, parce qu'ils les connaissaient depuis longtemps. Yannaï chercha à les rendre plus attrayantes en les revêtant d'une forme poétique. Mais il n'en sut pas faire ressortir les points intéressants ni les relever par un style élégant et clair, ses rimes sont pauvres et son expression est lourde et obscure.

Son disciple, *Éléazar Kalir* ou *Kaliri*, de Kiriat-Séfer, n'écrivit ni avec plus de grâce ni avec plus de clarté. Pour triompher des nombreuses difficultés de forme et de fond qu'il s'imposait dans la composition de ses poésies, il était obligé de faire violence à la langue hébraïque et de créer des mots nouveaux en dépit de toute règle grammaticale. Aussi, tout ce qu'il a écrit forme une suite d'énigmes, dont la solution échappe à tous ceux qui ne possèdent pas une profonde connaissance de la littérature aggadique. Il a composé plus de cent cinquante morceaux liturgiques, hymnes pour les fêtes, prières de pénitence, élégies pour les jours de jeûne, mais un très petit nombre de ses compositions a une valeur poétique, et aucune n'est réellement belle. Les communautés babyloniennes, italiennes, allemandes et françaises les ont admises néanmoins à l'honneur d'être récitées au temple, mais les communautés espagnoles, habituées à un langage plus correct et plus élégant, n'en ont pas voulu.

Par suite de l'insertion de ces morceaux liturgiques dans l'office, celui-ci changea de caractère. La traduction des chapitres de la Thora et les discours d'édification cédèrent la place aux *piyyoutim*. C'est alors qu'on introduisit le chant dans le service divin, car les piyyoutim furent chantés et non récités, et l'officiant prit une place prépondérante dans la synagogue.

A cette époque, c'est-à-dire au premier siècle de l'hégire, se produisit dans le judaïsme un mouvement qui provoqua parmi les Juifs des querelles, des dissensions et de cruels déchirements, mais qui, en fin de compte, fut très bienfaisant. On sait que, dans les communautés juives de la Babylonie, le Talmud était accepté comme code religieux. Quand l'islamisme se fut propagé de l'Inde jusqu'en Espagne et du Caucase jusqu'au cœur de l'Afrique, l'autorité des gaonim et, par conséquent, celle du Talmud s'étendit à son tour. Les Juifs de la Babylonie se soumettaient assez facilement à la doctrine, souvent étroite, du Talmud, parce qu'elle était conforme à leurs mœurs, à leurs habitudes et à leurs propres conceptions et qu'elle avait été établie par leurs chefs religieux. De plus, les Juifs babyloniens et africains n'étaient pas assez familiarisés avec la Bible et le Talmud pour reconnaître si les pratiques prescrites par les écoles rabbiniques étaient fondées ou non sur des textes de la Thora ; il leur suffisait de savoir qu'un usage religieux était ordonné par les gaonim pour qu'ils l'acceptassent.

Il n'en était pas de même des Juifs arabes établis en Palestine, en Syrie et dans l'Irak. C'étaient de vrais fils du désert, guerriers vaillants et chevaleresques, habitués à vivre et à penser librement, autrefois en relations constantes avec les Arabes, parmi lesquels ils s'étaient de nouveau établis après la conquête de la Perse et de la Syrie. Certes, ils aimaient passionnément leur religion, ils lui avaient souvent sacrifié liberté, fortune et patrie, mais leur judaïsme était plus large que celui du Talmud. Pour obéir aux prescriptions talmudiques, ils devaient renoncer à leurs rapports avec les Arabes, ne pouvaient plus boire de vin en leur société, en un mot, ils se sentaient gênés dans leurs habitudes et leurs relations. Outre ce premier motif d'hostilité envers le Talmud, les Juifs arabes en avaient un autre. Les controverses religieuses qu'ils avaient à soutenir contre les mahométans, pour démontrer la valeur du judaïsme en face des prétentions de l'islamisme, les obligeaient à puiser des arguments dans la Bible. C'est ainsi qu'ils découvrirent que bien des lois établies par le Talmud et les académies n'avaient aucun fondement dans la Thora. Quelles qu'en fussent les causes, il est certain que les premiers symptômes d'éloignement pour le Talmud se manifestèrent dans la colonie judéo-arabe de la Syrie ou de l'Irak. On sait de source autorisée qu'au commencement du viiie siècle, un grand nombre de Juifs en Syrie se laissèrent entraîner à délaisser le judaïsme talmudique pour s'en tenir aux prescriptions de Moïse.

L'auteur principal de ce mouvement était un habitant de la Syrie, nommé *Sérène* (Serenus), qui prétendait être le Messie (vers 720). Il promit aux Juifs de chasser les mahométans de la Palestine et de leur rendre ce pays. Les Juifs accueillirent, selon toute apparence, les projets de Sérène avec une faveur très marquée, parce qu'ils commençaient à être en butte aux persécutions du khalife *Omar II* (717-720), qui remit en vigueur contre eux la législation restrictive d'Omar Ier et voulut les forcer à embrasser l'islamisme. Sérène poursuivit en même temps l'abolition des principales pratiques talmudiques, il ordonna de ne plus célébrer le deuxième jour de fête, de ne plus réciter les prières usuelles, de ne plus tenir compte des lois alimentaires prescrites par le Talmud, il permit le vin des non-Juifs, le mariage entre personnes parentes à un degré prohibé par le Talmud, et la conclusion du mariage sans contrat préalable. La réputation de Sérène pénétra jusqu'en Espagne, où beaucoup de Juifs abandonnèrent tout pour suivre le faux Messie. Ils ne se décidèrent sans doute si facilement à quitter leur pays que parce qu'ils étaient peu satisfaits de leur situation.

Sérène finit misérablement. Il fut fait prisonnier et amené devant le khalife *Yézid*, successeur d'Omar II. Accusé d'avoir voulu tromper les Juifs, il nia s'être présenté sérieusement comme le Messie. Le khalife le remit alors aux Juifs eux-mêmes, pour le châtier de sa supercherie. Ses partisans voulurent rentrer dans la communauté juive, dont ils s'étaient séparés en transgressant les prescriptions talmudiques. Fallait-il les recevoir comme des pécheurs repentants ou comme des prosélytes? La question fut soumise au chef de l'académie de Pumbadita, *Natronaï ben Nehemia*, surnommé *Mar Yanka* (719-730). Ce docteur déclara qu'on pouvait les accueillir comme israélites, mais qu'ils devaient faire pénitence dans les synagogues et déclarer publiquement qu'ils observeraient dorénavant les lois du Talmud; ils étaient, en outre, soumis à la flagellation.

A cette époque, il y eut également des Juifs qui ne suivaient même pas les prescriptions bibliques, ils n'observaient pas le sabbat, mangeaient du sang, ne tuaient pas les animaux selon le rite, et cependant n'étaient ni chrétiens, ni musulmans. On ne sait pas dans quelle région avaient vécu ces Juifs, qui vinrent demander à Natronaï de les admettre de nouveau parmi les fidèles.

Trente ans après l'échec de Sérène, se produisit, sur un autre théâtre, un nouveau mouvement antitalmudique, inspiré par des espérances messianiques. Cette agitation était l'œuvre d'un homme extravagant et très courageux, *Obadia Abou-Isa ben Ishak*, de la ville d'Ispahan. Ses adhérents racontaient comme une chose merveilleuse qu'il ne savait même pas lire l'hébreu; c'était exagéré, il connaissait la Bible et le Talmud. Guéri de la lèpre, il vit dans ce fait un miracle et se crut appelé à de hautes destinées, il se présenta, non comme le Messie, mais comme son précurseur, chargé de lui frayer la route. Sa foi dans sa mission était absolue, il était profondément convaincu que Dieu l'avait chargé de délivrer les Juifs de l'oppression. Comme Sérène, il introduisit certaines modifications dans le judaïsme, mais elles ne sont pas connues. On sait seulement qu'il interdit le divorce, même en cas d'adultère, ajouta une quatrième prière quotidienne aux trois qui étaient déjà établies, défendit l'usage de la viande et du vin et déclara le culte des sacrifices à jamais aboli.

Abou-Isa essaya d'accomplir l'œuvre de la délivrance par l'épée, il transforma ses sectateurs en guerriers. Le moment était favorable pour une tentative de ce genre. Dans toute l'étendue de l'empire musulman avaient éclaté des émeutes contre *Merwan II*, le dernier khalife de la dynastie des Omayyades. Grâce à ces troubles, Abou-Isa put réunir sans encombre ses partisans aux environs d'Ispahan et caresser un instant l'espoir de réussir dans son entreprise. Mais le général de Merwan fut défait près de l'Euphrate (août 749), et le khalife abbasside *Abdallah*, vainqueur du dernier représentant des Omayyades (750), mit fin à l'anarchie qui régnait dans les pays musulmans. Abou-Isa, battu par Abdallah, tomba sur le champ de bataille. Après sa mort, ses partisans se dispersèrent, mais ils restèrent fidèles pendant très longtemps au souvenir de leur maître, vivant conformément à ses prescriptions, sous le nom d'*isawites* ou *ispahanais*.

Les chefs religieux avaient assisté avec indifférence à ces mouvements, sans s'apercevoir qu'un nouvel esprit commençait à régner parmi les Juifs et menaçait d'ébranler l'autorité du judaïsme talmudique. Les exilarques favorisaient inconsciemment l'agitation antitalmudique par leurs procédés arbitraires et despotiques ; pour les motifs les moins sérieux, ils destituaient les meilleurs chefs d'école et leur donnaient des remplaçants qui étaient absolument au-dessous de leur tâche. Ils paraissaient surtout en vouloir à l'académie de Sora. L'exilarque de cette époque, *Salomon*, petit-fils ou arrière petit-fils de Bostanaï, imposa à cette académie comme président un docteur de l'école rivale de Pumbadita, et, dans celle-ci, il soutint un personnage sans mérite et sans instruction, *Natraï Kahana*, contre le maître de ce dernier, *Ahaï*, de Sabha (non loin de Bagdad), savant d'un très grand mérite. Froissé dans son amour-propre, Ahaï émigra (vers 750) en Palestine, où il composa un recueil de pratiques religieuses, le premier ouvrage de ce genre qui ait paru dans la période posttalmudique. Le même exilarque Salomon plaça plus tard deux frères à la tête des écoles de Sora et de Pumbadita, l'un, *Jehudaï*, aveugle et impropre à une fonction aussi importante, à Sora, et l'autre, *Dudaï*, à Pumbadita. Pendant que les deux frères dirigeaient les destinées religieuses des communautés babyloniennes, éclata un mouvement antitalmudique, le *caraïsme*, qui marqua profondément dans l'histoire du judaïsme.

CHAPITRE XIV

LE CARAÏSME ET SES SECTES

Les naissances ne se produisent pas sans souffrance, pas plus dans l'histoire que dans la nature. Pour se manifester, les grands phénomènes historiques détruisent nécessairement en partie les faits existants, ils dérangent les usages reçus et troublent la quiétude fondée sur de vieilles habitudes. Ces modifications, tout en étant douloureusement ressenties, exercent néanmoins une action bienfaisante, elles aident à dissiper les apparences devant la réalité, l'illusion devant la certitude, l'obscurité devant la lumière. La contradiction et la lutte servent de stimulant au progrès, elles sont nécessaires au triomphe de la vérité. Or, depuis des siècles, le judaïsme n'avait pas rencontré d'opposition chez ses propres adeptes; aussi la vie religieuse était-elle comme pétrifiée. Le christianisme paulinien et post-apostolique avait dirigé autrefois ses attaques contre la religion juive, il avait abrogé la *loi*, écarté le *raisonnement* et imposé la *foi*. De là, par réaction, dans le judaïsme, l'attachement étroit aux pratiques et le développement des subtilités religieuses. Le Talmud fut le produit de ce mouvement, il devint la seule autorité reconnue et fit oublier presque totalement la Bible. Il est vrai qu'à l'origine, l'étude du Talmud contribua à fortifier et à éclairer l'esprit juif; mais, plus tard, et surtout au 1ᵉʳ siècle des gaonim, elle n'était plus qu'un simple exercice de mémoire. Il fallait un violent courant d'air pour rafraîchir et assainir l'atmosphère qui enveloppait alors les écoles juives. Les attaques dirigées contre le Talmud par les deux pseudo-messies Sérène et Abou-Isa restèrent sans résultat, parce qu'il s'y mêlait des rêveries messianiques, et aussi parce qu'elles émanaient de personnes inconnues, sans grande valeur morale et sans autorité. Mais on pouvait prévoir facilement que le jour où, au lieu de naître dans un cercle restreint et situé à l'écart, l'agitation antitalmudique se produirait au centre de la vie juive et sous l'inspiration d'un personnage officiel, elle prendrait une grande extension et aurait des conséquences considérables.

A la mort de l'exilarque Salomon, décédé (vers 761), ce semble, sans laisser d'enfant, la dignité dont il avait été revêtue devait revenir à son neveu *Anan ben David*. On sait peu de chose de cet homme, qui laissa une trace si profonde dans l'histoire juive. Représenté par ses partisans comme un saint qui, « du temps où le sanctuaire de Jérusalem était encore debout, eût été jugé digne du don de la prophétie », il était outragé et vilipendé par ses adversaires. Ceux-ci lui reconnaissaient cependant un certain savoir talmudique, et, de fait, il imitait très habilement le style du Talmud.

Anan refusait toute autorité religieuse à un grand nombre de prescriptions talmudiques, et ses tendances étaient sans doute connues des représentants des deux académies qui élisaient l'exilarque. Les deux gaonim de cette époque étaient, comme on sait, des frères ; l'un, *Jehudaï* l'aveugle, résidait à Sora (759-62), et l'autre, *Dudaï* (761-64), à Pumbadita. Ces deux dignitaires, soutenus par leur Collège, s'opposèrent à l'élection d'Anan et élevèrent à l'exilarcat son plus jeune frère *Hanania* (ou *Ahunaï*?). Les partisans d'Anan essayèrent, mais en vain, de faire intervenir en sa faveur le khalife Aboug'afar Almanzour : Hanania fut maintenu dans sa dignité. La légende raconte qu'Anan aurait été calomnié par ses adversaires auprès du khalife, qui l'aurait fait jeter en prison. Condamné à être pendu, il aurait déclaré, sur les conseils d'un musulman qui se trouvait avec lui en prison, qu'il n'appartenait pas à la même secte que son frère. Le khalife l'aurait alors remis en liberté et autorisé à émigrer avec ses partisans en Palestine.

La seule donnée certaine, c'est qu'Anan fut obligé de quitter sa patrie et se rendre en Palestine, et que, profondément irrité contre les gaonim, il tourna sa colère contre le Talmud et les talmudistes. Désireux de ramener la vie religieuse à l'accomplissement des seules lois bibliques, il accusa les talmudistes d'avoir dénaturé le judaïsme en ajoutant des prescriptions à la Thora et aussi en en retranchant des lois obligatoires pour tous les temps. Sa principale recommandation à ses disciples était « d'étudier assidument l'Écriture Sainte ». Il est possible qu'Anan n'attaquait si violemment le Talmud que par imitation de ce qui se passait alors dans le monde musulman. Là, en effet, à côté de ceux qui acceptaient non seulement le Coran mais aussi la tradition, et qui s'appelaient les Sunnites, il y avait les Chyites, c'est-à-dire les adversaires de la tradition. Anan, comme ces derniers, repoussa tout enseignement traditionnel pour s'en tenir strictement à l'Écriture (*Mikra*). De là, le nom de *caraïsme* ou *acceptation de l'Écriture*.

Anan exposa sa doctrine dans trois ouvrages, mais ces écrits sont perdus, et on est ainsi privé de toute information précise sur le caractère primitif du caraïsme. On sait seulement que, loin de diminuer les obligations religieuses, le fondateur du caraïsme en aggrava, au contraire, la charge et remit en vigueur bien des lois tombées en désuétude ; il fit même usage, malgré son hostilité envers le Talmud, des règles d'interprétation des Tannaïtes, pour déduire, comme ses adversaires, de nouvelles lois de la Bible. Ce furent surtout les lois sur les fêtes, le sabbat, la nourriture et le mariage qui subirent d'importantes modifications. Anan abolit le calendrier des fêtes, établi depuis le milieu du IV siècle, il voulut que la néoménie fût déterminée chaque mois, comme autrefois, à l'aide de l'observation de la nouvelle lune ; que l'intercalation des années embolismiques eût lieu, non pas d'après une règle fixée d'avance, mais d'après le degré de maturité de la moisson, surtout de l'orge. Il faisait célébrer la Pentecôte, comme autrefois les Sadducéens, cinquante jours après le samedi qui suivait la fête de Pâques.

Anan se montra particulièrement rigoureux pour l'observation du repos sabbatique ; il interdit, le samedi, d'administrer des remèdes même à des malades gravement atteints, de pratiquer la circoncision, de sortir de sa maison dans une ville où les habitants juifs étaient mêlés aux habitants non-juifs, de goûter des aliments chauds, de tenir allumés du feu ou de la lumière, il introduisit ainsi chez les caraïtes l'habitude de rester dans l'obscurité le soir du sabbat. Il aggrava aussi les lois alimentaires et ajouta de nouveaux cas à la classe des unions prohibées, il défendit le mariage entre oncle et nièce et entre frères et sœurs de lits différents. Que signifiait alors, devant ces exagérations, l'abolition de quelques pratiques, telles que l'usage de mettre des phylactères, de former un bouquet avec certaines plantes (loulab, etc.) à la fête des Cabanes, de célébrer les victoires des Asmonéens par des illuminations, et autres préceptes de ce genre? Dans son zèle à combattre le Talmud, il composa un nouveau Talmud plus sévère que le premier; sous son inspiration, la vie religieuse prit un caractère sombre, sans élévation et sans poésie. Les prières traditionnelles, dont quelques-unes remontaient à l'époque du second temple, furent proscrites, ainsi que les nouvelles compositions des Païtanim, elles furent remplacées par des textes tirés de la Bible. Comme, de son temps, les Juifs avaient encore, dans les pays musulmans, leur juridiction particulière, il étendit ses réformes au droit civil juif. Il déclara que, contrairement au texte biblique, les fils et les filles devaient recevoir une part égale de l'héritage paternel; il dénia, par contre, au mari le droit d'hériter de sa femme.

L'agitation créée par Anan donna une impulsion considérable à l'étude de la Bible, mais le temps n'était pas encore mûr et le réformateur lui-même n'était pas un esprit assez puissant pour produire une exégèse saine et indépendante. Le fondateur du caraïsme, qui raillait tant les arguties des talmudistes, avait recours, comme eux, à des interprétations forcées et à des subtilités pour justifier les pratiques qu'il établissait. En résumé, en repoussant la tradition, Anan donna à sa doctrine une base fragile et étroite et en écarta toute poésie et toute grandeur.

Anan et ses partisans s'en référaient, dans leur opposition au Talmud, au fondateur du christianisme. Selon eux, Jésus fut un homme pieux et juste, qui n'avait jamais eu l'intention de se faire reconnaître comme prophète et de substituer une autre religion au judaïsme, son but était seulement de maintenir en vigueur les lois bibliques et d'abroger les pratiques instituées par les hommes.

Ils considéraient également Mahomet comme un prophète, qui, pas plus que Jésus, n'avait voulu abolir la Thora.

Les partisans d'Anan prirent le nom d'*ananites* ou *caraïtes* (Karaïm, Karaïmen, Benê Mikra) et donnèrent à leurs adversaires le sobriquet de *rabbanites*, c'est-à-dire *qui croient aux autorités*. L'animosité entre les deux partis fut, à l'origine, extrêmement violente, les chefs des deux académies excommunièrent naturellement et exclurent du judaïsme le novateur et ses adeptes. Ceux-ci, de leur côté, évitaient toute alliance, toute relation avec les rabbanites, ne s'asseyaient pas à leur table et ne leur rendaient pas visite le sabbat, parce qu'au point de vue caraïte ils profanaient la sainteté de ce jour. Les rabbanites traitaient leurs adversaires d'hérétiques (minim, apikorsim), parlant contre eux du haut de la chaire et ne les admettant pas à la prière. Les caraïtes ne ménageaient pas non plus leurs injures aux deux écoles de Sora et de Pumbadita, ils leur appliquèrent l'allégorie, imaginée par le prophète Zacharie, des deux femmes qui transportent le péché dans un boisseau à Babylone et y élèvent une demeure pour lui. « Les deux femmes représentent les deux résidences des gaonim à Sora et à Pumbadita. » Cette comparaison outrageante, dont le premier auteur était sans doute Anan, se perpétua parmi les caraïtes, ils ne désignèrent plus les deux académies que sous le nom des « deux femmes ».

Ainsi, pour la troisième fois, la race juive était divisée en deux partis ennemis. Rabbanites et caraïtes se combattaient comme autrefois Israël et Juda et, à l'époque du second temple, pharisiens et sadducéens. De nouveau, Jérusalem, si souvent témoin de déchirements intérieurs, devint le théâtre d'une lutte fratricide. — Anan fut nommé exilarque des caraïtes, et cette dignité devint héréditaire dans sa famille.

Le souvenir d'Anan resta en grand honneur parmi les caraïtes, qui consacrèrent à sa mémoire, pendant l'office du sabbat, une formule spéciale de prière, ainsi conçue : « Que l'Éternel ait en sa miséricorde le prince Anan, l'homme de Dieu, qui a aplani la route vers la Thora, a éclairé les yeux des caraïtes, a éloigné du péché un grand nombre de ses frères et nous a montré le bon chemin. Que le Seigneur lui assigne une bonne place parmi les sept classes qui entrent au paradis. » L'histoire impartiale ne ratifie pas ces louanges, elle ne reconnaît aucune supériorité intellectuelle au fondateur du caraïsme, qui n'avait ni conceptions profondes, ni connaissances philosophiques. Attaché étroitement à la lettre de la Thora, il en était encore, entre autres, à cette croyance biblique que le sang était réellement le siège de l'âme. Il était également inconséquent dans son opposition au judaïsme talmudique, laissant subsister maintes pratiques qui, pas plus que d'autres qu'il avait dédaigneusement repoussées, n'étaient inscrites dans la Bible. — Après sa mort, son fils *Saül* lui succéda dans la dignité d'exilarque.

Le système religieux d'Anan ne tarda pas à subir des modifications. Ses disciples mêmes commencèrent déjà à s'écarter, sur certains points, des vues de leur maître, et, de génération en génération, il s'introduisit de nouveaux changements dans le caraïsme primitif. Pour défendre leurs nouvelles réformes contre leurs propres coreligionnaires et contre les rabbanites, les successeurs d'Anan durent demander leurs arguments à la Bible. Aussi se livra-t-on, parmi les caraïtes, avec une grande ardeur à l'explication de la Thora. Ils devinrent grammairiens, massorètes, fixèrent la lecture des mots douteux et scrutèrent avec zèle le texte biblique.

Pendant que les caraïtes déployaient une activité littéraire très sérieuse, les rabbanites ne produisaient presque rien. On ne connaît qu'un seul auteur important de ce temps, *Jehudaï*, gaon de Sora, dont il a été déjà question et qui a aidé à excommunier Anan. Il a composé un recueil talmudique connu sous le nom de *Résumé des pratiques religieuses* (Halakhot Quetouot). L'auteur a indiqué sommairement et coordonné dans cet ouvrage les diverses prescriptions disséminées dans le Talmud. Ce recueil fut d'une utilité incontestable, il pénétra jusque dans les communautés juives les plus éloignées et servit de modèle aux travaux postérieurs de ce genre.

Le mouvement caraïte contribua à affaiblir l'autorité des exilarques. Avant Anan, les académies étaient subordonnées à l'exilarque, qui faisait ou ratifiait la nomination des chefs d'école. Quand les gaonim eurent réussi à écarter Anan de l'exilarcat, ils eurent conscience de leur puissance et s'arrogèrent le privilège de nommer eux-mêmes les princes de l'exil. Aussi la dignité d'exilarque, qui avait été *héréditaire* depuis Bostanaï, devint-elle *élective* à partir de l'échec subi par Anan. Après Hanania ou Ahunaï, dix ans, à peine, après la fondation du caraïsme, s'éleva une nouvelle compétition au sujet de l'exilarcat entre deux prétendants, *Zakkaï ben Ahunaï* et *Natronaï ben Habibaï*, membre du Collège sous Jehudaï. Grâce aux efforts des deux chefs d'école de ce temps, *Malka ben Aha*, de Pumbadita (771-73), et *Haninaï Kahana ben Huna*, de Sora (765-75), Natronaï échoua, il fut même, par ordre du khalife, banni de la Babylonie. Il se rendit à Kaïrouan, où, depuis la fondation de cette ville, se trouvait une communauté juive importante. Natronaï était un talmudiste remarquable, le fait suivant le prouve. Sollicité par les communautés juives de l'Espagne de leur envoyer un exemplaire du Talmud, il en copia un de mémoire. Quand son rival eut été banni, Zakkaï fut naturellement élevé par les gaonim à la dignité de prince de l'exil.

Vers l'époque où naquit le caraïsme, se produisit un événement qui eut parmi les Juifs un retentissement considérable. Le roi païen d'une peuplade barbare du nord embrassa le judaïsme, et toute sa cour le suivit dans sa conversion. Les *Khazars* ou *Khozars*, d'origine finnoise et apparentés avec les Bulgares, les Avares et les Ugures ou Hongrois, s'étaient établis, après la dissolution de l'empire des Huns, aux confins de l'Europe et de l'Asie. Ils avaient fondé un petit royaume à l'endroit où le Volga (qu'ils appelaient *Itil* ou *Atel*) se jette dans la mer Caspienne et où demeurent actuellement des Kalmoucks, dans le voisinage d'Astrakan. Conduits à la guerre par un chef appelé *chakan* (chagan), ils avaient inspiré une telle terreur aux Perses qu'un des rois de ce peuple, Kosru, dans le but de protéger son royaume contre leurs incursions, éleva un mur pour fermer l'espace compris entre le Caucase et la mer. Les Khazars ne se laissèrent pas arrêter longtemps par cette *porte des portes* (Bâb al-abwâb, près de Derbend). Après la chute du royaume perse, ils passèrent le Caucase, envahirent l'Arménie et s'emparèrent de la presqu'île de Crimée, qui porta pendant quelque temps le nom de *Khazarie*. Les empereurs byzantins tremblaient devant les Khazars, ils les flattaient et leur payaient tribut pour les empêcher de marcher sur Constantinople ; les Bulgares et d'autres peuplades étaient leurs vassaux, et les « gens de Kiew » (les Russes), près du Dnieper, étaient obligés de remettre annuellement au chagan une épée et une fourrure par feu. Quand les Arabes furent devenus leurs voisins, il s'éleva fréquemment entre eux des collisions sanglantes.

Les Khazars, comme leurs voisins bulgares et russes, étaient païens, adonnés à un culte immoral et grossier. Par suite de leurs relations commerciales avec les Arabes et les Grecs, qui venaient échanger les produits de leur pays contre des fourrures, ils apprirent peu à peu à connaître le christianisme et l'islamisme. Il y avait aussi des Juifs, venus, en partie, de l'empire byzantin pour échapper aux persécutions de l'empereur Léon (723). Interprètes et marchands, médecins et conseillers, les Juifs se firent connaître et aimer à la cour des chagans, et ils inspirèrent à un des chefs des Khazars, Boulan, un profond amour pour leur religion.

Plus tard, les Khazars ne connaissaient plus que très imparfaitement les motifs qui avaient amené leurs ancêtres à se convertir au judaïsme. Un de leurs chagans raconte ainsi cet événement. Le roi Boulan, ressentant, un jour, une vive aversion pour l'idolâtrie, la défendit dans tout son royaume, sans cependant la remplacer par un autre culte. Après avoir remporté une grande victoire sur les Arabes et conquis une forteresse en Arménie, il se décida à reconnaître publiquement le judaïsme. Le khalife et l'empereur byzantin désirèrent naturellement que le chagan embrassât l'islamisme ou le christianisme, et, pour l'y amener, ils lui envoyèrent des présents ainsi que des ambassadeurs chargés de faire ressortir devant lui la supériorité de leurs religions respectives. Une discussion eut alors lieu sous les yeux du chagan entre un ecclésiastique byzantin, un docteur musulman et un savant juif. Boulan remarqua que les représentants du christianisme et de l'islamisme étaient obligés, pour prouver leurs assertions, d'en appeler sans cesse au judaïsme, il déclara donc qu'il embrasserait, comme il en avait eu l'intention, la religion mère dont étaient issues les deux autres, et il se fit circoncire. Le savant juif qui avait pris part à cette discussion religieuse se serait appelé *Isaac Sangari* ou *Singari*.

Il est probable que les circonstances relatées dans ce récit sont en partie légendaires, mais le fait même de la conversion est confirmé par divers documents. L'exemple du chagan fut suivi par les grands d'abord, au nombre d'environ quatre mille, et ensuite par le peuple. Dans les premiers temps, le judaïsme n'agit sans doute que très peu sur les mœurs et les sentiments des Khazars. Un des successeurs de Boulan, qui portait le nom juif d'*Obadia*, prit la chose plus au sérieux, il appela des savants juifs auprès de lui, éleva des synagogues et des écoles, se fit instruire ainsi que son peuple dans la Bible et le Talmud et introduisit le culte juif dans son pays. Une preuve de l'influence remarquable du judaïsme sur l'esprit des Khazars, c'est que ceux qui étaient restés païens continuaient à vendre leurs enfants comme esclaves, tandis que les Khazars juifs s'en abstenaient. Après Obadia, régna encore une longue série de chagans juifs. Ces rois se montraient très tolérants envers leurs sujets non-juifs, ils avaient institué un tribunal supérieur composé de sept juges, dont deux juifs, deux musulmans, deux chrétiens et un païen. Chaque habitant était jugé d'après les lois particulières de sa religion.

On ignorait d'abord, parmi les Juifs, qu'un puissant royaume s'était converti au judaïsme. Peu à peu, se répandit une vague rumeur que loin, bien loin, derrière les *montagnes obscures*, demeuraient des adorateurs du vrai Dieu, des hommes pieux, descendants d'Abraham, appartenant à la tribu de Siméon et à la moitié de la tribu de Manassé, et qui étaient les suzerains de vingt-cinq peuplades.

Vers la même époque, dans la deuxième moitié du VIII siècle, les Juifs d'Europe commencèrent à sortir de l'obscurité qui les enveloppait depuis de si longues années. Quoique *Charlemagne*, le créateur de l'empire germano-franc, protégeât l'Église et aidât à établir en Europe la suprématie de la papauté, il avait l'esprit trop large pour partager les préjugés du clergé à l'égard des Juifs. Contrairement aux lois ecclésiastiques et aux dispositions des conciles, il se montra favorable aux Juifs de son empire et utilisa l'intelligence remarquable de l'un d'entre eux, qu'il chargea d'une mission en Syrie et qui importa dans l'empire franc les produits de l'Orient. Jusque-là, on châtiait les Juifs qui achetaient ou prenaient en gage des vases d'église : Charlemagne décréta qu'on punirait, au contraire, très sévèrement les ecclésiastiques ou les servants d'église qui vendraient ou donneraient ces vases en gage, et que les Juifs seraient tenus pour innocents de ces sacrilèges.

Les Juifs étaient, en ce temps, les principaux agents du commerce d'exportation et d'importation. Pendant que la noblesse se consacrait aux travaux de la guerre, que la petite bourgeoisie exerçait des métiers et que les paysans et les serfs se livraient à l'agriculture, les Juifs, éloignés de l'armée et empêchés, avant Charlemagne, de posséder des terres, achetaient et vendaient des marchandises et des esclaves; Charlemagne leur octroya même certains privilèges pour favoriser le développement du commerce. Ce ne fut pas seulement la situation matérielle des Juifs qui s'améliora sensiblement sous cet empereur, ils s'élevèrent aussi à un plus haut degré de culture intellectuelle. Pour mettre à leur disposition les moyens de s'instruire, Charlemagne fit venir de Lucques à Narbonne (vers 787) deux savants juifs, *Kalonymos* et son fils *Moïse*, auxquels il céda une immense étendue de terrain pour y construire des maisons et qu'il investit du droit de souveraineté sur la communauté juive; il avait placé dans les mêmes conditions un cheikh arabe à la tête des musulmans. Jusqu'au moment où les Juifs furent bannis de France, Kalonymos et ses descendants portèrent le titre de *prince* (nassi), et le quartier qu'ils habitaient s'appelait *la cour du roi des Juifs* (Cortada regis Judœorum). — Sur l'ordre de Charlemagne, quelques membres de la famille de Kalonymos s'établirent à Mayence.

On sait que Charlemagne adjoignit un Juif, *Isaac*, aux ambassadeurs qu'il envoya (797) auprès du puissant khalife Haroun-ar-Raschid. Isaac n'accompagna, il est vrai, les deux ambassadeurs Landfried et Sigismond qu'en qualité d'interprète, mais il était initié aux secrets diplomatiques de l'empereur. Les deux ambassadeurs étant morts en chemin, il rapporta seul la réponse et les riches cadeaux d'Haroun-ar-Raschid et fut reçu, à Aix-la-Chapelle, en audience solennelle par Charlemagne.

Traités avec bienveillance dans l'empire germano-franc, où ils pouvaient posséder des terres, exercer des métiers et devenir armateurs, et où ils n'avaient à subir ni tracasseries, ni vexations, les Juifs s'établirent dans plusieurs régions de l'Allemagne. On les trouve en grand nombre, au IX° siècle, dans les villes de Magdebourg, Mersebourg et Ratisbonne. De là, ils se répandirent jusque dans les contrées habitées par les Slaves, au delà de l'Oder, jusqu'en Bohême et en Pologne. Malgré ses sentiments de justice et son esprit éclairé, Charlemagne ne put cependant pas s'élever complètement au-dessus des préjugés de son époque, et il maintint la distinction qui existait entre les chrétiens et les Juifs en imposant à ces derniers une formule spéciale de serment. Quand les Juifs comparaissaient en justice comme témoins ou plaignants contre un chrétien, ils ne pouvaient prêter serment qu'entourés d'épines, tenant de la main droite le rouleau de la Loi et appelant sur eux, en cas de parjure, la lèpre de Naaman et la mort de Coré et de sa faction; faute d'un exemplaire hébreu de la Thora, ils pouvaient prêter serment sur une Bible latine.

En Orient également, les Juifs firent, au commencement du IX° siècle, la triste expérience que les meilleurs d'entre les souverains se montraient injustes à leur égard. On considère le règne de Haroun-ar-Raschid et de ses fils comme la période la plus heureuse du khalifat en Orient. Et cependant, sous ces monarques réputés pour leur esprit de justice et de générosité, les Juifs furent opprimés. Il est possible qu'ils ne subirent que le contre-coup des persécutions dirigées contre les chrétiens et qu'ils ne furent obligés par Haroun-ar-Raschid (807) d'attacher, comme marque distinctive, un morceau d'étoffe jaune à leurs vêtements que parce que les chrétiens étaient condamnés à y mettre un morceau d'étoffe bleue. Quand, après la mort d'Haroun (809), ses deux fils *Mohammed Alemin* et *Abdallah Almamoun*, dont chacun avait reçu en partage une moitié de l'empire, se firent la guerre, les souffrances des Juifs de la Palestine furent telles qu'un prédicateur déclara que des épreuves aussi douloureuses annonçaient sûrement la venue du Messie : « A la fin des temps, dit-il, deux frères régneront sur les Ismaélites (les musulmans) ; à cette époque, le rejeton de David refleurira et le maître des cieux fera naître un royaume qui ne disparaîtra plus jamais... Dieu exterminera les fils d'Ésaü (Byzance), ennemis d'Israël, ainsi que les enfants d'Ismaël, ses adversaires. » Cette espérance messianique ne se réalisa pas, le khalifat fut ébranlé mais non détruit par cette guerre civile, Alemin fut tué et Almamoun proclamé seul chef de l'empire.

Sous le règne d'Almamoun (813-833), le culte des lettres et des sciences brilla en Orient d'un vif éclat; Bagdad, Kairouan, au nord de l'Afrique, et Merv, dans le Khorassan, devinrent des centres scientifiques. Les Juifs ne restèrent pas étrangers à ce mouvement. Ce fut un Juif qui contribua à introduire les chiffres indiens chez les Arabes; ce savant, qui comprenait l'arabe et l'indien, parvint à décider un mathématicien des Indes à se rendre auprès du khalife et traduisit avec lui en arabe l'ouvrage indien qui contenait la théorie des quatre premières règles de l'arithmétique. Un autre Juif, *Sahal*, surnommé *Rabban* (le rabbanite), de Tabaristan, près de la mer Caspienne, médecin et mathématicien (vers 800), traduisit en arabe l'*Almageste* de l'astronome grec Ptolémée et reconnut, le premier, la réfraction de la lumière. Son fils, *Abou-Sahal Ali* (835-853), contribua aux progrès de la médecine et fut le maître des deux illustres médecins arabes Razi et Anzarbi.

Une science qui intéressa les musulmans plus vivement que la médecine, les mathématiques et l'astronomie, ce fut l'exégèse du Coran, qui prit le caractère d'une sorte de philosophie religieuse (Kâlam). En essayant de concilier les contradictions du Coran, certains interprétateurs (Motecallémin) arrivèrent à se trouver en opposition avec les orthodoxes, qui les accusèrent d'hérésie. Les *Motazilites* se préoccupèrent surtout de maintenir la doctrine de l'unité de Dieu, ils refusèrent tout attribut à l'être divin pour qu'on ne fût pas tenté de supposer, par suite de la multiplicité des qualités qu'on lui attribuerait, qu'il y a plusieurs personnes en Dieu. Ils affirmèrent également le libre arbitre, parce que la croyance à la prédestination leur semblait incompatible avec l'idée de punitions et de récompenses futures. Afin de mettre leurs doctrines d'accord avec le Coran, ils appliquèrent la méthode suivie par les philosophes juifs d'Alexandrie pour introduire les idées de la philosophie grecque dans la Bible, ils donnèrent au texte un sens allégorique. La théologie motazilite, déclarée d'abord hérétique, fut cependant peu à peu acceptée par les musulmans, elle eut ses écoles à Bagdad et à Bassora, et le khalife Almamoun l'éleva au rang de théologie officielle.

Les musulmans orthodoxes, effrayés d'une interprétation qui souvent changeait totalement la signification plausible du texte, s'attachèrent étroitement à la lettre et au sens naturel du Coran. Il y en eut qui acceptèrent à la lettre tout ce que le Coran et la tradition disaient de Dieu, comme, par exemple, cette révélation de Mahomet : « Mon Seigneur vint à ma rencontre, il me salua en me tendant la main, me regarda en face, posa sa main entre mes épaules, et je sentis le froid des extrémités de ses doigts. » Cette école (les anthropomorphistes) déclara sans hésitation que Dieu était un corps muni d'organes, long de sept empans, mesurés d'après son propre empan, qu'il avait une forme, était assis sur un trône, montait, descendait, marchait et se reposait. Voilà comment l'orthodoxie musulmane représentait la divinité.

Comme il était à prévoir, ces discussions religieuses trouvèrent de l'écho chez les Juifs de l'Orient, les caraïtes suivirent la doctrine motazilite (rationaliste), tandis que bien des rabbanites adoptèrent les idées des anthropomorphistes. Le premier caraïte qui, à ce qu'on sache, appliqua au judaïsme le système des motazilites fut *Jehuda Judghan le Perse*, de Hamadan (vers 800). D'après ses adversaires, il était à l'origine conducteur de chameaux. Se présentant comme le précurseur du Messie, il exposa sur l'être divin des pensées originales, qui étaient en contradiction avec les idées reçues, déclara qu'il était défendu de se représenter Dieu sous une forme matérielle, parce que Dieu est au-dessus de toute créature, et ajouta que les expressions de la Thora qui peuvent faire croire que Dieu a une forme ou des attributs doivent être pris au figuré. Selon lui, il était également défendu d'admettre que Dieu, dans sa toute-puissance et sa prescience, détermine d'avance les actions humaines; puisque Dieu est un être juste et qu'il récompense et punit, il faut nécessairement que l'homme soit libre de ses actes. Pour la pratique, Jehuda le Perse recommandait une vie ascétique, défendait de manger de la viande et de boire du vin, ordonnait de jeûner et de prier fréquemment. Ses partisans, connus sous le nom de *judghanites*, eurent une telle foi dans leur maître qu'ils ne crurent pas à sa mort, ils étaient convaincus qu'il reviendrait pour enseigner une nouvelle doctrine; c'est ainsi que les chyites musulmans attendent le retour d'Ali. Un des disciples de Judghan, *Mouschka*, voulut propager les idées de son maître par les armes; mais, parti de Hamadan avec ses partisans, il fut arrêté et tué, probablement par les musulmans, avec dix-neuf de ses compagnons, aux environs de *Koum* (à l'est de Hamadan et au sud de Téhéran).

Jehuda Judghan cherchait surtout à introduire des mœurs ascétiques parmi les Juifs, il fut plutôt un chef de secte qu'un philosophe religieux. Un autre caraïte de cette époque, *Benjamin ben Mosé*, de Nahavend (vers 800-820), se préoccupa, au contraire, de faire connaître à ses coreligionnaires la philosophie religieuse des motazilites; il n'était pas seulement choqué des images matérielles sous lesquelles la Bible représente Dieu, il rejetait même la Création et la Révélation. Il lui semblait étrange que le pur esprit ait créé le monde et ait été en contact avec la matière, qu'il soit venu s'établir dans un espace limité, sur le Sinaï, et ait fait entendre des sons articulés. Pour concilier sa conception supérieure de l'Être divin avec la doctrine de la révélation, il émit une opinion, déjà exprimée avant lui : selon lui, Dieu n'a créé lui-même, directement, que le monde des esprits et les anges, le monde matériel a été créé par un des anges, Dieu n'est donc qu'indirectement le créateur de l'univers. De même, la révélation et les inspirations des prophètes ne sont pas émanées directement de Dieu, mais d'un ange. Les disciples de Benjamin Nahavendi furent, on ne sait pourquoi, considérés comme une secte particulière des caraïtes et désignés sous le nom de *Makarijites* ou *Magharijites*.

Si, par sa philosophie religieuse, Benjamin s'écarta bien loin de la conception que ses contemporains avaient du judaïsme, il se rapprocha, pour la pratique, de la doctrine des rabbanites, admettant un grand nombre de lois talmudiques et en ordonnant l'accomplissement aux caraïtes. Il établit même chez les caraïtes une excommunication qui différait peu de l'excommunication rabbanite. Un accusé ne se présentait-il pas devant le tribunal ou refusait-il de se soumettre à la sentence prononcée contre lui, il était maudit pendant sept jours et puis excommunié. Aucun membre de la communauté ne pouvait alors communiquer avec lui, ni le saluer, ni s'approcher de lui, jusqu'à ce qu'il se soumît. Persistait-il dans sa rébellion, on avait le droit de le livrer au bras séculier. Malgré ses concessions aux idées rabbanites, Benjamin n'en resta pas moins fidèle au principe caraïte de la liberté de l'interprétation biblique. Il n'admettait pas qu'on obéît aveuglément à une autorité religieuse quelconque, mais voulait que chacun agit selon ses propres convictions. « Le libre examen est un devoir, dit-il, et l'erreur n'est pas un péché. »

Les doctrines motazilites, transplantées chez les Juifs, furent combattues avec acharnement, comme chez les musulmans, par ceux qui s'en tenaient à la lettre du texte, croyaient réellement, comme le disait la Bible, que Dieu « avait un pied, une main, s'asseyait et marchait », et prenaient aussi à la lettre les explications aggadiques qui avaient été données de certains passages de la Thora pour les rendre compréhensibles à l'esprit de la foule. Ils finirent par représenter Dieu sous une forme absolument matérielle, mesurant sa taille en parasanges, et parlant, à la façon des païens, de son œil droit et de son œil gauche, de ses lèvres inférieure et supérieure, de sa barbe et des autres parties de son corps. Pour exalter la grandeur de Dieu, ils attribuaient à chacun de ses membres une longueur démesurée et croyaient avoir démontré suffisamment sa puissance en déclarant que l'ensemble de son corps dépasse en superficie la terre entière (Schiour-Komah). Ce Dieu étrange occupe dans le ciel un palais composé de sept salles (Hèkhalot), il se tient dans la salle la plus élevée, assis sur un trône de dimensions prodigieuses. Le palais est également habité par des myriades d'anges, dont le chef s'appelle *Metatoron*, qui n'est autre que *Enoch* ou *Henoch*, que Dieu a enlevé du milieu des hommes pour le transporter au ciel et le métamorphoser en un feu flamboyant. Ils ne craignaient pas d'appeler Metatoron le *petit Dieu*.

Cette théorie ridicule, formée de divagations juives, chrétiennes et musulmanes, s'enveloppa d'un voile mystérieux et se présenta comme une révélation divine. Malgré son absurdité, elle trouva des adeptes, qui s'intitulèrent *hommes de la foi*. Ceux-ci se vantaient de pouvoir jeter leurs regards dans le palais de Dieu et d'être en mesure, grâce à des formules de conjuration, à des invocations adressées à Dieu et aux anges, à la récitation de certaines litanies appuyée par des jeûnes et une vie ascétique, de faire des miracles. Pour accomplir leurs exploits, ils se servaient d'amulettes et de camées (kamêot) sur lesquels ils inscrivaient, au milieu de figures fantastiques, le nom de Dieu et des noms d'anges. Selon eux, tout homme pieux peut faire des miracles, pourvu qu'il sache employer les moyens nécessaires ; ils indiquaient ces moyens dans une foule d'écrits sur *l'enseignement secret* théorique et pratique, remplis, pour la plupart, d'extravagances, mais quelquefois animés d'un souffle vraiment poétique. On n'y trouve cependant que des indications vagues ; la vraie clef pour « entrer dans le palais de Dieu » et opérer des miracles n'est livrée qu'aux adeptes que les lignes de leur front et de leurs mains désignent comme dignes de posséder le secret magique.

Ce fut surtout en Palestine que ces élucubrations mystiques reçurent un chaleureux accueil, mais elles se répandirent également en Babylonie et y conquirent même une grande considération. Ainsi, quand, en 814, il devint nécessaire de nommer un chef pour l'école de Pumbadita, au lieu d'élever à cette dignité un *Mar-Ahron* (ben Samuel ?), homme savant qui avait exercé la fonction de président de tribunal, on en investit un vieillard, *Joseph bar Abba*, dont le principal mérite consistait dans son mysticisme et ses prétendues relations avec le prophète Élie. Un jour que ce Joseph bar Abba présidait une réunion publique, il s'écria soudainement : « Faites place à l'ancien, qui entre ! » Les regards de tous les assistants se dirigèrent vers la porte, et ceux qui étaient assis à la droite du chef d'école s'écartèrent de lui avec respect pour faire place au nouveau venu. Par cela même qu'on ne vit entrer personne, tous furent fermement convaincus que le prophète Élie venait de pénétrer au milieu d'eux pour assister, invisible, à la droite de Joseph, à la conférence religieuse, et depuis ce moment, l'usage prévalut de ne plus occuper, à l'école de Pumbadita, la place qui avait été sanctifiée par la présence d'Élie. Le successeur de Joseph, *Mar-Abraham ben Scherira* (816-828), était également un mystique. On raconte de lui que, les jours où il n'y avait pas de vent, il savait deviner l'avenir d'après le bruissement des palmiers.

Le mysticisme n'exerça pas seul son action sur les écoles juives, on y rencontre aussi l'esprit réformateur et même les idées caraïtes, et ces tendances si opposées provoquèrent souvent parmi les savants des froissements et des querelles. En 825 eut lieu l'élection d'un nouvel exilarque. Deux prétendants se disputaient cette dignité, *David ben Jehuda* et *Daniel*. La candidature de ce dernier, qui penchait vers le caraïsme, fut chaudement soutenue dans le sud de la Babylonie; au nord, où se trouvait Pumbadita, on était au contraire partisan de l'orthodoxe David. La lutte était vive, elle amena la destitution d'Abraham ben Scherira et son remplacement par *Joseph ben Hiyya*. Mais Abraham avait de nombreux amis à Pumbadita, qui refusèrent de reconnaître l'autorité de son remplaçant. A la fin, on s'adressa au khalife Almamoun pour qu'il décidât entre l'un ou l'autre des prétendants; le khalife refusa d'intervenir, et, par un décret, il autorisa chaque groupe de dix Juifs à placer à leur tête un chef religieux. L'issue de la lutte n'est pas connue, on sait seulement que David ben Jehuda exerça les fonctions d'exilarque jusque vers 840. A Pumbadita, l'apaisement entre les deux chefs d'école se fit plus lentement; pour mettre fin à une situation pénible, on décida que les deux gaonim resteraient en fonctions et auraient les mêmes droits, sauf qu'Abraham parlerait seul aux assemblées générales.

Un jour, les deux gaonim de Pumbadita se trouvèrent, à Bagdad, à une réunion solennelle où il fallait prononcer un discours. Bagdad, qui contenait alors une population juive considérable et de nombreuses synagogues, dépendait de l'académie de Pumbadita, et, par conséquent, le chef d'école de cette dernière ville y avait le pas sur son collègue de Sora. Quand, au moment où le discours devait être prononcé, un héraut dit les mots consacrés : « Prêtez l'oreille aux paroles des chefs d'école, » des lamentations et des plaintes se firent entendre de tous côtés au sujet de la discorde existant dans le gaonat de Pumbadita. Fortement ému par cette explosion soudaine de pleurs et de gémissements, Joseph ben Hiyya se leva pour déclarer qu'il se démettait de sa dignité de gaon afin de laisser Abraham seul à la tête de l'école. Celui-ci mourut en 828, et Joseph fut nommé définitivement gaon de Pumbadita (828-833). On ne sait pas exactement quelles causes avaient fait naître la désunion entre les rabbanites, mais le caraïsme n'y avait certes pas été étranger.

Dans le caraïsme également se produisirent des querelles et des déchirements, il s'y forma de nouvelles sectes qui s'éloignaient plus ou moins de la doctrine d'Anan. *Mousa* (ou Meswi) et *Ismaël*, d'Akbara (à l'est de Bagdad, à sept milles de cette ville), introduisirent, vers 833-842, des modifications, restées inconnues, dans la célébration du sabbat, ils déclarèrent aussi que la défense du Pentateuque relative à la graisse des animaux ne s'appliquait qu'aux sacrifices, mais qu'autrement il était permis de manger la graisse. Mousa et Ismaël eurent de nombreux adhérents qui adoptèrent leurs doctrines et formèrent, parmi les caraïtes, une secte particulière sous le nom d'*Akbarites*. Vers la même époque, un autre caraïte, *Abou-Amran Moïse le Perse*, originaire de la ville de Safran et établi plus tard à Tiflis, en Arménie, apporta également des changements au caraïsme. Il établit les fêtes à de nouvelles dates, abolit tout calendrier, et décida que le mois commencerait, non pas à partir de l'apparition de la nouvelle lune, mais au moment où la lune entre dans son dernier quartier; il niait aussi la résurrection des corps. Ses partisans formèrent, sous le nom d'*Abou-Amranites* ou *Tiflisites,* une secte qui subsista pendant plusieurs siècles. Un *Moïse*, de Baalbek (Syrie), continua et étendit les réformes de Moïse le Perse, il déclara que la Pâque devait être célébrée le jeudi, et le jour de l'Expiation, le samedi, parce que la Thora appelle cette dernière fête un *sabbat double*. Ses adhérents se réunirent en communauté et prirent le nom de *Baalbekites* ou *Mesvites*.

Comme le caraïsme ne possédait ni centre religieux, ni autorité centrale capable de maintenir l'unité de la doctrine, il devait nécessairement s'y produire des divergences considérables. Ainsi, dans la région de Khorassan, les caraïtes célébraient la Pâque à une autre date que leurs coreligionnaires des autres pays. La même incertitude régnait au sujet des mariages prohibés; les uns défendaient des unions que d'autres déclaraient licites. C'est que quelques caraïtes avaient étendu considérablement les degrés de parenté consanguine; selon eux, la Bible regarde le mari et sa femme comme consanguins, et, par conséquent, les frères et sœurs nés de lits différents sont également déclarés consanguins. La consanguinité entre mari et femme subsiste pour certains caraïtes même quand l'union a été dissoute, et si le mari divorcé, par exemple, contracte un nouveau mariage, la deuxième femme est considérée comme parente consanguine, par *transmission*, avec la première femme, quoique ces deux femmes soient, en réalité, étrangères l'une à l'autre. Cette *transmission* s'étendait jusqu'à la quatrième union ; il n'y avait cependant aucune raison de s'y arrêter plutôt qu'à une union ultérieure. Les caraïtes n'osèrent sans doute pas pousser ce principe de la transmission (Rikkub, Tarkib) jusque dans ses conséquences extrêmes.

CHAPITRE XV

SITUATION HEUREUSE DES JUIFS DANS L'EMPIRE FRANC ET DÉCLIN DE L'EXILARCAT EN ORIENT

(814-840)

Les Juifs d'Europe ne connaissaient pas le schisme qui avait affaibli le judaïsme de l'Orient, ils ignoraient également les froissements si pénibles qui s'étaient produits entre l'exilarcat et le gaonat, ainsi que la rivalité funeste des chefs d'école de Pumbadita. Pour eux, la Babylonie continuait à briller d'un éclat idéal, elle était toujours à leurs yeux le centre du culte et de l'enseignement religieux. Les décisions venues de Sora et de Pumbadita étaient acceptées en Europe avec une respectueuse soumission, et quoiqu'en France et en Italie on vît quelques Juifs éminents se livrer à l'étude de l'aggada et de la *doctrine secrète*, les Juifs européens se considéraient, en général, comme dépendants des autorités religieuses de l'Orient. Sous les règnes de Charlemagne et de son fils *Louis* (814-840), qui les traitaient avec bienveillance, les Juifs de l'empire franc s'adonnèrent avec ardeur à l'étude de la Loi et témoignèrent d'un zèle si vif pour le judaïsme qu'ils inspirèrent à de nombreux chrétiens le désir de connaître la religion juive.

Malgré son zèle pour l'Église, *Louis*, successeur de Charlemagne et surnommé le *Débonnaire*, se montra très favorable aux Juifs. Il les protégea contre l'hostilité des barons et du clergé, leur permit de voyager librement à travers le royaume, les autorisa non seulement à employer des ouvriers chrétiens, mais aussi à faire le commerce d'esclaves, à acheter des serfs à l'étranger et à les revendre en France, et défendit au clergé de baptiser les esclaves des Juifs et de les enlever ainsi à leurs maitres par l'affranchissement. Les foires qui avaient précédemment lieu le sabbat furent fixées au dimanche. Les Juifs ne pouvaient être condamnés à la peine de la flagellation que par leurs propres tribunaux, on ne pouvait pas non plus les soumettre aux épreuves de l'eau et du feu. Il leur suffisait de payer patente et de rendre compte annuellement ou tous les deux ans de leurs revenus pour pouvoir trafiquer sans entrave ; quelquefois même, ils étaient nommés fermiers des impôts. Un fonctionnaire spécial, portant le titre de *maître des Juifs* (magister Judæorum), était chargé de sauvegarder les droits des Juifs. Du temps de Louis le Débonnaire, ce fonctionnaire s'appelait *Everard*.

La faveur particulière dont jouissaient les Juifs de France n'était pas due, comme on pourrait le croire, aux avantages que leur habileté commerciale assurait à leur pays, mais à leur titre de *juifs*. *Judith*, la seconde femme de Louis, cette reine si belle et si intelligente, avait une profonde vénération pour le judaïsme et pour les héros de l'histoire juive. Le savant abbé de Fulda, *Rhaban Maur*, ne trouva pas de flatterie plus efficace pour conquérir la faveur de cette reine que de lui dédier son travail sur les livres d'*Esther* et de *Judith* et de la comparer à ces deux héroïnes. A la cour, beaucoup de grands affirmaient hautement leur respect pour les Juifs, parce que cette race descendait des patriarches et des prophètes. Des chrétiens instruits avouaient préférer la lecture du philosophe juif Philon et de l'historien juif Josèphe à celle des évangiles ; des nobles déclaraient « qu'ils auraient mieux aimé avoir pour législateur celui des Juifs que celui dont ils suivaient la doctrine, » et ils demandaient à des Juifs de prier pour eux et de les bénir. Des membres de la famille royale, pour leur témoigner leur estime, offraient à des Juifs de riches cadeaux.

La liberté religieuse des Juifs était très grande dans l'empire des Francs, ils pouvaient construire de nouvelles synagogues, proclamer devant des auditeurs chrétiens la supériorité du judaïsme, déclarer publiquement qu'ils étaient les *descendants des patriarches, la race des justes, les enfants des prophètes*, exprimer librement leur opinion sur le christianisme et nier la vertu miraculeuse des saints et des reliques. Des chrétiens fréquentaient les synagogues, assistaient aux offices divins et aux sermons des prédicateurs juifs. Ceux-ci prêchaient, sans doute, dans la langue du pays. L'abbé Rhaban Maur, de Fulda, avoue que dans ses commentaires sur l'Écriture Sainte, qu'il dédia à l'empereur Louis de Germanie, un grand nombre de ses explications sont dues à des Juifs. Par suite de cette situation favorable des Juifs, un certain nombre de chrétiens éprouvaient le désir d'approfondir le judaïsme, et très souvent ils s'y convertissaient. En résumé, pour les Juifs de son royaume, le règne de Louis le Débonnaire fut une période de tranquillité et de bonheur telle qu'il ne s'en présenta plus pour eux, en Europe, jusque dans les temps modernes. Mais, malgré leur situation favorable, ou plutôt à cause de cette situation, les Juifs avaient des ennemis en France. Pour les chrétiens fanatiques, la liberté des Juifs équivalait à la destruction du christianisme, et ils voulaient à toute force sauver leur religion, c'est-à-dire persécuter les Juifs. Il y avait également ceux qui haïssaient à la cour les amis des Juifs et qui, n'osant pas s'attaquer directement à leurs adversaires, s'en prenaient à leurs protégés. Le représentant le plus illustre de ce parti était *Agobard*, évêque de Lyon, qui fut canonisé par l'Église. C'était un homme passionné et rancunier, qui ne reculait devant aucun obstacle pour atteindre son but; il alla jusqu'à calomnier la reine et à conspirer contre le roi. Il excita les fils de Louis le Débonnaire, et particulièrement Lothaire, à se révolter contre leur père. Aussi fut-il surnommé *Ahitophel*, parce qu'à l'instar de ce dernier, qui avait poussé Absalon à déclarer la guerre à David, il avait soulevé un fils contre son père. Son ambition était de restreindre de nouveau la liberté des Juifs et de les replacer dans la triste situation qu'ils avaient occupée sous les derniers Mérovingiens.

Un fait de peu d'importance lui servit de prétexte pour ouvrir les hostilités. Une esclave s'était enfuie de la maison de son maître, un Juif de Lyon, et, pour être émancipée, s'était fait baptiser par Agobard (vers 827). Les Juifs, voyant dans l'intervention de l'évêque une atteinte à leurs droits, demandèrent à Evrard, le maître des Juifs, de faire rendre l'esclave fugitive à son propriétaire. Agobard refusa d'obtempérer à la demande d'Evrard. La lutte fut longue entre les Juifs et Agobard ; à la fin, celui-ci fut destitué. Il ne se tint pas pour battu. Ennemi acharné des Juifs, il voulait que les lois canoniques de l'Église leur fussent appliquées dans toute leur rigueur, et, dans ce but, il demanda l'appui du parti ecclésiastique de la cour ; cet appui lui fut accordé. Les amis des Juifs ne restèrent pas inactifs, et, de leur côté, ils firent des démarches en faveur de leurs protégés. L'empereur nomma une commission pour examiner la question en litige ; mais, irrité, Agobard s'expliqua très mal. Il fut alors appelé devant l'empereur ; troublé par l'accueil glacial qu'il reçut, il ne put proférer une seule parole, et, comme il le dit lui-même, « il grogna plus qu'il ne parla ». Louis lui ordonna de s'éloigner de la cour, et Agobard se retira dans son diocèse. Là, il renouvela ses intrigues contre les Juifs. Sur son ordre, les prêtres attaquèrent les Juifs, dans leurs sermons, défendant à leurs ouailles d'entretenir des relations avec eux, de leur rien acheter ou vendre, de prendre part à leurs repas ou d'entrer à leur service.

Informés de ces faits, les amis des Juifs obtinrent des *lettres de protection* (Indiculi), munies du sceau impérial, qu'ils envoyèrent à la communauté juive de Lyon. Agobard reçut l'ordre de mettre fin à ses excitations contre les Juifs, et le gouverneur de Lyon fut invité à protéger tous ses administrés, sans exception (vers 828). Comme Agobard prétendait que ces lettres impériales étaient fausses, deux commissaires impériaux, Guerrick et Frédéric, pourvus de pleins pouvoirs, se rendirent à Lyon pour mettre à la raison le trop remuant évêque. Il est à remarquer que la population lyonnaise ne prit à aucun moment parti contre les Juifs.

L'évêque de Lyon ne se découragea pas. Peut-être savait-il déjà que des conjurés se préparaient à soulever les fils du premier lit de l'empereur Louis contre l'impératrice et l'archichancelier Bernhard, qui avaient conseillé au monarque de faire un nouveau partage de l'empire au profit de l'enfant de Judith. Car, à un certain moment, laissant de côté toute retenue, il écrivit à tous les évêques de France de faire une démarche collective auprès de Louis pour qu'il relevât la barrière qui séparait autrefois les Juifs des chrétiens. Il ne reste plus qu'une seule de ces lettres, celle qui est adressée à *Nibridius*, évêque de Narbonne. Agobard y dit, entre autres, que les chrétiens ne réussissent pas, malgré les plus louables efforts, à gagner une seule âme juive à leur religion, tandis que de nombreux chrétiens montrent une faveur marquée pour le judaïsme.

Sur les instances réitérées d'Agobard, de nombreux prélats se réunirent à Lyon pour examiner par quels moyens on pourrait abaisser de nouveau les Juifs, les soumettre, comme autrefois, aux lois édictées contre eux, et contraindre l'empereur à se conformer à la volonté du clergé. L'assemblée des évêques décida d'envoyer une adresse à Louis pour lui exposer les dangers qui résultaient de la liberté accordée aux Juifs (829). Cet écrit, tel que nous le possédons, est signé de trois évêques : Agobard, Bernhard et Caof, et est intitulé : *De la superstition des Juifs ;* il est précédé d'une introduction dans laquelle Agobard essaie de justifier la conduite qu'il a tenue jusque-là à l'égard des Juifs. Il n'accuse pas seulement les Juifs, il dresse surtout un réquisitoire sévère contre leurs protecteurs, qui seuls leur auraient assuré la sécurité et la liberté dont ils jouissaient en faisant accroire au peuple « qu'ils ne sont pas aussi méchants que les évêques le disent et que, de plus, ils sont chers à l'empereur. »

Au point de vue de l'Église et des lois canoniques, l'acte d'accusation formulé par le synode de Lyon contre les Juifs était d'une logique irréfutable. Mais Louis le Débonnaire n'en tint aucun compte, soit parce qu'il connaissait depuis longtemps les sentiments d'Agobard, soit parce que cet acte ne lui parvint pas, le parti favorable aux Juifs l'ayant tout simplement confisqué. Agobard se vengea de la bienveillance persistante de l'empereur pour les Juifs en prenant part (en 830) à la conjuration formée contre l'impératrice Judith et ses amis et même à la révolte des fils de Louis le Débonnaire contre leur père. Il fut destitué et obligé de s'enfuir en Italie. Plus tard, Louis lui rendit son épiscopat.

Un événement qui eut à cette époque un grand retentissement fut la conversion au judaïsme d'un personnage considérable, le gentilhomme et prélat *Bodo*. Toutes les chroniques du temps en parlèrent comme d'une calamité publique. Il est vrai que cette conversion était accompagnée de circonstances singulières et propres à affliger de pieux chrétiens. Bodo ou Puoto, d'une ancienne famille alemane, était entré dans les ordres et occupait le rang de diacre; il était très en faveur auprès de l'empereur, qui l'avait nommé son confesseur. D'une ardente piété, il demanda et obtint l'autorisation de se rendre à Rome pour y recevoir la bénédiction du pape et prier sur les tombeaux des apôtres et des martyrs. A Rome, ses sentiments se modifièrent totalement. Honteux des mœurs dissolues qu'affichaient les ecclésiastiques dans la capitale de la chrétienté, il apprécia à leur vraie valeur la pureté et l'élévation du judaïsme et résolut de se faire juif. Au lieu d'examiner les raisons qui avaient pu agir sur Bodo, les chrétiens accusèrent de sa conversion Satan, l'ennemi des hommes et de l'Église; ils crurent aussi que les Juifs l'avaient amené par ruse à accomplir cet acte.

Dès qu'il se fut décidé à embrasser le judaïsme, Bodo partit directement de Rome pour l'Espagne, se fit circoncire à Saragosse, prit le nom d'*Éléazar* et laissa pousser sa barbe (août 838); il se maria avec une juive. Il semble être entré comme soldat au service d'un prince arabe, et sa haine contre ses anciens coreligionnaires était telle qu'il persuada au souverain musulman de l'Espagne de ne tolérer aucun chrétien dans son pays, mais de les contraindre tous à se convertir au judaïsme ou à l'islamisme. On raconte que les chrétiens d'Espagne auraient imploré Louis le Débonnaire et les évêques de France d'intervenir en leur faveur et de se faire livrer ce dangereux apostat.

Tout en étant très affligé de la conversion de Bodo, l'empereur

Louis ne continua pas moins à traiter les Juifs avec équité et à les défendre contre toute injustice. C'est apparemment du règne de Louis le Débonnaire que date la pensée, généreuse dans son principe, et qui a été appliquée pendant tout le moyen âge, que l'empereur est le protecteur naturel et comme le tuteur des Juifs.

Avec Louis le Débonnaire disparut pour longtemps la situation heureuse des Juifs de France. Il est vrai que *Charles le Chauve*, fils de Louis et de Judith, qui provoqua le morcellement de l'empire des Francs en plusieurs parties formant les pays de France, d'Allemagne, de Lotharingie (Lorraine) et d'Italie (843), semblait avoir hérité de la prédilection de sa mère pour le judaïsme. Son médecin particulier était un Juif, *Zédékias*, et il avait aussi un favori juif, *Juda*. Sous son règne, les Juifs purent continuer à s'occuper librement de trafic et à acquérir des terres. Mais le haut clergé, se considérant humilié tout entier par l'échec de l'évêque Agobard, s'efforçait de nuire aux Juifs.

Leur ennemi le plus acharné fut le disciple et successeur d'Agobard, *Amolo*, évêque de Lyon. Sa haine contre les Juifs était partagée par *Hinkmar*, évêque de Reims et favori de l'empereur Charles, par les archevêques de Sens et de Bourges et par d'autres ecclésiastiques. Réunis en concile (848) dans la ville de Meaux, ces prélats, désireux d'augmenter la puissance du clergé au détriment de celle du roi et de réprimer le libertinage des prêtres, décidèrent de remettre en vigueur les anciennes lois canoniques et de soumettre de nouveau les Juifs aux dispositions restrictives prises contre eux. Ils ne désignèrent pas exactement au roi les mesures qu'il devait appliquer aux Juifs, ils se contentèrent de lui indiquer les édits promulgués contre eux depuis Constantin, mentionnant la défense que leur fit Théodose II d'occuper un emploi ou une dignité quelconque, rappelant les décisions des conciles, l'édit du roi mérovingien Childebert qui leur interdisait de fonctionner comme juges ou fermiers des douanes et de se montrer dans la rue pendant la fête de Pâques et leur ordonnait de témoigner en public du respect au clergé. Ils invoquèrent même des décisions synodales prises hors de France, spécialement les dispositions adoptées par les Visigoths contre les Juifs relaps. A la fin de leur écrit au roi, ils insistèrent sur l'intérêt qu'il y aurait à obliger les marchands d'esclaves juifs et chrétiens à vendre les esclaves païens dans des pays chrétiens.

Charles le Chauve ne tint nul compte des décisions des évêques, et, quoique son favori Hinkmar en fît partie, il fit dissoudre le concile. Plus tard, sur son ordre, un nouveau concile se réunit à Paris (14 février 846) pour examiner les modifications à apporter à l'organisation de l'Église; le roi leur défendit de s'occuper, dans cette assemblée, des Juifs. Ni sous les Carolingiens, ni plus tard, aucune loi humiliante ne fut promulguée contre les Juifs. Charles n'imposa qu'une légère restriction aux commerçants juifs en les obligeant à payer au fisc 11 pour 100 de leurs revenus, tandis que les autres marchands n'en versaient que le dixième.

Pour effacer l'échec que les adversaires des Juifs avaient subi au concile de Meaux, Amolo conseilla au haut clergé d'agir sur les princes et les seigneurs afin qu'ils abolissent les privilèges des Juifs. La lettre qu'il envoya dans ce but aux prélats forme un digne pendant à l'acte d'accusation adressé par Agobard à Louis le Débonnaire; on y retrouve, du reste, en grande partie les griefs énumérés par Agobard. Vers la fin de son écrit, Amolo exprime le regret que les Juifs jouissent en France de la liberté de la parole et puissent employer pour leurs travaux domestiques et agricoles des ouvriers chrétiens. Il se plaint aussi que les chrétiens déclarent publiquement que les prédicateurs juifs parlent mieux que les prêtres chrétiens et que Bodo se soit converti au judaïsme. Comme si les Juifs pouvaient être rendus responsables des actes et des paroles des chrétiens !

D'abord l'écrit envenimé d'Amolo n'eut pas plus de résultat que les plaintes d'Agobard et les décisions du concile de Meaux. Mais, peu à peu, ces calomnies se répandirent parmi la noblesse et le peuple, et quand la France eut été morcelée en petits États autonomes et indépendants de la souveraineté royale, elles agirent d'une façon dangereuse pour les Juifs sur les ecclésiastiques et les princes. A Beziers, l'évêque de ce temps prononçait chaque année des sermons enflammés, depuis le dimanche des Rameaux jusqu'au deuxième jour de Pâques, pour exciter les chrétiens à venger sur les Juifs la mort de Jésus. Il se produisait alors des troubles très graves, les chrétiens attaquaient les Juifs à coups de pierres, ceux-ci se défendaient fréquemment, et, des deux côtés, le sang coulait. Ces désordres devinrent traditionnels à Béziers, ils s'y renouvelèrent annuellement pendant des siècles. Les comtes de Toulouse avaient le droit de donner le vendredi saint un soufflet au syndic des Juifs de la ville, et on raconte qu'un chapelain, du nom de Hugo, demanda une fois l'autorisation d'exercer ce droit seigneurial et donna au syndic un soufflet si violent que la victime en mourut. Pour justifier cette coutume barbare, on prétendait qu'elle fut instituée à la suite d'une trahison commise par les Juifs envers la ville de Toulouse et au profit des musulmans. Plus tard, la colophisation fut remplacée par une taxe annuelle.

Louis II, fils de Lothaire, était favorablement disposé pour le clergé. Dès qu'il fut maître de l'Italie (385), il ratifia une décision synodale en vertu de laquelle tous les Juifs, dont les ancêtres étaient cependant venus dans le pays longtemps avant l'arrivée des Germains et des Lombards, devaient quitter l'Italie ; ceux qui ne seraient pas partis au 1er octobre 885 pouvaient être arrêtés et livrés à la justice par le premier venu. Cette mesure ne put heureusement pas être exécutée, parce que l'Italie était alors partagée en de nombreux petits territoires dont la plupart des chefs refusaient obéissance au roi.

En France, sous les successeurs de Charles le Chauve, lorsque l'autorité royale se fut affaiblie de plus en plus et que le fanatisme des seigneurs eut augmenté, le roi Charles le Simple en arriva, par bigoterie, à faire don à l'église de Narbonne des revenus des terres et des vignobles que les Juifs possédaient dans le duché de ce nom (899-914). Bien des seigneurs français se persuadèrent peu à peu que la protection accordée par Charlemagne et Louis le Débonnaire aux Juifs de leur État impliquait pour ces derniers l'obligation de se conduire réellement en *protégés* du souverain, c'est-à-dire de mettre à sa disposition leur personne et leurs biens. Cette pensée présida certainement à la rédaction de l'acte par lequel l'usurpateur *Boso*, roi de la Bourgogne et de la Provence, disposa des Juifs de son État en faveur de l'Église, comme si c'étaient des serfs. Cette situation étrange des Juifs ne cessa qu'avec le règne des Capétiens.

Dans l'Europe orientale, la situation des Juifs devint également pénible. Malgré les persécutions de l'empereur *Léon l'Isaurien*, les Juifs s'étaient répandus dans tout l'empire byzantin, principalement dans l'Asie Mineure et en Grèce. Dans ce dernier pays, ils cultivaient des mûriers, élevaient des vers à soie et fabriquaient de la soie; ils étaient soumis à toutes les mesures restrictives édictées successivement par les divers souverains de Byzance, « afin qu'ils fussent très humiliés et avilis ». On leur accordait néanmoins la liberté religieuse (vers 850).

C'est à ce moment que *Basile le Macédonien* monta sur le trône de Byzance. Au fond, cet empereur n'était pas hostile aux Juifs, mais il était hanté par le désir de les convertir au christianisme, et il organisa, dans ce but, des réunions publiques où les Juifs devaient prouver par des arguments irréfutables la supériorité de leur religion ou avouer « que Jésus est le point culminant de la Loi et des prophètes ». Prévoyant que ces discussions n'amèneraient que peu de résultats, il promit aux Juifs qui se convertiraient de les élever aux mêmes honneurs et dignités que les chrétiens. De nombreux Juifs embrassèrent ou firent semblant d'embrasser le christianisme; Basile mort (886), ils retournèrent à la foi de leurs aïeux. Mais le fils et successeur de Basile, *Léon le Philosophe*, était bien plus intolérant que son père, il menaça (vers 900) de traiter en apostats, c'est-à-dire de faire mourir, tous les Juifs convertis qui pratiqueraient leur ancienne religion.

Sous la domination des khalifes, les Juifs avaient été d'abord heureux, mais peu à peu, surtout après la mort d'Almamoun, ils furent soumis, comme dans les pays chrétiens, à des restrictions humiliantes. Le khalife *Almoutavakkil*, le troisième successeur d'Almamoun, renouvela contre eux les lois iniques d'Omar, leur imposant, comme aux chrétiens et aux mages, un vêtement d'une couleur et d'une forme particulières, transformant les synagogues et les églises en mosquées, leur interdisant l'accès des fonctions publiques et défendant aux musulmans de les instruire (849-

856); ils n'avaient pas le droit de monter à cheval, ils ne pouvaient sortir que sur des ânes ou des mulets (853-854). S'ils achetaient une maison, ils étaient contraints de payer au khalife le dixième de sa valeur. L'exilarcat aussi avait perdu de son importance; depuis qu'à la suite d'un décret d'Almamoun, les exilarques n'étaient plus reconnus par le khalife, ils ne possédaient plus ni caractère officiel ni autorité politique.

Pendant que l'exilarcat déclinait, l'académie de Pumbadita, voisine de Bagdad, la capitale des khalifes, grandissait en considération et devenait l'égale de l'école de Sora; ses chefs purent porter officiellement le titre de gaon. Autrefois, le chef de l'école de Pumbadita était tenu de se rendre chaque année, accompagné de son Collège, à la résidence de l'exilarque pour lui présenter ses hommages, et maintenant le prince de l'exil ne pouvait plus tenir ses réunions qu'à Pumbadita. L'académie de cette ville était probablement redevable de cette heureuse transformation à son chef *Paltoï ben Abbaï*, homme actif et d'humeur batailleuse, qui ouvrit la série des gaonim remuants et ambitieux. Ces fonctionnaires, qui exigeaient l'observation stricte et rigoureuse de toutes les pratiques religieuses, se montraient aussi très sévères dans les questions de morale. Interrogé si un Juif peut voler un non-Juif dans le cas où il n'en résulterait aucun inconvénient pour le judaïsme, le gaon *Mar Sar-Scholom* (849-859) répondit avec colère qu'un tel acte était sévèrement condamné par le Talmud, et qu'il n'était pas permis d'agir autrement à l'égard d'un étranger qu'envers un coreligionnaire. A côté de cette morale austère, les gaonim avaient des conceptions religieuses très étroites et des croyances superstitieuses. Ce même gaon *Sar-Schlaom* était fermement convaincu que de mauvais génies s'attachaient aux pas de celui qui accompagnait un convoi funèbre, et son contemporain *Natronaï II* (859-869), gaon de Sora, déclarait hérétiques, passibles de l'excommunication et exclus du temple tous ceux qui transgresseraient la moindre prescription talmudique.

Les académies de Sora et de Pumbadita se restreignaient à l'enseignement talmudique, elles négligeaient toute autre étude et considéraient comme entachés de caraïsme ceux qui se consacraient à des études scientifiques ; elles commencèrent cependant à rédiger leurs consultations en arabe, et non plus, comme auparavant, dans un mélange d'hébreu et de chaldéen. Mais, en dehors de l'Irâk, en Egypte et à Kairouan, il se produisit parmi les rabbanites un mouvement scientifique, faible d'abord, puis de plus en plus considérable, qui créa, vers la fin du IXe siècle, une rivalité heureuse entre caraïtes et rabbanites.

Parmi ces derniers, *Isaac ben Soleïman Israeli* (né vers 845 et mort en 940) se distingua particulièrement comme médecin, philosophe et philologue. Originaire d'Egypte, il fut appelé à Kairouan (vers 904) par le dernier prince aghlabite *Ziadeth-Allah*, qui le nomma son médecin. Il entra au service du fondateur de la dynastie fatimite, *Obeïd-Allah*, l'imam messianique (le mahdi, prétendu fils d'une Juive), après que ce chef eut défait Ziadeth-Allah ; son maître lui témoigna une vive affection (909-933). Sur le désir d'Obeïd-Allah, il composa huit ouvrages médicaux, dont le meilleur, d'après les personnes compétentes, est son traité sur la fièvre. Plus tard, ces écrits furent traduits en hébreu, en latin, et, en partie, en espagnol ; un médecin chrétien, qui a fondé une école de médecine à Salerne, s'attribua, en plagiaire, la paternité d'une partie de ces ouvrages.

Si Isaac Israeli contribua par ses écrits médicaux au développement de la science médicale, son ouvrage philosophique « Sur les définitions et les descriptions » ne rendit que très peu de services à la philosophie. Israeli exerça surtout une action profonde, par ses conférences, sur ses auditeurs, et il forma deux élèves distingués, un musulman, *Abou Gafar ibn Alguzzar*, reconnu comme une autorité dans les questions médicales, et un juif, *Dounasch ben Tamim*. Israeli devint centenaire et survécut à son protecteur le khalife Obeïd-Allah, qui mourut pour avoir désobéi, pendant une maladie, à son médecin juif.

A l'époque où Israeli descendit dans la tombe, vers 940, la voie était ouverte, chez les rabbanites, aux études scientifiques, et beaucoup devaient la parcourir dans l'avenir avec éclat. Les caraïtes s'élancèrent, en ce temps, sur les traces des philosophes motazilites, mais ils ne mirent au jour aucune conception féconde ni aueune pensée originale, ils s'en tinrent à des formules stériles. Ainsi, le caraïsme était sorti à peine de l'enfance qu'il portait déjà les signes de la vieillesse. Ses savants se consacrèrent tout particulièrement à l'exégèse biblique et à l'étude de la langue hébraïque, sans faire avancer cette science d'un seul pas. Un caraïte, *Mosché Ben-Ascher* (885), de Tibériade, scribe d'état, composa un traité sur la prononciation des voyelles et sur les accents, mais il n'avait aucune notion de la construction de la phrase hébraïque et ne connaissait qu'imparfaitement les formes de la langue. Aidé de son fils *Ahron Ben-Ascher* (vers 900), il créa la *Massora*, c'est-à-dire il indiqua les règles de l'orthographe de l'Écriture Sainte et réunit les diverses variantes de la Thora. Bien que cette Massora, composée d'après des manuscrits caraïtes, s'écarte souvent des indications que le Talmud et les manuscrits babyloniens donnent sur l'orthographe biblique, elle fut cependant admise par les rabbanites et fait encore autorité de nos jours.

A Jérusalem, le caraïsme prit un caractère très prononcé d'ascétisme. Soixante caraïtes, venus de divers pays, où ils avaient abandonné leurs biens et leur famille, s'organisèrent dans la ville sainte en une communauté, s'abstenant de vin et de viande, vêtus de haillons, jeûnant et priant, pour amener promptement la délivrance d'Israël. Ils s'appelaient « ceux qui pleurent sur Sion et Jérusalem » (*Abèlè Zion*). Les usages adoptés par ces *moines* caraïtes agirent sur la vie religieuse des caraïtes, en général, qui se mirent à observer très rigoureusement les lois de pureté lévitique, évitant de se mettre en relations avec des non-juifs, dont ils ne goûtaient ni pain, ni pâtisserie, ni divers autres aliments. Peu à peu, ils déclarèrent les rabbanites eux-mêmes impurs, réprouvés et impies, et ils s'abstinrent de franchir leur seuil.

Établis d'abord en Babylonie et en Judée, les caraïtes se répandirent plus tard en Égypte, en Syrie et jusque dans la Crimée, ils formèrent des communautés importantes à Alexandrie, au Caire et, en Crimée, dans les villes de Bospore (Kertsch), de Sulchat et de Kaffa (Théodosie). Quelques caraïtes ardents essayèrent, par des discussions, des discours et des lettres, de propager leur doctrine parmi les rabbanites. L'un d'eux, nommé *Eldad* et se disant originaire de la tribu de Dan, était un homme fin et rusé qui, par le récit des voyages merveilleux qu'il prétendait avoir faits en Mésopotamie, en Égypte, dans l'Afrique et en Espagne, s'acquit de son temps une réputation considérable. Il appartenait à cette catégorie de fourbes qui se croient autorisés à mentir dans un but religieux, savent exploiter la crédulité humaine et prendre la foule dans un tissu inextricable de fables et d'impostures. Les gaonim eux-mêmes ajoutèrent foi aux récits fantaisistes d'Eldad, ils crurent que la tribu de Dan possédait, en effet, comme il le disait, des traditions émanant directement de Moïse, écrites en hébreu et relatives aux rites juifs, quoique ces traditions fussent, sur bien des points, en contradiction avec le Talmud et portassent l'empreinte du caraïsme.

A cette époque, l'éclat dont avait brillé, à l'origine, l'exilarcat avait déjà bien pâli, et il s'effaça de plus en plus devant l'autorité grandissante de l'académie de Pumbadita. Cette école prit, en effet, un essor considérable sous la direction d'un gaon éminent, autrefois rabbin et juge à Bagdad, qui se nommait *Haï ben David* (890-897). Les Juifs occupaient alors de nouveau une situation satisfaisante dans l'empire musulman; le vizir du khalife Almoutadhid (892-902), *Obeïd-Allah ibn Soleïman*, les traitait avec équité, il les nommait même aux emplois publics. Ce fut surtout la communauté de Bagdad qui profita de cet heureux changement, elle acquit une grande influence auprès du khalife et prit une place prépondérante dans le judaïsme de l'Irâk. Quand son rabbin Haï ben David fut nommé chef de l'académie de Pumbadita, elle lui prêta un appui efficace pour établir la suprématie de cette académie sur toute la Babylonie juive. L'école de Sora, qui occupait auparavant le premier rang, avait décliné peu à peu et perdu successivement ses divers privilèges; il lui en restait un seul, le droit de disposer, pour son entretien, de la plus grande partie des sommes envoyées par les Juifs du dehors aux écoles babyloniennes, elle en fut dépouillée par le gaon de Pumbadita, Mar Kohen-Zédék II.

Mar Kohen-Zédék II ben Joseph, qui fut à la tête de l'école de Pumbadita depuis 917 jusqu'à 936, était un de ces hommes énergiques et passionnés qui, sans aucune ambition personnelle, s'identifient en quelque sorte avec l'institution à laquelle ils appartiennent, désirent sa grandeur plus ardemment que leur propre élévation et mettent tout en œuvre pour atteindre leur but. Dès qu'il fut entré en fonctions, il demanda que ce fût dorénavant Pumbadita, à la place de Sora, qui reçût la plus grande partie des dons offerts pour les deux académies. Cette exigence souleva des discussions très vives, il fut décidé finalement que Sora ne serait plus privilégiée et que les revenus seraient répartis par portions égales entre les deux écoles.

Enhardi par ce premier succès, Kohen-Zédék s'attaqua à l'exilarcat. Le prince de l'exil était alors *Ukba*, homme très lettré, familiarisé avec la poésie arabe et sachant lui-même versifier agréablement en arabe. Kohen-Zédék réclama pour Pumbadita le droit, qui appartenait à l'exilarque, de nommer les juges et de percevoir les taxes spéciales dans les communautés juives du Khorassan. Il est possible que ce droit eût appartenu autrefois à Pumbadita et que le gaon ne demandât en réalité qu'une simple restitution de pouvoir. Quoi qu'il en soit, l'exilarque repoussa la demande de Kohen-Zédék et en appela au khalife. Kohen-Zédék fit alors agir ses amis auprès d'*Almoktadir* (908-932) ou plutôt auprès de son vizir tout-puissant *Ibn Forat*. Ukba fut destitué et banni de Bagdad, sa résidence (917) ; il se rendit à Karmisin (Kermanscha, à l'est de Bagdad). Le chef de l'école de Sora, *Jacob ben Natronaï*, assista impassible à cette lutte.

Une circonstance fortuite vint en aide à Ukba. Le khalife, encore jeune et ami des plaisirs, s'établit par hasard pour quelque temps à Karamanscha ; Ukba s'arrangea de façon à le rencontrer dans ses promenades et lui adressait chaque fois des salutations et des louanges en vers arabes. Un jour, le secrétaire du khalife fit remarquer à son maître avec quel talent Ukba savait varier les compliments qu'il lui adressait. Mandé auprès d'Almoktadir et invité à solliciter de lui une faveur, Ukba demanda et obtint la grâce d'être réintégré dans son ancienne dignité. Après une année de bannissement, il revint donc comme exilarque à Bagdad (vers 918). Ce retour plut médiocrement à Kohen-Zédék et à ses partisans. A force d'intrigues et de cadeaux, ils réussirent à faire destituer et envoyer Ukba une deuxième fois en exil, et, pour qu'il n'eût pas l'occasion de reconquérir les bonnes grâces du khalife, il fut obligé de quitter les provinces orientales du khalifat; il se rendit en Afrique, à Kairouan (vers 919). Là, il fut reçu avec de grands honneurs : la communauté juive de Kairouan, où se trouvait alors le célèbre médecin et philosophe Isaac Israeli, le traita en exilarque, établit pour lui dans la synagogue un siège plus élevé que les autres, et lui fit oublier, par les égards et la vénération qu'elle lui témoignait, les vexations qu'il avait subies dans sa patrie.

Comme Kohen-Zédék avait combattu en Ukba, non l'homme, mais l'exilarque, il ne lui suffit pas d'avoir fait bannir son adversaire, il voulut faire disparaitre l'exilarcat même. Mais le peuple tenait à cette institution et par habitude et aussi parce qu'il y rattachait le glorieux souvenir de la dynastie royale de David. D'un autre côté, le gaon de Sora commençait à se lasser du rôle effacé que lui imposait son ambitieux collègue de Pumbadita. Aussi, après que l'exilarcat fut resté vacant pendant un ou deux ans, le peuple demanda-t-il qu'il eût de nouveau un titulaire, et il désigna pour cette dignité *David ben Zakkaï*, un parent d'Ukba. Le Collège de Sora tout entier ratifia le choix du peuple et alla présenter ses hommages (en 921) à David ben Zakkaï, à Kasr, sa résidence; mais Kohen-Zédék et le Collège de Pumbadita refusèrent de reconnaître le nouvel exilarque. Ambitieux, énergique et fermement résolu de se maintenir à son poste, David ben Zakkaï, en vertu de son pouvoir d'exilarque, déposa Kohen-Zédék et nomma un autre gaon à sa place. Quoiqu'il fût délaissé, dès lors, par une partie de ses partisans, Kohen-Zédék n'abandonna pas la lutte. Ces tristes querelles entre le gaonat et l'exilarcat se prolongèrent pendant près de deux ans, elles affligèrent vivement les cœurs vraiment religieux.

Un aveugle, universellement respecté pour sa profonde piété, *Nissi Naharvani*, résolut de mettre fin à ces dissensions. Une nuit, il se rendit dans la demeure de Kohen-Zédék, et là, tâtonnant à travers l'appartement, il se présenta soudain dans le cabinet de travail du gaon. Ému de l'apparition subite de Naharvani à une heure avancée de la nuit, Kohen-Zédék se laissa convaincre par la parole chaleureuse et entraînante de cet aveugle si vénéré et il consentit à se réconcilier avec David ben Zakkaï. Celui-ci, de son côté, fit des concessions à son adversaire et le rétablit dans ses fonctions de gaon de Pumbadita.

Après avoir échoué dans sa lutte contre l'exilarcat, Kohen-Zédék eut encore le chagrin de voir l'école de Sora, sous la direction d'un savant venu de pays lointain, briller d'un nouvel éclat et éclipser de nouveau pendant quelque temps sa rivale de Pumbadita. Ce fut le gaon *Saadia*, le fondateur de la philosophie religieuse chez les Juifs, qui rendit à l'académie de Sora son ancienne splendeur et ouvrit une nouvelle époque dans l'histoire juive.

FIN DU TOME TROISIÈME.

TABLE DES CHAPITRES

TROISIÈME PÉRIODE.
LA DISPERSION.

PREMIÈRE ÉPOQUE.
LE RECUEILLEMENT APRÈS LA CHUTE.

Pages.

CHAPITRE PREMIER. — Le relèvement; l'école de Jabné (70-98). — Désarroi parmi les Judéens. — Johanan ben Zakkaï. — Son départ de Jérusalem. — Il fonde une école à Jabné. — Création d'un *synhédrin*. — Bérénice et Agrippa. — Influence exercée par Johanan. — Prescriptions établies par les *Soférim*. — Johanan les explique et les coordonne. — Les collègues de Johanan. — Son caractère; sa mort. — Gamaliel II élevé au patriarcat. — Dissidences entre les disciples de Schammaï et de Hillel. — Efforts de Gamaliel pour les apaiser; son intervention énergique. — Triomphe de l'école de Hillel. — Opposition contre Gamaliel — Lutte entre le patriarche et Josua ben Hanania. — Le patriarche est dépossédé de sa dignité; son successeur. — Résolutions importantes prises en *ce jour*. — Dignité de caractère de Gamaliel. — Sa réintégration dans ses fonctions. — Éliézer ben Hyrkanos. — Sa méthode d'enseignement. — Josua ben Hanania; sa douceur et sa modération. — Akiba ben Joseph. — Sa méthode pour interpréter la Thora. — Il réunit et classe les Halakoth. — Succès de son enseignement. — Ismael ben Elischa. — Sa méthode d'enseignement. — José le Galiléen. — Samuel le Jeune. . . . .

CHAPITRE II. — L'activité a l'intérieur. — Organisation du synhédrin. — Ordination des docteurs. — Prérogatives du patriarche. — Proclamation de la néoménie. — Le culte public. — Les *compagnons*. — Les plébéiens; leur situation sociale. — Extension du christianisme. — Paul de Tarse. — La *taxe judaïque* ; ruses employées pour y échapper. — Les judéo-chrétiens et les pagano-chrétiens ; leurs dissensions. — Simon *le Magicien*. — La première *Apocalypse*. — Relations amicales entre les Judéens et les judéo-chrétiens. — L'*Epitre aux Hébreux*. — Attaques des judéo-chrétiens contre les docteurs. — La gnose et les sectes gnostiques. — Doctrines des gnostiques. — Elischa ben Abouya. — Mesures prises par les Tannaïtes contre les judéo-chrétiens. — Déplorable influence des conceptions gnostiques. — Les prosélytes juifs à Rome. — Juvénal et le judaïsme. — Aquilas. — Sa traduction grecque de la Bible. — Conversion au judaïsme du sénateur romain Flavius Clemens. — Bérénice et Titus. — Cruautés de Domitien. — L'historien Josèphe. — Nerva ; sa bienveillance pour les Judéens. 37

CHAPITRE III. — SOULÈVEMENT DES JUDÉENS SOUS TRAJAN ET ADRIEN. (98-135). — Victoires de Trajan en Asie. — Les Judéens se soulèvent contre lui. — Leurs premiers succès. — Ils sont battus par Martius Turbo et Lusius Quietus. — Mort de Trajan. — Son successeur Adrien. — Promesse d'Adrien de laisser rebâtir le temple de Jérusalem. — Les prophéties de la sibylle juive. — La reconstruction du temple est commencée. — Adrien revient sur sa promesse. — *Ordonnances d'Uscha*. — Projet d'Adrien de transformer Jérusalem en une cité païenne. — Colère des Judéens, ils se préparent à la révolte. — Barcokeba, chef du soulèvement. — Ses victoires. — Reconstitution de l'Etat juif. — Tactique de Jules Sévère en Judée. — Siège de Betar ; sa chute. — Mort de Barcokeba et fin du soulèvement. 71

CHAPITRE IV. — SUITES DE LA GUERRE DE BARCOKEBA (135-170). — Turnus Rufus, gouverneur de la Judée. — Persécution religieuse dirigée par Adrien contre les Judéens. — Défense d'enseigner la Loi. — Les dix martyrs. — Mort d'Akiba. — Interdiction d'enterrer les morts. — Livre de *Tobit*. — Séparation définitive entre les Judéens et les judéo-chrétiens. — Antonin le Pieux. — Retour des disciples d'Akiba en Palestine. — Réouverture des écoles. — Meïr ; son caractère élevé et son vaste savoir. — Sa méthode d'enseignement. — Simon ben Yohaï. — Le *Sédér Olam*. — La Babylonie juive se rend indépendante de la Palestine. — Discussions entre le patriarche Simon II et les docteurs. — Rébellion des Judéens contre les Romains ; leur châtiment 96

CHAPITRE V. — PATRIARCAT DE JUDAÏE SAINT. DERNIÈRE GÉNÉRATION DES TANNAÏTES (170-220). — Le patriarche Juda Ier. — Ses richesses ; sa générosité. — Son autorité considérable et sa vive susceptibilité. — Il abolit ou modifie plusieurs pratiques. — La *Mischna*. — Fin des Tannaïtes. — Les successeurs de Marc-Aurèle et les Judéens. — Tentative de révolte sous Septime-Sévère. — Les exhortations suprêmes de Juda le Saint; sa mort. — Caractère de la Mischna. — Sa doctrine relative aux récompenses futures. — Ses principes de morale. — Les *Maximes des Pères*. — Calomnies des judéo-chrétiens contre les Tannaïtes. — Amélioration apportée à la situation des Judéens 124

CHAPITRE VI. — Le patriarche Juda II ; les Amoraïm (220-280). — Translation du siège du patriarcat à Tibériade. — Sympathie d'Alexandre Sévère pour les Judéens. — Abolition de certaines pratiques religieuses. — Rapports du patriarche Juda II avec les docteurs. — Josua ben Lévi ; sa mission à Rome. — Hillel, frère de Juda II. — Origène et les *Hexaples*. — Méthode d'enseignement des Amoraïm. — Hanina ben Hama. — Johanan bar Napaha ; sa beauté. — Son école. — Simon bar Lakisch. — Légendes relatives à Josua ben Lévi. — L'aggadiste Simlaï. — Ses polémiques contre le christianisme. — Le dogme de la Trinité 146

CHAPITRE VII. — Les Judéens dans les pays parthes (219-280). — Développement et importance du judaïsme babylonien. — Étendue géographique de la Babylonie juive. — Les villes principales de cette région. — L'exilarque. — Attraction exercée par la Palestine sur les Juifs de la Babylonie. — Abba Areka ou *Rab*. — Il fonde une école à Sora. — Ses efforts pour améliorer les mœurs de la Babylonie juive. — Sa mort. — Mar-Samuel. — Sa conception messianique. — Il prescrit l'obéissance aux lois civiles du pays. — Ses connaissances astronomiques et son calendrier. — Arrivée des néo-Perses au pouvoir ; leur fanatisme et leur intolérance. — Relations plus satisfaisantes entre les mages et les Juifs. — Anarchie dans l'empire romain. — Odénat, chef de Palmyre. — Sa femme Zénobie. — Mort de Johanan 162

CHAPITRE VIII. — Le patriarcat de Gamaliel IV et de Juda III (280-320). — Déclin du judaïsme palestinien et du patriarcat. — Appauvrissement de la Palestine. — Vente de dignités. — Dioclétien. — Les Samaritains exclus définitivement de la communauté juive. — Abtahu ; son influence à la cour romaine. — Ses polémiques contre le christianisme. — Sa modestie et sa bonté. — Les Juifs raillés sur la scène. — Mort d'Abbahu. — Développement de l'enseignement religieux en Babylonie. — Huna. — Organisation du judaïsme babylonien. — Mort de Huna. — Juda ben Yehesquél. — Il fonde une école à Pumbadita. — Sa dialectique pénétrante. — Hasda. — Ses relations avec Huna. — Mar Schèschét. — Nahman bar Jacob. — Son arrogance. — Zeïra. — Il émigre en Palestine 181

CHAPITRE IX. — Le triomphe du christianisme et les Judéens 320-375). — Les derniers Amoraïm en Palestine. — L'empereur Constantin. — Sa tolérance d'abord, puis sa malveillance pour les Juifs. — Le concile de Nicée et ses décisions. — L'apostat Joseph. — Fanatisme et intolérance de l'empereur Constance. — Charges imposées aux Juifs. — Mesures restrictives prises contre eux. — Leur soulèvement et leur défaite. — Le patriarche Hillel établit et publie un calendrier. — Essor des écoles babyloniennes. — Rabba bar Nahmani. — Développement de l'académie de Pumbadita. — Persécution religieuse. — Mort de Rabba. — Joseph bar Hiyya; son érudition. — Sa traduction de la Bible. — Sa maladie; il perd la mémoire. — Abbaï. — Râba bar Joseph. — Son indulgence excessive pour les habitants de Mahuza. — Sa cupidité. — Sa partialité pour les docteurs. — Son enseignement. — Le roi Schabur II. — La reine mère Ifra-Ormuzd. — Papa bar Hanu. — Il fonde une école à Narès. — Hama. — Julien l'*Apostat*. — Sa sympathie pour les Juifs. — Il autorise la restauration du temple de Jérusalem — Commencement des travaux. — Interruption de l'entreprise. — Echec de Julien en Perse. — Ses successeurs.................. 198

CHAPITRE X. — LES DERNIERS AMORAÏM (375-500). — Nécessité de coordonner les développements ajoutés à la Mischna. — Aschi entreprend ce travail. — Difficultés et importance de cette entreprise. — Réveil des espérances messianiques; le faux messie de Crète. — Rédaction du *Talmud de Jérusalem*. — Théodose le Grand. — Intolérance de Jean Chrysostome et d'Ambroise de Milan. — Mesures libérales des empereurs byzantins en faveur des Juifs. — Théodose II. — Fin du patriarcat. — Persécutions subies par la population juive d'Alexandrie. — Apostasie des Juifs de l'île Mahon. — Émeute à Antioche. — Mesures restrictives édictées par Théodose II et Honorius contre les Juifs. — Saint Jérôme et ses maîtres d'hébreu. — Aha bar Aschi nommé chef de l'école de Sora. — Persécutions de Peroz, roi de Perse. — Emigration des Juifs de Babylonie; leur établissement aux Indes. — Rabina et José, les derniers Amoraïm. — Clôture du *Talmud de Babylone*. — Caractère propre de cette œuvre. — Contradictions qu'on y rencontre. — Supériorité du Talmud de Babylone sur celui de Jérusalem. — Son action profonde sur le judaïsme 226

CHAPITRE XI. — LES JUIFS DANS LA BABYLONIE ET EN EUROPE (jusque vers 650). — Mazdak et ses partisans les *Zendik*; leurs doctrines. — Opposition des Juifs à ces doctrines. — L'exilarque Mar-Zutra II. — Kosroès Nuschirvan. — Les *Saboraïm*. — Invention des signes-voyelles et des accents pour faciliter la lecture de la Bible. — Les Juifs sous Hormisdas IV; ils aident à le détrôner. — Souffrances des Juifs dans l'empire byzantin. — Développement du christianisme en Palestine. — Immixtion de l'empereur Justinien dans les affaires religieuses des Juifs. — Émeute des Juifs d'Antioche. — Kosru II appuyé par les Juifs dans sa campagne contre l'empire byzantin. - Conversion d'un moine au judaïsme. — L'empereur Héraclius favorable, puis hostile aux Juifs. — Les

Juifs en Europe. — Intolérance du clergé à leur égard. — Les Juifs de Byzance. — Situation des Juifs en Italie. — Théodoric, chef des Ostrogoths. — Théodat. — Le pape Grégoire Ier. — Les Juifs de la Gaule; leurs relations avec les autres habitants du pays. — L'évêque Avitus et le concile de Mâcon contre les Juifs. — Origine des Juifs d'Allemagne. — Les Juifs en Espagne. — Leur tranquillité sous la domination des Visigoths. — Lois restrictives promulguées contre eux par les rois d'Espagne. — Reccared et Sisebut. — Isidore, archevêque de Séville, et le concile de Tolède contre les Juifs relaps. — Polémique entre Juifs et chrétiens 246

CHAPITRE XII. — LES JUIFS EN ARABIE (jusque vers 650). — Date de l'établissement des Juifs en Arabie. — Relations cordiales entre Juifs et Arabes. — Ressemblances entre ces deux peuples. — Légendes arabes d'origine juive. — Conversion de tribus arabes au judaïsme. — Dhou-Novas, roi du Yémen, embrasse le judaïsme. — Destruction du royaume judéo-himyarite par les Ethiopiens. — Le poète juif Samuel ibn Adyya. — Prépondérance des Juifs à Yathrib. — Mahomet. — Caractère juif de ses premières doctrines. — Son départ de La Mecque pour Yathrib. — Polémiques des Juifs contre Mahomet. — Le prophète arabe rompt avec les Juifs. — Défaite des tribus juives des Kainukaa et des Benou-Nadhir. — Coalition de quelques tribus juives contre Mahomet; leur défaite. — Prise des châteaux forts des Juifs de Khaïbar. — Tentative d'une femme juive pour empoisonner Mahomet. — Conséquences heureuses du triomphe de l'islamisme pour les Juifs 279

CHAPITRE XIII. — ORGANISATION DU JUDAÏSME BABYLONIEN; ÉPOQUE DES GAONIM (640-750). — Lois restrictives d'Omar Ier contre les Juifs de l'Arabie. — Tolérance du khalife envers les Juifs de l'Irâk. — L'exilarque Bostanaï et ses fils. — Hunaï, gaon de Sora, et Mar-Rabba, gaon de Pumbadita. — Cérémonie d'investiture de l'exilarque. — Revenus de l'exilarque. — Organisation des académies de Sora et de Pumbadita. — Séances semestrielles des membres du Collège. — Organisation des communautés; le *dayyan* et les *Parnessè hakenésseth*. — L'excommunication et ses conséquences. — Prestige exercé au loin par le judaïsme babylonien. — Souffrances des Juifs et particulièrement des *chrétiens judaïsants* en Espagne sous Recesswinth. — Leur situation s'améliore sous le roi Wamba et redevient douloureuse sous les rois Erwig et Egica. — Leur tentative de révolte. — Conquête de l'Espagne par les Musulmans. — Les Juifs sous les khalifes omayyades. — La poésie néo-hébraïque ou *synagogale*. — José ben José. — Yannaï. — Eléazar Kalir. — Mouvement antitalmudique; le pseudo-messie Sérène. — Sa fin. — Le pseudo-messie Obadia Abou-Isa. — L'exilarque Salomon. 397

CHAPITRE XIV. — LE CARAÏSME ET SES SECTES. — Continuation du mouvement antitalmudique. — Anan ben David. — Ses attaques contre

                                                                    Pages.

le Talmud; ses réformes. — Le caraïsme. — Animosité entre caraïtes et
rabbanites. — Vénération des caraïtes pour Anan. — Jehudaï et les *Halakhot Quetouot*. — Déclin de l'exilarcat. — Les Khazars. — Le roi Boulan
et sa conversion au judaïsme. — Charlemagne; sa tolérance envers les
Juifs. — Les Juifs en Allemagne. — Les Juifs sous les khalifes Mohammed Alemin et Abdallah Almamoun. — La théologie arabe, les motazilites et les anthropomorphistes. — Le caraïte Jehuda Judghan le Perse.
— Le caraïte Benjamin ben Mosé Nahavendi; ses doctrines théologiques.
— Les anthropomorphistes juifs. — Le mysticisme. — Joseph bar Abba,
gaon de Pumbadita. — Lutte entre deux prétendants à l'exilarcat. —
Sectes caraïtes. — Divergences d'opinion entre les caraïtes. 318

CHAPITRE XV. — SITUATION HEUREUSE DES JUIFS DANS L'EMPIRE FRANC
ET DÉCLIN DE L'EXILARCAT EN ORIENT (814-924). — Les Juifs sous Louis le
Débonnaire. — Tolérance de ce roi à leur égard. — Agobard, évêque de
Lyon, contre les Juifs. — Assemblée des évêques à Lyon. — Conversion
d'un prélat, nommé Bodo. — Charles le Chauve. — L'évêque Amolo et le concile de Meaux. — Excitations d'une partie du clergé contre les Juifs. — Expulsion des Juifs d'Italie. — Les Juifs de l'empire byzantin sous Léon l'Isaurien,
Basile le Macédonien et Léon le philosophe. — Morale austère des gaonim.
— Isaac ben Soleïman Israeli. — Mosché et Ahron Ben-Ascher et la Massora. — Eldad le Danite. — Essor de l'académie de Pumbadita. — Le
gaon Mar Kohen-Zédék II. — Sa lutte contre l'exilarque Ukba. — Bannissement d'Ukba. — L'exilarque David ben Zakkaï 336

Paris. — Imp. V° P. LAROUSSE et Cie, 19, rue Montparnasse.

BIBLIOTHÈQUE NATIONALE

CHÂTEAU de SABLÉ

1990

www.ingramcontent.com/pod-product-compliance
Lightning Source LLC
Chambersburg PA
CBHW060056190426
43202CB00030B/1806